中世王権の音楽と儀礼

猪瀬千尋
Inose Chihiro

笠間書院

中世王権の音楽と儀礼◉目次

第二部　空間と身体

第三部　言葉と宗教

例言

一、本論は、全体を三部に分けた。
一、引用文献については本論末尾に一覧として示したが、便宜上、注に記したものもある。
一、引用文中の括弧の使い方については以下の規則をもうけた。（丸括弧）＝私注　〈山括弧〉＝割注　省略＝「……」である。
一、文庫寺院所蔵資料について、函号番があるものは「（函）－（号）－（番）」として記した。
一、以下の機関については略称を用いた場合がある。
東京大学史料編纂所→史料編纂所　宮内庁書陵部→書陵部　国文学研究資料館→国文研
一、引用文中の濁点、句読点については私に補った。
一、人名について、姓、家名の使い分けは橋本政宣編『公家事典』（吉川弘文館、二〇一〇年）によった。ただし絶家については分流前の家名を記した。また二条定輔、大宮実宗など、一部の人物については『公家事典』とは異なる名称を用いた。
一、年齢はすべて数え年である。

序章　本書の課題と方法

本書は日本中世の王権の中で、音楽が果たした役割について考察したものである。(注1)音楽が持つ特質を権力性、身体性、宗教性の三点ととらえ、(注2)三つの特質が事象としてあらわれる場である儀礼(注3)を分析の中心とする。その考察の方法は、注釈と書誌学的分析にもとづいて、時代のものの見方に即した「読み」を提示する、日本文学研究において一般的な方法である。ただし扱う資料は、従来の文学作品の枠にとどまらず、仮名日記や漢文日記、故実書や唱導、図像や楽器についても視野におく。儀礼と儀礼を形づくる諸資料の分析を通して、文学―歴史―思想が連関する、音楽の文化的動態を解明することが本書の目的である。

はじめに音楽、特に中世音楽史がどのように考察されてきたのかを通観し、そこから本書の課題となる点を明らかにする。本書はあくまでも日本文学研究の方法を考察の基本とするが、その背後にある問題意識については歴史学における音楽研究に追うところが大きい。特に林屋辰三郎による日本文化史および芸能史の研究を起点とするものであり、黒田俊雄の顕密体制論、権門体制論についても重要と考える。以下、林屋による芸能史研究を中心として、近代以後の音楽史研究の流れを追ってみたい。

一　近代における音楽研究

近代において、文献学に基づく音楽研究は学制改革以後の歴史学を中心にはじまった。[注4] その契機となったのが、東京帝国大学が明治十年（一八七七）より刊行した『学芸志林』である。ここに「俗楽沿革」という題目のもと、彦根藩士の中村不能斎（一八三〇～一九〇六）や、『古事類苑』の編纂にも携わった小杉榲邨（一八三五～一九一〇）などによって種々の音楽が論じられた。水戸彰考館にて『大日本史』の編纂にも携わった栗田寛（一八三五～一八九九）は「楽器考」という題目のもと、古今の史料を博捜し特に名器（銘のある楽器）について辞典的にこれを網羅している。[注5]『学芸志林』以外においても、小杉榲邨と同じく『古事類苑』編纂に尽力した重野安繹（一八二七～一九一〇）によって「風俗歌舞源流考」が著されている。

明治初期の歴史学による音楽研究の到達点が、小中村清矩（一八二二～一八九五）による『歌舞音楽略史』（一八八八年）である。日本音楽の歴史を十六項目に分かち、年次順にこれを配列したものだが、史料に忠実であり、かつ史料考証をしている点で重要である。また絵画の引用があることも特徴的で「一遍上人聖絵」「古楽幷楽器図（通称信西古楽図）」「猿楽古図（源誓上人絵伝）」「七十一番職人歌合」「法然上人絵伝」などに及んでおり、現代の研究にも有益なものも少なくない。

また近年注目される人物として、明治期の音楽家・東儀鉄笛（一八六九～一九二五）がいる。[注6] 東儀鉄笛は俗名・季治といい、四天王寺系の篳篥の家・安倍氏の流れを汲む人物である。鉄笛の音楽研究における仕事は二つに大分できる。一つは日本音楽の歴史を通史として記したこと（『日本音楽史考』）であり、一つは楽人ごとの事典を編纂したこと（『大日本人名辞典』『楽道偉人伝』）である。『日本音楽史考』は雑誌への連載形式（一九一〇～一三年）で、未完結に終わっており、現存するものは雑誌連載分と自筆稿を含めた一部に過ぎない。しかしながら現在の研究水準でも得難い史料の引用もあり、学ぶべきものも多い。一方の『楽道偉人伝』は古代から近代にいたるまでの楽人の辞典である。東儀鉄笛は明治二十三年（一九〇〇）に出版された『大日本人名辞書』第四版において、楽人の項目を執筆しているが、それらをまとめたものが『楽道偉人伝』である。そこで引用された文献は当時の地下楽人の家に保管されていた史料にも及んでおり、(注7)『日本音楽史考』と同様に現代の研究においても有効なものとなっている。(注8)

二　戦前文化史から戦後芸能史へ

しかしこれらの研究はその後に引きつがれず、大正から昭和にかけて、音楽研究は戦前文化史研究の潮流の中にのみ込まれていく。戦前文化史研究はアジアにおける日本の優位性を示すことを前提としたものであり、文献による実証ではなく日本国民の精神史の説明に重きが置かれた。田辺尚雄『日本音楽史』（一九三二年）や、紹田茂太郎『日本音楽文化史』（一九三三年）などはこの範疇に属するものであろう。(注9)

如上の日本文化史研究は、戦後、侵略戦争の思想的根拠を担ったものとして歴史学から排斥されるに至る。また東洋音楽学会を中心とした日本音楽史研究においても、田辺尚雄主導のもと民俗学研究に方向を移していき、文化史的観点はおろか文献学そのものが否定されていった。(注10)かかる研究の停滞の中にあって、歴史学の立場から戦前の文化史研究を反省しつつ、そこから良質な側面を汲もうとしたのが林屋辰三郎（一九一四〜一九九八）である。(注11)初期の代表作『中世芸能史の研究』（一九六〇年）では、芸能史研究の課題としてまず①歴史学における科学性の確立が挙げられており、ついで②民衆への注目、③日本芸能の内部における相互的関連、④芸能全体の綜合的考察、⑤民俗学的研究の五点が述べられている。今日の研究において自明といえる①が研究課題の第一に挙げられるのは、かかる戦前文化史研究への反省からであろう。また特に④において、林屋が指摘してきた「座」の発想[注12]を展開させ、芸能における「社会的条件」を考察項目に置いた点は、従来の研究には見られなかった重要な視座であったといえる。音楽における個別研究においても、近衛府楽人の成立過程の分析や左右両部制の提起、寺院における楽人の集団構成の分析などがなされ、現代における研究の基礎が築かれた。

林屋の論は芸能史という一つの分野を確立するに至り[注13]、その中で前掲⑤の問題は後年、林屋自身によって歴史学を中心とした環境論（観客も含めた芸能の担い手とその社会構成に注目する方法）と、民俗学を中心とした芸態論（芸能の形態そのものに注目する方法）の問題として示されることになった[注14]。音楽における個別研究においても『中世芸能史の研究』で示された左右両部制の枠組は、その後、荻美津夫、鳥谷部輝彦らによって引きつがれ[注15]、今日でもなお研究の主流をなしている。

三　本書の課題

本書もまた、文献学を基本としながら他分野と相互往還的に事象を読み解いていく林屋の手法にならいたい。ただし『中世芸能史の研究』以降すでに半世紀が経ち、現在の研究において林屋の視座のみでは立ちゆかない側面も多い。特に『中世芸能史の研究』刊行以後に提唱された黒田俊雄による顕密体制論、権門体制論[注16]は重要であり、この視座からの見直しが緊要の課題となる。以下、現在に至るまでの研究動向を踏まえながら、本書の課題を以下の三点に分けて示す。

①音楽における権力性を意識しつつ、総合史としての音楽史を示すこと

一点目は歴史における音楽を扱う上での問題である。林屋は中世芸能史の理解には前代からの理解が必須であるとして古代史研究に重きをおいた。雅楽寮から近衛府への楽人組織の変遷、左右両部制の提起はこうした視座のもとに明らかにされたものである。一方、当時の研究の一般として律令制貴族社会から封建制武家社会へという視座があり、林屋もまたかかる意識の中に、芸能も貴族から武家へ、雅楽から能楽へ、という戦前以来の歴史観を貫いている。その歴史観には、地下楽人や民衆などの音楽の実践的な担い手こそが芸能の環境を規定するという考え方が根底にある。しかし一九六〇年代以降、黒田俊雄の権門体制論によってかかる歴史観の枠組は大きく揺らいだ。(注17)鎌倉期以降の公家もまた権力構造の一部であり、同時に公家における有職故実が王権と密接に関わり合うことがようやく明らかとされたのである。

林屋が雅楽衰退期とした鎌倉期についても、特に貴族を中心とした芸能史全般について見直すとともに、音楽を遊芸と見るのではなく、有職故実に裏打ちされた高度な政治の一貫として捉えなおす必要がある。権門体制論とは別の動向であるものの、こうした音楽における政治性を見る視座は日本文学、歴史学の両面から提起されている。早く荻野三七彦は西園寺家が琵琶の家であった点について、従来言われていたような娯楽性ではなく、権力増大への志向があったことを指摘している。(注18)このような音楽における政治性、権力性をめぐる研究は、特に天皇家における音楽の研究において盛んとなり、相馬万里子によって鎌倉期＝琵琶の時代（天皇が奏する楽器が琵琶中心であった時代）、南北朝〜室町初期＝笙の時代（天皇家、足利将軍家が奏する楽器が笙中心であった時代）の区分がなされた事を画期としつつ、(注19)豊永聡美によって琵琶の家における相互伝授関係の実態や、天皇における御師匠の実像など、具体的な検証がなされるに至った。(注20)

かかる歴史認識の変容は南北朝〜室町期においても顕著である。今谷明によって提唱された王権簒奪論、すなわち足利義満が天皇より皇位を奪取し、息子・義嗣を即位させようとしたという説は、(注21)各研究方面に多大な影響を与え、音楽史研究においても、笙の奏楽を得意とした義満が、音楽の才能に乏しかった後円融天皇を圧倒して朝儀に介入し、公家社会を支配したと認識されるに至った。(注22)しかし近年の研究によって、むしろ公家が義満を誘導し公家社会に適応させていたと見る視座(注23)が有効となり、王権簒奪論はその根幹をほぼ失った。こうした新たな南北朝〜室町期の視座をもとに、豊永聡美や石原比伊呂は公武の関係性を音楽の側面から考察している。(注24)

本書においても林屋の総合史としての視座を尊重しつつ、その後の研究によって目覚ましく展開したこれらの中世像を踏まえ、音楽が持つ政治性、権力性を示し、音楽がその中でどのように機能し、いかなる変遷をたどっていくか、その実態を明らかにしたい。

②音楽における身体性に注目しつつ、王権を形成する人々の芸態を明らかにすること

二点目は音楽そのものの特質をめぐる問題である。守屋毅が古代から中世における語義としての「芸能」に「人の体現した才能ないし能力の発揮」(注25)という意味を見たように、音楽（芸能）においてはしばしばその無形であるがゆえの特質、例えば奏法、音色、作法の解釈が課題となる。本書ではこれを音楽における身体性の問題と呼ぶ。

発せられた瞬間から消えてしまう音楽をどのように扱うか、という音楽における身体性の問題は、これまで民俗学の立場から言及されることが多かった。(注26)これに対し、林屋が提起した芸態論の視座は文献学の側からこの問題を考える上で重要なものである。芸態論については先に少し触れたが、演者（奏者）による演技（奏楽）の形態に着目した論であり、主として芸能史の立場から民俗学の学問的特質を説明する用語として使われたものである。林屋は芸態論と、社会的条件の分析を基本とする環境論の融合を説くのであるが、ここでは芸能史の方法論という立場ではなく、林屋の芸態認識について次のような視座に注目したい。

例えば林屋は『中世芸能史の研究』において、四天王寺の楽人について、彼らが散所に属する「隷属者階級」で

あるとしており、東大寺や大内の楽人よりも身分的に低い地位にあったことを述べている。そして四天王寺でのみ相承された舞曲「蘇莫者」等に見える滑稽な芸態と、彼らの地位とが無関係ではないことを指摘する。現在では林屋の散所論は否定され(注27)、四天王寺の楽人史を中近世全体からとらえようとする見解にも疑義が呈されている。しかしながら当時の音楽における所作、形式に注目しそれを社会的条件（林屋が環境論と呼ぶもの）と結びつける林屋の視座は、民俗学の課題と考えられていた音楽の身体性を、文献学の問題として捉えなおすことができる点において、重要なものと考えられる。

本書はこの林屋の視座に立脚した上で、複合的と言われる中世王権において、その王権を担う人々（天皇、上皇、摂関、大臣など）の音楽における芸態を明らかにし、彼らをとりまく社会の問題とともにこれを考えてみたい。

③音楽における宗教性を解明しつつ、王権の論理的根拠としての音楽思想を示すこと

三点目は音楽における宗教性の問題である。ここでいう音楽の宗教性とは、「声明成仏思想」「管絃往生論」などの、仏教の立場から見た日本の音楽思想を指す。日本の音楽思想は、たとえば安田章生の、

音楽書は、……その内容は、いずれも主として解説するものか研究的なもので、芸術論的には、見るべき点はほとんどないといっていいようである。音楽論は、日本の芸術論としては、貧しい分野であるといえる。

（『日本の芸術論』東京創元社、一九五七年、二〇〇頁）

といった皮相的な理解から、国安洋や笠原潔などの、礼楽思想を踏まえた上での楽書へのアプローチというかたちでの発展が見られる(注28)。これに対して、仏教の側から音楽をとらえたのが櫛田良洪である。櫛田は諸寺院の声明資料の分析を通し「声明成仏思想」を展開し、声明が往生の手段たり得るかについて考察した(注29)。榊泰純は櫛田を追い、「管絃往生論」を提唱している(注30)。

一方、これらの研究が新仏教＝浄土宗、浄土真宗（およびその前提としての浄土教）を射程においたものであるのに対し、黒田俊雄による顕密体制論の提唱は、それまでの旧仏教から新仏教へという枠組を転換させ、文学や思想史にも絶大な影響を与えた。特に黒田による中世寺院史研究の流れを受け、宗派を越えた時代的な制度、思想の解明がこの分野における緊要の課題となった。かかる視点に基づく形で、国文学や思想史などからも宗教思想をとらえ直す研究が提出されている。源健一郎は『平家物語』研究を主体としながら、宗派に依らない「汎仏教」解明の必要性を提唱している。(注31) また末木文美士は顕密体制論について思想面からの見直しを行い、顕密体制論を密教の絶対的優位性に求める黒田に対し、顕教の重要性を指摘している。(注32) その上で末木は、黒田が観念的かつ消極的にしか扱わなかった天台本覚論を、(注33) 顕密体制論提唱の前提においている。

本書においても、数寄や芸道などの日本音楽における重要概念について、右に挙げたような時代に即した宗教理解から再解釈し、王権における論理的根拠としてこれらの概念をとらえ直してみたい。

四　各章の構成と本書の視座

以上、音楽の特質を①権力性、②身体性、③宗教性の三点ととらえ、これらを読みとく上での問題点についてまとめた。本書では、それらが具体的な現象としてあらわれる儀礼を主たる分析対象として、かかる音楽の特質について、全三部十四章および終章から考察を加える。①が第一部、②が第二部、③が第三部の問題と対応するが、①〜③の課題は、第一〜三部で共有されているものとする。以下に、儀礼のいかなる点に着目するかを示すとともに、各部の構成と視座を述べる。

まず第一部について、音楽における権力性という抽象的な問題をどのようによみとくか、その上で総合史としての中世音楽をどのように示すか、ここでは宮廷における音楽儀礼を考察することで、この課題に応えたい。それぞれの時代における音楽の特質を示し、そこから権力性の問題について考察する。

これまで中世の宮廷音楽は、帝器（天皇の奏する楽器）によって、鎌倉時代を琵琶の時代、南北朝から室町にかけてを笙の時代とするのが一般的であった。(注34) 本書ではこうした視座に基づきつつも、儀礼の観点から音楽における時代区分の問題を再検討し、そこから音楽の特質についても考察する。第一章では宮廷音楽儀礼の中心である御遊と、そこで使用される名器に注目し、琵琶の時代の特質を考える。累代御物としての楽器が、天皇の一代一度の儀礼でしか使用されていなかった事実を明かし、その中枢にあった琵琶・玄上が南北朝の動乱で紛失したことを示す。第二、三章では南北朝〜室町期における音楽の変遷を辿る。第二章は御楽《おんがく》という儀礼に注目する。御楽は、十四世紀以降、御遊にかわって朝廷の主たる音楽儀礼となった行事である。ここでは御遊と御楽の差異を明らかにし、特に御楽について、雑談や酒宴といった時代の特質に合う要素があったことを示す。第三章では宮中賢所で行われる内侍所御神楽のうち、三日続けて行われる三箇夜内侍所御神楽について、後醍醐天皇がこれを権威表出の場として利用していたこと、及び後醍醐を画期として儀礼の意味が転換したことを指摘する。第四章では、鎌倉〜室町時代をつらぬく儀礼として舞御覧に注目する。舞御覧は、天皇の複数日に渡る行幸をともない、御前で廷臣とその子息による舞楽が行われる行事である。舞御覧においては、公事記録である漢文日記とは別に仮名日記が作成されていた。本章ではこうした仮名日記、儀礼における舞や奏楽などの身体性をとどめる役割があったことを指摘する。

第二部では、ある一つの儀礼を全方位的に考察することにより、儀礼の場の実際と、そこで音がどのように機能していたかを明らかにする。具体的には十二世紀〜十五世紀を中心に、天皇家においても行われていた儀礼である琵琶秘曲伝授に注目する。琵琶秘曲伝授は、中世音楽の大成者である藤原師長（一一三八〜九二）によって確立されるが、すでに師長は『楽家伝業式』という次第（「式」とあるが内容的に見て次第である）によって儀礼の手順、所作を規定している。『楽家伝業式』によれば琵琶秘曲伝授は「妙音天」を本尊として行われるものであるという。第五章ではまず秘曲伝授の歴史を明らかにし、第六章では秘曲伝授のうち、最秘事とされた啄木口伝について考察する。ついで第七章では妙音天の異称とされる弁才天について、儀軌における位置づけと文芸への影響を明らかにする。その上で第八章では『楽家伝業式』などの秘曲伝授の次第を可視化させることで、儀礼における音の役割を明らかにするとともに、第九章では『妙音講式』の分析を通し、妙音天の持つ思想性を明らかにする。

第三部では儀礼における唱導（願文、表白、講式、説草など）を分析し、王権を支える論理としての音楽の宗教性を明らかにする。安居院流澄憲（一一二六～一二〇三）に代表される中世の唱導家は、後白河院などの王権の儀礼における唱導を担うと同時に、楽人など、音楽を職掌とする人々の代弁者でもあった。中世の音楽思想、特に仏教に基づく思想は、説話や楽書、唱導書において天台本覚論と結びつき記述されていくが、そこでは奏者における心のありようが重視され、仏道と芸道の両立という問題としてとらえられるようになってくる。本書ではかかる本覚論の問題を狂言綺語観の展開として位置づける。狂言綺語観は文学や諸道肯定の文芸観であるが、その根底には本覚論の問題や、数寄や魔道などの心のありように関わる問題がよこたわっている。ここではまず第十章で中世における狂言綺語観の展開を見た上で、第十一～十三章では、狂言綺語観の個別的な問題について追っていく。第十一章では仏道と芸道の狭間に悩んだ鴨長明に焦点を当て、長明の五七日周忌で読まれた講式である『月講式』を分析する。第十二章ではこうした仏道と芸道、もとより仏道と職掌一般を止揚させる概念として「宿執」という中世造語があったことを指摘する。こうした諸論を踏まえ、第十三章では狂言綺語観が儀礼において音楽として体現される点を指摘する。そして、第十四章では自らの今様口伝書『梁塵秘抄口伝集』、その末尾に「法文の歌、聖教にはなれたることなし」と書いた後白河院について、その声に関わる思想と王権の実態を読み解いていく。

最後に終章で、各章で得られた事項を統合分析しつつ、上記の三つの課題に応える結論を示す。

注

（1）本書の表題である「中世王権」「音楽」「儀礼」という用語について、筆者は次の立場をとる。

まず「中世王権」については、分析概念として扱い、その理解については黒田俊雄の権門体制論、顕密体制論を承ける上島享の「中世王権の特質は、必ずしも王権の権能のすべてがひとりの人格に収斂されるものではなく、二元的あるいは多元的な権力核を持ちながら、それらが相互補完的にひとつの権力を構成するという形態にあると考える」（『日本中世社会の形成と王権』名古屋大学出版会、二〇一〇年、一四七頁）という視座を基本とする。

「音楽」については管絃、郢曲（催馬楽、朗詠、今様）、舞楽等の総称として用いる。いわゆる現代語の音楽と、中世の文献に見える音楽の用語とが必ずしも一致しないことは諸研究に指摘される問題であるが、ここではその点を認めつつ、分析用語として音楽の語を用いる。なお中世における「音楽」の語義をめぐっては、東洋文庫蔵広橋家文書のうち、文永十年（一二七二）書写「象戯勘文」の「音楽」項が参考となる（本書は史料編纂所に写真帳がある（六一七〇・六八-三-一二五）。また森暢によって解題、翻刻がなされている。森暢「信実に関する二、三の問題」『鎌倉時代の肖像画』みすず書房、一九七一年）

音楽

楽者為天地之和、清濁雅淫者楽之声也、金石糸竹者楽之器也、舞者楽之主也、謌者楽之詞也、与時政通之、故因楽知治乱、令人心感之、故以音弁哀楽、功成而舞、徳治而謌、長其事之輩、撰其人而図、貞観正朝之南庭、製破陣楽図、改破陣楽名、開元宜春之北院、令梨園画工写梨園楽工、今之模古是其一也、

また「音楽」の用語をめぐっては豊永聡美が、「雅楽」の用語をめぐっては荻美津夫が分析を行っている。豊永聡美『中世の天皇と音楽』吉川弘文館、二〇〇六年、序章参照。荻美津夫『日本古代音楽史論』吉川弘文館、一九七七年、序説参照。

「儀礼」についても、儒学用語などの用例もあるが（もとより儀礼という用語は五経の儀礼（ぎらい）に由来する）、本書では朝儀、法会一般の総称を示す分析用語として用いる。「儀礼」の語義については清水昭俊「儀礼の外延」『儀礼―文化と形式的行動』東京大学出版会、一九八八年、を参照。

（2）こうした音楽の性質を分類する視座は豊永聡美に基づいたものである。豊永は前掲注（1）『中世の天皇と音楽』

序章で、音楽の性質を政治性と宗教性に見いだしているが、本書ではここに音楽が芸能であるゆえの特質＝身体性を加え検討したい。

（3）この着想は阿部泰郎の「日本中世の宗教は、それを教理や思想として概念において捉えるよりも、儀礼という現象においてこそ、その特質をすぐれて把握できると思われる」（『中世日本の宗教テクスト体系』名古屋大学出版会、二〇一三年（初出二〇一〇年）、二八一頁）という視座に基づいたものである。

（4）これら近代初頭における音楽史研究の問題把握については、岸部成雄と福島和夫に負うところが大きい。岸部成雄「日本音楽史研究の過去と将来」『東亜音楽史考』龍吟社、一九四四年。福島和夫『日本音楽史叢』和泉書院、二〇〇七年。同「日本音楽史研究と芸能史」『芸能史研究』一八七、二〇〇九年。『学芸志林』についても、すでに福島によって指摘されているものである。

（5）のち『栗里先生雑著』（一九八〇年に『続日本古典全集』として復刊）に収録。

（6）鉄笛については滝沢夕子、福島和夫に詳しい。「史料覚書　東儀鐵笛著『日本音楽史考』について」『日本音楽史研究』六、二〇〇六年。前掲注（4）福島論文参照。

（7）猪瀬千尋「絵巻が語るものと楽器が語ること―フリーア本『地蔵菩薩霊験記絵』第四話をめぐつて」『アジア遊学』一五四、二〇一二年。

（8）東儀による実証的な研究は、弟子筋にあたる平出久雄に引きつがれた。平出久雄は書誌学の方法に従った文献目録の作成、楽人における血脈類の類聚、制度史の考察など、現在の研究史にも連なる視座をもっており、水準の高さは同時代において群を抜いている。しかし平出の真摯な学問的姿勢は、田辺尚雄を頂点におく音楽史研究の潮流に合わず、その業績は今も顧みられていないのが現状である。一方で平出による書簡が蒲生美津子によって公開されるなど（「平出久雄書簡」『沖縄から芸術を考える』榕樹書林、一九九八年）、再評価の機運もある。またその業績については蒲生郷昭によって『東洋音楽史研究』四九（一九八三年）にまとめられている。なお平出の仕事に大きく影響を受けたのが西山松之助『家元の研究』（校倉書房、一九五九年）である。

（9）もっとも、戦前における音楽史研究は文化史研究においても低調である。戦前文化史研究における代表作である西田直志『日本文化史序説』（改造社、一九三二年）においても、音楽に関する言及は能楽の周辺にしか見えない。その背景には音楽が政治ではなく、遊芸の一種とみなされていた事実が存在しているように思われる。
(10) 前掲注（4）福島論文参照。
(11) こうした視座は、林屋の最初の著作である『日本演劇の研究』（改造社、一九四七年）においてすでにあらわれている。「さて過去に於ける日本文化の特質論は、特に戦時下学問思想に対する極端なる国家主義的統制の影響をうけて、我が国土についての神国思想、我が民族についての選民意識の如き見解が強くなってから、神国の選民によって育て上げられた世界至上の文化といふ風に説かれるに至った……併しかく云へばとて、従来説かれた日本文化の特質論を全面的に否定せんとするのではない……（戦前の日本史研究は）歴史に於ける社会史的観察を除外した結果、文化の育成せられた社会的環境の如き、最も重要な点は殆んど意識的に論究するを避ける風があった……この方面からの研究こそ今後の方向と云へよう」（八〜一三頁）。
(12) 前掲注（11）林屋著書参照。
(13) ただし今日でもなお芸能史という分野をめぐっては、その学問的位置づけや研究法が定まっているとは言いがたく、様々な議論がある。
(14) 芸態論、環境論については熊倉功夫がまとめている。熊倉功夫「芸態論と環境論」『日本芸能史　1』法政大学出版局、一九八一年。
(15) 前掲注（1）荻著書参照。鳥谷部輝彦『十一世紀から十三世紀の法会における奏楽―四部楽と三部楽の研究』二〇〇九年。
(16) 黒田俊雄『日本中世の国家と宗教』岩波書店、一九七五年。同『寺社勢力』岩波書店、一九八〇年。黒田俊雄の研究についてまとめたものは非常に多いが、特に上島享によって、その前提となる研究も含めて通史的にまとめられている。前掲注（1）上島著書参照。
(17) 林屋の個別面での研究についても、寺院史研究の側から、特に東大寺の楽人機構の分析において、史料の読み誤りが指摘されている。永村眞「中世東大寺の楽人・舞人」『中世音楽史論叢』和泉書院、二〇〇一年。
(18) 荻野三七彦「西園寺の妙音天像―「西園寺家と琵琶」の一節」『日本古文書学と中世文化史』吉川弘文館、一九九五年（初出一九八一年）。

(19) 相馬万里子「「代々琵琶秘曲御伝受事」とその前後―持明院統天皇の琵琶」『書陵部紀要』三六、一九八四年。同「琵琶の時代から笙の時代へ―中世の天皇と音楽」『書陵部紀要』四九、一九九七年。
(20) 前掲注(1)豊永著書参照。
(21) 今谷明『室町の王権―足利義満の王権簒奪計画』中公新書、一九九〇年。
(22) 坂本麻実子「足利義満と笙」『日本の音の文化』第一書房、一九九四年。王権簒奪論の問題が明るみになった今、坂本などの研究をその観点から批判するのはたやすい。しかし義満が笙の奏楽において他を圧倒し、それが儀礼における専横に見えることも事実である。問題は、かつて祭祀権の奪取と誤読された義満のそうした行為について、准拠と独創の差異を明らかとし、中世王権論の中に布置していくことであろう。
(23) 小川剛生『足利義満―公武に君臨した室町将軍』中公新書、二〇一二年。
(24) 豊永聡美「『看聞日記』の舞御覧に見る公武関係」『看聞日記と中世文化』森話社、二〇〇九年。石原比伊呂「『内侍所御神楽部類記』にみる足利義満と室町前期の公家社会」『目録学の構築と古典学の再生(東京大学史料編纂所研究成果報告)』二〇〇九年。
(25) 守屋毅「芸能とは何か」『日本芸能史 1』法政大学出版局、一九八一年。
(26) 小島美子「日本音楽史の研究方法」『芸能史研究』一八七、二〇〇九年。
(27) 前掲注(16)[黒田 一九七五]参照。
(28) 国安洋「日本の音楽論―楽書に見られる音楽思想」『文学(岩波)』五六-四、一九八八年。笠原潔「日本の楽書と礼楽思想」『中世音楽史論叢』和泉書院、二〇〇一年。
(29) 櫛田良洪「声明成仏思想の受容」『真言密教成立過程の研究』山喜房仏書林、一九六四年。
(30) 榊泰純「管絃往生試論」『日本仏教芸能史研究』風間書房、一九八〇年。
(31) 源健一郎「平家物語の汎仏教性―寺院における歴史叙述生成との連関」『仏教文学』二八、二〇〇四年。
(32) 末木文美士『鎌倉仏教形成論―思想史の立場から』法蔵館、一九九八年。
(33) 天台本覚論の理解については、末木文美士の述べる「現象世界の存在が自己同一性を保ちながら存在する、そのあるがままを絶対と認める思想」と「「心」を重視する観心主義的な流れ」(前掲注(32)二八〇頁)を基本とする。なお本書第十章「はじめに」も参照。

（34）前掲注（19）相馬論文、前掲注（1）豊永著書参照。

第一部　歴史と権力

第一章　琵琶の時代の特質

はじめに

古代中世の音楽における時代区分については、制度史を中心として幾つかの論考がある。[注1]一方で、鎌倉時代以降の音楽史の肯定的解釈、東儀鉄笛『日本音楽史考』の発見、楽制改革の再解釈、[注2]文学からの接近[注3]など、近年の研究によって、古代中世音楽史の様相は目覚ましく変貌しつつある。こうした研究状況にあって、制度史における時代区分を基盤としつつ、制度史においては雅楽衰退期として画一化される傾向のある鎌倉〜室町時代についても、新たな枠組を提起していく必要が生じてきている。その中で、特に宮廷音楽を対象とした場合、鎌倉〜南北朝を琵琶の時代、南北朝〜室町を笙の時代とするような、帝器（天皇の所作した器）の種類による区分が有効であることが、近年の研究より明らかとなってきた。[注4]

先行研究を踏まえ、これら帝器の変遷を視座とした場合の宮廷音楽の時代区分はおおむね次の五期に分かつことができる。一つは堀河の代から後鳥羽にいたるまでの笛の時代、一つは後鳥羽に始まり、持明院統から北朝崇光院

［系図］御遊 神楽 御楽における御所作記録および秘曲伝授史料に基づく

帝器一覧

★＝灌頂を受けた（灌頂は史料に「灌頂」とある場合、ないし琵琶は啄木、笛と笙は荒序を受けた場合に言う）
☆＝灌頂は受けてないが、秘曲伝授は受けた
破線（後小松から後花園）は猶子をあらわす

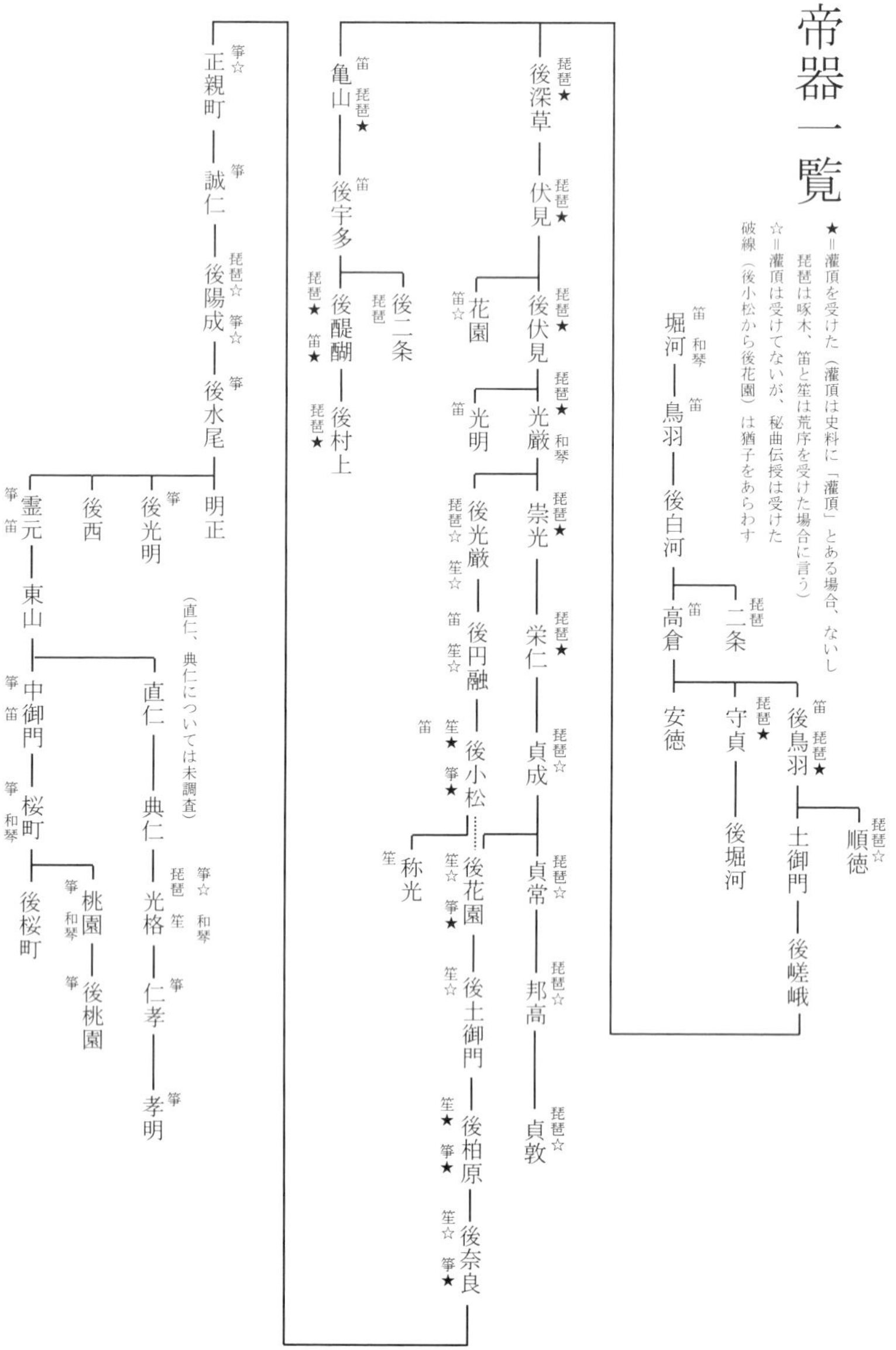

流（のち伏見宮家）という流れと、大覚寺統から南朝へという流れの二つに別れる琵琶の時代、一つは北朝後光厳院流（後光厳、後円融、後小松）の笙の時代、一つは後小松から後奈良に至る笙と箏の時代、一つはそれ以後の箏の時代である。(注5)

これら五期のうち、特に琵琶の時代と笙の時代については、西園寺家が琵琶、足利将軍家が笙を習得し、秘曲伝授によって天皇家と両家とが結ばれた時代であり、音楽と政治権力に関わる問題として先行研究も多い。(注6)実際、帝器の変遷は単に楽器の差異という表面上の問題だけではなく、楽器が持つ特質や、楽器が生みだす儀礼の場、楽器に関わる説話の問題でもあった。(注7)本論はこうした帝器の種類における時代区分について、その構造的特質を究明するものである。特に琵琶の時代に焦点を合わせ、次の三点を分析の視座とした。

一点目は音楽に関わる儀礼、特に御遊の問題であり、二点目はそこで使用された名器（名前のつけられた楽器）の問題、三点目は秘曲伝授の問題である。特に二点目に挙げた名器の問題は、累代御物（譲位において代々伝領されるもの）とも関わり合うため、詳細に見ておく必要がある。以下、三つの視点の関係を軸に、琵琶の時代がいかなる特質を有しているか、ひいては琵琶の時代という区分が音楽史の中で想定し得るか、という問題について考える。

一　累代御物の成立

まず累代御物としての楽器＝累代楽器について考えてみたい。累代御物について、最初に体系的な見取り図を示したのは米田雄介である。(注8)氏の論は、皇位継承にあたり三種の神器以外に伝領されるものがあったことを指摘し、そうした累代御物の成立と展開についてまとめたものである。米田の論考のうち、楽器に関わる点については以下の三点に要約できる。

○平安時代前期の有職書『儀式（貞観儀式）』『西宮記』によれば譲位の際「供御雑器」が御所に進められた。

○寛治年間（一〇八七～九三）に著された『江家次第』によれば、新帝と院が別殿にいる時は剣璽以外に（御衣・御笏と）「殿上雑物（殿上新物）」が、続いて「供御雑器」が進められていたという。「殿上雑物」は『江家次第』によれば

「日記御厨子二脚　　大床子三脚
同御厨子二脚　　師子形二
琵琶一面　　和琴一面
笛筥一合、〈笛二管、尺八二〉　　横笛二管、狛笛
殿上御椅子一脚　　時箇一枚、在杌」

である。

○順徳天皇（一一九七～一二四二）が著した故実書『禁秘抄』は、清涼殿に置かれた御厨子について、その中身を「置物厨子二脚〈上・玄上、中・鈴鹿、下笛筥蒔海部。小水龍又笛二〈狛太〉拍子四〉」とする。このうち『江家次第』の「琵琶一面」が「玄上」に、「和琴一面」が「鈴鹿」に相当する。

米田の指摘に対して、岡村幸子は皇統の正統性という観点から累代御物を考察している。累代御物が、文徳～陽成に対する光孝～醍醐の、冷泉系に対する円融系の正統性の象徴であったと指摘するものだが、特に前者について琵琶「玄上」、笙「橘皮」を、後者について和琴「鈴鹿」を挙げている。(注9) 米田、岡村の両氏をうけ、累代御物としての楽器を「累代楽器」という用語でとらえたのが豊永聡美である。(注10) 豊永は、藤原道長および彰子から一条天皇へ鈴鹿、小水龍、キサキエといった名物楽器が贈られ、これらの楽器が幾つかの階梯を経て、『禁秘抄』に見えるような、清涼殿御厨子に納められる楽器＝「累代楽器」になったとする。氏はまた、後醍醐天皇と音楽について考察

する過程で、十三世紀末から十四世紀初の名器を考察し、笛「柯亭」と箏「鬼丸」とが自身の定義する「累代楽器」とは断定できないまでも、朝廷の行事にしばしば使用され、極めて重要な位置を獲得していたことを述べている。大村拓生は宮中の火災を研究する過程で、そこから持ち出されるものに注目し、十二世紀以降、史料に玄上、鈴鹿の名が見えることを指摘する。(注11)中原香苗は大村、豊永をうける形で、『兵範記』などを引用しつつ、十二世紀後半には玄上、鈴鹿が累代御物として認識されたことを述べている。(注12)

本論も豊永論に基づくものであるが、次の一点について補足しておく。豊永は「伝領の際記録される楽器」で「御厨子に納められる楽器」を「累代楽器」とするが、両者は必ずしも一致しない。詳しく言えば「伝領の際記録される楽器」は一定し、必ず御厨子に納められるが、「御厨子に納められる楽器」は流動的で、必ずしも伝領の際記録されるわけではない。以下、具体的に史料を挙げて検討をおこなう。まず日記と故実書から見てみたい。御厨子の中身を記した史料として『山槐記』『禁秘抄』『花園院御記』『名目抄』が挙げられる（［表三‐24、36］参照）。それぞれの中身を挙げれば、

山槐記　一層：なし　二層：玄上（東）、笛筥（西）　三層：鈴鹿
禁秘抄　一層：玄上　二層：鈴鹿　三層：笛筥
花園院御記　一層：なし　二層：琵琶（北）、笛筥（南）　三層：和琴
名目抄　「置物厨子　笛筥、玄上〈琵琶、〉鈴鹿〈和琴、〉鬼〈箏〉」

となり『山槐記』『花園院御記』は一致するが、『禁秘抄』『名目抄』とは異なる。また『名目抄』では他資料に名前のない箏「鬼」（鬼丸）が見える。次に絵画史料に目をむけると、清涼殿御厨子の図を描いたものとして「年中行事絵巻」別本第二、『体源抄』巻十下「置物絵図ノ事」、『大内裏図考証』(注13)所引「年中行事解斎図」(注14)の三つが挙がる。いずれも

一層：琵琶（左）、笛筥（右）　二層：箏　三層：和琴

という配置で共通しており（但し、図版は一致しない）、『名目抄』の記事と合わせて考えれば、やはりある一時期には御厨子に箏が置かれていたことが推定される。ところがこれらの記録に対して、箏の伝領を伝えた史料は管見に及ばない。笛筥の中身についても史料によって相違する。鷲尾隆職『二水記』大永五年（一五二五）三月二十四日条には、宝治元年（一二四七）の清暑堂御神楽で用いられた笛筥の図が引かれている。[注15] これは朝儀復興に際し、新たな笛筥作成のために隆職が勘申したものである。笛筥の中身は先に引いた『禁秘抄』の「下笛筥蒔海部。小水龍又笛二〈狛太〉拍子四」すなわち小水龍、狛笛、太笛、拍子二組という組合せに一致するが、一方で『禁秘抄』には見えない笙が描かれる。結局、御厨子の配置とその中身とは流動的であったと言わざるを得ない。一方で「表三

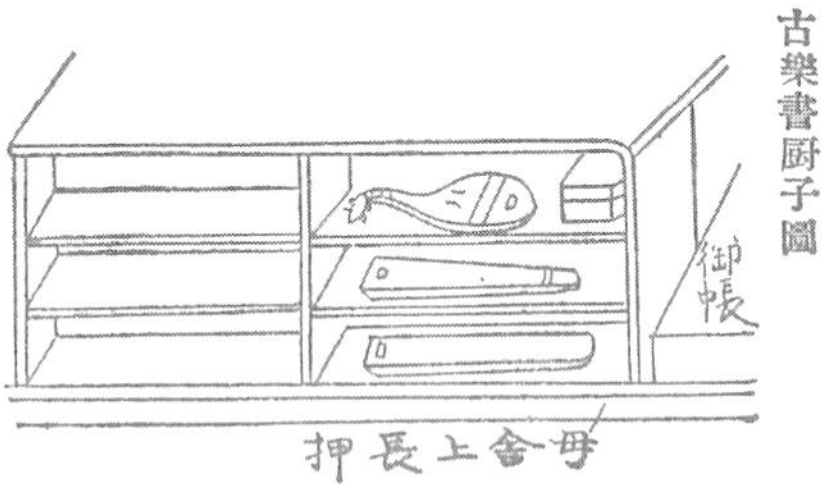

図一　『大内裏図考証』所引「古楽書厨子図」
（「年中行事絵巻」別本第二と同じ図）
『改訂増補故実叢書　大内裏図考証』（明治図書出版）より引用

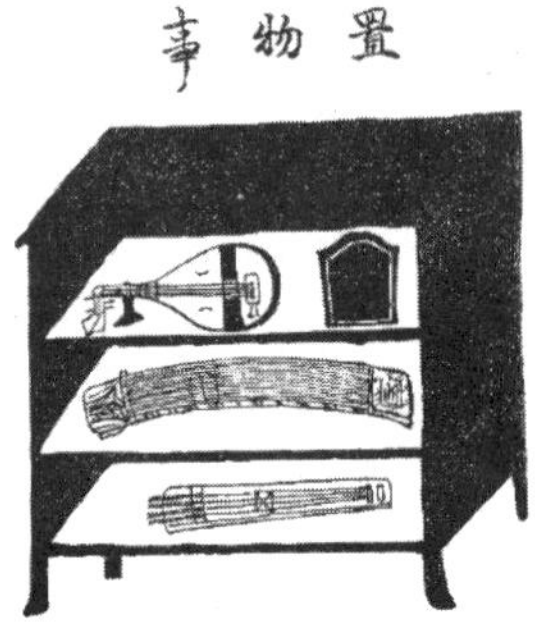

図二　『体源抄』巻十下
『覆刻日本古典全集　体源鈔』
（現代思潮社）より引用

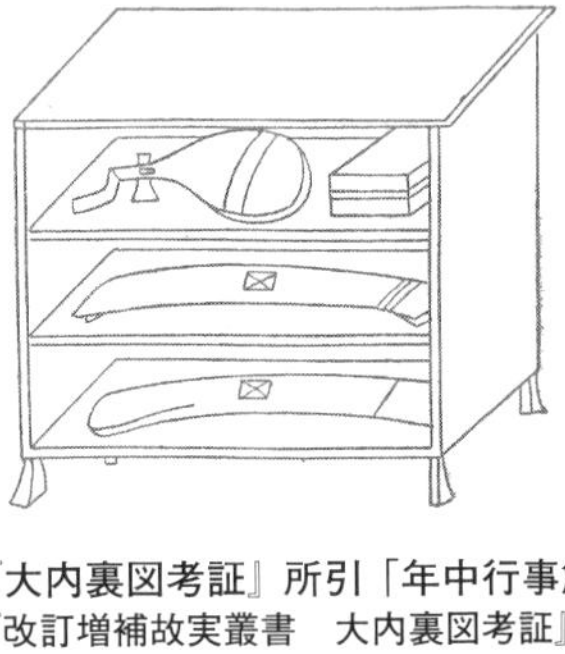

図三　『大内裏図考証』所引「年中行事解斎図」
『改訂増補故実叢書　大内裏図考証』（明治図書出版）より引用

―21、22、24、26、28、29、32」より明らかなように、伝領される楽器、罹災時に持ち出される楽器は、十二世紀後半以降は玄上、鈴鹿、十三世紀以降はこれに小水龍が加わる形で固定化されている。「累代楽器」という言葉を定義するならば、狭義の意味（伝領の際記録される楽器）と広義の意味（御厨子に置かれた楽器）を考える必要があろう。本論では以下、広義の意味での累代楽器について考察していく。

二　累代楽器の特質

十一世紀、譲位の際に伝領される楽器が発生した。そして院政期に入ると、これらの楽器は実際の音楽儀礼の中でも用いられるようになる。当時、朝儀としての音楽儀礼でもっとも多く行われたのは御遊であった。御遊は三管（篳篥、横笛、笙）三絃（琵琶、箏、和琴）と歌い手（拍子、付歌）からなる儀礼であり、催馬楽を曲目の中心とする。単独では行われず、歌会や作文とともに並列して行われることを常とした。主催は専ら天皇であるが、上皇や女院、親王、あるいは摂関家でも行われることもあった。十五世紀、綾小路有俊によって編まれた『御遊抄』には、清暑堂御遊、内宴、中殿御会、朝覲行幸、御産（産養儀）、御元服、御着袴、御会始、臨時御会、立后、任大臣、臨時客が挙げられており、おおむね十一世紀末の御遊の成立期の区分に違わないものと言ってよい。

ここではまず、御遊に使用される名器を分析し、累代御物としての楽器と御遊との関係について考える。［表一］は名器の名が御遊に見え始める延久年間を上限とし、帝器における琵琶の時代の終焉、崇光天皇の時代を下限として、歴代の御遊で使われた名器と奏者とをまとめたものである（必要のため、それ以後の御遊についても幾つか記した）。これによって、御遊の場においていかなる名器が使われていたかを通史的に把握することができる。

個々のデータから読み取れるものは少なくないが、特に後醍醐朝までは一部の名器と御遊との間に一つの関係性を見出すことができる。それは清暑堂御神楽、[注16]中殿御会、[注17]御元服、朝覲行幸始、元服後初度朝覲行幸、舞御覧[注18]といった天皇の一代一度の儀でのみ使われる名器が存在した、という事実である。［表二］は後醍醐朝までと、それ以降（光厳朝以後）について、横軸を名器とし、縦軸を御遊として、それぞれ使用された回数の統計をとったものである。笙「キサキエ」[注19]、横笛「青竹」[注20]「小水龍」[注21]「柯亭」[注22]、箏「鬼丸」[注23]「伏見」[注24]「神智作」[注25]、琵琶「玄上」[注26]、和琴「鈴鹿」といった楽器が、天皇の一代一度の儀でしか使用されていない[注27]ことがわかる。こうした一代一度の儀でしか使用されない楽器のうちキサキエや小水龍、玄上は前節までに見た累代楽器に一致する。

この累代楽器が一代一度の儀で使われる楽器であったという視点に立つと、玄上や鈴鹿を記載する諸文献について、新たな読解が可能となる。特に神器との比較について、この視点は有効かと思われる。それは、神器が皇位を象徴するものであるのに対して、累代楽器が践祚後の儀礼を象徴するものである、と考えられるからである。例えば先に引用した『禁秘抄』について、本文冒頭の構成は以下の通りである。

禁中事
一　賢所
一　大刀契
一　宝剣神璽
一　玄上
一　鈴鹿

この配列は、三種の神器（賢所（鏡）、宝剣、神璽）と大刀契が天皇即位の象徴であるのに対して、累代楽器が天皇即位後の儀礼を支える象徴として認識されていたことを示すものと言える。

重要なのはこうした累代楽器が基本的に上皇・仙洞ではなく、天皇・内裏へ帰属する点である。特に和琴「鈴鹿」

は奏楽例が清暑堂御神楽、中殿御会、天皇御元服、内侍所御神楽に限られており、(注28) 内裏でおこなわれる御遊、神楽でしか使用されていない。［表二］参考資料として挙げたものは、天皇と親王上皇の楽器始と秘曲伝授で使用された名器が、累代楽器（玄上、柯亭）であるか否かについて分類したものである。これより天皇のみが累代楽器を用いて楽器始、伝授に及んでいることが理解されよう。従来、累代楽器は王権の象徴として漠然と捉えられる傾向にあったが、治天の君ではなく天皇主催の儀礼でしか使用されないところに累代楽器の特質があると言える。

三　秘曲伝授と累代楽器

ところで特に琵琶について言えば、こうした累代楽器の奏楽と、秘曲伝授の間にはある相関関係が認められる。琵琶秘曲伝授とは三曲、すなわち啄木、楊真操、石上流泉（のちに上原流泉もこれに加わる）の伝授を中心とする、師資相承の儀礼である。伝授の作法をまとめた藤原孝道の『琵琶灌頂次第』によれば、琵琶を妙音天の三昧耶形に、三秘曲の伝授を真言の三部灌頂に準えてこれを琵琶灌頂と称するのだと言う。その形式は藤原師長の『楽家伝業式』によって確立され、秘曲は天皇家、藤氏西流、西園寺家およびその分家（菊亭今出川家）によって伝承された（本書第五章参照）。

最初に挙げるのは、秘曲伝授と名器所作の関係を示す史料としてしばしば取り上げられる『順徳院御記』建保六年（一二一八）八月七日条である。

建保六年八月七日、丙午、霽、二条定輔卿参内、習楊真操曲、三曲内第三番目也、可弾玄象之間、故先伝秘曲、

この日、順徳天皇は帝師・二条定輔（一一六三〜一二二七）より琵琶秘曲の一である楊真操を伝授される。この伝授について順徳天皇は「可弾玄象之間、故先伝秘曲」と、玄上を弾くために楊真操を習得したことを述べている。

事実、この一週間後の八月十三日には、中殿御会が開催され、そこで順徳天皇は玄上を奏している。

次に挙げるのは、今出川公直の『四絃相承事』という、公直の日記からの抜粋である。公直の祖父・今出川兼季は西園寺家の傍流であったが、嫡流の異母兄・公顕が早世したこともあって、父・実兼より西園寺家の琵琶秘曲を相伝された。このため兼季は西園寺流の琵琶の直系となり、それが公直にも受け継がれている。

従上皇（崇光）当家秘説悉被返下訖、随而永和清暑堂神宴、予弾玄上秘説等了、於前右府（西園寺実俊）者、文和清暑堂・中殿両度御遊所作不存知之間、不弾玄上（秘説）訖、

ここには「今出川公直は崇光院より琵琶の秘曲を受けたことによって、[注29]永和（後円融）の清暑堂御神楽において「玄象秘説」を弾くことができた。一方、西園寺実俊は、伝授を受けていなかったため、文和（後光厳）の清暑堂御神楽、中殿歌会および作文で「玄象秘説」を弾くことができなかった」という事が書いてあり、清暑堂御神楽、中殿御会において玄上を弾くための秘説があったことがわかる。この秘説については、貞成親王『院拍子合清暑堂神宴記』が参考になる。

抑清暑堂御遊之時撥合事、左府（今出川公行）伏見殿（栄仁親王）ニ被申云、返風香調第二番撥合、清暑堂御遊ニ弾之、秘曲之間、以奥書可弾之由、先達書置之、然者雖可伝受申入、近日参上有故障之子細、自由之儀尤雖有其恐、以蜜議、御奥書先令拝領者可畏入之由、被申、予申次之、不可有子細之由、被仰之、其後以御書、御奥書被下訖、返風香調第六番撥合也〈要録譜ニハ第六番、中六ニハ第五番也、〉左府不審申云、先達之説以第二番可弾云々、然御奥書第六番也、如何之由、被申、又被仰云、弾玄象之時使用此撥合、坊城内府（大宮）実宗公弾玄上之時、両度弾此撥合云々、

これは応永二十二年（一四一五）の後小松院拍子合について、貞成親王が記したもので、清暑堂御神楽で用いる撥合について栄仁親王と今出川公行との遣り取りを述べたものである。傍線部、公行の「今出川家では清暑堂御神

楽に返風香調の第二番撥合を用いるのだと言う。しかし栄仁親王より請うた秘曲譜の奥書では第六番とある。なぜか」という問いに対し、栄仁親王は「第六番は玄上を弾くための秘説であり、大宮実宗も過去二度とも玄上を奏するときはこの撥合で弾いている」とする。両者で齟齬があるものの、清暑堂御神楽のための秘説があり、それが玄上を弾くことと結びついていたことがわかる。実際、文中で引用される『三五要録』第六番撥合の一部と『三五中録』第五番撥合はおおむね一致し、『三五中録』には「口伝云、第一最秘曲也……弾玄象之時、撥合弾之」(注30)とある。啄木との関係は不明ながら、一部の秘曲が、一代一度の儀で玄上を弾くための階梯として位置づけられていたことがわかる。(注31)

こうした位置づけは、秘曲そのものが御遊で奏される例(注32)などを除けば、楽理的な面から考察されるべきであり、伝授と奏楽の期日が近いからといって、そこに安易な関係を想定するわけにはいかない。ただ、ここまでの考察で、少なくとも琵琶に関して言えば、累代楽器（玄上）の所作、一代一度の儀（特に清暑堂御神楽）、秘曲の三者間に関係があることは理解される。琵琶の時代の特質は、この玄上―清暑堂御神楽―琵琶秘曲伝授という構図にあらわされるものと言えよう。

四　後醍醐天皇と累代楽器の紛失

しかし、譲位の際伝領されるものとして楽器が記されるのも、御厨子の中身が記録されるのも、一代一度の儀でのみ限定的に使用された楽器があったのも、十四世紀前半までである。これは累代楽器の多くが南北朝の動乱によって失われたことによる。この時代の宮廷音楽、特に後醍醐天皇と音楽との関わりについては、すでに森茂暁と豊永聡美の研究がある。(注33)ただ、後醍醐天皇が起こした内乱によって累代楽器が失われた点については触れていない。

そこで本節では、はじめに先行研究に基づくかたちで後醍醐天皇の音楽について概括し、その上で累代楽器の紛失について考察する。

後醍醐天皇は笛と琵琶を帝器としているが、先に帝器としたのは笛であり、東宮以前、すでに帥親王と呼ばれた時代から笛を吹き始めていた。文保二年（一三一八）二月二十六日に践祚して後は、琵琶を習得し始め、西園寺実兼を御師匠として猛烈な速度で秘曲を習得し、元亨二年（一三二二）五月二十六日には最秘曲・啄木の伝授（琵琶灌頂）に至っている。さらに六年後の嘉暦三年二月十六日には啄木の譜外の伝授にまでおよび、持明院統の人々に少なからぬ衝撃を与えている。(注34)

後醍醐天皇はまた名器についても思い入れが強かった。天皇と累代楽器との関わりは即位時においてすでに始まっている。後醍醐天皇の清暑堂御神楽は、当時、玄上が盗まれている状況にあったために、牧馬という名器での開催となった（『文保三年記』、『徒然草』七十段）。(注35)次期天皇への中継ぎとして後宇多の支配のもとに擁立された天皇であっただけに、玄上という一代一度の儀礼の象徴、それなしでの清暑堂御神楽の開催は、天皇自身をして逆に音楽に対する執心を湧きあがらせたに違いない。実際、後醍醐天皇は一代一度の儀の開催、累代楽器の奏楽に対して積極的であった。まず元亨二年（一三二二）五月二十六日には、今出川兼季を授師として、玄上を用い琵琶灌頂を達成する（『花園院御記』など）。玄上を用いての秘曲伝授は天皇のみができる特権であった［表二］。続いて元亨三年六月二十日には中殿作文を、元徳二年（一三三〇）二月二十三日には中殿歌会を慣行している（『御遊抄』『花園院御記』『増鏡』）。後醍醐天皇以前に両度の中殿御会を開催できたのは記録上、順徳天皇しかおらず後醍醐天皇の朝儀復興への強い意志がうかがわれる。元徳二年の中殿歌会については、音楽記事を含んだ史料が存在しないため判然としないが、元亨三年の中殿作文では玄上を奏している。そして元弘元年（一三三一）三月初旬、西園寺北山第でおこなわれた舞御覧においては累代楽器の笛「柯亭」を奏している。

このように、後醍醐天皇は一代一度の儀を滞りなく開催し、そこで累代楽器を何度も奏している。累代楽器が用いられる儀礼が、基本的に天皇と内裏に関わるものであることは第二節でのべた通りだが、親政を理想とした後醍醐天皇にとって、院に帰属せず天皇に内在するこれらの楽器の利用は、理想的であったと言えるだろう。

しかし、後醍醐天皇によって最大限にまで高められた音楽の権威は、図らずも自身を巻き込んだ内乱によってその根幹を喪失することになる。元弘元年八月二十四日、後醍醐天皇は、かねてより計画していた倒幕運動が密告されたことを察知、率爾として内裏を出奔し南下、幕府と抗戦する。しかし抗戦は失敗に終わり、捕まった後醍醐天皇は隠岐へと配流される（元弘の変）。この内乱の際、後醍醐天皇によって南朝から柯亭、キサキエといった累代楽器が持ち出されていた。キサキエや柯亭の所在を気遣う記事や、後醍醐天皇が宝蔵より重宝を持ち出したために、勝光明院宝蔵が検知された記事が『花園院御記』同年十月十九日、二十日条などに見える。[注36] 最終的には柯亭、キサキエは内裏に戻され、元弘二年十一月十五日の光厳天皇清暑堂御神楽では、玄上、鈴鹿、キサキエ、柯亭という通常通りの累代楽器で奏楽がおこなわれているが、こうした事件から後醍醐天皇の累代楽器に対する並々ならぬ執心が伺える。何より累代楽器が天皇の即位後の儀礼に必須なことは、親政を目指した天皇自身が一番に知るところであったろう。

そして、玄上ほか幾つかの累代楽器の奏楽記録はこれが最後になる。史料の乏しい時代であるが、『太平記』などによって累代楽器の行方を知ることができる。

主上（後醍醐天皇）は山門へ落ちさせたまはんとて、三種の神器を玉体にそへて、……玄象、牧馬、達磨の御袈裟・毘須羯磨が作りし五大尊、取り落されけるこそあさましけれ。

その後四国・西国の兵ども、洛中に乱れ入つて、行幸供奉の人々の家に、屋形屋形に火を懸けたれば、折節辻風はげしく吹きしいて、龍楼・竹苑准后の御所・式部卿親王常磐井殿・聖主御遊の馬場の御所、煙同時に立ち登りて、炎四方に充ち満ちたれば、猛火内裏に懸かって、前殿、后宮、諸司八省・三十六殿、十二門、大廈の構へ（宮殿）、いたづらに一時の灰燼と成りにけり。（『太平記』巻十四「主上都落の事」「内裏炎上の事」）

況建武以来鈴鹿紛失了、（『内侍所御神楽記（敦有卿記）』貞治六年（一三六七）十月三日条）[注37]

一つ目の記事は『太平記』より、建武三年（一三三六）十月十二日、後醍醐天皇が洛中を脱出し、南へと渡御する場面、すなわち吉野遷幸を書いたものである（引用部分について、諸本における大きな異同はない）。後醍醐天皇が神器こそ持ち出したものの、玄上、牧馬は内裏より持ち出すことができなかったこと、そしてそのまま内裏が灰燼に帰したことなどが書かれている。牧馬は勝光明院宝蔵に長きに渡り納められた琵琶で、この時内裏にあったのかは疑わしいが、二つ目の記事である『敦有卿記』によれば、建武年間に累代楽器の鈴鹿が失われたとあり、吉野遷幸の内乱によって玄上や鈴鹿が紛失した可能性は高いと言える。[注38]事実、以降の史料は玄上ほか幾つかの累代楽器をすでに存在しないものとして扱っている。

以下に掲示するのは、正平一統に関わる幾つかの史料である。足利家の内紛に乗じて、京へと入った南朝（後村上天皇）は崇光天皇を廃位、三上皇を幽閉、神器の摂取にあたるが、こうした神器ほか累代御物の摂取について、南朝と北朝（仙洞）との勅書の遣り取りを行ったのが洞院公賢であった。その時の記録は公賢の日記である『園太暦』に逐一納められているが、ここに玄上の名が登場する。以下、玄上に関わる南朝からの勅書と、それに対する仙洞の二度の遣り取りについてまとめて挙げる。

条々以（北畠）具忠朝臣令申候、就中彼三種事、悉可被渡候也、壺斬代々宝物候歟、同可被渡、昼御座御剣此間如何、子細同前、御調度等事、近年陵遅歟、然而所在分、任先例可被申沙汰候歟、玄上代被用何者候けるやらん。牧馬在何所哉、毎事無依違候様、殊可被申沙汰候歟、（観応二年（一三五一）十二月十八日条／南朝勅書）

一玄上代事

近来不被置其物、牧馬於蓮華王院宝蔵紛失、経年序歟、
（同年同月二十二日条／公賢返答）

さても累代名物共〈管絃具、〉有無不審候、便宜に可注給候、宝蔵はいづくも破損候歟、牧馬も候よし思給候へば、紛失候けり、無念候、玄上代なんとも何をか向後被用候べき、箏は何か残候らん、鬼丸、伏見などは候やらん、在何所候哉、仙洞辺被召置候者、可被申渡候、元応寺（元興寺カ）こそ不思議に当所に候へ、

（公賢返答）又名物楽器等事、笙、笛、琵琶者大略不相残候歟、箏者少々候之由承候之間、内々尋仙洞候処、勅答如此、密々進覧仕候、

（仙洞勅答）楽器名物事、笙、笛并琵琶宝蔵器等、或紛失、或回禄、及多年候歟、箏鬼丸、伏見以下許者相残候、宝蔵破壊之程難納之間、近年預置仁和寺宮了、忽可被召寄候、此外更不及存知候也、

（文和元年（一三五二）二月二日条／南朝勅書、公賢返答）

以上から音楽記事（傍線部）の遣り取りのみ記せば、一度目の勅書「玄上の代わりに、何を用いているか。牧馬はどこにあるか」とあって、その返答が「近年、そういったものは置いていない。牧馬は蓮華王院宝蔵において紛失し、年数が経過している」とあり、二度目の勅書は「玄上の代わりは、そののち何を用いていたか。箏は何か残っているか。残っていたとしたら、それはどこにあるか。仙洞に召し置かれているならば、申し渡すよう」とあり、それに対し公賢が仙洞に聞いた結果が「楽器名物などについて、笙、笛、並びに琵琶、宝蔵の楽器などは、紛失、焼失し、長く年数が経ってしまった。箏「鬼丸」「伏見」以下ばかりが残っている」というものであった。ここで「玄上代」とあるのは、すでに玄上の紛失を示しており、また「楽器名物」に関しても箏「鬼丸」「伏見」以外はすべて失われたことがわかる。

一連の書簡で重要なのは、一通目の南朝の勅書において、神器と壺切と累代楽器とが並列して置かれていることである。南朝にとって、壺切と累代楽器の摂取が神器の摂取に継ぐ重要事項であったことがわかる。それは、神器

が皇位の象徴であるのに対して、壺切は東宮（即位の前段階）の象徴、そして累代楽器は即位後の儀礼の象徴となる、つまり、そのいずれもが皇位の正統の象徴となるからであろう。その点で、この勅書の配列は、『禁秘抄』の神器、大刀契、累代楽器という配列（第二節参照）と通底している。後村上天皇が琵琶を帝器とし、良空（久我兼親）に啄木の灌頂を受けていた事実は、早くに村田正志によって明かされており、(注39)南朝の天皇にとって、秘曲伝授や累代楽器の相伝は、皇位の保証のための最重要事項であったと言える。

五　琵琶の時代と笙の時代

正平一統破綻の後、北朝では、新たに帝位についた後光厳天皇主催で中殿御会がおこなわれた［表一 - 76］。そこで用いられた楽器は『御遊抄』「中殿御会」に「又管絃等名物紛失之間、各用私器了」とある通り、私器（個人所有の楽器）であった。ここでいう「名物」とは、南北朝の動乱で失われた玄上ほか、いくつかの累代楽器と見て相違ない。それまでの琵琶道を止め、笙を吹く天皇の先例となった後光厳は、両度の中殿御会を開催し、そこでみずから笙の奏者となったように、音楽に関わる朝儀の復興に熱心であったが、後醍醐のように使用する名器にこだわることはなかった。累代楽器の権威構造は、あくまで玄上─清暑堂御神楽─琵琶秘曲伝授という琵琶中心のものであったから、笙吹きの後光厳としては名器の再興に拘泥する必要がなかったのである。

次代の後円融朝は、三種の神器や大刀契など、失われた御物をどう補遺するかで二条良基ら廷臣が奔走した時代であった。(注40)清暑堂御神楽についても「玄上代」が問題となる［表三 - 45］など、累代楽器復興の兆しが見られた。清暑堂御神楽では笙「コヲモタカ」、琵琶「巌」、箏「玉章」、和琴「寄波」という南北朝以前とは全く違う名器で御遊がおこなわれている［表一 - 79］。巌は永仁五年（一二九七）十月十三日に西園寺実兼から公顕への啄木伝授の際の宝枕で、(注41)この時期の伝授や御遊に度々使用され、一時期は内裏御厨子に置かれていたという［表三－43］。しかし厳は今出川家という「家」の楽器であり（『後愚昧記』貞治五年（一三六六）十月十九日条）、その点で御物とされた玄上より権威的に劣る。それは玄上には数多の霊験譚が附随するのに比して、(注42)厳には何一つとして霊験譚が存在しないことを見ても明らかであろう。結局、後円融天皇の清暑堂御神楽で使用された名器は、累代楽器の代替とは成り得なかった。一方、南北朝の動乱で紛失を免れた笛「柯亭」、箏「鬼丸」も、動乱以降は累代楽器としての特質を失っている。柯亭は伏見宮家の器となり、常の御遊で用いられもした［表一－83］。鬼丸は貞治二年（一三六三）の風雅集竟宴を最後に用いられていない［表一］。

清暑堂御神楽、中殿御会などの一代一度の儀において累代楽器が必要であり、こと琵琶「玄上」に関して言えば、それを奏するために秘曲伝授が必須であったとするならば、玄上の喪失はこれらの儀礼を根底から揺るがすことになる。次に挙げる史料は第三節で挙げたものの再掲である。

従上皇（崇光）当家秘説悉被返下訖、随而永和清暑堂神宴、予弾玄上秘説等了、於前右府（西園寺実俊）者、文和清暑堂、中殿両度御遊所作不存知之間、不弾玄上（秘説）訖、（『四絃相承事』）

公直は、秘曲を授かっていたために「玄上秘説」を弾けたと述べている。しかし実際のところ、この「玄上秘説」を以て奏した名器は厳であった［表一－80］。秘曲伝授があくまで玄上を弾くための階梯であった以上、琵琶の権威は退転をまぬがれない。「琵琶の時代から笙の時代へ」(注43)とは、単なる帝器の変化だけではなく、琵琶中心の権威構造そのものの変化を言っているのではないだろうか。

一方で琵琶の権威復権を望んだ人々、すなわち琵琶の家の人々の記録からは、累代楽器や、御遊における名器奏楽への固執が見てとれる。伏見宮貞成親王（後崇光院）はその好例であろう。『看聞日記』を中心として、貞成親王の残した諸記録には累代楽器や秘曲伝授についての言及が少なくない。(注44)大略それは朝儀において名器が用いられないことの不信や、秘曲伝授の廃絶を憂えるなど、楽の退転を歎くものであった。特に名笛「柯亭」に執着するなど、[注45]楽器への思い入れは強かった。後小松天皇第一子・称光天皇の継嗣のないままの崩御と、第二子・小川宮の急逝によって、貞成親王実子・彦仁が後小松院の猶子となる形で新帝が即位、これが後花園天皇であるが、実子への訓戒をしたため『椿葉記』の中で、貞成が後花園に琵琶道を強く進めていることは、すでに相馬万里子の指摘がある通りである。[注46]しかし後小松院の意向あって、後花園天皇は先代と同じ笙と箏を帝器としたのである［系図］。貞成の希望は叶わなかった。貞成にとっては楽器の伝領や秘曲伝授こそが、持明院統以来の皇位の正統性を示す術であったのだろう。しかし時代はすでにこうした音楽の権威化を必要としていなかったように思われる。仙洞の御楽では地下楽家の存在なしでは統制が取れず（『看聞日記』応永三十二年（一四二五）七月八日条）、晴の御会においては琵琶が参仕しないという当代において未聞の事態も生じた（同書応永二十三年三月二十七日条）。度重なる内訌と反乱で内裏は幾度となく炎上するも、その中で楽器の存在を記す諸記録が『看聞日記』のみであるという事実は、[注47]すでに琵琶の家を除いては累代楽器の存否がさしたる重要事ではなかったことを如実に示している。

六　中近世の名器と御遊

最後に、中近世における一代一度の儀と名器の変遷について述べておく。

清暑堂御神楽は文正元年（一四六六）後土御門天皇の代を以て終焉を向かえるが、桜町天皇の代に復興され、[注48]光格天皇の代からは御神楽と御遊の両方もおこなわれるようになった。[注49]中殿御会は後柏原天皇の代、大永五年（一五二五）三月二十四日の中殿歌会が最後である。[注50]朝覲行幸はすでに南北朝には退転したものの、[注51]舞御覧に関しては、天正十六年（一五八八）四月の聚楽第行幸、延宝三年（一六七五）二月の後水尾院八十御賀など、盛大な儀もおこなわれている。後柏原天皇の中殿御会のように、かつて使用されていた累代楽器を復興する試み（第一節『二水記』参照）もあったが、それ以外の一代一度の儀については、十五世紀以降、そこで使用される楽器が問題になるようなことはほとんどなかった。

一方、名器はどうであったか。応仁の乱中の文明八年（一四七六）十一月十三日、室町第が一揆によって襲撃放火され、近接する内裏も焼亡する。「御笙秋風、カケヒカウフヱ、笛柯亭、シヤカヤシ（蛇逃カ）、神楽笛キリキリス、御箏鬼丸ラクヤウヤクル也」（『言国卿記』）とあり、かつての累代楽器の鬼丸、柯亭もこの時に焼失したと思しい。この後も内裏は幾度となく焼失再建を繰り返し、その度に楽器も失われていったと思われるが、特に万治四年（一六六一）正月十五日の火災は大規模で、和琴「河霧」などが焼失している（『楽家録』巻四十一、「内侍所御神楽次第」[注52]）。河霧は上東門院より藤原師実に贈られた和琴で（『江談抄』三－六五、［表三－14］）、藤原氏に渡った後、御物となったと思われる。『楽家録』などによれば、河霧は宮中の御神楽で使用されていたと言うので、累代楽器とは言わないまでも、鈴鹿と同じ性質を持っていた楽器であったといってよい。この万治火災以前の、御物の楽書や楽器を記す史料が『禁裏御文庫楽書并御楽器之目録』[注53]であり、火災で焼けた河霧などに混じって「後陽成院宸筆琵琶寸法」が見える。これは伏見宮家に伝わった玄上図を、後陽成天皇が慶長七年（一六〇二）に写したものである[注54]。後陽成天皇は、この時代の天皇が箏を専らとする中で、琵琶を弾いており、天皇の事跡と合わせて考えてみる時、その特殊性がうかがわれる。

驚くのは大正時代まで河霧、新河霧という和琴が御物として伝わっており[注55]、うち河霧は現在でも宮内庁楽部に存在している[注56]ことであろう。また、現在の葵祭において使われる和琴の名前は河霧であると言う。鈴鹿が賀茂社祭で用いられる名器であった[注57]ことを考えれば、下賀茂社に伝わる河霧の由来も何かしら累代楽器と関係があると思われる。かつての権力の中枢から外れ、「一代一度の儀でのみ使われる楽器」という性質も失ったが、累代楽器は現代にまでその名残をとどめているのである。

結語

本論ではまず、豊永聡美の(注58)「累代楽器」論を基盤に、累代楽器の奏楽と、琵琶秘曲伝授との相関関係があることを突き止め、この玄上―一代一度の儀―秘曲伝授の構造を「琵琶の時代」の特質ととらえた。こうした構造は、後醍醐天皇によって究極的に高められた。しかし、自身を巻き込んだ内乱によって、累代楽器の多くは紛失し、笙の時代の到来によって、累代楽器は復興されることなく消滅したのである。(注59)「はじめに」で述べた帝器における五つの時代のうち、累代楽器を有し、かつ秘曲伝授がおこなわれていたのは琵琶の時代のみである。その点で、ほかの時代に較べ帝器を権威化する構造がより体系的であったと言える。以上の考察より、琵琶の時代は権力(特に天皇)の象徴としての問題と、秘曲や名器にかかわる問題として、音楽史の中で特質化されると考えられる。

注

(1) 林屋辰三郎『中世芸能史の研究』岩波書店、一九六〇年。荻美津夫『日本古代音楽史論』吉川弘文館、一九七七年。同『平安朝音楽制度史』吉川弘文館、一九九四年。
(2) 福島和夫『日本音楽史叢』和泉書院、二〇〇七年。
(3) 磯水絵『説話と音楽伝承』和泉書院、二〇〇〇年。同『院政期音楽説話の研究』和泉書院、二〇〇三年。
(4) 相馬万里子「「代々琵琶秘曲御伝受事」とその前後―持明院統天皇の琵琶」『書陵部紀要』三六、一九八四年。同「琵琶の時代から笙の時代へ―中世の天皇と音楽」『書陵部紀要』四九、一九九八年。豊永聡美『中世の天皇と音楽』吉川弘文館、二〇〇六年。

（5）ここで挙げた系図は旧稿（「中世宮廷音楽の時代区分とその特質―名器、御遊、秘曲伝授の関係を視座として」『藝能史研究』一九一、二〇一〇年）に基づくものである。豊永聡美は『天皇の音楽史』（吉川弘文館、二〇一七年）において、筆者の系図に基づく時代区分について「やや形式的であり、ときに複数の楽器がある場合などに実質的な軽重の差異が反映されないことが起こる」（五頁）と述べている。その上で両統迭立期は持明院統正嫡が琵琶を、大覚寺統が笛を帝器としていた時代であったとしている。

豊永の説は適確なものであり、特に琵琶が持明院統の天皇すべてではなく、正嫡のみが奏していたという指摘は重要である。ただし本論では歴代天皇と楽器の関係を概観するためにも、旧稿で用いたのと同じ系図を掲げた。なお豊永は戦国、江戸時代における天皇の主たる帝器は「あくまでも笙と箏であった」（前掲書一九七頁）とするが、少なくとも『天皇皇族実録』を通観してみる限り、江戸時代の帝器は箏が主体であったと考えられる。

（6）前掲注（4）。坂本麻実子「足利義満と笙」『日本の音の文化』第一書房、一九九四年。

（7）中原香苗「楽器と王権」『皇統迭立と文学形成』和泉書院、二〇〇九年。三島暁子『天皇・将軍・地下楽人の室町音楽史』思文閣出版、二〇一二年。

（8）米田雄介「累代の御物について―皇位継承に関して」『広島女子大国文』一五、一九九八年。

（9）岡村幸子「平安時代における皇統意識―天皇御物の伝領と関連して」『史林』八四‐四、二〇〇一年。

（10）前掲注（4）豊永著書一部三章及び第三部参照。

（11）大村拓生「一〇～一三世紀における火災と公家社会」『中世京都首都論』吉川弘文館、二〇〇六年（初出一九九六年）。

（12）前掲注（7）中原論文参照。

（13）裏松光世（一七三六～一八〇四）筆。天明年間に焼亡した大内裏の復元案となった故実書。なお『大内裏図考証』は御厨子の図として「年中行事解斎図」の他に『体源抄』と「古楽書厨子之図」を挙げている。『体源抄』は本論で引用した「置物絵図ノ事」と同じ図であり、「古楽書厨子之図」は「年中行事絵巻」からの引用と思われる（但し二段と三段の棚の配置が「年中行事絵巻」と逆になっている）。

（14）詳細不明。

（15）『桃華雑抄』にも同様の図、詞書を収録する。

(16)大嘗会の後、清暑堂で夜通しおこなわれる神楽、御遊を言う。神楽は神楽笛、篳篥、和琴、本拍子、末拍子によって構成される。神楽に引き続いて琵琶、箏、笙が参入し、神楽笛に代わって横笛、狛笛が配され、御遊が行われる。天皇は奏楽に関わらない。清暑堂は大内裏豊楽院の後房を指すが、それは大嘗会が大極殿でおこなわれていた時代の話であり、官庁で行う場合は回廊を以て行った。『御遊抄』や『神宴所作人交名』によれば、三条天皇以降には必ず御遊をともなう形で開催され、後土御門天皇の代まで続いた。白河院の代より、仙洞で御神楽の習礼が開催され、これを「院拍子合」と呼んだ。院拍子合は清暑堂御神楽と異なり、院が楽器に堪能な場合は奏楽に参加した。

(17)中殿（清涼殿）で開催される、践祚後初度の歌会（和歌御会）ないし作文（漢詩御会）であり、必ず御遊をともなう両席御会の形で張行される（佐多芳彦『服制と儀式の有職故実』吉川弘文館、二〇〇八年、三部一章参照）。この御会以降の年始の御会（御会始）はすべて晴儀となる。なお、それまでの御会始は密宴（密議）とされる（小川剛生『二条良基研究』笠間書院、二〇〇五年、三篇一章参照）。清暑堂御神楽と異なり、天皇が音楽に堪能な場合、奏楽に加わる。院が行う、中殿御会と同等の性質を持つものに、三席御会始がある。院主催のもと仙洞で開催され、以降の御会始はすべて晴儀となる性質を持つ（上記小川論文参照）。三席御会始においても中殿御会と同じく、院が音楽に堪能な場合、奏楽に加わる。

(18)天皇の行幸と逗留を伴い、複数日にわたって舞、御遊、蹴鞠、歌会、作文、船楽などがおこなわれる儀礼を言う。仏事を行うものと行わないものがある。廷臣の子息による陵王、胡飲酒、青海波といった舞が行事の主となることから、舞御覧とも称される（『文永五年院舞御覧記』『舞御覧記』など）。古くは天皇や女院の長寿を祝う御賀がこれにあたるが、十三世紀以降は、北山第を中心に方違行幸を名目としておこなわれた。延喜十六年（九一六）三月七日の醍醐天皇の朱雀院行幸（宇多院五十御賀）を吉例としてか、三月の春の盛りに開催されることが多い。本書第四章参照。

(19)大キサキエと小キサキエがあるが（『江談抄』三–五四）、御遊で使われたのは小キサキエである。漢字表記が「蚶気絵」「幾佐気絵」などと一定しないので、本論では「キサキエ」に統一する。

(20)名笛「葉二」と並んで天下第二の笛とされる（『糸竹口伝』など）。ただし、名器を類聚する最古資料である『枕草子』（新全集、新大系八十九段）に葉二、大水龍、小水龍が見えるのに対し青竹の名は見えない。葉二と同じものとする説もある（『愚聞記』）。『続教訓抄』第十二冊によれば、もともと青葉と赤葉の二つがついた竹が彫られており、後に片葉が退色して、青葉のみが残ったのだと言われる。著明な「青葉の笛」はこれに因んだものだが、青竹もこの話から考えると葉二、青葉の笛と同じものとも推定できる。

(21) キサキエと同じく大水龍、小水龍があり、御遊で用いられたのは小水龍である。永仁六年（一二九八）の清暑堂御神楽では笛筥に横笛が入ってなかったとする［表三 - 35］ので、この頃には失われていたか。

(22) 失われた小水龍に変わって新たに一代一度の儀において使用された横笛。のち崇光院、伏見宮家の所有となり、貞成親王の代に後小松院に摂取された（横井清『室町時代の一皇族の生涯—『看聞日記』の世界』講談社学術文庫、二〇〇二年、第四章参照）。文明八年（一四七六）の火事で焼失［表三 - 47］。

(23) 単に「鬼」とも。安元元年（一一七五）正月五日の朝覲行幸で、後白河院より高倉天皇に贈物として贈られている（『朝観行幸部類』所引『山槐記』）。覚法法親王作の箏と言う（『有職抄』所引『山槐記』、なお『有職抄』は「覚澄」とするが「覚法」の誤写であろう）。柯亭とともに文明八年の火事で焼失。蓮華王院宝蔵納物。

(24) 「臥見」とも。『教言卿記』（応永十四年二月二十一日条）所引『山槐記』によれば覚法法親王の作と言う。鬼丸と同じ由来を持つが、別個のものか。蓮華王院宝蔵納物。

(25) 審智作とも。『管絃した、むる事』所引「蓮華王院宝蔵御琵琶・箏・和琴等目録」には「小師子……審智作」とあり小師子と同じものか。ただし神智なる人物が不定なので、一応ここでは小師子と区別して表記した。蓮華王院宝蔵納物。

(26) 「玄象」とも。玄上に関する中世の諸記録は森下要治および前掲注（3）［磯　二〇〇三］、前掲注（7）中原論文に集成されている。森下要治「〈玄上〉関連説話・記録集成稿—十六世紀以前」『文教国文学』四一、一九九九年。

(27) これら一部の楽器が特別な儀礼でしか用いられなかったことは、玄上所作の回数からもわかる。十二世紀後半以降、玄上の奏楽回数が一部の楽家間で名誉となっていたことがあり、特に後鳥羽院の御師匠・二条定輔が順徳院に「これまでに三度まで玄上を弾いた」と吹聴したこと（『順徳院御記』建保六年（一二一八）八月七日条）や、定輔が生涯に五度まで琵琶を弾いたこと（『文机談全注釈』七三頁）は有名である。［表一］と照応するに、実際、建保六年の時点で定輔の玄上所作回数は三回であり、生涯では五回であるので、玄上が一代一度の儀においてのみ使用されたのは事実と見てよい。

しかしだからこそ例外は重く見る必要がある。時に、玄上が二度、一代一度の儀以外で用いられている。一例は元亨三年（一三二三）の御楽であり、この意義については本書第二章でのべる。そして、もう一例が文応元年（一二六〇）の後深草院拍子合である点は注目される（なおこの御遊では箏・鬼丸も用いられている）。後深草は三曲のうちの一つも伝授なしで玄上を二度奏するなど、他の天皇と異なり、玄上奏楽の規範を破っており、持明院統の正統の楽器として、玄上を位置づけようとする意図があったのだと推定される。

（28）前掲注（4）豊永著書では賀茂社石清水社両臨時祭とその試楽でも鈴鹿が奏楽されていた可能性が高いとする（二八四頁）。実際、以下に挙げる史料には鈴鹿の名が記されている。

石清水臨時祭試楽…『兵範記』仁安二年（一一六七）三月十四日条

石清水社臨時祭……『勘仲記』弘安七年（一二八六）三月九日条

賀茂社臨時祭試楽…『江家次第』「賀茂臨時祭試楽」

賀茂社臨時祭………『山槐記』永暦元年（一一六〇）十一月二十三日条、『兵範記』仁安二年（一一六八）三月十六日条、同書嘉応元年（一一六九）十一月二十一日条、『勘仲記』弘安元年（一二七八）十一月二十五日条

しかしこれらの記事には、舞人出御以前の所作として「昇和琴〈鈴鹿〉」「昇鈴鹿」などとあるのみで、鈴鹿を奏したことは記されていない。仁和寺蔵「山水屏風」には、賀茂社頭と思われる場での奏楽場面が描かれており、和琴が持ち上げられた状態で奏されている（『仁和寺と御室派のみほとけ』一三二番）。「昇和琴」とはこうした特殊な奏法を含む表現であったとも思われるが、いずれにせよ両社における鈴鹿の扱いをめぐっては、史料を精査する必要があると思われる。なおこれら臨時祭においても鈴鹿が用いられるのは舞人御覧の儀など、内裏での儀礼に限られている。このことから、累代楽器は基本的に天皇の身体とともにある楽器であったと考えられる。

（29）ここで「従上皇当家秘説悉被返下訖」とあるのは、もともと今出川兼季が光厳天皇に琵琶秘曲伝授を伝授したものを、光厳の子・崇光が今度は兼季の孫・公直に伝授した事実による。前掲注（4）［相馬　一九八四］参照。

（30）引用は書陵部蔵本（伏－二〇〇九）による。本書は西園寺実兼自筆本と見られ、現存する『三五中録』完本のうち

の最古写本である。
（31）伏見宮貞常親王が今出川教季に返風香調を伝授した時の譜の奥書には「右撥合、第一最秘曲、清暑堂御遊之時、必可弾是云々」（『伏見宮旧蔵楽書集成　三』二五四頁）とある。
（32）例えば、足利義満は康暦元年（一三七九）十一月八日に万秋楽を習得し（『体源抄』十一上「将軍家御笙沙汰記」）、翌十二月六日に如法経十種供養でこれを奏している（『迎陽記』）。また、永徳元年（一三八一）三月二日に蘇合四帖只拍子を習得する（『体源抄』同前）が、同月十二日の室町第舞御覧の奏楽目録に蘇合四帖の名が見える（『さかゆく花』）。この辺りに関しては、秘曲と奏楽の関係性を認めて良いであろう。
（33）森茂暁『後醍醐天皇』中公新書、二〇〇〇年。前掲注（4）豊永著書第一部三章参照。
（34）以上の事跡については本書第六章および前掲注（4）豊永著書第一部三章参照。
（35）石附敏幸「国立公文書館蔵『文保三年記』」『人文研究（千葉大学）』四〇、二〇一一年。なお『平安鎌倉古文書集　五』「僧玄海笛譜等注文」参照。
（36）前掲注（33）森著書参照。
（37）書陵部蔵四一五‐二六五。本書第三章注（12）も参照。
（38）玄上や鈴鹿の紛失については、滋野井公麗『禁秘抄階梯』、黒川由純『徒然草拾遺抄』（七十段）、宮内黙蔵『伊勢名勝志』、今井通郎「文学に現れた雅楽・郢曲」『史学文学』二‐一、一九五二年、などに早くに指摘されている。
（39）村田正志「後村上天皇の琵琶秘曲相伝の史実」『村田正志著作集　第二巻』思文閣出版、一九八三年（初出一九六三年）。
（40）小川剛生「公家社会と太平記」『歴史と古典　太平記を読む』吉川弘文館、二〇〇八年。
（41）宝枕（法枕）については相馬万里子を参照。相馬万里子「琵琶における西園寺実兼」『中世音楽史論叢』和泉書院、二〇〇一年。
（42）前掲注（7）中原論文参照。
（43）前掲注（4）［相馬　一九九八］参照。
（44）『看聞日記』応永二十七年（一四二〇）八月二十八日条、応永二十八年六月十二日条、『院拍子合清暑堂神宴記』など。

(45) 横井清『室町時代の一皇族の生涯―『看聞日記』の世界』講談社学術文庫、二〇〇二年、第四章参照。

(46) 前掲注（4）［相馬　一九八四］参照。

(47) 例えば『看聞日記』は、応永三十二年（一四二五）の内裏炎上について「累代楽器・文書等悉取出無為之間」（八月十六日条）とし、嘉吉三年九月二十三日の内裏炎上について「大事之本尊（二間観音）、楽器等欲運出」と楽器の所在を気に留めている。

(48) 元文三年（一七三八）十一月二十一日。『桜町天皇実録』参照。

(49) 天明七年（一七八七）十一月二十九日。『光格天皇実録』参照。

(50) 大永五年の中殿歌会は、当初、三席御会を予定していたものが、作文を司る東坊城家の伝承が絶えていたため、やむなく御遊・歌会の両席での開催となったものであった（『菅別記』大永五年三月五日条）。中殿御会が天皇主催であり、三席御会始が院主催であるという原則に従わない点であることに注意しておきたい。

(51) 白根靖大『中世の王朝社会と院政』吉川弘文館、二〇〇〇年、二部五章参照。

(52) 山上忠麿『有職故実論集』大文字書店、一九九三年（初版一九六五年）を参照。

(53) 田中幸江「上野学園大学日本音楽史研究所蔵『禁裏御文庫楽書并御楽器之目録』について」『中世後期禁裏本の復元的研究』二〇〇九年。

(54) 現存（重要文化財）。史料編纂所台紙付写真七五四‐一〇五六四、『言経卿記』慶長七年七月十八日条、『国宝重要文化財大全　七』三〇〇頁参照。

(55) 田辺尚雄『日本音楽講話（改訂版）』岩波書店、一九二六年、二三四～五頁。なお『日本音楽講話』新版（講談社学術文庫）は旧版の楽器解説の項を省いており、この条を収録しない。

(56) 佐藤仁「和琴と「邪馬台国」に関する9章」『創立五十周年記念論文集（国立音楽大学）』一九七八年、を参照。ただし河霧は万治四年の火災で焼けており［表三‐48］、上東門院御物そのものではないと思われる。

(57) 前掲注（28）参照。

(58) 前掲注（4）豊永著書参照。

（59）　ここまでの論から検討すると、琵琶が権威化されるのは、王権が強化された時ではなく、むしろ不安定となった時であると言える。累代楽器の行方とその代替に固執した南朝も、琵琶道を相伝し続けた伏見宮家も、玄上に特別の興味を示した後陽成天皇も、常に本流の下に拉いでいた側である。これは「神器の由来や真偽が問題とされるようになるのは、天皇権自体の正統性が不分明になったということである」という山本幸司の王権とレガリア論とも共通する考え方と言える。その点、後深草が玄上奏楽の先例を破棄した（前掲注（27）参照）のも、後小松天皇が貞成親王より柯亭の接収にあたったのも、皇統における正統を保たんがためであったと解釈すべきであろう。山本幸司「王権とレガリア」『岩波講座天皇と王権を考える　6』二〇〇三年、岩波書店、三四頁参照。

［略語一覧］**安**＝安元御賀記　**右**＝中右記　**雲**＝雲井の花　**永**＝永和大嘗会記　**延**＝延慶大嘗会記　**宴**＝公宴部類記　**円**＝後円融院御記　**園**＝園太暦　**花**＝花園院御記　**歌**＝玉葉和歌集　**看**＝看聞日記　**勘**＝勘仲記　**観**＝観音寺相国記　**吉**＝吉野吉水院楽書　**玉**＝玉葉　**元**＝御元服雑抄（六巻本洞院部類記所引）　**源**＝源家長日記　**胡**＝胡琴教録　**御**＝御遊抄　**公**＝公衡公記　**岡**＝岡屋関白記　**後三**＝後三条相国抄　**後伏**＝後伏見院御記　**西**＝西園寺一切経供養并後宴等記　**薩**＝薩戒記　**三**＝三席御会次第（書陵部蔵伏‐436）　**山**＝山槐記　**時**＝時信記　**実**＝実躬卿記　**順**＝順徳院御記　**信**＝信俊卿記　**深草**＝後深草院御記　**増**＝増鏡　**続**＝続史愚抄　**体**＝体源抄　**大**＝大嘗会清暑堂御遊所作例（天理図書館蔵綾小路家旧蔵楽書、史料編纂所レクチグラフ 6800‐219）　**中**＝中殿御会部類記　**猪**＝猪隈関白記　**長**＝三長記　**椿**＝椿葉記　**定**＝定能卿記　**殿**＝殿暦　**天**＝天皇御元服諸例（書陵部蔵伏‐637）　**と**＝とはずがたり　**洞**＝実泰公記　**伏**＝伏見院御記　**文**＝文机談　**兵**＝兵範記　**弁**＝弁内侍日記　**門**＝門葉記

（『門葉記』は巻 130「門主行状」、『体源抄』は巻 10 上「愚聞記云ノ事」および巻 11 上「代々中殿作文御遊伶人歌楽等事」による。『実泰公記』は『管見記』所引。『観音寺相国記』および『定能卿記』建久元年条は『日本音楽史考』の指摘による（『日本音楽史考』は『雅楽資料集（二松学舎大学 21 世紀 COE プログラム）第 4 編』による）。なお『延慶大嘗会記』は『後伏見院御記』の一であるが、便宜上、別にした。また『西園寺一切経供養并後宴等記』『中殿御会部類記』は部類記であるが、引用元は省略した）

和琴	笙	笛	篳篥	典拠	No
源師賢［鈴鹿］	源季宗［私器］	源政長	藤原敦家	御	1
源師賢［鈴鹿］	源季宗［キサキエ］	中御門宗俊	？	御　体	2
源政長	藤原公定［キサキエ］	藤原宗通	源俊頼	御	3
源師忠［鈴鹿］	藤原公定　源顕仲	源政長　藤原宗通	藤原敦家	元　天	4
源有賢	源顕仲 藤原家保	堀河天皇　藤原宗通 藤原宗輔　藤原忠教	源俊頼	殿	5
藤原伊通［鈴鹿］	源雅定［キサキエ］	藤原信通 藤原宗輔［蜂丸］	藤原敦兼	元	6
源有賢［鈴鹿］	源雅定［キサキエ］	藤原季成　三条公教	藤原敦兼	右　元　天	7
藤原季成［鈴鹿］	源雅定［キサキエ］	三条公教	藤原季兼	時	8
源資賢［鈴鹿］	藤原頼長［私器］	三条公教	藤原季行	御	9
源資賢［鈴鹿］	源雅定	藤原成通	藤原季行	元　台記　天	10
？	？	？	？	文:80	11
源資賢［鈴鹿］	藤原信能［キサキエ］	徳大寺公能［小水龍］	藤原季行	御　兵	12
中山忠親［鈴鹿］	藤原重通	藤原実国	藤原季行	御　山	13
藤原公光	四条隆季	藤原実国	藤原季家	御　胡	14
源通家［鈴鹿］	四条隆房	藤原成親	藤原定能	御　胡　兵	15
中山忠親［鈴鹿］	藤原家通［キサキエ］	藤原成親［小水龍］	藤原定能	御　胡　兵	16
中山忠親［鈴鹿］	四条隆季［キサキエ］	藤原実国［水龍］	藤原定能	玉　元　胡 天	17
中山忠親	四条隆房［小キサキエ］	平維盛［小水龍］	藤原定能	安　玉　定	18
藤原実家▲	四条隆季	高倉天皇［小鷹丸］ 藤原実国	藤原定能	玉	19

［表一］御遊における名器一覧

注）
名器が記された史料のみ典拠として挙げた。所作人は周辺史料によって補訂してある。
楽器名のA→Bは、本来Aという楽器を使う予定だったのが、諸事情によりBになったことを示す。
▲は諸史料によって所作人、名器に異同があり、不信なもの。
※「これ（徳大寺実基）も玄上一度遊ばれたりしとこそ承しか」より推定。
「: 数字」でページ数を示す。
No.67は御楽であり、御遊ではないが、参考として記した。

No			行事名	琵琶	箏
1	治暦4（1068）	11月24日	清暑堂御神楽（後三条）	源経信［玄上］	敦賢親王
2	延久3（1071）	12月 6日	中殿作文（後三条）	源経信［玄上］	なし
3	寛治1（1087）	11月22日	清暑堂御神楽（堀河）	藤原師通［玄上］	中御門宗忠
4	寛治3（1089）	1月 5日	御元服（堀河）	藤原師通［玄上］	中御門宗忠
5	康和4（1102）	3月 9日	白河院五十御賀（試楽）［舞御覧］	源基綱［玄上］	藤原忠実
6	永久1（1113）	1月 1日	御元服（鳥羽天皇）	源基綱［玄上］	藤原忠通
7	大治4（1129）	1月 1日	御元服（崇徳）	源有仁［玄上］	藤原忠通
8	天承1（1131）	10月23日	中殿歌会	源有仁［玄上］	中御門宗輔
9	康治1（1142）	11月17日	清暑堂御神楽（近衛）	藤原重通［玄上→末濃］	中御門宗輔
10	久安6（1150）	1月 4日	御元服（近衛天皇）	藤原重通［玄上］	中御門宗能
11	仁平2（1152）	3月 7日	鳥羽院五十御賀［舞御覧］	源基綱［玄上］	？
12	久寿2（1155）	11月25日	清暑堂御神楽（後白河）	藤原師長［玄上］	中御門宗輔
13	平治1（1159）	1月21日	内宴	二条天皇［玄上］	藤原季通
14		11月25日	清暑堂御神楽（二条）	源通能［玄上］	藤原成範
15	仁安1（1166）	11月17日	清暑堂御神楽（六条）	藤原師長［玄上］	花山院兼雅
16	仁安3（1168）	11月24日	清暑堂御神楽（高倉）	九条兼実［玄上］	花山院兼雅
17	承安1（1171）	1月 3日	御元服（高倉）	九条兼実［玄上］	藤原師長
18	安元2（1176）	2月21日	後白河院五十御賀試楽	九条兼実［玄上］	藤原師長［伏見］
19		3月 4日	後白河院五十御賀［舞御覧］	九条兼実［玄上］	藤原師長［伏見］

和琴	笙	笛	篳篥	典拠	No
源雅賢	四条隆季［私器カ］	藤原公保［私器カ］	藤原定能	玉　定	20
源資賢	藤原家通	高倉天皇	藤原定能	玉	21
源雅賢［鈴鹿］	四条隆房	藤原実国	藤原定能	御	22
源雅賢	藤原家通	藤原泰通	藤原定能	御	23
源雅賢［鈴鹿］	四条隆房	藤原隆忠	藤原親能	元　天　定	24
四条隆雅	近衛家実	後鳥羽天皇［蛇逃］ 山科実教	藤原親能	吉	25
源有雅	近衛家実	山科実教	藤原忠行	吉	26
四条隆雅	藤原経家	山科公頼	藤原親能	観　元　順	27
大炊御門頼実	近衛家実	山科実教	藤原親能	御　源	28
大炊御門頼実	近衛家実	？	？	御	29
大炊御門頼実	近衛家実	山科実教	藤原忠行	猪　長	30
大炊御門頼実	近衛家実	藤原隆忠	藤原忠行	御　後三　猪 文:264	31
大炊御門家嗣	四条隆衡	山科公頼	藤原忠行	順	32
大炊御門家嗣	近衛家実	山科公頼	藤原雅経	順	33
大炊御門家嗣［鈴鹿］	四条隆衡	山科公頼	藤原雅経	御　順	34
大炊御門家嗣	四条隆衡 藤原家衡	藤原経通 山科公頼	藤原忠行 藤原盛兼	元　天	35
大炊御門家嗣	四条隆仲	山科公頼	藤原盛兼	御　公	36
大炊御門家嗣	西園寺実有	山科公頼	藤原実俊	文:186	37
？	藤原教房	花山院定雅	楊梅伊忠	文:302	38
源有賢［鈴鹿］	四条隆親　西園寺実有	花山院定雅	楊梅伊忠	元　天	39
大炊御門冬忠［鈴鹿］	四条隆親	花山院定雅	楊梅伊忠	御	40
源資信	土御門顕定	花山院定雅	楊梅伊忠	弁	41
大炊御門冬忠	四条房名［キサキエ］	花山院定雅	楊梅忠資	岡　御	42
大炊御門冬忠［鈴鹿］	四条房名　四条隆親	花山院定雅［小水龍］	楊梅伊忠	元	43
花山院師継	四条隆雅　四条房名	恒仁親王(亀山)［青竹］ 近衛良教	楊梅忠資	西	44

No			行事名	琵琶	箏
20		5日	御賀	大宮実宗［賢円］	藤原師長［伏見］ 花山院長雅
21		6日	御賀後宴	九条兼実［玄上］	藤原師長
22	治承2 (1178)	6月17日	中殿作文(高倉)	藤原師長［玄上］	藤原家通
23	寿永1 (1182)	11月26日	清暑堂御神楽(安徳)	大宮実宗［玄上］	花山院兼雅
24	建久1 (1190)	1月 3日	御元服(後鳥羽)	大宮実宗［玄上］	花山院忠経
25	建久8 (1197)	4月22日	朝覲行幸(後鳥羽→七条院)	大宮実宗［御前］	花山院兼雅［鬼丸］
26	建久9 (1198)	11月24日	清暑堂御神楽(土御門)	二条定輔［玄上］	花山院忠経
27	元久2 (1205)	1月 3日	御元服(土御門)	二条定輔［玄上］	花山院忠経
28		19日	朝覲行幸始(土御門→後鳥羽)	後鳥羽院［玄上］	？
29	承元1 (1207)	1月 2日	朝覲行幸(土御門→高陽院)	後鳥羽院［牧馬］	花山院忠経
30	承元2 (1208)	12月25日	御元服(守成(順徳))	後鳥羽院［牧馬］	鷹司兼基
31	建暦1 (1211)	1月19日	朝覲行幸始(後鳥羽→順徳)	後鳥羽院［玄上］	花山院忠経
32	建暦2 (1212)	11月15日	清暑堂御神楽(順徳)	久我通光［玄上］	花山院忠経
33	建保4 (1216)	12月 8日	中殿作文(順徳)	二条定輔［玄上］	藤原経通
34	建保6 (1218)	8月13日	中殿歌会(順徳)	順徳天皇［玄上］	近衛基良［菊丸］
35	貞応1 (1222)	1月 3日	御元服(後堀河)	二条定輔［玄上］	近衛基良
36		11月25日	清暑堂御神楽(後堀河)	二条定輔［玄上］	近衛基良
37	嘉禎1 (1235)	11月22日	清暑堂御神楽(四条)	徳大寺実基［玄上］	近衛基良
38	嘉禎2 (1236)	6月 9日	任大臣節会	花山院師継［象丸］	近衛師季
39	仁治2 (1241)	1月 5日	御元服(四条)	徳大寺実基［玄上］	近衛良教［鬼丸］
40	仁治3 (1242)	11月15日	清暑堂御神楽(後嵯峨)	西園寺公相	近衛良教［伏見］
41	寛元4 (1246)	11月26日	清暑堂御神楽(後深草)	西園寺公相［牧馬］	近衛良教
42	建長2 (1250)	10月13日	朝覲行幸始(後深草→後嵯峨)	西園寺公相	室町実藤
43	建長5 (1253)	1月 3日	御元服(後深草)	西園寺公相	近衛良教［伏見］
44	正元1 (1259)	3月 6日	一切経供養【北山第行幸】［舞御覧］	後深草天皇［玄上→荻花］ 西園寺公相	洞院公宗

和琴	笙	笛	篳篥	典拠	No
大炊御門信嗣	?	?	楊梅忠資	体	45
大炊御門冬忠[鈴鹿]	四条房名	近衛良教	楊梅忠資	御	46
大炊御門信嗣	四条房名	花山院長雅	楊梅忠資	御　深草	47
大炊御門信嗣[鈴鹿]	中院通頼　四条房名	花山院長雅 一条実家	楊梅兼行	勘　観　御 元　増	48
大炊御門信嗣	中院通頼 西園寺公衡	後宇多天皇[柯亭] 近衛良教 花山院長雅	楊梅兼行	実冬卿記　と 増　宗冬卿記	49
大炊御門良宗[鈴鹿]	四条房名[キサキエ▲]	近衛良教[平礼]	楊梅兼行	御　歌　体	50
大炊御門信嗣[鈴鹿]	西園寺公衡	花山院家教[私器]	楊梅兼行	御　弁	51
なし	西園寺公衡[達智門]	花山院家教	楊梅兼行	公　御	52
?	西園寺公衡[キサキエ(カ)]	花山院家教[柯亭]	西園寺公顕	伏	53
大炊御門冬氏	西園寺公衡	花山院家雅	楊梅兼行	公　御	54
大炊御門冬氏[鈴鹿]	西園寺公衡[キサキエ→達智門]	花山院家雅[私器]	楊梅兼行	公　御	55
冷泉頼成	西園寺公衡　洞院実泰	花山院家雅 持明院家相	楊梅兼行	公	56
大炊御門良宗[鈴鹿]	[キサキエ] 中院通重 万里小路師重	[柯亭] 花山院家雅 持明院家相	西園寺公顕	観　元　天	57
大炊御門良宗[鈴鹿]	中院通重[キサキエ]	今出川兼季[柯亭]	楊梅兼行	実	58
?	中院通重	藤井嗣実	楊梅兼高	延	59
大炊御門信嗣[鈴鹿]	中院通重[キサキエ]	藤井嗣実[柯亭]	楊梅兼高	延　御　洞	60
大炊御門冬氏[鈴鹿]	中院通重[キサキエ] 西園寺季衡[非名物]	今出川兼季[柯亭] 藤井嗣実	楊梅兼高	元　天　花 増	61
大炊御門冬氏	西園寺公衡　西園寺季衡	藤原家相	楊梅兼高	園　御	62
大炊御門冬氏[朽目]	西園寺季衡[キサキエ]	藤井嗣実[柯亭]	楊梅兼高	花	63
?	?	?	?	後伏	64
大炊御門冬氏	西園寺実衡	藤原教定	楊梅兼高	御　徒然草 70段	65
大炊御門氏忠[鈴鹿]	北畠親房　洞院公泰	藤原教定	楊梅兼高	御　花　増 体	66
?	?	?	?	増	67
大炊御門氏忠	北畠親房　洞院公泰	後醍醐天皇	楊梅兼高▲	冬平公記	68

No			行事名	琵琶	箏
45	文応1 (1260)	11月 6日	院拍子合(後深草)	後深草院[玄上] 西園寺公相	洞院公宗[鬼丸]
46		18日	清暑堂御神楽(亀山)	西園寺公相	洞院公宗
47	文永3 (1266)	3月12日	続古今和歌集竟宴	西園寺公相[堅田] 刑部卿局	[葦鶴] 近衛良教 二位局 新兵衛督
48	建治3 (1277)	1月 3日	御元服(後宇多)	西園寺実兼[玄上]	鷹司兼忠[師子/鬼丸]
49	弘安8 (1285)	3月 1日	【北山准后九十賀】[舞御覧]	煕仁親王(伏見)[牧馬] 西園寺実兼	洞院実泰
50		7月23日	中殿歌会(後宇多)	西園寺実兼[玄上]	鷹司兼忠[伏見]
51	正応1 (1288)	11月24日	清暑堂御神楽(伏見)	西園寺実兼[玄上]	鷹司兼忠
52	正応2 (1289)	1月17日	三席御会(伏見)	伏見天皇[良道] 西園寺実兼	鷹司兼忠
53		3月25日	【鳥羽殿行幸】[舞御覧]	伏見天皇[玄上] 西園寺実兼	鷹司兼忠[信智作]
54	永仁6 (1298)	11月10日	院拍子合(伏見)	伏見院[良道] 西園寺公顕[鬼]	鷹司冬平
55		22日	清暑堂御神楽(後伏見)	西園寺公顕[玄上]	鷹司冬平[鬼丸]
56		26日	臨時御会(密々)	西園寺公顕[鬼]	[鬼丸ヵ] 治部卿局 今出川少納言局
57	正安2 (1300)	1月 3日	御元服(後伏見)	九条師教[玄上]	洞院公泰[伏見]
58	正安3 (1301)	11月22日	清暑堂御神楽(後二条)	洞院公守[玄上]	洞院実泰[鬼丸]
59	延慶2 (1309)	11月14日	院拍子合(伏見)	伏見院[良道] 西園寺公顕	中御門冬定
60		11月26日	清暑堂御神楽(花園)	鷹司冬平[玄上]	洞院実泰[鬼丸]
61	応長1 (1311)	1月 3日	御元服(花園)	西園寺公顕[玄上]	鷹司冬平[伏見]
62		2月10日	御会始	後伏見院 西園寺公顕	洞院公賢[菊] 近衛嗣実
63	正和3 (1314)	1月 2日	朝覲行幸始(花園→後伏見)	後伏見院[玄上] 西園寺公顕	洞院実泰[神智作]
64	正和4 (1315)	3月 1日	三席御会(後伏見院)	後伏見院[良道] 西園寺公顕 西園寺実衡	?
65	文保2 (1318)	11月24日	清暑堂御神楽	今出川兼季[牧馬]	洞院実泰
66	元亨3 (1323)	6月20日	中殿作文(後醍醐)	後醍醐天皇[玄上]	洞院公賢[伏見]
67		7月 7日	御楽	後醍醐天皇[玄上]	?
68	元亨4 (1324)	1月19日	作文	鷹司冬平[元興寺]	洞院公賢

和琴	笙	笛	篳篥	典拠	No
?	?	後醍醐天皇［柯亭］	?	続	69
大炊御門冬信	鷲尾隆職	山科維成	楊梅兼高	花　大	70
大炊御門冬信［鈴鹿］	西園寺季衡［キサキエ］	山科維成［柯亭］	楊梅兼高	御　花　大	71
大炊御門冬信	洞院公泰［私器］	洞院実夏	楊梅兼高	御　大	72
大炊御門冬信	洞院公泰	洞院実夏	楊梅忠俊	三	73
洞院公泰	洞院実泰　洞院実夏	光明天皇［下萩］ 大炊御門氏忠	楊梅兼親	門	74
大炊御門氏忠	洞院公泰	洞院実夏	楊梅兼親	園	75
正親町忠季	後光厳天皇［私器］ 四条隆家	久我通相［私器］	中院親光	御	76
正親町実綱	後光厳天皇［太子丸］　藤原実尚	今出川公直	中院親光	門	77
正親町実綱［私器］	後光厳天皇［二千石、大唐カ］ 山科教言［太子丸］	三条実音	楊梅兼親	雲	78
正親町実綱	後光厳天皇［二千石、太子丸］ 中御門宗泰	三条実音　室町公彦	楊梅兼親	門	79
大炊御門宗実［寄波］	藤原実尚［コヲモタカ］	三条実音	楊梅兼親	永　御	80
大炊御門宗実	足利義満［呂：二千石　律：達智門］ 山科教言［太子丸］	後円融天皇［橘立］ 三条実音	楊梅兼邦	体　中	81
大炊御門冬宗	足利義満［二千石、火桶］	三条実音［木蝉］	楊梅兼邦	御	82
大炊御門宗実	後円融院［達智門、太子丸］ 足利義満［二千石、火桶］	三条実音	楊梅兼邦	御　円　中	83
大炊御門信宗［寄波］	松木宗継［太子丸、蛮絵］	洞院満季［柯亭］	なし	宴　信　薩	84
大炊御門信宗［寄波］	松木宗継	中山定親［柯亭］	楊梅兼重［鶯］	看　御　椿	85
大炊御門信宗	松木宗継［二千石］　四条隆盛	中山定親［柯亭］	平松資継	御　椿	86
?	後柏原天皇　二条尹房 山科言綱	一条房冬	橘以緒	二水記	87

No			行事名	琵琶	箏
69	元弘1 (1331)	3月 6日	【北山第行幸】[舞御覧]	?	?
70	元弘2 (1332)	11月 4日	院拍子合(後伏見)	後伏見院[牧馬] 今出川兼季	中御門冬定
71		15日	清暑堂御神楽(光厳)	今出川兼季[玄上]	中御門冬定[鬼丸]
72	暦応1 (1338)	11月21日	清暑堂御神楽(光明)	今出川実尹	鷹司師平[鬼丸]
73	暦応2 (1339)	6月27日	三席御会始(光厳)	光厳院[鬼丸] 西園寺公重	洞院公賢　鷹司師平
74	康永3 (1344)	2月28日	御遊始(光明)	正親町忠季　園基隆	洞院公賢
75	貞和2 (1346)	11月 9日	風雅和歌集竟宴	光厳院　西園寺公重	洞院公賢[伏見] 一条局[州浜] 三位局[鬼丸]
76	貞治2 (1363)	10月29日	中殿作文(後光厳)	西園寺実俊[私器]	なし
77	貞治3 (1364)	3月 7日	御遊始	正親町忠季　園基隆	近衛局
78	貞治6 (1367)	3月29日	中殿歌会(後光厳)	西園寺実俊[象丸]	室町公全
79	応安1 (1368)	3月 6日	作文	園基隆	室町公全 右衛門督局
80	永和1 (1375)	11月25日	清暑堂御神楽(後円融)	今出川公直[巌]	四辻季顕[玉章]
81	永徳1 (1381)	2月17日	歌会	西園寺実俊	四辻季顕
82	永徳3 (1383)	11月18日	清暑堂御神楽(後小松)	今出川公直	四辻季顕[青海波]
83	至徳1 (1384)	11月 3日	三席御会(後円融院)	今出川公直[巌]	四辻季顕[玉章]
84	応永32 (1425)	2月11日	仙洞御遊始	園基秀[巌]	後小松天皇[青海波] 四辻季保[輪台、玉章]
85	永享2 (1430)	11月20日	清暑堂御神楽(後花園)	園基秀[巌]	
86	永享5 (1433)	1月 3日	御元服(後花園)	園基秀	洞院実熙[州浜]
87	大永5 (1525)	3月24日	中殿歌会(後柏原)	貞敦親王[虎]	知仁親王[駒] 四辻公音[州浜]

[表二] 御遊における名器の所作回数

～後醍醐		琵琶		箏			和琴	笙	笛		
		玄上	牧馬	伏見	鬼丸	神智作	鈴鹿	キサキエ	小水龍	青竹	柯亭
天皇	清暑堂御神楽	16	2	1	5	0	12	6	2	0	3
	中殿御会	7	0	2	1	0	6	3	0	0	0
	御元服	11	0	0	0	0	10	5	2	0	2
	朝覲行幸始	3	2	0	1	1	0	0	0	0	1
	舞御覧	6	1	4	1	1	0	2	1	1	4
院	院拍子合	1	1	0	1	0	0	0	0	0	0
	三席御会始	0	0	0	0	0	0	0	0	0	0
	春宮元服	0	1	0	0	0	0	0	0	0	0
	朝覲行幸	0	1	0	0	0	0	0	0	0	0
	常の御遊	1	0	0	0	0	0	0	0	0	0

光厳～		琵琶	箏			和琴	笙		笛
		巌	鬼丸	玉章	青海波	寄波	二千石	太子丸	柯亭
天皇	清暑堂御神楽	2	1	1	1	2	3	0	1
	御元服	0	0	0	0	0	0	0	1
院	三席御会始	1	0	1	0	0	0	1	0
	常の御遊	1	1	1	1	1	2	3	1

(参考) 天皇家の琵琶始・笛始、 秘曲伝授における名器		玄上	その他の琵琶	柯亭	その他の笛
楽器始	天皇	1	0	1	0
	院、親王	0	1	0	1
秘曲伝授	天皇	2	1	0	0
	院、親王	0	9	0	0

［表三］累代楽器に関わる年表

No			出来事
1	承和6 （839）		藤原貞敏、唐より紫檀、紫藤の二面の琵琶を持ち帰る（うち一面は「玄上」ともいわれるが、未詳）【日本三代実録貞観9年（867）10月4日条】
2	延喜5 （905）	1月22日	藤原保忠、笙を吹き「橘皮」を賜う【醍醐天皇御記（『鳳笙師伝相承』所引）】
3	延喜18 （918）	2月26日	六条院で管絃あり。常の行幸では和琴「宇陀法師」を召すが、命あって「朽目」を召す【醍醐天皇御記（『西宮記』所引）】
4	天元5 （982）	11月17日	内裏炎上する。「或記云、炎上之間、累代御物多紛失、牙御笏、紫檀御脇息、玄上等也」とあり【百練抄】
5		12月6日	「玄上従式御曹司東垣。付物抜落畢」とあり【百練抄】
6	寛和2 （986）	12月20日	一条天皇、円融院へ朝覲行幸始。院より天皇に「御笙〈裏青色薄物、付五粒松〉」が贈られる【小右記（『朝覲行幸部類』所引）】（御笙の袋が、1008年の「キサキエ」の袋に類似するので、一応記しておく）
7	正暦1 （990）	1月11日	一条天皇、円融院へ元服後初度朝覲行幸。院より天皇に「赤笛」が贈られる【小右記（『朝覲行幸部類』所引）】
8	長保2 （1000）	11月15日	紫宸殿御遊。「宇多法師」を用いる【小右記（『源氏物語奥入（藤裏葉）』所引、なお『権記』同日条も参照）】
9	寛弘5 （1008）	10月16日	敦成（後一条）誕生の祝いとして、藤原彰子より一条天皇に「キサキエ」「小水龍」と高麗笛が送られる【不知記（『御産部類記』所引）】
10	寛弘7 （1010）	1月15日	敦良（後朱雀）五十日の御儀において、藤原道長より一条天皇に「葉二」「螺鈿」と和琴（「鈴鹿」か）が送られる【御堂関白記】
11	長和5 （1016）	1月29日	新帝・後一条天皇へ渡される御物に琵琶、笛筥の名あり（豊永聡美『中世の天皇と音楽』によれば、譲位にあたり楽器が伝領されたことを示す最古例という）【小右記】
12	寛仁1 （1017）	12月4日	藤原道長の任大臣節会。藤原彰子より道長に、「牧馬」が送られる【御堂関白記】
13	長元1 （1028）	4月22日	新帝・後朱雀天皇へ渡される御物に楽器・笛筥の名あり。「御笛筥等〈横笛二管□□□〉、御琴一張、琵琶一面」とあり【範国記】
14	康平3 （1060）	7月19日	藤原師実の任大臣節会。藤原彰子より藤原師実に和琴「河霧」が送られる【定家記】
15	延久4 （1072）	7月3日	一条内裏火災。「（宇多法師は）焼失云々」【源氏物語奥入（藤裏葉）】「鈴鹿、宇多法師焼失云々」【二中歴】
16	寛治頃 （1087-）		譲位において渡されるものとして「琵琶一面、和琴一面、笛筥一合〈笛二管、尺八一〉、横笛二管〈狛太〉、拍子四」とあり【江家次第】
17	天仁2 （1109）	9月6日	白河院、藤原忠実の高陽院に御幸。院より忠実に「牧馬」が贈られる【殿暦】
18	天承1 （1131）	10月23日	中殿歌会。御遊において「昼御座横笛」を用いる【時信記】
19		11月25日	藤原忠実の兵仗慶賀。崇徳天皇から忠実に「元興寺」が贈られる【時信記】

20	久安4 （1148）	10月5日	藤原忠実、玄上を修理し絃をかける【台記、玉葉安元2年2月14日条】
21	仁安2 （1167）	9月26日	五条内裏火災。「玄上、鈴鹿、御笛筥一合〈納笙横笛水龍也、拍子二筋〉……取出了」【兵範記】
22	仁安3 （1168）	2月19日	新帝・高倉天皇に渡される御物に「玄上」「鈴鹿」と笛筥の名あり。「玄上、鈴鹿、笛筥、〈在納物〉」【兵範記】
23	安元1 （1175）	1月4日	高倉天皇、後白河院の法住寺殿へ朝覲行幸。院より天皇へ「鬼丸」「紙烏帽子」「唐櫃」が贈られる【山槐記（『朝覲行幸部類』所引）】
24	治承4 （1180）	2月21日	新帝・安徳天皇に渡される御物に「玄上」「鈴鹿」の名あり。御厨子についての記述あり。「御笛筥可置第二層西方、同層東方置玄象、頭方可為西、第三層置鈴鹿、以東可為上也、絃者以弾便置之、笛箱者可置御所方」【山槐記】
25	文治5 （1189）	12月4日	来月開催の天皇御元服につき院宣あり。その内容によれば、管絃御物など「玄上」「鈴鹿」とも破損という。また御笛箱は先年乱逆の後、紛失したという【玉葉】
26	建久9 （1198）	1月11日	新帝・土御門天皇に渡される御物に「玄上」「鈴鹿」と笛筥の名あり。「御笛筥一合……玄上、鈴鹿」【三長記】
27	建保6 （1218）	12月8日	中殿作文。清涼殿の笛筥を用いる【順徳院御記】
28	貞永1 （1232）	10月4日	新帝・四条天皇に渡される御物に「玄上」「鈴鹿」の名あり【民経記】
29	建長1 （1249）	2月1日	閑院内裏火災。「累代御物、賢所以下玄象・鈴鹿・御笛筥〈水龍入此筥歟〉……如此之類悉被取出了」【岡屋関白記】
30	建長2 （1250）	10月13日	後深草天皇、後嵯峨院の鳥羽殿へ朝覲行幸。贈物として「神智作」の箏【公衡公記正応2年（1289）3月5日条】
31	文永7 （1270）	8月22日	五条内裏火災。「内侍所、剣璽、玄上、鈴鹿、御椅子、時簡、仁寿殿観音、累代重宝等、無為尾奉取出」【吉続記】
32	弘安1 （1278）	閏10月13日	内裏火災。「玄象、鈴鹿已下重宝、内侍所、無為奉出之」【勘仲記】
33	正応3 （1290）	3月10日	浅原為頼父子、禁中乱入。「内侍、剣璽取りて出づ。女嬬は玄象・鈴鹿取りて逃げけり」【中務内侍日記】
34	永仁2 （1294）	1月14日	内裏火災。「玄上、鈴鹿、二間観音已下、大略取出云々」【勘仲記】
35	永仁6 （1298）	11月22日	清暑堂御神楽。笛筥の中身は「キサキエ」のみ【公衡公記】
36	文保1 （1317）	4月20日	御厨子についての記述。「笛筥〈南〉、納拍子一、近代無笛、第三層和琴〈鈴鹿…〉」【花園院御記】
37	元亨3 （1323）	6月24日	禁裏（後醍醐天皇）より箏「鬼丸」を進ぜらる。26日に返進する【花園院御記】
38	元弘1 （1331）	8月24日	元弘の変始まる。後醍醐天皇、内裏より「柯亭」「キサキエ」を持ちだす【花園院御記10月19日、20日条】
39	元弘2 （1332）	5月2日	もともと清涼殿昼御座に置かれていた「玄上」だが、乱世のため、近来は夜大殿に置かれている【光厳院御記】

40	建武年間（1334-6）		「鈴鹿」紛失【教有卿記貞治6年（1367）10月3日条】。玄上焼失か【太平記】
41	観応2（1351）	12月18日	南朝より累代楽器についての勅書。すでに「玄上」は紛失【園太暦】
42	文和1（1352）	2月2日	南朝より累代楽器についての勅書と北朝側の返答【園太暦】
43	延文2（1357）	4月29日	琵琶「巌」はかねて置物厨子に置かれている【後光厳天皇御琵琶始並御伝受記】
44	貞治2（1363）	10月29日	中殿作文。「又管絃名物等紛失之間、各用私器了」【御遊抄】
45	永和1（1375）	11月23日	後小松天皇清暑堂御神楽について、「玄上代」が問題となる。「可被用何器」（勅問）→「代々有其沙汰歟、当道事無故実、可有勅問堪事之人々乎」（三条公忠返答）【後愚昧記】　今出川公直、「玄象秘説」を弾く【四絃相承事】
46	応永22（1415）	11月14日	称光天皇清暑堂御神楽の後小松院拍子合。代々の清暑堂御神楽では名器を用いるが、この都度はその沙汰なし。「玄上」以下紛失のためか【院拍子合清暑堂神宴記（看聞日記）】
47	文明8（1476）	11月23日	室町第火災、内裏類焼。「御笙秋風、カケヒカウフヱ、笛柯亭、シヤカヤシ（蛇逃カ）、神楽笛キリキリス、御箏鬼丸ラクヤウヤクル也」【言国卿記】
48	万治4（1661）	1月15日	内裏火災、和琴「河霧」ほか宮廷御物が多数紛失する【楽家録41、内侍所御神楽次第】
49	安政1（1854）	4月6日	内裏火災。「名高き龍門と申御箏、蛇逃の御笛、是なとも焼失、御笙にも品々御銘管被為在候処皆々焼亡仕候、御和琴なとも焼失仕候」【井伊家史料安政1年5月19日条】

第二章　御楽の成立と展開

はじめに

御楽[注1]は鎌倉時代後期に成立し、南北朝から室町期にかけて次第に隆盛していった音楽儀礼である。それまでの宮廷音楽の中心であった御遊にかわり、御楽は天皇家や将軍家、あるいはそれぞれの家においても行われるなど、公武間で広がりを見せた。しかしこれまでの研究において、御楽は御遊とほとんど区別されることがなかった。この点を踏まえ、本章では十四世紀から十五世紀中葉を中心に、御楽の成立と展開について考察する。その上で御楽の特質について示し、これを時代的社会的背景から読みといてみたい。

一　御楽の成立まで

本節ではまず、御楽成立の前提となる御遊について述べる。合せて史料上の用例としての「御楽」についても触れておく。

およそ十四世紀中葉まで、宮中における音楽儀礼の主流をなしていたのは御遊と呼ばれる行事であった。御遊とは拍子付歌および三管（笙、横笛、篳篥）と三絃（琵琶、箏、和琴）からなる管絃の会である。ただし御遊それのみが独立した儀礼となることは稀で、通例は歌会、作文などの朝儀に付随して行われた。各楽器は殿上人が担当し、別に召人と呼ばれる地下の楽人が参仕することもあった。曲目は原則として呂（双調）と律（平調）からなり、催馬楽によるうたいものが曲の中心である。御遊の開催にあたっては事前に次第が配布され、当日はその次第に基づいて儀礼が行われる。十二世紀以降の御遊においては、天皇の奏楽（御所作）がともなうものもあり、特に一代一度の儀においては特別な楽器が用いられるなど、宮廷儀礼において重要な位置をなすに至った（本書第一章）。

むろん、御遊が主流になったからといって私的な奏楽の場がなくなったわけではない。たとえば『玉葉』文治元年（一一八五）八月二十日条にある、徳大寺公継が琵琶を奏で、みなでこれに歌で合わせたという記事はその一端を示すものであろう。十二世紀後半成立の「餓鬼草紙」には酒宴にたわむれつつ管絃を奏する貴族や遊女たちの姿が描かれており[注2]、この時代に私的な管絃の場があったことを知ることができる。

御遊が十二世紀以降、固有の儀礼として定着していったのに対し、御楽は語としての用例はあるものの、御遊に較べその数ははるかに少ない。以下に幾つか例を示す。

①御楽近衛者五六人許令召候、（『御堂関白記』寛弘元年（一〇〇四）十一月二十三日条）

②有参殿上、有御出御々座、管絃、上達部殿上人候小板敷、自余人著大盤、巡行数度、御楽数曲、賜御衣、（同書　寛弘六年三月二十五日条）

③鳥羽院、この御よをうけつがせをはしまして、いみじく世をさまりけり。御笛は宗輔公にならひきこしめす。御楽など、ことにしたゝかにあそばされけり。（『文机談全注釈』一八頁）

日記からは御楽の用例はほとんど確認されず、わずかに『御堂関白記』に数例を見るのみである。その用例も①が賀茂臨時祭の楽について用いられているのに対し、②は管絃の遊びについて用いられており一定しない。ある特定の行事に対して御楽の用語が用いられていないことがわかる。また③などの文学作品においても特別の意味を用いているようには見えない。少なくとも十三世紀以前の資料における御楽とは「楽」に「御」をつけた普通名詞にすぎないものであった。特に公家日記などの歴史資料に限定すれば十三世紀における御楽の用例は一件も見られない。

二　御楽の成立

十四世紀より以前は御楽という用語の例は少なく、またそれが指し示すところの意味も不明瞭であった。ところが十四世紀に入ると、史料上に御楽の名称が散見されるようになる。その初出は『実躬卿記』乾元元年（一三〇二）七月七日条である。

未刻院、新院自持明院殿〈富小路殿へ〉臨幸……近習人々少々応召参候、謂之如何、右大臣、帥〈為方、〉洞院前中納言〈実明、〉鷹司中納言〈家雅、〉前藤中納言〈俊光、〉別当〈兼季、〉二条前宰相〈為雄、〉予等也、数献之後、依新院御方御結構、有御楽、堪事人々祗候、無故之輩暫立御前座、予窮屈之間、即退出、

詳細は不明だが、管絃に堪能なものが「御楽」に参加したことがわかる。実躬はそうでなかったから窮屈に思い退出したと述べているから、多分に私的な行事であったのだろう。二番目の用例は『園太暦』応長元年（一三一一）三月二日条である。これより以前の二月二十七日、二十九日条についても音楽記事が見られるので、以下日付順に列挙する。

①次置御遊具、摂政《（鷹司冬平）》箏、大将殿《（洞院実泰）》〈拍子、以資□笏令用給之、〉右大将《（西園寺公顕）》比巴、大炊御門中納言《（冬氏）》和琴、西園寺中納言《（兼季）》〈兼〉笛、大宮中納言《（西園寺季衡）》笙、有時朝臣付歌、兼高朝臣篳篥、歌楽呂安名尊、鳥破、席田、律更衣、万歳楽、五常楽急、今度儀大治元年例云々、（二月二十七日条）

②次御遊始、摂政箏〈賀殿急、中納言有子細歟、〉大将殿拍子〈又被用笏、〉大炊御門中納言和琴、西園寺中納言〈兼〉比巴、土御門中納言《（中院通重）》〈通〉笙、家相朝臣笛、有時朝臣付歌、兼高朝臣篳篥、呂席田、鳥破、賀殿急、律更衣、万歳楽、三台急、御遊以前著隠座之後先有勧盃、（二月二十九日条）

③及寅刻有御楽、予候箏、春宮《（後醍醐）》御笛、持房朝臣比巴、行房朝臣方磬、具行朝臣笙、平調楽等也、（三月二日条）

①②は珣子内親王の五夜と七夜の産養儀の記事である。内親王の誕生から五日目と七日目に御遊が行われていたことがわかる。産養儀にあたって御遊の場がもうけられていたことは、『御遊抄』に「御産」の項目があることからも明らかだが、これに対して③三月二日条には「有御楽」とある。この③の記事には幾つか注意すべき点がある。まず挙げられるのは拍子を担当するものがいないかわりに、方磬を世尊寺行房が担当している点である。方磬は打物であり御遊には用いられない楽器である。また奏されたのが「平調楽等」であったという点も注意される。御遊であるならば律呂（平調双調）からなるのでこのような書き方はしないだろう。担当楽器の編成からみても「平調楽」というのは管絃曲であった可能性が高い。実際、三月二日の内親王九夜の儀は『続史愚抄』によれば「無御遊」とあったという。①②の記事と照応するに、『園太暦』は御遊と御楽の用語を使いわけていたと考えられる。『園太暦』には他にも複数例の御楽の用例があるが、[注3] いずれも管絃による奏楽を示したものである。『園太暦』以外の十四世紀の史料についても『花園院御記』『光明院御記』に御楽の用例が数例みられ、これらも管絃による奏楽を示している。[注4]

ただし十四世紀の公家日記では、御楽は必ずしもその名称で呼ばれていたわけではない。例えば『園太暦』延文

三年（一三五八）七月七日条には、

今日内裏御会、詩題〈二星秋有信、一字、〉大納言参仕、又有御楽云々、

とあって、その後に演奏者と曲目が記されるが、『後深心院関白記』の同日条をみると、

晴、乞巧奠如例年、禁裏有詩御会并絃管之興、

とある。ここから『園太暦』では「御楽」とされたものが『後深心院関白記』では「絃管之興」とされていることがわかる。また『花園院御記』にも「音楽」（元亨元年七月二日条）、「盃酌」（元亨二年一月十七日条）、「種々音楽」（元亨三年五月十二日条）といった用例があり、これらが御楽と同様の意味で用いられていた可能性がある。『園太暦』の記主である洞院公賢のように、朝儀に精通し御遊の次第を作成するような廷臣の場合は、このようなあいまいな儀礼名は示さないが、それ以外の史料の場合、公式な行事名が御楽であっても御楽として示されない例もあったようである。少なくとも十四世紀にあっては、御楽という言葉が必ずしも一般的ではなかったことに留意すべきであろう。また「盃酌」という用語も注目される。これは酒宴の場を設けることであるが、特に十四世紀以降の史料からは酒宴にともなって管絃が奏される事例が幾つか見られる。後述するように、御楽においては酒宴の場がともなわれていたことから、「管絃」や「盃酌」が、次第に御楽という行事名で定着していった可能性も考えられる。(注5)

三　後醍醐天皇における御楽

以上、十四世紀以降に御楽の名称のもとに行われる、管絃奏楽を主体とした儀礼があることを見てきた。次にこれら御楽の儀礼が、どのような形で展開してきたかを論じる。御楽の展開を考える上で重要な位置にあるのが後醍醐天皇である。『増鏡』巻十三「秋のみ山」には次の記事がみえる。

その七月七日、乞巧奠、いつの年よりも御心とゞめて、かねてより人々に歌もめされ、ものの音どもも心みさせ給。その夜は、例の玄象ひかせたまふ。人々の所作、ありし御文にかはらず。笛、篳篥などは、殿上人ども、鳴板の程にさぶらひてつかまつる。中宮も上の御局にまうのぼらせ給。小簾のうちにも琴・琵琶あまたありき。播磨の守長清の女、今は左大臣の北方にて三位殿といふも、箏ひかれけり。宮の御方の播磨の内侍も、おなじく琴ひきけるとかや。琵琶は権大納言の三位殿師藤大納言女、いみじき上手におはすれば、めでたうおもしろし。蘇香、万秋楽、残る手なくいく返となくつくされたる明け方は、身にしむばかり若き人々めであへり。さらでだに、秋の初風は、げにそゞろ寒きならひを、ことはりにや。御遊びはてて文台召さる。この度は和歌の披講なれば、その道の人々、藤大納言為世、子ども孫どもひき連れてさぶらへば、上（後醍醐）の御製、

笛竹の声も雲井にきこゆらし今宵手むくる秋のしらべは

元亨三年（一三二三）に後醍醐天皇主宰で行われた乞巧奠について述べたものである。『増鏡』によれば、後醍醐は乞巧奠の音楽の後に歌会を行い、そこで「笛竹の…」の和歌を読んだという。『増鏡』ではこの行事は「御遊び」であったとされるが、同じ行事を記した『花園院御記』には「伝聞、今夜内裏有御楽云々」(注6)とある。『体源抄』巻十二上「代々大鼓所作」に「元亨三年七月七日於禁裏七夕御楽有之、蘇合香一具并四帖只拍子説有之」とあることからも、実際の行事は御楽であったと考えられる。そして元亨三年の七夕での奏楽が御楽であったとするならば、以下の三点において、この儀礼は特質化される。

一点目は後醍醐天皇が玄上を奏していたことである。玄上は累代御物であり天皇の一代一度の儀礼でしか使用されない楽器であった（本書第一章参照）。『増鏡』の記事が事実だとすれば、後醍醐は七夕御楽を一代一度の儀礼にも比するほどの特殊な行事として位置づけていたと考えられる。

二点目は傍線部にあるように万秋楽や蘇合といった盤渉調の曲が奏されていたことである。特に蘇合については

『体源抄』より「蘇合四帖」という曲目であったことが裏づけられる。管絃楽としての蘇合四帖は秘曲であり、宮中儀法などの場において実際に奏されていた曲である。(注7) ここで思い出されるのは元弘元年（一三三一）三月に北山第で行われた舞御覧での後醍醐天皇の奏楽である。(注8) 舞御覧については本書第四章でくわしく述べるが、天皇の複数日の行幸をともなって行われる御会の総称で、廷臣とその子息による舞楽が行われることが多いのが特徴である。元弘元年の北山第行幸でも、当時十四歳だった北畠顕家が陵王荒序を舞っており、後醍醐はこの荒序に合わせ累代楽器の横笛・柯亭を吹いている。このことから元亨三年の七夕御楽もまた、こうした後醍醐天皇による音楽的パフォーマンスであったと考えられる。

三点目は後醍醐による御製「笛竹の声も雲井にきこゆらし今宵手むくる秋のしらべは」とあるところで、後醍醐が秋の調べを蘇合や万秋楽などの盤渉調の曲であったと認識している点である。実は七夕における調子＝盤渉調の奏楽という説が、後醍醐天皇『建武年中行事』の「乞巧奠」の項にも見いだせる。

七日、蔵人調度をはらひのごふ。夜に入りて乞巧奠あり。庭に机四脚をたて丶、燈台九本、各ともし火あり。机に色々の物すゑたり。箏のこと柱たて丶是をおく。机の上のひとりに、よもすがらそらだきあり。陰陽寮時を奏す。ことぢに三の様あり。常はばむしき調、半呂半律、秋のしらべなり。是は秋の秘事にて侍るゆゑ、しる人すくなし。

乞巧奠では、調度の机と机とのあいだに、あたかも二星をつなぐ橋のように箏がかけられる。(注9) 引用した箇所は、この箏の調絃について述べた部分である。「こと柱に三の様あり」という部分は次に挙げる『江家次第』の「乞巧奠」の記事、

七日乞巧奠事……自御所申下箏一張、置東北、西北等机上北妻〈延喜十五年例用和琴、〉立柱有三様、常用半呂半律、秋調子也、

に基づくもので、ほか『愚聞記』や『糸竹口伝』にも類似の説を見いだすことができる。[注10]しかし七夕における調べ、秋の調べを盤渉調とするのは、後醍醐以前の有職故実書や楽書には見えないものである。『管絃音義』などの楽書類に見える陰陽道五行説においては秋の調子は平調とされており、[注11]盤渉調とするのは王朝物語に見られるものである。[注12]後醍醐の説は、こうした王朝物語的世界観を意識した上で確立されたものとも考えられる。[注13]

御楽における琵琶・玄上を以ての秘曲「蘇合四帖」奏楽、舞御覧における笛・柯亭を以ての秘曲「荒序」の奏楽、三ヶ夜内侍所御神楽における拍子の所作[注14]など、そこにみえるのは管楽器、絃楽器、うたいものを統べた、音楽の王として後醍醐天皇の姿であった。

四　御楽の展開

もっとも、後醍醐が行ったような象徴的な御楽の儀礼は恒例化しなかった。むしろ御楽の成立過程において重要となるのは後光厳天皇である。『後深心院関白記』延文三年（一三五八）十月十五日条に次の記事がみえる。

禁裏（後光厳）被始旬御楽、毎旬五日云々、今夜被始之、此間被造楽所畢、不分清濁之間、事々不能具記、

ここに見える「楽所」については続く史料がないため詳細は不明であるが、毎旬五日、つまり毎月五日、十五日、二十五日について旬御楽が始められたことがわかる。史料の少ない時代だが、幾つかの日記から[注15]ある程度までは旬御楽が恒例化していたことがわかる。

後光厳によって定められた旬御楽は、後小松の代になると月次御楽として定例化する。「月次御楽」という用語の初出は『応永年中楽方記』所引『教言卿記』応永十九年（一四一二）八月二十一日条に「今夜禁裏月次御楽アリ」と見えるものである。すでに『教言卿記』現存分が始まる応永十三年（一四〇六）より御楽開催の記事が散見され、

同記によれば応永十三年には一回、応永十四年には四回、応永十五年には八回、応永十六年には十九回、応永十七年には九回の内裏御楽を数えている。このうちの幾つかは月次御楽として開催されたものと考えられる。月次御楽の他に臨時の御楽もあったようで、(注16)史料上からは月次と臨時の差異は判然としないが、後小松は譲位して上皇となったのちも仙洞御所にて毎月の御楽を開催しており、崩御する永享五年（一四三三）まで後小松主宰の御楽は続いていている。後小松の御楽においては宸筆でもって目録が書かれることもあり、賀殿破という当時八十二歳の山科教言でさえも聴いたことのないような曲目が上演されることもあった（『教言卿記』応永十六年（一四〇九）二月十六日条）。

そしてこの頃になると、御楽の記事についても、その運営面について記した史料が見られるようになる。たとえば『薩戒記』応永三十年（一四二三）九月三日条からは御楽を取り仕切る奉行の存在が知られる。この奉行の触れによって、中山忠親ほか御楽の所作人が参仕している。御楽を司る奉行について、「楽奉行」の名が使用されはじめるのも同じ時代である。(注17)

このように後小松によって恒例化された月次御楽や臨時御楽は、後花園、後土御門、後柏原の代になっても続いていく。他方、御遊は次第に廃れていった。今、『御遊抄』に基づき十四世紀から十五世紀中葉までの御遊の回数を示すと十四世紀前半は六十二回、十四世紀後半は十七回、十五世紀前半は十回となる。これに対し御楽は『教言卿記』現存分（応永十三～十七年）だけでも五十七例を数える。十五世紀に入ると御楽の用語も定着化し、『花園院御記』などに見えた「有盃酌」や「音曲」といった名称は史料上から姿を消すことになる。

五　御楽始と七夕御楽

以上、見たように十五世紀に入ると御遊に代わり御楽が宮廷音楽の中心となる。その中で年中行事化していった儀礼も存在する。それが御楽始と七夕御楽である。本節ではこの二つの儀礼について考察する（参考に章末［表］として両儀礼とそれにかかわる御遊についての開催年表を挙げた）。はじめに御楽始について見ていく。十四世紀に入ると「御遊始」という、御遊のみで独立化した行事が行われるようになる。御遊始とはその年最初に行われる御遊のことである。(注18) そして十五世紀には、御遊始にかわって次第に御楽始が行われるようになる。史料上の初出は『教言卿記』応永十四年（一四〇七）三月二十二日条に、

一　禁裏御楽、当年始、平調七歟、

とあるものである。「御楽始」の名前では呼ばれないが「当年始」とあることから御楽始としてよいだろう。(注19) 御楽始という用語の初出にこだわれば『教言卿記』応永十七年（一四一〇）正月三十日条がそれにあたる。

一　禁裏今春御楽始、平調慶雲楽、万歳楽〈楽拍子〉、三台急〈御所作、右府、大炊御門三位、〉春楊柳、五常楽急〈右大弁相公、右府、三位中将、〉鶏徳〈花山、宗敦朝臣、孝継朝臣、〉林歌
一　笙　御所作　花山院大納言　経良朝臣　教豊朝臣　為秋　幸秋　郷秋　敦秋
一　篳篥　左兵衛督　兼英　季英
一　笛　大炊御門三位　洞院三位中将　宗敦朝臣　景秀　景親　景清　景広　景藤
一　琵琶　右大臣　孝継朝臣
一　箏　義仁法親王　実秀朝臣　季保
一　鞨鼓　藤秋　大鼓　家秋

以後、御楽始は急速に普及していく。十五世紀前半における御遊始の開催例が五例であるのに対し、御楽始は十一例見られる。十五世紀後半には御遊始がほとんど見られなくなるのに対し、御楽始はその後も継続して行われていく。御楽始については次の資料にも注目したい。

今夜禁裏御楽始也……御所作音頭被遊、無為云々、去年八月より始て被遊、不経幾程合奏音頭被遊之条、御器量奇特事歟、楽道再興基、珍重云々、

（『看聞日記』永享七年（一四三五）十二月二十三日条）

永享五年十月に後小松院が崩御すると、永享七年八月に後花園天皇の笙始が行われ、[注20]十二月十七日に御楽始の習礼、二十三日には右にあるように御楽始が行われている。音楽儀礼の習礼というのは、通例、晴儀などの大きな行事でしか行われないものである。したがって、ここで行われている御楽始についても特別な行事として認識されていたと考えられる。ここでは天皇の御代始として御楽始が定められたととらえておく。

次に七夕御楽について述べる。もともと七夕には作文とともに御遊が行われることがあった。これに対し七夕御楽は乾元元年（一三〇二）のものを初例として次第に普及していく［表］。その中には珍しい曲目を見ることもできる。『園太暦』貞和四年（一三四八）七月七日条から引用する。

春宮（興仁親王）御会七調子御楽
笙〈教言朝臣　豊原則秋　同佐秋〉
篳篥〈朝雅　中原茂政　安倍季村〉
笛〈実音朝臣　大神景重　同景、　同景成〉
琵琶〈御所作　実守卿　忠季卿　基隆卿　孝守〉
箏〈冬能　籐中〉
大鼓〈豊原成秋〉
鞨鼓〈景茂〉

所作人が記されるのみで詳細は不明だが、記事中に見える「七調子御楽」は、二条良基の『おもひのままの日記』にも、次のように記されている。

七月にもなりぬ。吹たつ風のけしきも、やう〳〵物おもしろき比なり。七日は七百首の詩、七調子の管絃、七十韻の連句、七十韻の連歌、七百のかずのまり、七こんの御酒なり。

その詳細は『教言卿記』応永十六年（一四〇九）七月七日条から明らかになる。

一　禁裏七夕御楽、七々、応永十六、
一　平調　慶雲楽、万歳楽〈楽拍子〉、甘州、夜半楽、五常楽急、王昭君、鶏徳、
一　双調　賀殿破、同急、颯踏入破、北庭楽、酒胡子、地久急、
一　黄鐘調　喜春楽序、同破、央宮楽、河南浦、平蛮楽、海青楽、拾翠楽急、
一　大食調　朝小子、太平楽、合歓塩、傾杯楽急、天人楽、仙遊霞、抜頭、
一　盤渉調　万秋楽破、蘇合三帖、同急、秋風楽、輪台、青海波、越殿楽、千秋楽、
一　壱越調　廻杯楽、迦陵頻急、胡飲酒序、同破、団長楽急、武徳楽、陵王破
一　高麗壱越調　古鳥蘇、退走徳、狛鉾、長保楽急、崑崙破、同急、延喜楽、
御所作（後小松）〈双、黄、壱、御笙　平、大、盤、御箏、〉……

ここから、七調子は平調、双調、黄鐘調、大食調、盤渉調、壱越調、高麗壱越調を指すものであることがわかる。最後の高麗壱越調は舞楽における右舞の調子だが、それすら管絃で奏でようとしていたのであろう。このように七夕にちなみ七つの調子で管絃を奏する御楽が行われていたことがわかる。ただしこれは『続史愚抄』享徳三年（一四五四）七月七日条に「可有乞巧奠七調子七楽会、而依有障被罷、後小松院御時被興行、其後無此事云々〈按応永十六年〉」とあるように、ほとんど開催例のない儀礼であった。

但し七夕御楽そのものは、時代を追うごとに盛んになっている。十五世紀前半には二十二回もの七夕御楽の例を確認することができる［表］。七調子の例を除き、七夕御楽の曲目はほとんどが盤渉調で奏されており、この点に

ついては、第三節で述べた後醍醐天皇の影響を考えることもできる。

七夕御楽について、『観音寺相国記』永享十一年（一四三九）七月七日条の記事も重要であると思われるので、以下に引用する。

七日晴、為今夜御楽参仕、……半更許御楽始、依奉行之告予〈於御座之融蹲踞、〉洞院大納言〈実熙、直衣、〉園前中納言〈基秀、衣冠、〉中御門中納言〈宗盛、直衣、〉四条中納言〈隆盛、同、〉四辻前中納言〈季継、衣冠、〉中山宰相中将〈定親、同、〉季俊朝臣〈束帯、〉持俊朝臣〈直衣、〉定兼朝臣〈衣冠、〉孝長朝臣〈衣冠、〉有俊〈衣冠、〉基有〈同〉等着座、公卿黒戸東面簀子北上西面〈向御簾也、〉雲客南廊西上北面着之、地下楽人参着東庭打板、散状可尋知、次時兼置予比巴、蔵人定仲置園四辻前黄門等器、次主上令吹出調子〈平調〉給、次第付之、次篳篥付之、次横笛、音取之時、予把比巴調之、次弾撥合了、指撥置比巴於前、次洞大納言吹出万歳楽、初大鼓、笛再笙一度付之、次篳篥付之、次比巴付之〈予音頭也、〉次箏付之、毎楽如此、

御楽の段取りがわかるものとしては比較的古いもので貴重な史料である。注意したいのは蔵人が所作人の楽器の配置を担っている点である。こうした蔵人が楽器を置く、という作法は御遊に共通するもので、これ以前の御楽の記録からは蔵人による楽器配置の記事は見られない。この時期の七夕御楽では、御遊のようにある程度の段取りが定められていたことがわかる。御楽が朝儀の一貫として認識されてきた証左と言える。

六　御楽の特質と背景

ここまで御楽についてその成立と展開を追ってきた。最後にこうした御楽における特質について、時代背景も視野におきつつ考えてみたい。特に、御楽の用語が定着した室町期を中心に考察する。

まずその編成や曲目については次のように言える。すなわち御楽は、三管（笙、横笛、篳篥）、二絃（琵琶、箏）、そして打物から構成される音楽儀礼である。演奏する曲目は七調子からなる楽曲が主体で、別に舞立と呼ばれ舞楽における奏楽のみを演奏することもあった。朗詠が行われることもあったが、基本的にはうたいものはなく管絃曲が主体であった。また御遊が次第を作成、配布するのに対し、御楽については参仕者、曲目を記す散状（目録）のみが作成配布されていた（参考に御遊と御楽の違いを表に示し、図版による差異を示した）。

次に御楽の特質について三点から述べる。一点目は、開催する人物と開催しない人物が別れる点である。御楽は少なくとも十五世紀中葉までは私的な行事としての性格が強かったため、開催の有無は主催者の趣味趣向にゆだねられた。開催場所も様々で、内裏や仙洞での御楽もあれば、将軍邸での御楽もあり、伏見宮家や花山院家といった音楽の家で行われるものもあった（注21）。そして後小松や足利義満のように頻繁にこれを行う人物もいれば、称光や義持以降の足利家のように御楽を開催しない人物もいた。

二点目は、その人員が固定化されている点にある。御遊や神楽、舞楽における担当楽器は家ごとにある程度決まっているものの、基本的にその人員は流動的である。いっぽう御楽においては参会する人員はほぼ決まっている。このように、御楽は主催者の権勢に影響をうける側面がある。

三点目は、御楽には酒宴が伴うという点である。第一節で酒宴とともに行われる管絃の図が「餓鬼草紙」に見られることを述べたが、御楽はそれのみで開催されるのではなく、その前後で必ずといっていいほど酒盛りが行われた。時代背景に即していうなら、酒を飲むために音楽を奏していたという方が正確であろう。以下に当時の御楽と酒宴の様子を記す。

秉燭之後着布衣参院、行酒宴数返、亥終許御楽始、於泉殿有此事、公卿内大臣已下着簀子円座、殿上人加其末、兵部権少輔知豊（橘）置権大納言（正親町実秀）、園（基秀）前納言等之器、蔵人将監源重仲置新宰相中将器、殿上人各持参、或兼置座前、

	編成	人員	曲目	身分	配布物
御遊	三管三絃 拍子付歌	各一、二名 欠員不可（原則）	平調双調の催馬楽、管絃、（まれに朗詠、今様）	殿上人（原則）	次第
御楽	三管二絃 打物	各一〜複数名 欠員可	雅楽（舞立、まれに朗詠）（七調子から一つ）	殿上人　地下	目録（散状）

御楽　東京国立博物館蔵「住吉物語絵巻 断簡」
Image：TNM Image Archives

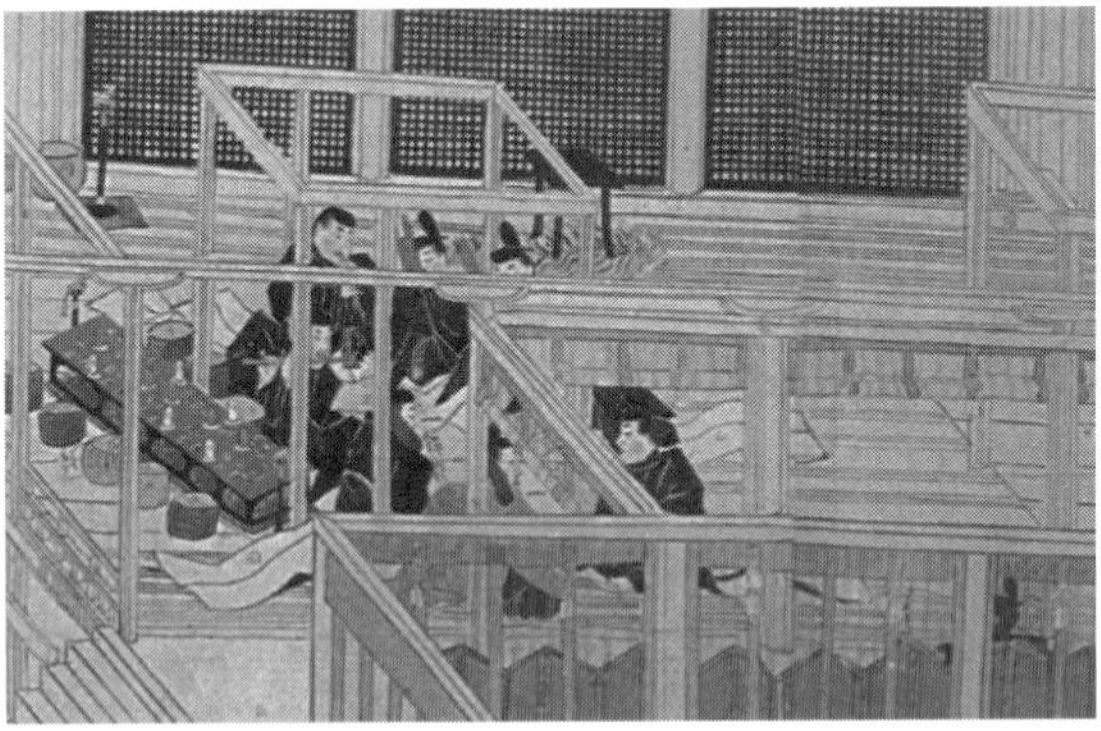

御遊　個人蔵「年中行事絵巻（住吉模本）」（内宴）
『日本絵巻大成　年中行事絵巻』（中央公論社）より引用

地下人着縁下打板、音頭笙教豊朝臣、笛前源宰相(綾小路信俊)也、海青楽之後、内大臣出朗詠、源相公付之、拾翠楽之後、源相公出朗詠、内府付之、上皇令付御箏御、景房(山井)、氏秋(豊原)、季長(安倍)等付之、二段之時、新宰相中将付箏、於簾中有御杯、権大納言、予教豊朝臣等、依御景色参入、酩酊散々、（『薩戒記』応永三十一年（一四二四）九月十八日条）

「行酒数返」のあと御楽がはじまり、途中、正親町実秀、中山忠親、山科教豊が後小松院に御杯をたまわった旨が書かれている。「酩酊散々」とあることからだいぶ飲んだのであろう。御楽はこのように酒宴とともにあり、酒に酔って奏楽中に寝てしまうものが出てしまう程であった。[注22]

以上の御楽の特質についてまとめれば①主催者が音楽好きかどうかで開催が決まり、②その人員は固定的であり、③酒宴がともなう、ということが挙げられる。そしてこれらの点から導かれるものは、御楽における社会性の問題であろう。すなわち、御楽は人と人とが酒を飲み音楽を介して結ばれあう儀礼であった。それは第一章に記した、前代までの、一代一度の儀と累代楽器を中心とした御遊の場とはいくらも異なるものである。鎌倉時代においては、御遊における玄上所作という、累代楽器を用いての権威的構造があったのが、南北朝を経た室町時代以降では、御楽にあらわされるような人格的紐帯の形成に重きがおかれたのである。つまるところそれは、南北朝〜室町にかけての音楽儀礼の質的転換ととらえることができるだろう。

結語

本論では鎌倉時代後期から室町時代中期までの音楽史を中心として、御楽という儀礼の成立と展開、およびその特質と成立背景とについて考察した。まとめれば御楽は十四世紀初頭に成立し、後醍醐による権威化を経て後光厳によって定例化された。さらに十五世紀に入ると後小松によって月次化、年中行事化し次第に朝儀として確立していった。

第五節で挙げた御楽始は、江戸時代末期（名称だけで言えば明治時代初頭）まで続いていたことがわかっている。『天皇皇族実録』などに見える近世の御楽始の記事をひもとけば、次第と先例に基づく儀礼の様子が看取されるであろう。近世に至り御楽始は年代始として荘厳な儀礼に変化していたのである。しかしその成立と展開は鎌倉後期～室町初期という朝儀が衰微していた時代になされたものであり、そこには一時期、酒宴を伴うような娯楽性すら存在していたのである。

注

（1）「御楽」の読み方については、『お湯殿の日記』などを見ても「御がく」と記されており、正確なものがわからなかった。金井清光『中世芸能題目立詳解』（明治書院、一九八六年）二二七頁に基づきここでは「おんがく（おほんがく）」と読んでおく。

（2）辻浩和『中世の〈遊女〉―生業と身分』京都大学学術出版会、二〇一七年、第七章参照。

（3）貞和四年（一三四八）七月七日条、延文三年（一三五八）七月七日条、延文四年二月二十五日条など。

（4）『花園院御記』元亨元年（一三二一）七月七日条、『光明院御記』康永元年（一三四二）八月十八日条。

（5）例えば康永三年（一三四三）二月十八日の御遊始について、公賢は次第を作成しており、『園太暦』にその次第が載せられている（なお公賢はこの御遊始には参仕していない）。

（6）元亨三年七月七日条。

（7）磯水絵が蘇合奏楽一覧表を作成している。磯水絵『『源氏物語』時代の音楽研究―中世の楽書から』笠間書院、二〇〇八年、第三部二章参照。

（8）『続史愚抄』元弘元年（一三三一）三月六日条。

（9）『兵範記』長承元年（一一三二）七月七日条など参照。

（10）「一、乞巧奠ニ箏ヲ調テ机ニ置事。机二脚也、東西ニ立之、又一脚モ侍ベシ、二脚ナラバ東ノ机ハ双調ニシラブベシ。

西ハ平調ニシラブベシ。箏モ一帳（ママ）、机モ一脚アラバ、平調ノ柱ニシラブテ可置也」（『愚聞記』）、「抑伊綱卿宇治殿ヘ参リタリケルニ、ヲリシモ七夕祭ノアリケルニ、御心ミニヤ、柱タテ、進ヨト仰アリケレバ、一張ハ呂ノコトヂニ立、一張ハ律ノコトヂニ立タリ。呂ヲバ男ニカタドリ、律ヲバ女ニナゾラウル故ニカクタツルナリ、人ノ不知事也」（『糸竹口伝』）

（11）「平調……白虎通博物誌云……治秋」（『管絃音儀』）など。

（12）『源氏物語』「篝火」など（新全集三：二五八頁）。この秋の調子＝盤渉調という認識は中世王朝物語にも続き、たとえば『苔の衣』「秋」では、七夕において苔衣の大将が琴を盤渉調で奏でる場面がある。また『住吉物語』には、秋の夕辺の住吉にて中将が盤渉調で箏を奏し、姫君を探しあてる場面がある（新全集一一五頁）。

（13）『御遊部類記』所引『敦有卿記』貞和四年（一三四八）九月二十七日条には、後醍醐天皇の時代、七夕の「御遊」において盤渉調が奏された例が記されている。

（14）本書第三章参照。

（15）『園太暦』延文四年（一三五九）九月十五日条、『忠光卿記』貞治元年（一三六二）五月六日条。貞治元年については、五日が賀茂祭のため、六日に変更されたものと推定される。

（16）「今夜御楽非月次御楽、臨時事也」（『薩戒記』応永三十三年（一四二六）九月十八日条）

（17）楽奉行はその後、四辻家の独占するところとなり、近世末の御楽までその系譜は続いた。

（18）なお御遊始は内裏だけではなく仙洞や親王御所でも行われる。『御遊抄』は「御会始」の項目をもうけるが、ここで示される御遊始は上皇や親王主宰のものも混じっている点に留意したい。

（19）御楽始は必ず平調曲で行われる点に特徴があり、その点からも本記事が御楽始を示すものと考えられる。

（20）『看聞日記』永享七年八月十九日条、二十五日条。

（21）貴族の私邸における御楽は単に「楽」とよばれる。『教言卿記』には山科家の、『看聞日記』には伏見宮家の楽の例が多数みられる。また『教言卿記』応永十三年三月二十一日条には花山院家の楽が、『薩戒記』応永三十三年二月四日条には松木家の楽がみえる。

（22）『薩戒記』応永三十三年（一四二六）正月二十九日条。

[表] 御遊始 / 御楽始 / 七夕御遊 / 七夕御楽 一覧

白地部分が御遊、網掛け部分が御楽を示す。行事名が空白のものは御遊か御楽か史料からは判別できないもの。春宮、仙洞、将軍家での開催については行事名の頭に記した。

［略語一覧］**園**＝園太暦 / 園太暦目録　**御**＝御遊抄　**花**＝花園院御記　**看**＝看聞日記　**観**＝観音寺相国記　**教**＝教言卿記　**建**＝建内記　**後**＝後愚昧記　**興**＝教興卿記　**康**＝康富記　**薩**＝薩戒記　**師**＝師郷記　**実**＝実躬卿記　**信**＝信俊卿記　**深**＝後深心院関白記　**冬**＝冬平公記　**体**＝体源抄（巻 11 上「将軍家御笙沙汰記」、巻 12 上「代々大鼓所作」による）　**敦**＝敦有卿記　**満**＝満済准后日記

元号	月日	行事名	典拠
乾元 1 年　(1302)	7 月 7 日	御楽	実
嘉元 1 年　(1303)	1 月 26 日	御遊始	実
	2 月 21 日	御遊始	御
応長 1 年　(1311)	2 月 10 日	仙洞御遊始	園　御
元応 1 年　(1319)	7 月 7 日		花
元亨 1 年　(1321)	7 月 7 日	御楽	花
元亨 3 年　(1323)	1 月 19 日	御遊始	御
	1 月 27 日	御遊始	御
元亨 3 年　(1323)	7 月 7 日	御楽	花　体
正中 1 年　(1324)	1 月 19 日	御遊始	冬
嘉暦 1 年　(1326)	1 月 11 日	御遊始	御
嘉暦 2 年　(1326)	2 月 26 日	春宮御遊始	御
暦応 3 年　(1340)	7 月 7 日	仙洞御遊始	御　敦
康永 2 年　(1343)	3 月 29 日	仙洞御遊始	御　敦　体
康永 3 年　(1344)	2 月 28 日	御遊始	園　御　敦
	閏 2 月 12 日	仙洞御遊始	園　御　敦
	7 月 7 日	御遊	園　御
貞和 2 年　(1346)	2 月 23 日	御遊始	園　御　敦
	2 月 27 日	仙洞御遊始	園　御
	7 月 7 日	御遊	御　敦
貞和 3 年　(1347)	2 月 26 日	仙洞御遊始	御　敦
	3 月 24 日	御遊始	園
貞和 4 年　(1348)	3 月 15 日	御遊始	御　敦
	7 月 7 日	仙洞御遊始	園　御　敦
	7 月 7 日	春宮御楽	園
観応 1 年　(1350)	3 月 14 日	春宮御遊始	御　敦
	3 月 29 日	仙洞御遊始	園　御　敦
文和 1 年　(1352)	1 月 29 日	御遊始	園　敦
延文 1 年　(1356)	12 月 2 日	御遊始	敦
延文 2 年　(1357)	1 月 19 日	御遊始	敦
延文 3 年　(1358)	1 月 28 日	御遊始	御　敦
	7 月 7 日	御楽	園　深
延文 4 年　(1359)	1 月 27 日	御遊始	園　敦
康安 1 年　(1361)	7 月 7 日	仙洞御遊	敦
貞治 1 年　(1362)	7 月 7 日	御楽	体
貞治 2 年　(1363)	3 月 1 日	御遊始	御　敦
貞治 3 年　(1364)	3 月 7 日	御遊始	御　敦　後
貞治 6 年　(1367)	2 月 19 日	御遊始	御　敦
応安 1 年　(1368)	3 月 6 日	御遊始	御　敦　後

応安 2 年 (1369)	1 月 27 日	御遊始	敦
応安 3 年 (1370)	3 月 4 日	御遊始	御　敦
応安 4 年 (1371)	2 月 5 日	御遊始	後　深
康暦 1 年 (1379)	7 月 7 日	室町殿御楽	深　体
永徳 1 年 (1381)	2 月 17 日	御遊始	御　深　体　敦
	7 月 7 日	御楽	後
永徳 2 年 (1382)	3 月 28 日	御遊始	御　体　敦
応永 14 年 (1407)	3 月 21 日	御楽始	教
応永 16 年 (1409)	7 月 7 日	御楽	教
応永 17 年 (1410)	1 月 30 日	御楽始	教
	8 月 19 日	御遊始	御　信
応永 18 年 (1411)	3 月 4 日	御遊始	信
	3 月 8 日	御遊始	看
応永 20 年 (1413)	5 月 19 日	仙洞御楽始	興
	7 月 7 日	仙洞御楽	興
	10 月 3 日	仙洞御遊始	御　信
応永 21 年 (1414)	7 月 7 日	仙洞御楽	満
応永 23 年 (1416)	3 月 27 日	仙洞御遊始	御　看　信
応永 24 年 (1417)	7 月 7 日	仙洞御楽	看
応永 25 年 (1418)	2 月 1 日	御楽始	薩
	7 月 7 日	仙洞御楽	看
応永 26 年 (1419)	7 月 7 日	仙洞御楽	薩
応永 27 年 (1420)	7 月 7 日	仙洞御楽	看
応永 28 年 (1421)	1 月 25 日	御楽始	薩
	7 月 7 日	仙洞御楽	看
応永 29 年 (1422)	7 月 7 日	御楽	薩
応永 30 年 (1423)	7 月 7 日	御楽	看　薩
応永 31 年 (1424)	1 月 29 日	仙洞御楽始	看
応永 32 年 (1425)	2 月 11 日	仙洞御遊始	御　看　薩　信
応永 33 年 (1426)	1 月 29 日	仙洞御楽始	薩
永享 3 年 (1431)	7 月 7 日	仙洞御楽	看
永享 7 年 (1435)	12 月 17 日	御楽始（習礼）	看
	12 月 23 日	御楽始	看
永享 8 年 (1436)	3 月 5 日	御楽始（習礼）	看
	3 月 8 日	御楽始	看
	7 月 7 日	御楽	看
永享 9 年 (1437)	7 月 7 日	御楽	看
永享 10 年 (1438)	7 月 7 日	御楽	看
永享 11 年 (1439)	7 月 7 日	御楽	観　師
永享 12 年 (1440)	7 月 7 日	御楽	観
嘉吉 1 年 (1441)	7 月 7 日	御楽	建
嘉吉 2 年 (1442)	7 月 7 日	御楽	観　康
嘉吉 3 年 (1443)	3 月 27 日	御楽始	看　観
	7 月 7 日	御楽	看　観　建
文安 3 年 (1446)	7 月 7 日	御楽	建　師
文安 4 年 (1447)	3 月 30 日	御楽始	師
文安 6 年 (1449)	7 月 7 日	御楽	康
宝徳 2 年 (1450)	7 月 7 日	御楽	康

第三章　三ヶ夜内侍所御神楽をめぐって

はじめに

内裏紫宸殿の北東には温明殿（賢所、内侍所）と呼ばれる一宇がある。三種の神器の一・神鏡を納める空間であり、あるいは神鏡そのものを指して内侍所とも言う。内侍所御神楽はこの温明殿において、神鏡を祭祀として行う儀礼である。

内侍所御神楽はこれまでその成立と起源を中心に論じられてきた。初期には神話や歌謡の方面から、儀礼における神楽歌の位置づけや歌詞の内容を分析し、そこから起源を模索するといった形で読み解かれた(注1)。これに対し、如上の研究を踏まえつつ、歴史資料の丁寧な読み込みによりその内実について分析したのが松前健「内侍所御神楽の成立(注2)」である。論点は多岐にわたるが、重要な指摘として次のものがある。

内侍所神楽は、どうみても、神鏡に対する奉仕儀礼で、天皇に対する儀礼ではない。なるほど普通には天皇の臨御を仰いで行なったものであるが、『中右記』寛治二年（一〇八八）十二月二日の条や同書寛治三年十二月五日の条にみえる内侍所神楽には、天皇の出御はなく、神楽だけが行なわれている。……内侍所神楽は、少なくとも平安の頃には、天皇の御寿や健康とは関係なく行なわれていた。……この神楽は、最初一条帝の寛弘の焼亡の時に非公式に行なわれ、後、時々火災の折などに行なったもので、不定期なものであったが、後朱雀帝の長暦二年（一〇四〇）により、その法式も定まり、例年の行事とするように定められたということがわかる。

（九〇～九一頁）

まとめれば①儀礼の旨趣は神鏡への奉仕であり（つまり天皇の玉躰護持のためには行われなかったこと）、②その創始は一条朝の寛弘元年（一〇〇五）、内裏焼亡の時に始まったものであること、③後朱雀天皇の代（一〇三六～四五）に儀礼を整備し恒例化されたことが明らかにされている。

以降、内侍所御神楽の研究は、松前の考察を踏まえながら、斎藤英喜(注3)、中本真人(注4)によって展開されており、近年では歌謡研究の立場とは別に、石原比伊呂が南北朝―室町期の公武関係等の視点からこれを読み解いている。(注5)一方で研究の少なさもあり、幾つかの問題も生じている。以下に三点を挙げる。

一点目は、基礎文献が整理されていないという問題である。述べたように、内侍所御神楽の研究はその発生と起源の分析が中心であり、後世の編纂物である勘申類や部類記に注意が払われてこなかった現状がある。まずこうした基礎文献をまとめておくことが緊要の課題といえる。黎明期の御神楽を分析する上でも、勘申例や部類記を整理することは必須事項であろう。

二点目は、内侍所御神楽に種類がある点が意識されていないという問題である。内侍所御神楽には恒例と臨時のものが存在し、臨時の場合もその開催理由に応じた分類が可能である。これまで内侍所御神楽の研究は漠然と恒例のものを対象としてきたが、臨時のものについても目を向ける必要がある。

三点目は、変遷についての研究が進んでいないという問題である。内侍所御神楽について、平安時代は特に松前健、中本真人による詳論があるものの、その後の展開について追った研究は未だ提出されていない。現在にも賢所御神楽として続く由緒ある行事を考察するためにも、各時代の特質を考察、比較していく必要がある。

以上三点を踏まえ、問題解決の糸口として本論では臨時の御神楽、その中でも特に三日間続けて行われる「三箇夜内侍所御神楽」を考察の中心に置く。特に南北朝から室町を中心とした儀礼の変遷に注目したい。はじめに文献の整理及び内侍所御神楽の分類を行い、ここで得られた情報をもとに、その変遷を追うことで、如上の三点の問題に応えようとするものである。合わせて時代の移り変わりの中心にいた後醍醐天皇について、その音楽と身体性の問題についても論じてみたい。

一　基礎文献の整理及び内侍所御神楽の分類

本節では文献等の基礎的事項を確認する。次第、儀礼空間、勘例、部類記の順に示す。

はじめに次第（儀礼の手順を「次…次…」の形式で具体的に示したもの）について記す。内侍所御神楽を具体的に記している文献の初見は大江匡房（一〇四一～一一一一）の『江家次第』である。『江家次第』には二種の次第が記されており、成立段階の違いを示すものとされている。その他の次第としては十二世紀までの勘申例が見え、藤家流郢曲で成立したと思しい『内侍所御神楽略次第』（注6）と、こちらも藤家流の編纂にかかる『内侍所御神楽次第』（注7）がある。また詳細は後述するが、独自の次第を持つものとして後醍醐天皇『建武年中行事』があり、これを受けて記された一条兼良『公事根源』の「内侍所御神楽」項も詳細な記述を持っている。

儀礼空間（注8）については『時信記』大治五年（一一三〇）十二月八日条、『山槐記』応保元年（一一六一）十二月六日条、『敦有卿記』暦応三年（一三四〇）十二月二十九日条に指図が記されているのが参考になる。基本的には、神殿の前に天皇の御座が設置され、[注9]庭上の中心に庭火が焚かれ、その両脇に殿上人楽人座、その奥に近衛召人楽人座が置かれる、という配置である。

勘例（開催例を列挙したもの）としては本多安次[注10]も引用する『神楽年月秘抄』（書陵部蔵柳－七四九）がある。これは長和元年（一〇一三）から安永三年（一七七四）に至る内侍所御神楽の開催日を記したものである。近世においてはその内容まで特記している利便性の高いものであるが、成立の問題もあり扱いには慎重を要する。

部類記については、源家流郢曲の家である綾小路家によって幾つかのものがまとめられている。このうち綾小路信俊（一三五五～一四二九）の編纂と思われる『御神楽記[注11]』、綾小路敦有（一三二二～一四〇〇）の別記からなる『内侍所御神楽記[注12]（敦有卿記）』、綾小路有俊（一四一九～一四九五）の編にかかる『内侍所御神楽部類記[注13]』等があり、これらによって多くの儀礼を網羅することができる。綾小路家はこの他、種々の神楽関係資料を編纂しており、それらは尊経閣文庫、広島大学蔵持明院家楽文書、天理図書館蔵綾小路家旧蔵楽書などに分散して残っている[注14]。

次に、内侍所御神楽の分類について述べる。先に述べた通り、内侍所御神楽には恒例と臨時のものがある。恒例の御神楽は毎年十二月吉日を定めて行われるものである。これに対し、特に十三世紀以降は臨時の御神楽も行われており、以下の四つに分類できる。

一つ目は遷幸の御神楽である。

新造内裏臨時内侍所御神楽無之、而後三条院御記可有御神楽之由、頗被思食、勘彼御記、上皇令行給之由、後宗行朝臣、談之、

（『内侍所御神楽部類記』所引『資家卿記』建暦三年（一二一三）三月十六日条）

遷幸以後、於内侍所被行御神楽〈延久、建暦三三十六、寛元二十一十、建長三十一四等例也、〉

（同書所引『有頼卿記』文保元年（一三一七）五月二十六日条）

右の記事から、遷幸に際して行われる内侍所御神楽があったことがわかる。『有頼卿記』によれば、文保元年ま

でに少なくとも四度の開催例があったという。(注15)

二つ目は秋の内侍所御神楽である。

今夜内侍所臨時御神楽也〈此御神楽永仁比被始行、号秋季御神楽、其後大略相続被行之、〉

（『資兼卿記』元亨元年（一三二一）十二月二十二日条）

これにより、永仁の頃(注16)から秋に行われる御神楽があったことがわかる。暦応元年（一三三八）以降は、秋の御神楽を十二月にうつして恒例と臨時が続けて行われるようになり、これを両座の内侍所御神楽と呼んだ。

三つめは譲国の御神楽である。

有内侍所臨時御神楽、依譲国也、近代例也、

（『御神楽記』所引『敦有卿記』応安四年（一三七一）三月十八日条）

同月二十三日に後光厳天皇が譲位しており、「依譲国」とあることから譲国の御神楽であったことがわかる。「近代例」とある通り、十四世紀末になって成立したものであった。(注17)

四つめは追討御祈のための御神楽である。

有内侍所御神楽、追討御祈也、

（『百練抄』元暦二年（一一八五）二月二十日条）

今日被行臨時内侍所御神楽、是異国御祈也、

（『勘仲記』弘安四年（一二八一）閏七月二十一日条）

前者は西国の平家追討御祈、後者は元寇の追討御祈である。御祈のための神楽奉納は賀茂社や石清水社では一般的であるが、内侍所においては異例である。十三世紀以前の一夜での開催は追討御祈として行われたこの二例しか確認できない。また、この二つの神楽は内侍所の開催のみで完結するものではなく、これと合わせて賀茂社、鶴岡社などでも神楽、幣帛が行われていることから、一連の追討御祈の一つとして捉えるべきものと考えられる。(注18)

これら四つの御神楽はいずれも一日を限るものであったが、これに対し三夜にわたって行われる臨時御神楽があり、これを三箇夜内侍所御神楽などと称した。三箇夜内侍所御神楽については中本真人による先行研究があり、次

のようにまとめられている。(注19)

内侍所御神楽は、一条天皇の寛弘二年（一〇〇五）十一月十五日に発生した内侍所焼亡に対して、宿直の近衛官人らに命じて内々に奉仕させたという非公式の儀礼を先例として、以後展開していく。このとき神鏡が奇瑞を起こしたことから、後朱雀天皇の長久元年（一〇四〇）九月九日の内侍所焼亡の際も、神鏡に神霊の存することを確認し、その神慮を慰めるために御神楽が行われることになった。この御神楽をめぐっては、神鏡を唐櫃に収める日と、御神楽の日がそれぞれ卜されたが、結果的に同じ九月二十八日となったことから、これが先例となり、以後神鏡を唐櫃に収める日に三ヶ夜の御神楽の初日を行う儀礼形式が定まった。また神鏡に対する「御祈」も、すでに恒例化されていた内侍所御神楽と区別する目的から、三日に渡って盛大に行われるようになったと考えられる。

すなわち三箇夜内侍所御神楽は、長久元年、後朱雀天皇の意向によって始められたもので、神鏡を納める辛櫃の新造とともに行われたものであった。すでに恒例化していた内侍所御神楽に対して、辛櫃新造の御神楽を以て特別化をはかった後朱雀の意図を氏は指摘している。

ただし中本が指摘した他にも三箇夜御神楽の用例は存在する。それぞれの開催例をまとめたものが章末［表］である。長久元年（一〇四〇）のものを初例とし、十五世紀中半までに十一回の開催が確認できる。表の下段には開催理由と名称を記した。出典のすべてに「三箇夜内侍所御神楽」という名称が記されるわけではないが、後述するようにそれぞれの儀礼が過去の先例を踏まえていること、また尊経閣文庫蔵『三箇夜御神楽代々例』などにこれら十一回の儀礼が並列されていることから、同一の儀礼として考えてよい。

二　寿永二年と延元元年の三箇夜内侍所御神楽

中本論は［表］でいえば①長久元年、②永暦元年、④元暦二年を考察の中心においたが、これを中世全体に広げて考察してみると、辛櫃新造だけではない、様々な理由で三箇夜内侍所御神楽が行われていることがわかる。以下にこうした三箇夜御神楽について考えてみたい。

本節と次節では、⑤延元元年（建武三年、一三三六）三箇夜御神楽を扱うが、その前に③寿永二年（一一八三）の三箇夜御神楽について簡単に述べておく。寿永二年の御神楽についての記録は少なく、現状として次の記事を見いだせる限りである。

自今夜三ヶ夜被行御神楽依兵革為御祈也、

殿上召人、

左中将雅賢朝臣〈本拍子〉　左中将実教朝臣　笛

前兵衛佐盛定〈末拍子〉　右少将親能　篳篥

前右兵衛佐隆雅　和琴

好方　近久取拍子、庭火、朝倉者殿上人唱立、昼目曲、

（『内侍所御神楽部類記』所引『定能卿記』寿永二年五月二十九日条）

その開催理由は「依兵革為御祈也」とある通り、当時はまだ賊軍であった源氏に対する追討御祈であった。実際、その前後において次にあげる兵革祈禳が行われている。

五月二十一日　仙洞御所にて五壇法（『五壇法日記』）

六月三日　　　十社にて奉幣（『吉記』）
六月七日　　　仙洞御所にて四天王像、不動明王像供養（『吉記』）
六月十一日　　延暦寺にて薬師経千僧御読経、薬師法（『吉記』）
六月十二日　　十二社にて仁王講（『一代要記』）
六月二十日　　二十社にて百座仁王講（『吉記』）

五月二十九日からの三箇夜御神楽も、こうした追討御祈の一環であろう。[注20] すでにこの三ヶ月前の二月二十日には同じく追討御祈を目的として一夜の臨時御神楽が行われており（第一節参照）、五月二十九日からの三箇夜御神楽はこれを踏襲し、より規模を大きくしたものと考えられる。

以上を確認した上で⑤延元元年の内侍所御神楽を考える。先に資料を挙げる。

建武三年正月十日東夷襲来之間、行幸山門、同二月十一日東軍退散、兵革静謐之間、還幸内裏回録、以花山院為内裏、同七日内侍所渡御、同三月二十八日、去月二十九日改元為延元元年、被奉渡新造御辛櫃、主上自被奉渡之云々、仍同二十九日〈乙亥〉於内侍所被行三ヶ夜御神楽、

本拍子〈主上御所作〉　末拍子〈前中納言冬定〉　付歌〈中将資兼朝臣〉

笛〈弁少将実夏朝臣〉　篳篥〈前右衛門督兼高〉　和琴〈右大臣公賢卿〉

残不詳、第二日、三日不見可尋記、

引用は『御神楽記』巻一による。建武三年正月七日、幕府襲来のために後醍醐は叡山に逃れ、東軍が退いた二月七日、花山院内裏に還幸した。二十九日には改元があり延元と定められ、内侍所神鏡の唐櫃が新造された。今度の三箇夜内侍所御神楽はこの唐櫃新造のためであり、同じく唐櫃新造によって行われた①長久元年、④元暦二年の御神楽を先例としていることは、日付の一致からも理解される。

この三箇夜御神楽で後醍醐は「本拍子」を「御所作」、つまり自ら神楽を歌っている。その曲目は不詳だが、わずかに『続史愚抄』同年三月二十九日条に次の記事を見いだせる。

有大曲〈昼目、〉御所作歟、

後醍醐天皇は大曲「昼目」を歌っていたか、と『続史愚抄』にはある。後醍醐と秘曲（大曲）をめぐっては、琵琶においては西園寺実兼から半ば強制的に秘曲を授けさせたことや、(注21)元亨三年（一三二三）七夕御楽における蘇合四帖只拍子の所作、(注22)横笛においては元弘元年（一三三一）北山第舞御覧における横笛での陵王荒序所作などがあり、(注23)管絃郢曲における種々の秘曲の習得に熱心であったことが知られる。さらにその選曲は、桜の季節に催馬楽「桜人」を歌い、(注24)七夕に「秋の調べ」といわれる蘇合を奏するなど、(注25)曲目と儀礼の間にある関係性を見いだすことができる。すると延元元年における昼目の奏楽にも何らかの意図があった可能性が考えられる。そこで次節では、この昼目の曲について考えてみたい。

三　秘曲「昼目」について

昼目のことは、早く『古今和歌集』巻第二十「神遊びの歌」に、

ひるめのうた

1080　ささのくまひのくま河にこまとめてしばし水かへかげをだに見む

として見えている。また『拾遺和歌集』「神楽歌」に、

584　わが駒ははやくゆかなんあさひこがやへさすをかのたまざさのうへに

とありこれも昼目歌とされている。この五八四番歌が昼目とされるのは、神楽の歌集に類似歌が見られるからであ

る。すなわち重種本『神楽歌』（十一世紀前半成立カ）には、

日女（頭注：昼女）

（本）伊加波加利与木和佐之天加阿万天留哉比流女乃加美緒之皮良堵々女无

（いかばかり　よき態してか　天照るや　ひるめの神を　しばし止めむ）

（末）以津古尓加古万緒止々女牟安佐比古加佐須哉緒加戸之太万佐々之

（いづこにか　駒をとどめむ　朝日子が　さすや丘べの　玉笹のべつ）

とあって『拾遺和歌集』との類似が確認できる（傍線部、ただし引用関係は不明である）。なお昼目のことは鍋島本『東遊歌神楽歌』（十二世紀カ）にも、

伊加波加利 与木利佐志天加 阿万天留哉 比流女乃加見乎 志皮志止止女牟　志皮志止止女牟

（いかばかり　よき態してか　天照るや　ひるめの神を　しばし止めむ　しばし止めむ）

と見えている。（注26）この和歌集と神楽歌集の違いについて顕昭『古今集註』（一一八五年）は次のように述べている。

サ、ノクマヒノクマカハニコマトメテシハシミツカヘヨソニタニミム

教長卿云ヒルメノウタハ大嘗会ニ米ヒルトテウタヘル歌ナリ。恋ノ歌ニヨメリ。私云、清輔朝臣云、神楽ノ昼目ニハ無此歌「イカハカリヨキワサヲシテアマテルヤヒルメノ神ヲシハシト、ムメ」云々。又万葉云「サヒノクマヒノクマカハニコマト、メムマニ水カヘワレヨソニミム」。而此サ、ノクマノ歌、承和御宇悠記風俗ノミ乃国歌也。若以古歌用之歟。顕昭云、ヒルメハ神也日神也。日本紀云アマテルオホヒルメノムチトハ天照大神也。又大嘗会ニハ稲春歌コソ侍メレ又古ハ抜穂歌アリ米ヒル歌ハキコエズ不審也。ヒルメトイフ詞ニツキテ米簸女トコ、ロエラレタルニヤ。

まず教長註の、ヒルメは大嘗会に「米ヒル」の歌としてうたわれていた、という説をあげる（ただし現存の教長『古

今和歌集註』にはこの記事はない)。大嘗会には悠紀主基による国風歌が献上されるが、その一であるというのである。その上で私説として、藤原清輔の説として、神楽歌の昼目歌とは歌詞が異なること、歌詞は『万葉集』に基づいていること、承和大嘗会の悠紀方の国風歌であったこと(注27)、の三点を挙げ、ヒルメ＝天照大神としてヒルメの歌は大嘗会の稲春歌の一であると推定する。

以降、『古今集註』の内容を整理した上で、現代にいたるまでの諸注は、ヒルメを大嘗会国風歌と神楽歌に区分する説に立っており、その到達点は松前健の次の結論に集約される。

> 『古今和歌集』や『拾遺和歌集』のヒルメは、そうした民間的な太陽神なのであろう。……清暑堂神宴におけるヒルメの歌が、少しも皇祖神的でないのに対して、内侍所御神楽のヒルメの歌(本方)は、はっきりと「日霎女(ひるめ)の歌」と題し、「天照るや　日霎女の神を　暫し留めむ」と歌って、天照大神を送る歌だという形を強調している(注28)。

松前は、和歌集のヒルメを、大嘗会で悠紀主基によりうたわれた民間信仰としての太陽神に求めている。一方で神楽歌のヒルメについては内侍所御神楽の曲であり、内侍所神鏡＝天照大神のための神送りの歌であるとする。その結論はおおむね正しいと思われる。この曲が内侍所御神楽専用であったことは、鍋島本『東遊歌神楽歌』の昼目歌末尾に「内侍所遊之」とあることからも明らかで、実際の奏楽例を見ても論者がこれまでに確認できた八例(注29)すべては内侍所御神楽におけるものである。

しかしここで注目したいのは、その用例のうち六例までが三箇夜内侍所御神楽である点である。このことは十三世紀の成立と思われる「内侍所御神楽略次第(注30)」にも

> 次星〈奉行人、仰之、〉　次昼目〈奉行人仰之、三ヶ夜御神楽初ノ夜、歌之、〉

と書かれている通りであって、昼目はむしろ三箇夜内侍所御神楽で専ら奏される曲と言うべきなのである。しかし

④元暦二年（一一八五）の三箇夜御神楽までこの曲は特別なものではなく、むしろ演奏の肝要は宮人曲であった。宮人は弓立（湯立）と並んで石清水八幡社臨時祭でしばしば奉納された曲であり、石清水社を除いて、勅なしでは奏することができない秘曲とされていた。(注31)元暦二年の三箇夜御神楽でも多好方がこれを歌い、宮人賞の譲賞として息子の好節が将監に叙せられている。(注32)

ところが藤家流郢曲の家である楊梅兼邦の本を書写した『内侍所御神楽次第』（応永八年（一四〇一）書写奥書あり、第一節参照）によれば、昼目は、

内侍所神宴之外、於余所不歌之歟、有別仰早晩不定歟、依為秘曲、不記之見譜、

として秘曲に位置づけられている。とすれば元暦二年の三箇夜御神楽から、『内侍所御神楽次第』が書写される応永八年までの間に、昼目の位置づけの転換があったと考えられる。この間の昼目の所作例は、一夜のものも含めてもわずかに三つ、弘安四年（一二八一）の異国御祈の一夜御神楽、延元元年の三箇夜御神楽、永徳二年（一三八二）三月三十日の譲国の一夜御神楽である。このうち弘安四年、永徳二年の御神楽は、これを記録する『勘仲記』『敦有卿記』ともに昼目について特記していない。とすれば後醍醐による御所作が昼目の位置づけを変える画期となった可能性がある。以下、次節では『建武年中行事』との関わりからこの点について考えてみたい。

四　『建武年中行事』の構想と後醍醐天皇の身体

延元元年の三箇夜御神楽をめぐっては資料が少なく、具体的なことがわかりづらい。周辺資料にあたることになるが、そこで注目されるのが、後醍醐自身の著になる仮名書きの儀礼次第『建武年中行事』である。『建武年中行事』のうち十二月に「内侍所御神楽」項がある。恒例と臨時からなるが、ここでは臨時のみ引用する。

臨時の御神楽は、秋の季に行はるれば、名は臨時なれども、今はさだまれる事になりにたり。公卿の所作なり。御所作などある時もあり。御所作のをりは、星仰せらるる時、御廉をうごかさる。御笛なれば、やがてねとりにて仰せらるるもたよりあり。臨時の御神楽には禄なし。事はてぬれば、本殿に還御あり。

ここでは秋季御神楽が論じられている。秋季御神楽については第一節に述べた通りであるが、注目されるのは「御所作などある時もあり」という一文である。つまり後醍醐天皇は、天皇による神楽笛所作の事例も踏まえてこの次第を書いているのである。そして実際に後醍醐は、内侍所御神楽の場で笛を奏している。

星〈不被仰之、御笛有御音取、仍不仰之歟〉……今度自榊至星被遊之、（『資兼卿記』元応元年十一月十五日条）

これは元応元年（一三一九）に行われた臨時御神楽の記事で、後醍醐が神楽曲「星」の音取をするために「不被仰之」であったことが記されている。星は神楽でも終盤、朝倉の前に歌われる曲であるが、奏楽の前に奉行が本拍子の後ろに跪き「星つかまつれ」と合図を送る所作がある。しかしここでは御所作があったために、その所作が省かれ音取に移行している。そして、この一連の所作は『建武年中行事』に「御笛なれば、やがてねとりにて仰せらるるもたよりあり」とあるのとほぼ一致する。

このような視座でみたとき、『建武年中行事』においてさらに注目されるのが「御所作のをりは、星仰せらるる時、御廉をうごかさる」の一文である。この「御廉をうごかす」という所作はわかりづらいが、次にあげる事例が参考となる。

今日舞御覧也、辰一点事始、予着座、陵王禄予取之、荒序笛御所作、巻御簾、御座椅子、笙具行卿、大鼓前右府（今出川兼季）、鉦鼓（藤原）孝重朝臣階間砌ト祗候、舞人（北畠）顕家朝臣〈宰相中将、〉親王随身〈上臈四人、〉瀧口等立垣代、（『道平公記』元弘元年三月六日条）

ながき春日もやうやうくれかゝるほどなれば、舞の次第をみだりて、まづ陵王をさきだてらる。荒序のゆへなるべし。源宰相中将〈顕家〉たちて、御念誦堂にて装束をあらためて、楽屋にわたる。そのあひだ左少弁宗兼参て、しん殿の御座の間の御簾をあぐ。頭兵衛督長光御笙のはこをもちてまいる。前殿とりて御前にまいらせ給ふ。御ひきなをしにて、御椅子につかせおはします。（『舞御覧記』）

前者は公家日記、後者は仮名日記で、両者とも元弘元年（一三三一）三月に行われた北山第舞御覧について記したものである。この舞御覧で後醍醐は横笛をもって秘曲「陵王荒序」を奏しており、引用部分はその場面を記したものである。舞御覧の眼目は本来、廷臣による舞楽であって[注33]、ここでも北畠顕家が荒序を舞っている。ところが実際の資料からうかがうと、その主体は後醍醐にあったと考えられる。というのも、後醍醐の秘曲奏楽は、「御椅子」に座し、「巻御簾」（『道平公記』）「御簾をあぐ」（『舞御覧記』）状態で行われていたのである。すなわち、後醍醐天皇は王としての奏楽の姿を衆目にさらしていたのである[注34]。

これは通例では考えられないことで、ふつう、天皇の御所作とは「御簾之中時々有御笛声、定有深感歟[注35]」とあるように、見えないからこそ権威化されるものとされてきた[注36]。ところが後醍醐天皇は御簾を挙げて所作している。

こうした事例から考えると、『建武年中行事』にみえる「御簾をうごかさる」という所作も、同じように天皇の姿を見せることであったと考えられる。この点に加え、昼目が星の次に奏される曲であり、星と同じにように仰せがなされる事を踏まえるならば、延元元年の三箇夜内侍所御神楽で、天皇自身が歌った昼目も同じような所作がなされていたと考えられる。

すなわち延元元年の昼目所作は次のような次第であったことが想定される。まず星の勅があって御簾があがる。庭火の前に王の姿があらわれる。星が終わったのち、ふたたび勅があり王の歌がはじまる。昼目は伴奏に篳篥と横笛を付けない曲であり、本拍子、末拍子も別々にうたう[注37]。つまり火のはじける音と和琴の音の中で、王の声、ただそれだけが響くのである。その歌詞はここまで見てきたように、次のようなものであった。

いかばかり　よき態してか　天照るや　ひるめの神を　しばし止めむ

この場面において、後醍醐の歌う昼目の歌詞と、後醍醐の身体は明らかに共鳴している。すなわち後醍醐は自ら天照大神として、衆目の裡に自らの身体を曝したものと考えられる。かの有名な清浄光寺蔵「後醍醐天皇像」に明らかなごとく、後醍醐は独自の宗教構想をもって、自らを神仏の中枢たる天照大神―大日如来に位置づけようとしていた。内侍所御神楽の場においてもまた、後醍醐はその声と身体でもって天照大神と同化しようとしていたと考えられる。それは、表向きは唐櫃新造を開催理由としていたけれども、元暦二年の平家祈禳、弘安四年の異国御祈をも先例とした追討御祈でもあり、同時に自らを天皇として神格化させる象徴的儀礼でもあった。そしてここに、これまで神鏡を祭祀対象としていた内侍所御神楽は、神鏡―天照大神―後醍醐天皇という連関のうちに、玉躰そのものを祭祀対象とする天皇主体の行事に転回するのである。

五　観応、文和の動向

以上見てきたように、後醍醐は内侍所御神楽という場を秘曲の所作でもって強烈に印象づけたのであるが、その後、内侍所御神楽がここまで象徴的にとらえられることはなかった。ただ少なくとも内侍所御神楽は神鏡を祀った上で行われる儀礼であるから、南北朝分裂にあってその存在は皇統の正統性と無関係ではありえない。以下、本節では神器の所在に注意をはらいつつ、観応二年（一三五一）の御神楽と、文和二年（一三五三）に行われるはずであった三箇夜御神楽について考えたい。

元弘の変で後醍醐が神器を持ちだした後も、京都側は神器の所在を主張し、南北朝分裂以降も北朝での内侍所御神楽は滞りなく行われていた。この情勢が変わるのは北朝観応二年のことで、南朝に尊氏が下ったことにより、南朝が北朝を吸収し統一が行われた、いわゆる正平一統の時である。この時、南朝とのつながりが深かった洞院公賢は左大臣に任命され、南と北の連絡役をつとめることになった。公賢の日記『園太暦』には、神器（南朝によって虚器とされた）の接収ふくむ多数のやり取りが記され、その中に内侍所御神楽の張行に関する記事も見られる。以下に勅書と返答をまとめて挙げる。

（南方勅書／十二月九日条）一、内侍所御神楽事　此間連々被仰了、可為公卿御神楽之由、重所有沙汰也、所作人等事殊可被申沙汰、実守卿事別而可被仰含矣、

（公賢返答／同日条）内侍所御神楽事、就先度勅定委細言上了、公卿所作候者、所作人弥不可闕如候歟、雖公卿所作之時、不足所作、地下召人相交無子細候歟、縦上様御所作之時も、地下被相加事、先朝其例候しやらんと覚候、景茂祗候候歟、此宴大略不闕参候き、可被尋聞食候歟、

公賢返答に「就先度勅定委細言上了」とあるように、これ以前にもやり取りがあったようだが現存はしていない。(注38)南朝は内侍所御神楽の開催を望むと共に、「可為公卿御神楽之由、重所有沙汰也」と、公卿による所作に強いこだわりを見せている。公賢はしかし、殿上人のみで所作人を構成するのは困難といい、御所作に際しても地下が祗候する例があることを述べている。南朝が殿上人の所作にこだわったのは、『建武年中行事』に「臨時の御神楽は秋の季に行はるれば、名は臨時なれども、今はさだまれる事になりにたり。公卿の所作なり」の記述があるからであろう。『建武年中行事』の記述が、実際の後醍醐の奏楽例と重なることは前節で指摘した通りである。実際、『園太暦』で公賢は内侍所行幸儀について、「御抄（建武年中行事）」に基づいて次第をつくることを宣誓してもいる。(注39)このことから、南朝は臨時御神楽を行うにあたり、『建武年中行事』の「公卿の所作なり」という記述に準拠する形で行事を推し進めようとしていたと考えられる。後醍醐における御神楽の儀礼構想は、少なくともこの点においては影響を与え続けていたのである。(注40)

その後、文和元年（一三五二）、義詮の入洛にともない南朝は撤退するが、この時、三院（崇光、光厳、光明）と廃太子（直仁）が連れだされ、神器も回収された。京中に天皇が不在であれば、神器も存在しない異常事態がしばらく続いた後、五月には後光厳天皇が継体天皇の例にならい践祚する。神器のうち神鏡については、左女牛神社の鏡をおさめていた辛櫃を内侍所に置き、神鏡がある体での扱いとされた[注41]。この年、内侍所御神楽は行われたが、その記録にも「後聞、今夜被行内侍所御神楽云々、以御辛櫃儼如在体有此事、寿永例歟、可尋」[注42]とある。

翌文和二年、南朝が再び入洛するが、この時、三箇夜内侍所御神楽が企画されている。この点についても『園太暦』に勅書と返答が載るので、先に資料を列挙しておく。

（ア）（南方勅書／七月十六日条）次可有三夜御神楽之由被申候ける、被存寿永例歟、寿永者自西海還御、是者只奉渡新造辛櫃許也、然者寿永例不足、准拠侯歟、有御神楽条者、不可有子細、雖不行候又不可有子細哉、但又其外其例侯者勿論事候、元弘には不被行御神楽云々、自然無沙汰候如何、条々篇目相構委細加思案、可被計申候也、

（イ）（公賢返答／同日条）御神楽事、長久、永暦、文治等三箇夜御神楽其沙汰侯間、其所見注進許侯、天徳之御神楽無所見候、有無須可在時宜候歟、条々可令得此意給、恐々謹言、

（ウ）（南方勅書／七月二十一日条）御神楽非寿永例、先規連綿候けり、然者早可有其沙汰、近衛召人等事、雖可仰楽所、其人未定候、先如去々年可被召進之、於公卿所作人者面々當参無子細候、但又一向可為地下所作人歟、両三箇度例如何、但公卿所作尤可然歟、已為臨時之上勿論哉、如何、

（エ）（公賢返答／七月二十四日条）御神楽事、代々例大略沙汰上、長久被行御卜、其沙汰之由所見候也、就其召人事、如去々年可申沙汰之旨、被仰下候間、粗相尋候処、楽所一者久成城外候歟、近日洛中不見候、其外輩も大略在所不定候、然而景茂一人為宿老相貽之間、可催試之旨仰彼候也、散状候者忩可申入候、但件輩不徒所勘去々

年も不足言事候き、

まず「次可有三夜御神楽之由被申候ける」とある通り、これ以前に南朝に三箇夜御神楽開催の提案があったことがわかる（ただし現存部分に該当する記事はない）。南朝は「寿永者自西海還御、是者只奉渡新造辛櫃許也、然者寿永例不足、准拠候歟」と、今度の神楽は主上還御ではなく、辛櫃の新造のためであるので寿永を先例とすることはできないのではないかと問う（ア）。これに対し公賢は長久、永暦、文治の例を挙げる（イ）。これを受けて南朝は三箇夜御神楽の開催を決定、二年前（観応二年、既述）のように執り行うよう求めた（ウ）。公賢は人員の調達が困難であることを述べつつも、大神景茂を強く推している（エ）。

概略はおよそ右の具合である。両者のやり取りは同月二十六日の義詮入京、南朝撤退により終わり、結局この三箇夜内侍所御神楽は行われずじまいになるのだが、ここで際立つのは、観応二年の時はあれだけ公卿所作にこだわった南朝が、三箇夜御神楽にあたってはその開催にあまり積極的でない点である。つまり南朝においては三箇夜内侍所御神楽より臨時御神楽が重要とされていたのである。

この背景には、正平一統の時と違い、文和三年の時点で南朝には朝儀を復興させるだけの気力がなく、また北畠親房という強力な後ろ盾もすでに失っていたことが挙げられるが、同時に南朝が儀礼を行うべき資料（先例勘申のための日記や故実書類）をほとんど持っていなかったことも推測される。後醍醐があれほど象徴的に行った延元元年の三箇夜御神楽が先例として南朝から出てこないのは、すでにこの時期、南朝にそうした記録がなかったためと考えられる。逆にそれゆえに確かな記録として残る『建武年中行事』は重要視され、結果として三箇夜御神楽よりも一日の臨時御神楽が重んじられるという状況になったのであろう。後醍醐から南朝支配下の儀礼においては『建武年中行事』における構想はある程度は継承されたものの、三箇夜内侍所御神楽の次第や、神楽における象徴性は受け継がれなかったことがわかる。

六　明徳、応永の三箇夜内侍所御神楽

このように皇統の正統性という同時代的問題と関わりあいながら、南北朝の内侍所御神楽は展開していった。神鏡が持ち去られた後も内侍所御神楽は続き、ついに明徳三年（一三九二）、北朝に神器が帰還するに至る。この時、足利義満の命によって三箇夜内侍所御神楽が行われている（［表］⑥）。

一、自今夜、於内侍所御神楽被始行三ヶ夜御神楽、文治例云々、

（『御神楽記』所引『信俊卿記』明徳三年閏十月条五日条）

一、今度、秘曲、勧盃、卿膳、禄、此四ヶ条無之、違先規歟、三ヶ条事者不苦、於秘曲者尤可有御沙汰事也、神慮難測者也、室町殿所意不審也、

（同書同月七日条）

五日条に「文治例云々」とある通り、壇ノ浦で水没した神器が帰還した元暦二年、つまり［表］④元暦二年四月の三箇夜内侍所御神楽に倣って行われたものであった。しかし実際は七日条にあるように、文治の例にはほど遠く、実際、この三箇夜内侍所御神楽は南朝と北朝を取り持ちつつ義満が興行したものであり、小川剛生が言うように「計画性のない、いわばその場凌ぎのもの」（注43）であった。

このように義満は三箇夜内侍所御神楽の開催にあまり積極的ではなかった。しかしそうした問題とは別に、義満はその後、他のほとんどの儀礼と同様に、内侍所御神楽についても儀礼の内容に介入してくることになる。先に一夜の内侍所御神楽の例を挙げる。

女院（通陽門院）去比大事有御脳之処、御減之間、御願課、自北山殿（義満）申御沙汰云々、

（同書応永十二年十月五日条）

後小松天皇の母にあたる通陽門院が病気であったところ、回復したので、義満の命によって臨時の御神楽が行われた、とある。第一節でみたように、義満以前、臨時内侍所御神楽は遷幸、秋季、譲国、追討御祈にあたってしか開催されておらず、義満によって「御願課」つまり報祭としての、新たな意味を持つ内侍所御神楽が行われていたことがわかる。

こうした内侍所御神楽の開催理由の変化は、義満没後にも見られた。例えば応永二十七年（一四二〇）九月二十八日の内侍所御神楽は「依室町殿御違例御本復也、兼御立願之故也」[注44]（『康富記』）とあるように、室町殿（足利義持）の病気平癒を理由として行われている。また正長元年（一四二八）五月十九日の内侍所御神楽は「依主上御不余為、上皇御沙汰被行之、臨時也」（『建内記』）とあるように、後小松院の命で称光天皇の病気平癒を祈願して行われている。主として十五世紀に入ってからの臨時内侍所御神楽は、一つには病気平癒を祈願して、いま一つには祈願が果たされたための報祭として、その二つの理由によって行われていた。祈願の対象も天皇でなくともよく、女院や将軍の例もある。

かかる儀礼の変遷は一夜だけでなく、三箇夜の内侍所御神楽にも見られる。義満は応永十五年（一四〇八）年五月六日に急死するが、それから二ヶ月後の七月に三箇夜内侍所御神楽が行われている（［表］⑦）。しかしそれは、

一、今度三ヶ夜御神楽、御立願、又御願課、両様トモ不被仰出、不審無極也、
（『御神楽記』所引『信俊卿記』応永十五年七月十九日条）

とあるように、よくわからない理由で開催されたものであった。結局、後になって「神祇官社頭一七日震動之間、其御祈祷云々」[注45]という理由で行われたことがわかるのであるが、十四世紀までの三箇夜内侍所御神楽が、神器の還御や内乱の中にあったことを考えるといかにも釈然としない。

この後、立て続けに三箇夜内侍所御神楽が行われるようになり、［表］⑧応永十九年には後小松天皇の譲国の御

神楽が三箇夜で行われ、⑨応永二十九年には後小松院の勅願によって称光天皇の病気平癒を祈願して、⑩翌応永三十年にはその病気が直ったので、「御願課」すなわち報祭として三箇夜内侍所御神楽が開催されている。(注46)

ここに考えられるのは、義満の先例操作と、それによりかかった後小松の存在であろう。義満が内侍所御神楽に介入したことにより、内侍所御神楽は御願や報祭を理由として開催できるようになった。後小松はこの足利義満による先例の変化をうまく利用している。つまり義満が特段、神器の所在と関係ないことで内侍所御神楽を開催できるようにし、秘曲がなくても三箇夜内侍所御神楽ができるようにしたことを前例として、後小松はこれを推し進め、自身の遷幸の儀や、息子の称光天皇の玉体護持のために三箇夜内侍所御神楽を開催したと考えられる。そしてなぜ義満が儀礼の意義を容易に転換させられたかについて考えると、そこには後醍醐の影響がある。すなわち後醍醐によってそれまでの儀礼の価値観が転回され、さらに内乱によって儀礼そのものの意義が大きく揺らいだために、内侍所御神楽の先例が曖昧となり、新たな目的で行うことが可能になったと考えられるのである。

結語

以上、三箇夜内侍所御神楽の変遷を辿ってみた。はじめ神鏡をおさめる唐櫃新造のために行われた三箇夜の御神楽は、寿永二年（一一八三）に至って追討御祈のために行われた。後醍醐はそうした先例を踏まえつつ、延元元年（一三三六）という内乱の時代に自ら秘曲「昼目」を奏することで、政治的宗教的象徴としての三箇夜の御神楽の場をつくりあげた。ここに行事の主体の、神鏡から天皇への変化があったわけであるが、そうした儀礼の変化のほころびを、足利義満は病気平癒と報祭という御祈としての内侍所御神楽に転化させ、後小松はその路線に乗っ取り、在位中あるいは院政時代含め計五度の三箇夜の御神楽を行ったのである。

そこには神鏡祭祀から玉体護持、追討御祈へ、そして皇族や将軍の御祈へと儀礼対象の変化が看取されるとともに、後醍醐天皇においては主催者の身体性を見いだすことができる。後醍醐による音楽と儀礼をめぐっては、すでに御遊と累代楽器を事例として本書第一章で述べた。その内容も合わせて考えるならば、後醍醐における音楽儀礼の特質は、先例に依りつつも御所作を以て儀礼を象徴化し、先例から儀礼を逸脱させていく、という点に集約される。こうした後醍醐の権威象徴化（とその崩壊）の中に三箇夜内侍所御神楽の変遷も位置づけられるものであろう。

注

（1）代表的なものに土橋寛「神楽と神楽歌」（『古代歌謡と儀礼の研究』岩波書店、一九六五年）があり、それまでの研究の総括もなされている。
（2）『松前健著作集　第四巻　神と芸能』おうふう、一九九八年（初出一九七四年）。
（3）斎藤英喜「御神楽のアマテラス―『江家次第』「内侍所御神楽事」をめぐって」『院政期文化論集　2』森話社、二〇〇二年。
（4）中本真人『宮廷御神楽芸能史』新典社、二〇一三年
（5）石原比伊呂「『内侍所御神楽部類記』にみる足利義満と室町前期の公家社会」『目録学の構築と古典学の再生』東京大学史料編纂所、二〇〇九年。なおここで石原が取り挙げている「内侍所御神楽部類記」は、本論の『内侍所御神楽記』（注（12）参照）に該当する。
（6）尊経閣文庫蔵（尊経閣文庫国書分類目録六八四頁）、彰考館蔵『綾小路家秘書』にも所収。建保六年（一二一八）までの勘申例を含む。
（7）国立歴史民俗博物館蔵高松宮旧蔵本（『高松宮家伝来禁裏本目録』九四四番）。同本に東山御文庫本（勅封一二六－二）があるが、歴博本が善本である。諸本とも次の奥書を持つ。「応永八年（一四〇一）十二月下旬之比、以楊梅中将兼邦（～一四二〇）朝臣本写畢、同九年十二月十九日一見了、此本末代重宝也、右羽林、応永十四年〈丁／亥〉八

月二十二日一見畢、于時従四位行兼美濃権介左近衛中将藤原朝臣資敦」

（8）次第や空間から内侍所御神楽に注目したものとして、以下の論がある。木部英弘「座の配置にみる宮廷御神楽の変遷」『日本歌謡研究』三八、一九九八年。

（9）内侍所御神楽は基本的に天皇の出御を原則とする。ただし「はじめに」で提示した松前論文で見たように、出御をともなわない場合もあった。

（10）本多安次『日本の伝統芸能　第一巻』錦正社、一九九三年。

（11）尊経閣文庫蔵（全十一巻、尊経閣文庫国書分類目録六八三頁）。史料編纂所に写真帳（六一八六‐七、「神楽記」）および影印本（三〇一一‐六、「御神楽雑記」）あり。史料編纂所の写真帳の順番に基づき、仮に巻一〜十一とした。

（12）書陵部に『内侍所御神楽記』（四一五‐二六五、三条西実隆自筆）一巻がある。それ以外の諸本すべては三条西実隆自筆本の写しである。

（13）諸本として『内侍所御神楽部類記』（東山御文庫勅封一二六‐七）、『御神楽部類　甲』（書陵部蔵柳‐七一一）など。本論では東山御文庫本を用いる。

（14）綾小路家旧蔵の御神楽資料群については以下の文献を参照。『図書寮典籍解題　続歴史篇』養徳社、一九六〇年。林謙三「綾小路家旧蔵楽書目録」『ビブリア』二五、二六、一九六三年。松岡久人編『広島大学所蔵猪熊文書　1』福武書店、一九八二年。山崎誠「「松雲公採集遺編類纂」書籍部とその研究」『調査研究報告（国文研）』一二、一九九一年。菊池紳一「尊経閣文庫所蔵『為房卿記』逸文について」『加賀前田家と尊経閣文庫』勉誠出版、二〇一六年（初出二〇〇三年）。同「『松雲公採集遺編類纂』所収「持明院家文書」について」同書（初出二〇〇五年）。猪瀬千尋「綾小路家の書物群と音楽伝承」『芸能史研究』二一四、二〇一六年。

（15）このうち本文に『資家卿記』として挙げた建暦三年（建保元年）の順徳天皇主催の内侍所御神楽については、今村みゑ子が論じている。今村みゑ子「順徳天皇と音楽」『鴨長明とその周辺』和泉書院、二〇〇八年（初出二〇〇二年）。

（16）永仁四年（一二九六）八月二十八日に臨時内侍所御神楽が行われており（『持明院家楽文書』所引「御神楽古散状」など）、これが初例と考えられる。『史料稿本』は永仁三年（一二九五）八月二十八日条に「内侍所臨時御神楽」項を設け、典拠として『師守記』貞和二年（一三四六）十二月十九日条の「永仁三年（一二九五）八月二十八日、有臨時内侍所御神楽」という記事を引いているが、現存『師守記』に貞和二年十二月条は存在せず、『師守記』全体を見渡しても如上の記事を見いだしえなかった。おそらく貞和三年十二月十九日条の記事を誤記したものと推定される。

（17）『持明院家楽文書』所引「御神楽古散状」に「同（永仁）六年七月二十一日、被行内侍所御神楽、可有御譲位之間臨（以下欠）」とあり、これが初例と思われる。なお『敦有卿記』貞和四年（一三四八）十月二十五日条に「於内侍所被行御願御神楽」とあり、同月二十七日に光明天皇が譲位していることから、これも譲位の御神楽であった可能性がある。

（18）『師守記』貞和三年（一三四七）十二月十七日条に「天下兵革時被行御祈例」が列挙されており、参考となる。

（19）前掲注（4）中本論文三六五頁。

（20）『玉葉』寿永二年五月二十九日条には「被祈征討事并治承四年奉渡摂州事云々」とあり、追討御祈と神鏡還御の二つの意味があったことを述べている。

（21）豊永聡美『中世の天皇と音楽』吉川弘文館、二〇〇六年、第一部第四章参照。

（22）「代々大鼓所作」（『体源抄』巻十二上）、『花園院御記』、『増鏡』巻十三。

（23）前掲注（21）豊永論文参照。

（24）『舞御覧記』元弘元年（一三三一）三月七日条参照。

（25）本書第二章参照。

（26）両者とも昼目を朝倉の次に置くが、実際の儀礼では星の後に歌われている。

（27）承和大嘗会の悠紀は美濃国であるが、現存の「大嘗会和歌」諸本にこの歌は見えない。なお「大嘗会和歌」については『冷泉家時雨亭叢書　大嘗会和歌』二〇〇三年、朝日新聞社、の三村晃功による解題に詳しい。

（28）前掲注（2）松前論文五五頁。

（29）［表］の太枠線六例のほか、『勘仲記』弘安四年（一二八一）閏七月二十一日条の臨時御神楽、『敦有卿記』永徳二年（一三八二）三月三十日条の臨時御神楽に、昼目奏楽の記事が見える。

（30）前掲注（6）参照。

（31）前掲注（21）豊永論文一二七頁参照。

(32)『御神楽記』巻二所引『定能卿記』文治元年五月一日条。
(33) 本書第四章参照。
(34) ただしどの程度、御簾をあげていたかはわからない。ふつうは絵巻によくあるような、顔面を隠す挙げ方であったと思われるが（山本陽子『絵巻における神と天皇の表現―見えぬように描く』中央公論美術出版、二〇〇六年）、清浄光寺像「後醍醐天皇像」などの存在を考える時、あるいは全身をさらけ出していたとも考えられる。
(35)『中右記』承徳二年（一〇九八）十二月二日条、堀河天皇の笛の御所作について記したもの。
(36) 坂本麻実子「足利義満と笙」『日本の音の文化』第一書房、一九九四年。
(37)『大小浅深秘曲共御神楽之時可唱作法事』（天理大学附属天理図書館蔵「綾小路家旧蔵楽書」のうち。綾小路信俊による神楽口伝）。
(38) 現存する『園太暦』は甘露寺親長による抄出を経ており、省略された部分も多いとされる。
(39)『園太暦』観応二年（一三五一）十二月二十六日条。
(40) なお内侍所御神楽は吉野賀名生宮で十二月二十八日に行われた。本拍子は洞院実守、末拍子は洞院実清、横笛は中御門宗重、篳篥は中院親光、和琴は洞院公泰という人員であった（『園太暦』観応二年十二月二十八日条）。
(41)『園太暦』文和元年（一三五二）八月十八日条。
(42)『園太暦』文和元年十二月三十日条。
(43) 小川剛生『足利義満』中公新書、二〇一二年、二一一頁。
(44)『康富記』応永二十七年（一四二〇）九月二十八日条。
(45)『御神楽記』所引『信俊卿記』応永十五年七月十九日条。
(46)『御神楽記』所引『信俊卿記』応永二十九年八月九日条、十一日条、応永三十年九月十六日条。

第三章　三ヶ夜内侍所御神楽をめぐって

	①長久元年（1040）9月28,30日、10月1日			②永暦元年（1160）4月19日から三日間			③寿永2年（1183）5月29日から三日間か			④元暦2年（1185）4月27,28日、5月1日			⑤延元元年（1336）3月29日から三日間か		
	初日	二日	三日	初日	二日	三日	初日	二日	三日	初日	二日	三日	初日	二日	三日
庭火				○											
縒合															
榊					○					○	○				
幣										○					
杖					○						○				
鉾												○			
行折											○				
諸挙											○				
韓神				○	○	○				○	○				
才男															
宮人		○				○						○			
薦枕										○	○	○			
誰贄人															
閑野											○	○			
磯等										○					
篠波										○	○	○			
植槻											○				
湊田											○	○			
角総											○				
大宮					○							○			
蟋蟀											○				
千歳					○					○	○	○			
早歌				○	○					○	○	○			
星				○						○	○	○			
昼目				○				○		○				○	
朝倉				○	○					○	○	○			
其駒				○	○					○	○	○			
開催理由と名称	三ヶ夜行此事（春記）			内侍所神鏡今夜可被奉納新造御辛櫃也…任長久例自今夜三ヶ夜可被行了（山槐記）			三ヶ夜被行之、依兵革為御祈也（定能卿記）			行幸大内裏神鏡璽、可渡奉本殿故也、自今夜三ヶ夜被行御神楽、無為後入洛故也（定能卿記）			被奉渡新造御辛筆、主上自被奉渡云々、仍同二十九日於内侍所被行三ヶ夜御神楽（御神楽記）		

（①②③⑤⑪に関しては全体の曲目は不明）

［表］三箇夜内侍所御神楽の開催年表

	⑪応永32年（1425）11月9日から三日間			⑩応永30年（1422）9月16日から三日間			⑨応永29年（1422）8月9日から三日間			⑧応永19年（1412）8月19日から三日間			⑦応永15年（1408）7月17日から三日間			⑥明徳3年（1392）閏10月5日から三日間		
	三日	二日	初日	三日	二日	初日	三日	二日	初日	三日	二日	初日	三日	二日	初日	三日	二日	初日
庭火				○	○	○	○	○	○	○	○	○	○	○	○	○	○	○
縒合				○	○	○	○	○	○	○	○	○	○	○	○	○	○	○
榊				○	○	○	○	○	○	○	○	○	○	○	○	○		○
幣																		
杖																		
鉾																		
行折																		
諸挙								○		○						○	○	
韓神				○	○	○	○	○	○	○	○	○	○	○	○	○	○	
才男				○	○	○	○	○	○	○	○	○	○	○	○	○	○	○
宮人																		
薦枕				○	○	○	○	○	○	○		○	○	○	○	○	○	○
誰贄人											○							
閑野				○		○	○			○	○	○	○	○	○			○
磯等				○	○		○			○	○		○	○		○	○	○
篠波				○	○		○		○	○	○	○	○	○	○	○	○	○
植槻							○			○			○	○				○
湊田																		
角総																		
大宮																		
蟋蟀											○							
千歳				○	○	○	○	○	○	○	○	○	○	○	○	○	○	○
早歌				○	○	○	○	○	○	○	○	○	○	○	○	○	○	○
星				○	○	○	○	○	○	○	○	○	○	○	○	○	○	○
昼目							○		○									
朝倉				○	○	○	○	○	○	○	○	○	○	○	○	○	○	○
其駒				○	○	○	○	○	○	○	○	○	○	○	○	○	○	○
	今夜三ヶ日被行内侍所御神楽云々…申御悩御願云々（看聞日記）			是去年為主上御悩御願課云々（信俊卿記）			是為禁裏御悩御祈祷云々（信俊卿記）			今夜被始行三ヶ夜御神楽（信俊卿記）（八月二十九日に後小松は譲位、譲国の御神楽か）			被行三ヶ夜御神楽…去月、神祇官社頭一七日震動之間、其御祈祷云々（信俊卿記）			被行三ヶ夜之御神楽…依三種霊宝入洛也…文治例云々（信俊卿記）		

第四章　歴史叙述における仮名の身体性と祝祭性

――定家本系『安元御賀記』を初発として――

はじめに

主上や皇后の長寿を言祝ぐ御賀や、一代一度の両席御会である中殿御会、践祚後の初度朝覲行幸など、晴の儀礼においては、屏風絵や絵巻などが作成され、公家日記だけではない様々な形でその「記録」が残された。

そうした公家日記とは別の「記録」として仮名日記があり、その中に四条隆房の『安元御賀記』がある。これは安元二年（一一七六）三月、春の盛りに法住寺殿で行われた後白河院五十御賀を記録したものである。『安元御賀記』をめぐっては内容の簡素な定家本系[注1]と、平家に関する記述が多い類従本系の二系統が知られている。これら諸本の系統をめぐっては、伊井春樹によって、類従本系にのみ見られる官位がことごとく誤っている点などから、定家本系がより原態に近く、類従本系は定家本系を増補・潤色したものであり、隆房の筆ではないことが結論づけられた[注2]。現在、この結論に関して疑問の余地はないと思われるが、しかしこの論の後も、『安元御賀記』に関する研究は類従本系を中心に続けられてきた。

それは類従本系が「平家公達草紙」といった絵画作品や、『建礼門院右京大夫集』、『平家物語』諸本と密接な関係性を持つからであって、一方では定家本系が儀礼を淡々と記しただけの退屈な作品にも見える、という点もあるように思われる。ところが逆にこの定家本系の退屈さに目を向けてみると、そこにはある重要な文脈が存在していることに気づく。それはこの作品の大部分が漢文日記の記述方法によっている、という点である（以下、定家本系『安元御賀記』について『御賀記』と略称する）。

なによりもまず、『御賀記』の文体のほとんどが漢文日記（本論では、便宜的に公家日記などの和製漢文の日記を「漢文日記」と呼ぶ）の訓み下しであることに注意したい。[注3] 例えばはじめの部分の

その日のあかつき、法住寺のみなみどのに、みゆきあり。もゝのつかさども、まいりしたがへること、つねのごとし。院御所一町をよぶほどに、さきのこゑをとゞむ。みこしを西のよつあしにかきたつ。かむづかさ、御ぬさをたてまつる。うたづかさ、たちがくをそうす。院別当権大納言たかすゑ、事のよしを申す。

（一オ※丁数は『古筆聚成』十二所収の黎明会本に従う、以下同）

という文章は、次のように漢文化できる。

其日暁、[注4] 有行幸法住寺南殿、百官共参従事、如常、院御所及一町程、止前音、昇立御輿於西四足、神祇官献御麻、雅楽寮奏立楽、院別当権大納言隆季申事由、

こうした漢文日記訓み下しの傾向は、『御賀記』全体を貫くとともに、とりわけ御賀一日目の記録である三月四日条に強く見られる。加えて、いわゆる記録語が多いことも特徴である。「このあひだ（此間）」「すでにして（即）」「つねのごとし（如常）」など、漢文日記の頻出用語でありながら、『御賀記』以前の物語や仮名日記にはほとんどつかわれない言葉が多用されている。[注5] 他にも、儀礼を細部にわたって遺漏なく叙述している点も漢文日記とよく対応する。

以上を勘案したとき、『御賀記』はほとんど漢文日記に近似し、日記の行事次第をそのまま訓み下しただけの作品である可能性すらそこには見えてくる。しかし一方で、漢文に翻案できない部分も多くはないものの存在する。例えば四日条に絞って見れば、楽屋の様子を述べる「がくやのありさま、まことにいかめしかりき（一一オ）」の部分。ここでは直接経験の過去助動詞である「き」が用いられている。また高倉天皇の奏楽の場面では「さても御ふえのねこそいまもたぐひなく、いにしへもかくやありけむときこえしか（一四オ～一四ウ）」と「こそ……しか」を用いている。

各部分の検討はのちほど行うが、仮名日記である『御賀記』が漢文日記の記録の方法で書かれている以上、逆に仮名による表現には重要な意味が込められていると考えられる。『御賀記』の書写者である定家が『明月記』において、時に訓み下しで日記をつけることを試みている点や、(注6)『とはずがたり』の一部が漢文記録の次第にもとづいて構成されている点など、(注7)鎌倉時代において、漢文日記と仮名日記の区分が曖昧となる点が先行研究により明らかにされており、『御賀記』はそうした問題の初発としても検討されるべきものといえる。以下、本論では『御賀記』と、それによって記録される儀礼の分析を中心に、歴史叙述における仮名の役割について考えていくことにしたい。

一　「宮廷誌」論と「北山第行幸仮名記」

『御賀記』など、一つの宮廷儀礼の記録に特化した仮名記については、すでに小川剛生によって、その重要性が指摘されている。氏は『御賀記』『高倉院升遐記』『高倉院厳島御幸記』にはじまり、二条良基にいたって大量に生産される、記録とも物語ともつかないテクストを「宮廷誌」と名づけ、その性質の究明にあたった。(注8)氏によって指摘された「宮廷誌」の性質は、次の点が挙げられる。

「「宮廷誌」とは、その一見華やかな記事内容とは裏腹に、かえって王権が危機に瀕した時に簇生することに特色があり、また漢文日記などとは違って、明らかに宮廷の内外にいる読者に向けて書かれたものである。そのことは、あくまで事実を記録するという体裁を堅持しつつも、その内容は必ずしも事実そのままではなく、宮廷を礼讃し王権の盤石ぶりを確認するという目的に沿うものである(注9)」

「良基の仮名日記が意図的な虚構を持つこと、自分のみならず他者を意識した書き方をしていること、三人称の語りで治天や将軍の威光を讃える物語的な構成をとっていること(注10)」

「享受される過程で様々な意味を附与され、それに叶った方向へと改変される、生きたテクストであった(注11)」

「仮名日記は儀式を扱うのですぐに退屈だといわれますが、儀式ならば何でも取りあげているのではないのです。通常の政務や公事、年中行事の類は対象とならず、大嘗会・晴儀蹴鞠・初度行幸・宸筆御八講といった、要するに一代一度のものが多いのです(注12)」

いずれも従うべき見解であり、今後の研究における指針を示している。『御賀記』もまた、十二世紀末という内乱の時代に生じたものであり、類従本系や「平家公達草紙」を生みだした「生きたテクスト」である点において、氏の提示する「宮廷誌」の系譜に位置づけられるだろう。

ただし、その後の「宮廷誌」にくらべても『御賀記』の文体と構成は、あまりに漢文日記に近似しすぎている。ここで提起したいのは、全編を漢文日記に依拠する仮名日記の存在である。そのような作品として、「北山第行幸仮名記（仮称、以下「行幸記」と称する）」が挙げられる。諸本いずれも近世書写で前後を欠しているが(注13)内容は正元元年（正嘉三年、一二五九）三月に西園寺北山第で行われた大宮院一切経供養を記録したものであり、その文章は当時の記録である『公種記』三月八日条の訓み下しに基づいて構成されている。例えば青海波の上演について「行幸記」の記述と『公種記』の記述を比較してみるとつぎのとおりである（全文は本章末に翻刻した）。

次に左青海波、楽人、舞人、院御随身、垣代にたつ、南庭にして輪をつくる〈次将これにさきだちて胡座をたつ。〉輪台のはてつかたぞ雨ふりて、雷鳴のあひだ舞をとゞむべきよしを仰らる。すなはち楽屋にしりぞき入て、まかで音声に蘇合急を奏す。前庭をわたりて中門の外にして楽をやめて、舞人等をの〳〵まちいでぬ。「行幸記」

次左奏輪台、楽人、舞人、院御随身、立垣代〈大将随身不立、〉於南庭作輪〈次将先是起胡座、〉古鳥蘇終頭、茂通朝臣居楽屋吹笛〈太平楽、狛鉾、輪台等、〉輪台終頭、雨降雷鳴之間、被仰可停舞由、即退入楽屋〈茂通朝臣一吹垣代、笛頗遺恨云々、〉即奏罷出音声〈蘇合香急、〉渡前庭、於中門如気入之時、其儀散々云々、於中門外停楽、舞人各分散、

（『西園寺一切経供養并後宴等記』所引『公種記』正元元年三月八日条）

『公種記』の記述のほうが注記なども含めてより詳細であるが、「行幸記」は明らかにその全文を『公種記』に拠っている。記主の正親町三条公種は、後深草の院司などとして『公種記』の他にもいくつかの記録を残しており（注14）、院が携わった儀礼に深く関わる人物である。その日記をもとに仮名記が作られている事実は、仮名記の研究においても重要な意味を持つ。あるいは、平安末から鎌倉時代にかけて多数作成された女房のための儀礼次第とも考えられ（注15）よう。しかし、『公種記』が青海波における茂通の笛を「頗遺恨」とし、「其儀散々」であったと述べるのに対して、「行幸記」はそのような述懐をしない。微細な変更点ではあるが、儀礼の失錯にあたる部分を意図的に消去している節がある。さらに注意したいのは次の一節である。

相国拝する時、諸卿蹲居す。拝しをはりて、南階よりのぼりて、複座のゝち諸卿複座す。ことの厳重、これよりさきなるはなし。席上の壮観たぐひすくなく生前の栄耀こゝにきはまりぬ。まことに当時の眉目、後代の再談なり。次に資平朝臣土瓶子を持参す。相国さらにもる。左大臣すゝみて盃をとりて複座、次第に巡流す。

（「行幸記」）

拝時蹲踞、拝了、昇南階、復座之後、他卿相祓座、次資平朝臣持参出瓶子、相国更盛、左大臣大相府座辺、取

盃復座、次巡流、　　　　　　　　　　　　　　　　（『公種記』同日条）

「行幸記」の中で唯一『公種記』に典拠を持たない箇所で、傍線部で示した部分がそれである。その晴儀なることを称歎する一文は「宮廷誌」においてひろく見られるもので、小川の指摘する「王権の盤石ぶりを示す」という「宮廷誌」の目的にも適うものといえる。以上を勘案したとき、「行幸記」は女房向けの仮名書次第というよりは『御賀記』などの「宮廷誌」作品に近い性質を有していると考えられる。

もちろん「行幸記」のような、漢文日記を下地とした作品があるからといって、『御賀記』の背景に特定の漢文日記があるとは、必ずしもいえないだろう。ただ小川剛生の「宮廷誌」論の前提を探るためにも、たとえば藤原重雄が「仮名別記」と名づけたような(注16)、より記録体の文調が強い作品についての考察も必要であると思われる。そこで次節では、実際の歴史の方面から、「宮廷誌」（あるいは「仮名別記」）が記録する儀礼の特質について考えることにする。

二　舞御覧の特質

すでに小川剛生によって「宮廷誌」は一代一度の儀礼が多い点が指摘されている（前節参照）。特に顕著なのが、御賀に代表される、天皇の行幸をともない、複数日に渡って舞、船楽、蹴鞠、三席（歌会、作文、御遊）などが行われる儀である。あとに述べるが廷臣とその子息による舞楽が骨子となるために、しばしば「舞御覧」の名で称される儀礼である(注17)。以下、御賀や複数日の臨時行幸といった儀礼の上位概念として「舞御覧」の用語を用いるが、ここで考えたいのは舞御覧においてたびたび「宮廷誌」が作成されている事実である。次頁［表］に掲示したのは平安～南北朝時代に行われた舞御覧をまとめたものだが、後白河院五十御賀から足利北山第行幸までの九つの「舞御覧」

のうち、その六つまでに行事を記録した仮名記が残されている。また仮名記が残らない北山准后九十賀においても、『とはずがたり』の描写が、実際の記録次第に基づいて構成されている点など、『御賀記』に似た一種の「宮廷誌」風の内容になっている。(注18)

なぜ舞御覧において「宮廷誌」が作成されるのか、その理由を理解するためにも舞御覧という儀礼の特質を明かす必要がある。［表］に示した儀礼の史料分析によって得られた結論を以下に三点挙げたい。

一点目に、まず舞御覧（特に御賀）が行われる季節は、ほとんどが春、旧暦の三月の初旬、つまり花の盛りの時期であるということである。それは明らかであろう。これは延喜年間に行われた二度の御賀（宇多院四十御賀、五十御賀）に拠っているためと考えられる。(注19)［表］の一覧からも、

二点目は、舞楽である。舞楽そのものは堂供養や朝覲行幸においても行われるが、普段は地下の楽人を中心として行う。それが、舞御覧においては、舞人楽人の多くが廷臣とその子息によって構成される。特に廷臣による舞を「侍臣舞」と呼び、康保三年（九六六）十月に行われたものを初例とする。(注20)侍臣舞のうち、左舞の青海波においては「垣代」と呼ばれる特殊な奏法がとられる。舞者二人のまわりを演奏者が円を描きながらまわるもので、これも通常は地下楽家が四人ほどで舞うのだが、舞御覧においては二十〜五十人規模でおこなわれることが多い。

また、左舞の胡飲酒、陵王、そして右舞の納蘇利は童によって演じられることが多い(注21)（参考として［表］に、舞御覧における各所作を示した）。彼らは面を付けず、かざしに季節の花をゆいつけて舞う。童舞は舞楽におけるクライマックスである夕刻に行われる。そのため舞の次第を変更して童舞を先立てることもあった。(注22)童舞に対する賛辞の言は、漢文日記においても筆が尽くされる部分で、(注23)一連の儀礼が舞御覧と称されるゆえんともなっている。

三点目は御所作（天皇による楽器の演奏や郢曲の所作）が見られることである。舞御覧における御所作は累代楽器（天皇の一代一度の儀礼でしか使用されない楽器）によって行われる特別なもので（本書第一章参照）、童舞とならんで漢文

【表】舞御覧における仮名記、御所作、舞、一覧

※人物名の下の○は年齢をあらわす

年号 西暦	場所	行事名	日程	仮名記	御所作（楽器）	青海波	陵王	納蘇利	胡飲酒
康保三 九六六	大内裏	侍臣舞	一〇・七		なし	藤原済時㉖ 藤原為光㉕	藤原親光	藤原実資⑩	藤原兼通㊷
長保三 一〇〇一	土御門殿	東三条院四十御賀	一〇・九		なし	なし	藤原頼通⑩	藤原頼宗⑨	なし
康和四 一一〇二	高陽院殿	白河院五十御賀	三・一八～二〇		堀河（笛）	藤原通季⑬ 中御門宗能⑱	藤原宗重⑫	藤原季輔	源雅定⑨
天永三 一一一二	六条殿	白河院六十御賀	三・一六～一八		鳥羽（催馬楽）	なし	源雅俊男	藤原季成⑪	藤原長実男
仁平二 一一五二	白河北殿 鳥羽殿	鳥羽院五十御賀	三・七、八		不明	藤原隆長⑫ 徳大寺実定⑭	藤原隆成⑧	源雅仲⑩	なし
安元二 一一七六	法住寺殿	後白河院五十御賀	三・四～六	安元御賀記	高倉（笛）	平維盛⑲ 藤原成宗⑯	藤原宗国⑪	なし	源雅行⑨
正元元 一二五九	北山第	大宮院一切経供養	三・五～八	行幸記	後深草（琵琶） 亀山（笛）	不明	不明	不明	不明
文永五 一二六八	富小路殿	後嵯峨院五十御賀	試楽のみ	文永五年院舞御覧記	不明	花山院家長⑯ 花山院忠季	四条隆親男	四条隆親男	近衛家基⑧
弘安八 一二八五	北山第	大宮院九十賀	二・三〇～三・一	（とはずがたり）	後宇多（笛） 伏見（琵琶）	不明	不明	不明	不明
正応二 一二八九	鳥羽殿	行幸	三・二三～二五		伏見（琵琶）	不明	不明	不明	不明
元亨四 一三二四	北山第	行幸	三・一九～二三		後醍醐（琵琶）	不明	狛朝葛	不明	多久氏
元弘元 一三三一	北山第	行幸	三・七～九	舞御覧記	後醍醐（琵琶、笛、拍子）	不明	北畠顕家⑭	不明	不明
永徳元 一三八一	室町第	行幸	三・一一～一六	さかゆく花	後円融（笛）	不明	不明	不明	不明
応永十五 一四〇八	北山第	行幸	三・八～二八	北山殿行幸記	後小松（笙）	尊藤丸 慶満丸	亀石丸	晴若丸 栄玉丸	なし

日記において特筆される場面であった。記録上で最初に注目されたのは、白河院六十御賀における鳥羽天皇の催馬楽である。藤原忠実は当時、十歳であった天皇の奏楽を「非其程人所為」[注24]としている。舞御覧の一であり「行幸記」として仮名化された大宮院一切経供養では、後深草天皇と春宮時代の亀山が合奏を行っている。「希代珍事也、定無先規歟」[注25]とされ、また『増鏡』は亀山の御所作を「まだいと小さき御ほどに、みづら結ひて、御かたちまほ美しげにて、吹きたて給へる音の、雲井を響かして、あまり恐ろしきほどなれば、天つ乙女もかくやとおぼえて」（巻六「おりゐる雲」）とする。この演奏は北山准后九十賀において後宇多天皇と熙仁親王（伏見）の合奏に引き継がれるとともに、後に後嵯峨、後深草、亀山という上皇、天皇、東宮による三合奏という形で訛伝され[注26]、足利義満は恐らくこれにならい、応永の舞御覧において義満、後小松、義嗣の三合奏をおこなっている[注27]［表］。

このように舞御覧においては御前での侍臣舞や童舞、御所作など、様々な儀礼が行われ、それに連なる人々のいでたちもまた色彩豊かなものであり[注28]、一種の王権スペクタクルが形成されていた。

三　仮名によって音《こえ》はおぎなわれる

ここからはふたたび『御賀記』の本文へとかえり、その中にみえる仮名の特質を考えたい。前節で、舞御覧には春の盛りにおこなわれる点、侍臣舞や童舞がある点、御所作がある点に特徴があることを述べた。これらはみな景色の壮観、儀礼の荘厳や身体の動きといった象徴的、身体的なものである。そしてこれら舞御覧の特質は、総じて『御賀記』の仮名テクストにおいて強調されるところであった。

先に御所作について述べておきたい。『御賀記』は御遊と船楽における高倉の笛の御所作を次のように描いている。[注29]

（三月四日の御遊）さても御ふえのねこそいまもたぐひなく、いにしへもかくやありけむときこえしか、ゆめかゆめにあらざるか、神也、又神也。（二四オ～二四ウ）

（三月六日の船楽）なみのうへのがくにあはせて、御ふえをふきいださせたまふ。そのころものにまぎれず、いともたへなり。仁平の御賀にも此事なし。康和のむかしこそかくはありけれとぞ、ふるき人々いひあへりし。（二四ウ～二五オ）

「ゆめかゆめにあらざるか、神也、又神也」は明らかに菅原道真「早春内宴侍仁寿殿同賦春娃無気力応製」（注30）の一節「管絃之在長曲、怒不関於伶人。変態繽紛、神也又神也。新声婉転、夢哉非夢哉」によっている。漢文日記においていて「神也亦神也」といった表現はよく見られても（注31）、ここまで直接的に引用はしない。逆説的だが、仮名によって成立する漢詩の引用表現といえる。

次に舞をみてみよう。安元御賀において最も賛辞を集めた舞は、源定房男・雅行による胡飲酒であった。

らくそん胡飲酒のわらは、おなじくこれをまふ。いりあやこそめもあやなりしか。このあひだ、ゆうひのかげもくれぬれば、ところ〴〵にはなのともしびをかゝぐ。（三一オ）

ここでは「めもあや」という表現とともに「こそ……しか」が用いられる。『御賀記』が「こそ……しか」を用いるのは高倉による笛の御所作と、中臣重近の瀟洒な格好への賛辞を送る場面のみである。いずれも奏楽や立振舞といった身体所作についての感慨であり、音や身体が仮名によって強調されていることがわかる。

このように、『御賀記』は、御所作や舞に対して、漢文日記にはないかたちこれを表現する。そこに見えるのは、仮名によってはじめて表現可能となった儀礼の音であり身体であった。ひるがえって類従本系は、仮名の中に新たな身体をうみだしていく。類従本系は平氏一門の称賛に重きをおき、船楽、蹴鞠、舞楽、御遊に、本来は参仕していなかった一門の名前をねじ込んでいくが、一方では維盛を中心として、定家本系では描かれなかった維盛の奏楽や舞楽の見事さを強調する。

中宮大夫たかすゑ、そうでうを吹出す。少将たかふさ、ひきをくれて又ふく。中将定よし、ひちりきの音をとづれて後、大納言さねくに、笛の音をとる。やすみち、権亮少将維盛はよこぶえ、雲井とをりておもしろし。天皇ををき奉りて、是なん笛すぐれたりける。

五日におこなわれた御前での船楽の場面。もとは隆季、隆房親子の演奏が強調されていたのが、ここでは維盛の演奏に置きかえられている。(注32)「雲井とほりて」は『源氏物語』「梅枝」に宰相中将の笛の音を賛美する句として見えるもので、もちろん漢文日記には見られない表現である。また次に挙げるのも類従本系にのみ見られるもので、著名な箇所である。

りんだいはて丶、せいがいは出でかはりてたまふ。これもり、なりむねなどなり。……青海波の花やかに舞出たるさま、維盛朝臣の足ぶみ、袖ふる程、世のけいき、入日の影にもてはやされたる、似る物なく清ら也。

『源氏物語』に大きく依拠した部分であり、(注33)「紅葉賀」における光君の青海波に維盛が重ねられる印象的な場面である。もとよりこの部分は後代の加筆であり、時間的な経過からみて実際の青海波はおそらく夕刻に舞われてなどいない。(注34)しかしここで注目したいのは、入日を受けての青海波が史実かどうかということではなく、『源氏物語』の引用によってそれが表現されている点にある。つまり、物語の引用によって、御前での奏楽という音が、舞という身体が生成されるのである。舞御覧の眼目たる、春の栄えし頃、廷臣一同の立ち並ぶ厳めしさ、主上の御所作や童舞・侍臣舞といった様子は、仮名によって強調されるとともに、仮名によって脚色され、一つの場面を創出させるのである。

四　仮名は儀礼を祝祭し、日記の文脈を「語り」へと変える

『御賀記』はさらに、日記における記録の文脈を、仮名によって「語り」へと転換させる。ここではまず『御賀記』の冒頭をみてみたい。

安元二年としのついでひのえさる、やよひのはじめの四日、世おさまり、時はるなれば、鳥のうたふこゑ、花のゑめるいろ、おりにつけ事にふれて、まことにいひしらず。その日のあかつき、法住寺のみなみどのに、みゆきあり。（一オ）

ここは漢文日記であったならば「四日〈己酉、〉天晴、此日公家被奉賀太上法皇五十宝算」（『玉葉』）「四日〈己酉、〉天晴、今日高倉依奉賀太上法皇五十宝算」（『定能卿記』）のごとき書き出しがなされるところである。今日の日付、干支、出来事の名称といった漢文日記の約束事に対して、『御賀記』は「安元二年としのついで……」と全く別の表現方法を取る。これは『御賀記』が連続した記録である「日記」とは異なる「別記」であるとともに、それが単なる記録とは異なる次元に立つことを明示したものといえる。つまり「鳥のうたふこゑ、花のゑめるいろ、おりにつけ事にふれて、まことにいひしらず」とは、明らかに儀礼を顕彰せんがための書きぶりなのである。その点で『御賀記』の冒頭文は、記録の書き出しというよりも物語の「序」であると言えるだろう。また次の表現も重要である。

すべてやまのいきほひ、水のいろ、よろづよをよばひ、とたびすまむけしき、かねてしりぬべし。（四ウ）

さかゆく春の盛況ぶり、池水の澄めること、そして自然が主を祝福しているとする書き方は、賀歌によく見られるもので（注35）、仮名によってこそ成立する表現と言える。序文によって儀礼を顕彰し、途中に賀歌にも似た表現をとる。このように、『御賀記』における仮名には祝祭性とも言うべき機能を見出すことができる。

漢文日記との比較においてもう一点重要なのは、語り手の問題である。以下、日記の文脈を繙く上で欠かせない「先例」という問題から述べたい。

六国史の編纂終了に伴う家記の増加、朝儀の複雑化などと相俟って、有職故実の理解そのものが特権化し、その中で漢文日記にあっては、儀礼を遺漏無く記述し、一方では先例と相違わぬように、一方では後人の儀礼の先例となることが求められた。「宮廷誌」はこの「儀礼を遺漏無く記述する」という姿勢によく従っているように見えながら、しかし「先例」の記述という観点において、漢文日記との違いが見られる。

それは語り手の問題と関係しており、というのも漢文日記が作者自身の立場から描かれるのに対し、「宮廷誌」はおしなべて第三者の視点から描かれるからである。みたび『御賀記』に戻れば、高倉天皇の三月六日の奏楽場面「なみのうへのがくにあはせて、御ふえをふきいださせたまふ。そのこゑものにまぎれず、いともたへなり。仁平の御賀にも此事なし。康和のむかしこそかくはありけれとぞ、ふるき人々いひあへりし」には天皇の御所作が仁平の鳥羽院五十御賀にはなく、康和の白河院五十御賀にはあったことを伝えている（なお康和御賀で笛を奏したのは堀河天皇である）。(注36)

『玉葉』『定能卿記』にある通り、安元御賀の次第は、康和御賀の先例にその多くを拠っている。漢文日記においては、それは「康和の御賀に御所作があった」(注37)という単なる先例の挙げ連ねに終わってしまう。あるいは賛辞を送るとして「已是当時之壮観、又存先代之佳例也」のような表現がなされるところである。しかし『御賀記』はこれを「ふるき人々いひあへりし」と人々の語りに転化している。こうした先例の勘申というありきたりなテクストを、古人の語り口へと変貌させる修辞法は、仮名によってのみ成立する歴史叙述の方法であるといえる。重要なのは、この「ふるき人々いひあへりし」によって、堀河と高倉の御笛所作がつながれたということであろう。ともすれば漢文日記において、定型句とともに「先例」の位相に停められてしまう儀礼について、仮名はそれを「語り」という方法で昇華し、それによって過去と現在とを結びつけるのである。

五　仮名は儀礼と儀礼とをつなぐ

こうした儀礼と儀礼との結びつきは、ただ『御賀記』一箇のなかでのみ現象するものではなく、「宮廷誌」全体に見られるありようでもあった。『御賀記』において特記される侍臣舞、童舞、御所作といった身体儀礼は、その後の「宮廷誌」にも引き継がれていく。例えば青海波は、『源氏物語』「紅葉賀」のイメージとともに語られる。(注38)

木高き紅葉の蔭に、四十人の垣代、言ひ知らず吹き立てたる物の音どもにあひたる松風、まことの深山おろしと聞こえて吹きまよひ、色々に散り交ふ木の葉のなかより、青海波のかがやき出でたるさま、いと恐ろしきまで見ゆ。（『源氏物語』「紅葉賀」）

青海波舞人二人、いづれよりもきらめきたる、夕ひにかゞやきてけしきこと也。のこりの舞人ども、いづれもひきつくろひたれど、猶花のかたはらのときわぎともいひつべし。彼朱雀院の御賀のむかしのおもかげも見心地していとめづらし。（『文永五年院舞御覧記』）

散かふ花の中より青海波のかゞやき出たるさまなど、物がたりのおもかげもいまさらおもひいでられたり。（『北山殿行幸記』）

また類従本系に見られた維盛の笛を賛美する言葉であった「雲井とほりて」は、主として「雲井を響かす」という表現で、後の「宮廷誌」において語られていく。「雲井を響かす音」という表現は、もともとは『源氏物語』「桐壺」で、光君の管絃の才をあらわす言葉として使われたものだった。

わざとの御学問はさるものにて、琴笛の音にも雲居をひびかし、すべて言ひつづけば、ことごとしううたてぞなりぬべき人の御さまなりける。（『源氏物語』「桐壺」）

うへの御所作はありがたきためしなるに、けふしも、ことに御笛のねも雲井をひゞかし、山の鳥もおどろく計也。（『舞御覧記』）

堂上堂下の物の音ども雲井をひゞかし、山の鳥もおどろくばかりなり。（『北山殿行幸記』）

このように、侍臣舞や御所作など、舞御覧の骨子たる身体儀礼は、繰り返し同じ言葉、同じイメージで反復的に語られていく。こうした身体所作の物語的文脈は、漢文日記ではとどめておくことのできないものであって、それにこそ仮名の力が求められる。それは『源氏物語』などの豊富な引用表現の源泉を持つからであって、これまで述べてきたように、そうした表現こそ身体性や祝祭性をおぎなうものだからである。それと同時に仮名によって先例は語りとなり、また引用によって儀礼はつながれる。この点において、歴史叙述における仮名とは、儀礼を再現前化させる力に異ならない。

結語

以上、本論では後白河院五十御賀を記録した『安元御賀記』を初発として、舞御覧における儀礼の特質と、それを記録するテクストの性格の分析を行った。

仮名日記、その中でも小川剛生が「宮廷誌」と名づけたものと、漢文日記はともに儀礼の次第を書き連ねるところにその役割の中心があった。定家本系の『安元御賀記』は、特にその傾向が強いものと言えるだろう。舞や楽器奏楽など、儀礼における身体所作は、漢文日記においても仮名日記においても、その約束事から外れ、それらを褒め称える記述に筆を割いている。ところが漢文日記の身体所作の記述が究めて簡略で形式的であるのに対し、仮名日記の記述はそこに物語や漢詩を引用し、その様子を豊かに表現していった。時にそれは類従本系のように、実際にはあり得なかった青海波の夕日の場面にも拡張されていく。そこに、音や身体を記しおき、儀礼と儀礼とをつなぐ、という歴史叙述における仮名の機能を読み解くことができる。

安元御賀が開催された十二世紀後半は、朝儀がいよいよもって複雑化した時代である。安元御賀においては、青海波の故実について先例をめぐって論争が起こり、当日上演の間際にまで決着を見なかった。(注39)こうした先例主義への偏重にともなう儀礼の難航は、それを記録するテクストにも変容をもたらしたと言える。たとえば青海波指図(注40)のような、実際の舞の動きを図示した次第がうまれたのは注目に値する。藤原師長によって安元御賀の青海波のために記された本図は、正嘉の舞御覧（大宮院一切経供養）において次第としてまとめられ、文永の舞御覧（後嵯峨院五十御賀）の際にも書写された、まさに儀礼を再現するための実践的な教本であった。

『御賀記』もまた、こうした青海波指図のような、新たな「記録」の必要性の中にうまれたものではなかったか。くり返し述べるように『御賀記』における仮名には、儀礼の音や身体をとどめ、儀礼と儀礼とをつなぐ機能があった。儀礼が、漢文日記で記録しえる範疇では再現し得なくなったとき、それを成立させるのが『御賀記』のような仮名記の存在であったといえよう。漢文日記などの記録を超える記録性を有する点において、また類聚本、『平家公達草紙』へと派生し、他の「宮廷誌」に影響を与える物語性を有する点においても、『御賀記』は検討されるべき重要なテクストなのである。

注

（1）最古写本であり、一部定家筆が認められる徳川黎明会蔵本による呼称。『明月記』寛喜二年（一二三〇）六月十七日条に「但馬前司来臨〈許清談〉、移時刻、借草子等、蜻蛉日記、更級日記、隆房卿日記〈仮名安元御賀〉、治承右大臣家百首、三十六人伝」とあることから、この「隆房卿日記」が黎明会本ほか定家本系の祖本と推定される。なお『教言卿記』応永十四年（一四〇七）二月四日条に四条隆直所持の「法住寺御賀記」の名が見える。
（2）伊井春樹「『安元御賀記』の成立―定家本から類従本・『平家公達草紙』へ」『物語の展開と和歌資料』風間書房、二〇〇三年（初出一九九二年）。
（3）『安元御賀記』の文体をめぐっては、桑原博史が「峯岸明氏の御教示」によるとした上で「和漢混淆文の一類、内容上からは記録語体とよぶべきもの」（桑原博史「藤原隆房の生涯とその作品」『中世物語の基礎的研究』風間書房、一九六九年、五八頁）とし、藤原重雄が「和風漢文（変体漢文・記録体）の読み下し文のような部分が相当に含まれている」（藤原重雄「院政期の行事絵と〈仮名別記〉・試論」『文学（岩波）』一〇‐五、二〇〇九年、一五七頁）とする。
（4）ただし「其日暁」という用法は、漢文日記には認められない。
（5）「このあひだ」は一四ウ二行目、一九オ三行目、二四オ三行目、二五ウ二行目、二六ウ四行目、三一オ七行目に、「すでにして」は一三ウ六行目に、「つねのごとし」は一ウ五行目、八ウ八行目、九オ三行目、二三ウ八行目に見られる。こころみに『御賀記』以前の旧大系の作品から用例を探すと「つねのごとし」「すでにして」は例がなく、「このあひだ」は『土佐日記』に見えるのみである。ただし『土佐日記』における「このあひだ」の用法は「このあひだに」という形でしか見えず、そもそも『土佐日記』における時間感覚は漢文日記のそれとは別であることが指摘されている（秋山虔「漢文日記と仮名日記」『季刊ぐんしょ』六、一九九〇年）。よって『御賀記』以前の仮名で書かれた作品に、これらの用法を認めることはできない。
（6）五味文彦「中世の日記の特質」『日記に中世を読む』吉川弘文館、一九九八年。
（7）小川剛生「北山准后九十賀とその記録―東山御文庫蔵『准后貞子九十賀記（宗冬卿記）』の紹介」『明月記研究』七、二〇〇二年。
（8）小川剛生『南北朝の宮廷誌―二条良基の仮名日記』臨川書店、二〇〇三年。同「『高倉院厳島御幸記』をめぐって」『明月記研究』九、二〇〇四年。
（9）前掲注（8）［小川　二〇〇四］一七七～一七八頁。
（10）前掲注（8）［小川　二〇〇三］二〇八～二一〇九頁。
（11）前掲注（8）［小川　二〇〇四］一八九頁。

（12）前掲注（8）［小川　二〇〇三］二一二頁。
（13）本書末解題参照。
（14）文永五年（一二六八）正月十五日に後深草院が啄木の伝授を受けた際の記録（『伏見宮旧蔵楽書集成　一』所収）や、文永八年五月八日に院が六条殿に御幸、供花会を行った際の記録（『亀山院六条殿行幸記』（書陵部蔵伏－四九三））などが残る。また『後愚昧記』応安七年（一三七四）六月八日条に「公種朝臣文永後嵯峨院崩御間記」の名がみえる。
（15）松薗斉「中世の女房と日記」『明月記研究』九、二〇〇四年。
（16）前掲注（3）藤原論文参照。
（17）例えば文永の後嵯峨院五十御賀試楽を記録した仮名記は『文永五年院舞御覧記』、元弘の後醍醐天皇西園寺北山第行幸を記録した仮名記は『舞御覧記』、永徳の後円融天皇の足利室町第行幸を記録した仮名記は『貞治三年舞御覧記（さかゆく花）』と称される。
（18）阿部泰郎「女の物語としての『とはずがたり』―中世文芸の諸領域との交錯」『ジェンダーの日本史　下』東京大学出版会、二〇〇三年。また前掲注（7）参照。
（19）康和御賀や安元御賀においても、延喜の御賀が参照されている点、および延喜御賀以前の大規模な御賀で、桜の時期に開催されたものがない点などから推測される。
（20）『濫觴抄』下「侍臣舞」。
（21）朝儀における童舞については、服藤早苗による一連の研究に詳しい。服藤早苗『平安王朝の子どもたち―王権と家・童』吉川弘文館、二〇〇六年。
（22）「次、納蘇利〈童季輔、〉童舞等依光已傾、不守次第先召之也」（『中右記』康保四年三月十九日条）
（23）以下に舞御覧における童舞の賛辞について、一例を挙げておく。
「御前舞神妙也」（『殿暦』康和四年三月七日条）
「容顔美麗、舞神妙、人々感嘆」（『中右記』康和四年二月二十日条）
「舞之為体優妙者也、人々感嘆」（『中右記』康和四年三月五日条）
「一曲不誤、万人感嘆、生年九歳、雖有年少恐、全無其失、誠是云神妙歟」（『中右記』康和四年三月九日条）

「件人舞神妙也」（『殿暦』天永三年三月二十二日条）
「其廻雪之態神也、又妙也」（『兵範記』仁平二年二月二十五日）
「舞童纏頭、出西戸之間、右大臣起座、於透渡殿取勅禄自纏頭、於対代南庇舞一節、衆人属目感情難」（『兵範記』仁平二年三月八日条）
「其舞優美」（『玉葉』安元二年二月二十一日）
「童進舞庭中、其曲絶妙、観者称美」（『玉葉』安元二年三月四日）

（24）『殿暦』天永三年（一一一二）三月十六日条。

（25）『経俊卿記』正元元年（一二五九）三月六日条。

（26）「正嘉西園寺一切経供養之時、上皇、主上、春宮、御所作御遊」（『園太暦』貞和二年（一三四六）二月二十三日条）

（27）『教言卿記』応永十五年（一四〇八）三月十四、十九、二十日条。三田村雅子はこれを「義満を中心に新しい「聖なる家族」が編成されたことを示そうとしている」（「足利義満の青海波―「中世源氏物語」の〈領域〉」『物語研究』一、二〇〇一年、六一頁）とする。

（28）「舞人簾或鏡或付金銅鳥、皆非普通物歟」『定能卿記』安元二年（一一七六）三月四日条、「今日舞人布衣装束美麗至、難尽紙筆」『深心院関白記』文永五年（一二六八）正月二十四日条。

（29）高倉はほかに六日の輪台・青海波の舞の時に笛を吹いていた。『玉葉』当日条に「輪台之間、頻発御笛、其声寂寥、聞者感嘆」とある。

（30）『本朝文粋』巻九。

（31）例えば先に挙げた大宮院一切経供養における後深草と亀山の合奏について、『西園寺一切経供養并後宴等記』所引『憲説記』正元元年（一二五九）三月六日条は「主上御琵琶、春宮御笛、神也亦神也、妙也又妙也」としている。

（32）春日井京子「『安元御賀記』と『平家公達草紙』―記録から〈平家の物語〉へ」『伝承文学研究』四五、一九九六年。

（33）久保田淳「平家文化の中の「源氏物語」―「安元御賀記」と「高倉院昇霞記」」『文学（岩波書店）』五〇‐七、一九八二年。

（34）実際の次第に基づけば、青海波の後に敷手、胡飲酒、陵王、納蘇利が舞われており、その後、篝火が灯されている

（『定能卿記』）。青海波はこの日の舞楽演目では中間あたりで、実際には夕日の時刻ではなかったと思われる。
（35）例えば「二一五〇　きみがよにとたびすむべきみづの色をくみてしりける山のこゐかな」（『千五百番歌合』千七十六番左・大蔵卿有家）など。
（36）『殿暦』康和四年（一一〇二）三月十八日条。
（37）『仁平御賀記』仁平二年三月八日条。源雅仲の胡飲酒の後、養父・雅定による拝舞がおこなわれた際のもの。
（38）堀淳一「後白河院五十賀における舞楽青海波―『玉葉』の視線から」『古代中世文学論考　三』新典社、一九九九年。三田村雅子「青海波再演―「記憶」の中の源氏物語」『源氏研究』五、二〇〇〇年。ただし、安元御賀における青海波が『源氏物語』「紅葉賀」を先例としたとする堀淳一の論（右注堀論文参照）については、なお一考を要する（櫻井陽子「『平家物語』と周辺諸作品との交響」『軍記と語り物』四六、二〇一〇年、二七〜八頁参照）。堀の論を拡張して論ずる三田村についても同様である。一方では吉森佳奈子による「潤色」「準拠」の論を踏まえつつ、一方では未翻刻の御賀部類などの存在を明かすことを通し、再検討していく課題であるように思う。なお高田信敬の論も参照。吉森佳奈子『『河海抄』の『源氏物語』』風間書房、二〇〇三年。高田信敬「朱雀院の行幸―紅葉賀臆説」『源氏物語の展望　第十輯』三弥井書店、二〇一〇年。
（39）前掲注（38）堀論文参照。
（40）三島暁子「御賀の故実継承と「青海波小輪」について―附早稲田大学図書館蔵『青海波垣代之図』翻刻」『禁裏・公家文庫研究　第三輯』思文閣出版、二〇〇九年。

参考資料　「北山第行幸仮名記」（付『公種記』）

解題

正元元年（一二五九）三月に西園寺北山第で行われた一切経供養を記録した仮名記である。この行事は、後深草天皇、亀山天皇二代の国母となった西園寺姞子（西園寺実氏女、院号大宮院）の主催するところから大宮院一切経供養の名でも呼ばれている。

内容について、首尾欠のため全体像は把握しがたいが、残存部は三月八日に行われた後宴について記録したものであり、舞楽、陪膳、贈物等の行事が詳細に記される。本文の大部分が書陵部蔵『西園寺一切経供養并後宴等記』所収『公種記』に基づいている。

諸本として書陵部蔵柳原家旧蔵本（柳－一二五四「後深草院北山第御遊記」）、東山御文庫本（勅封一三〇－一三「仮名記」）がある。両者とも近世書写である。装丁、字画、行取など異なるが、前後の欠部分は同じであり、本文そのものの異同はない。本書では柳原旧蔵本を底本として翻刻した。また参考に、本文と対応する『公種記』正元元年三月八日条の部分を掲げた。『公種記』に「可停舞之由」とあるのを「舞をとゞむべきよし」と、格助詞「の」を付けずに読む点など、本書は当時の漢文日記の訓読法を示すものとしても、貴重な資料であると考えられる。

翻刻

主上〈御束帯、〉出御、為教朝臣〈うら山吹の下かさね、もえきのうへのはかま、〉御簾に候す。高定朝臣、御笏をもちて、妻戸の外にまうけて、出御の時、これをたてまつる。

内侍、劔璽をとりて簾中に候す。四条宰相中将〈隆顕、二へをり物のうら山吹のしたかさね、おなしき松かさねのうへのはかま、〉簾下にひさまつきて、御劔をとりて、御座の西のほとりにをく。

為教朝臣、璽のはこをとりて、御劔のつかのかたにをく。御座さたまりて後、次将胡床につく。

次に東宮〈御総角、わきあけの御袍、御帯劔、御笏つねのことし、〉伝遅参のあひた、大夫、御裾に候す。此あひた為教朝臣、胡床にくはゝりつく。

次に高定朝臣、おりて諸卿をめす。左大臣〈道良、〉右大臣〈実雄、〉四条前大納言〈隆親、〉二条大納言〈良教、〉右

参考：『公種記』（『西園寺一切経供養并後宴等記』所引）

主上〈御束帯、〉出御、為教朝臣〈裏款冬下襲、萌黄表袴、〉候御簾、高定朝臣、持御笏、儲妻戸外、出御簾外之時、進之、

内侍、取劔璽候簾中、四条宰相中将〈二重織物裏款冬下襲、同松重表袴、〉跪簾下、取御劔、置御座西頭〈北柄、西刃、〉

次為教朝臣、取璽匣、置御劔柄方、御座定後、次将居胡床、

次東宮〈御総角、闕腋御袍、御帯劔、御笏等如恒、〉伝遅参之間、大夫、候御裾、此間為教朝臣、加着胡床上、

次以高定朝臣、召諸卿、左大臣、右大臣、四条前大納言、二条大納言、右大将、中宮大夫、春宮大夫、二条中納言、

大将〈公親、〉中宮大夫〈公持、〉春宮大夫〈通成、〉二条中納言〈資季、〉中宮権大夫〈雅忠、〉按察〈顕朝、〉東の座につく。

前太政大臣〈実氏、〉今出川前右大臣〈公相、白桜の下襲、〉花山院大納言〈通雅、〉源中納言〈雅家、〉左衛門督〈基具、〉帥〈隆行、〉別当〈実材、〉左大弁宰相〈経俊、〉西座につく。

次に御方々の殿上人、階下の座につく。

次に左大臣、仰をうけ給て、為教、茂通等の朝臣をめして楽行事を仰す。

其人左大臣のうしろの砌の下にすゝみたちて、仰をうけ給てしりそきかへりて、中門の外にして、裾をかけて浅履をはきあらたむ。

楽人、舞人、かねて此所にまうく。先双調の調子をふく。

次にまいり音声に春庭楽を奏す。中門より入て、左右二行に楽行事をさきとして、左右の一の者、奚婁一のつゝみをかけて、庭上に婆娑す。

各楽屋に入て楽をとゝむ。楽行事、左右の楽屋の前の胡床につく〈陣の胡床をとる。〉

先猷舞、つねのことし。

中宮権大夫、按察、着東座、

今出河前右大臣〈白桜下襲、〉花山院大納言、源中納言、左衛門督、帥、別当、左大弁宰相、着西座、

次左大臣、奉仰、召為教、茂通等朝臣、仰楽行事、

其人進立左大臣後砌下、奉仰退帰、即出中門外、懸裾改着浅履、

楽人、舞人、兼儲此所、先吹双調々子、

次奏参入音声〈春庭楽、〉入中門、左右二行為先楽行事、左右一者、懸一奚婁、渡庭上婆娑、

各入楽屋停楽、楽行事、着左右楽屋前〈取陣胡床着之、〉

次乱声、此間左右舞人振桙、〈先左一節、以右一節、以左右

次に左右たかひに舞を奏す。左春鶯囀、右古鳥蘇、はてつかたに茂通朝臣、楽屋に入て笛を吹。

次に左太平楽、右狛桙。次に左青海波、楽人、舞人、院御随身、垣代にたつ。南庭にして輪をつくる〈次将これにさきたちて胡床をたつ。〉

（この部分、対応箇所なし）

輪台のはてつかたに、雨ふり、雷鳴のあひた、舞をと〻むへきよしを仰らる。

すなはち楽屋にしりそき入て、まかて音声に蘇合急を奏す。前庭をわたりて、中門の外にして楽をやめて、舞人等、をの〳〵まちいてぬ。

次に公卿に衝重をたまふ。殿上の五位やくす。此あひた太相国御前座〈西〉につく。

次に御膳を供す〈東方よりこれを供す。〉紫檀地の螺鈿の懸盤六脚、おもてに錦をす。同打敷二枚〈一枚御汁物、一枚御酒器、〉赤地の錦のうちしきをしく。

次左右迊奏舞、先左奏春鶯囀、次右奏古鳥蘇、共一節、〉
次左奏太平楽、次右奏狛桙、次左奏輪台、楽人、舞人、院御随身、立垣代〈大将随身、不立、〉出南庭作輪〈次将先是起胡床、〉
古鳥蘇終頭、茂通朝臣、居楽屋吹笛〈太平楽、狛桙、輪台等、〉
輪台終頭、雨降、雷鳴之間、被仰可停舞之由、
即退入楽屋〈茂通朝臣、一吹垣代笛頗遺恨云々、〉即奏罷出音声〈蘇合急、〉渡前庭、出中門如参入之時、其儀散々云々、於中門外停楽、舞人、各分散、
次公卿賜衝重〈殿上五位役之、〉此間大相国、着御前座〈西、〉
次供御膳、紫檀地螺鈿懸盤六脚〈面押錦、〉同打敷二物〈一枚御汁物、一枚御酒盞、〉有蓋盤錦打敷、

内の御方の陪膳、右大将〈弓箭を撤す、〉笏をさして打敷をとりて、御座の当の間より入て、膝行して御座の南のほとりにして、役送、六条二位〈顕氏、〉一の御台御飯をとる、蓋をとりて帰。

右宰相中将〈伊頼、〉藤宰相〈顕雅、〉四条宰相中将〈隆顕、〉三条侍従三位〈資基、〉春宮権大夫〈公宗、〉次第に役す。弓箭を帯する人、弓を便所にをく。

内の御方の御膳、いまた供しをはらさるさきに、上皇の御膳を供す〈西方よりこれを供す。〉陪膳、花山院大納言、打敷〈紺地錦、〉御座の南のほとりにしく。

役送、平宰相〈時継、〉左大弁宰相〈経俊、〉新三位、為教朝臣。

次に春宮の御膳を供す〈東方よりこれを供す。〉陪膳、別当〈実材、〉弓箭剱等を撤して、打敷〈青地錦〉をとりて、御座の南のほとりにしく。役送、信家、基顕等の朝臣也。あるひは裾を懸、あるひはこれをひく。

此間平宰相、上皇の御酒盃を持参す。今出川前右大臣、

内御方〈自東供之〉陪膳、右大将撤弓箭剱、於卯酉廊弘庇、指笏取打敷〈赤地錦、蔵人伝之、〉入御座当間、懸膝於長押、更起膝行〈三度〉御座南頭敷之、役送、六条二位、取一御台〈御飯、〉指笏役之、取蓋帰、

右宰相中将、藤宰相、四条宰相中将、三条侍従三位〈資基、〉春宮権大夫、次第役之、帯弓箭之人、置弓於便宜所役之、

内御方御膳、未供訖之前、供上皇御膳〈自西供之、〉陪膳、花山院大納言、取打敷〈紺地錦、〉敷御座東頭、

役送、平宰相、左大弁宰相、新三位、為教朝臣、

次供春宮御膳〈自東供之、〉陪膳、別当、撤弓箭剱等、取打敷〈青地錦、〉敷御座南頭、役送、信家、基顕等朝臣、資宣、経業、経任、帯弓箭之人、置弓役之、或懸裾、或又引之、

此間平宰相、持参上皇御酒盞〈春宮御膳、未訖之前云々、〉

座をたちて、寝殿の西の第二の間の西の柱のほとりの簀子に行むかひて、御酒盞を伝とる。打敷なからとりて、盞をは役送に返給。

御座の南の間より入て、御前にすゝみてこれをたてまつる。左大弁宰相、御銚子をとりてあひしたかふ。

上皇、前相国に目せしめ給。相国、長押にすゝみのほりて恐敬て候す。上皇、令受酒給て、きこしめしをはりて、さらに酒を入しめて、前相国にたまふ。相国、いそき笏をさして、御さかつきをたまはる。

此間前右大臣、御銚子をはしめの役人に返給て、長押よりおりて簀子に候す。左大弁宰相、西に退て御銚子を蔵人に給。太相国、御さかつきをもちて本座にかへる。

前右大臣、おなしく座にかへる。

相国、をのこともをめす。資平朝臣、まいりすゝむ。相国、土器を持参すへきよしを仰。資平朝臣、しりそきて土器を持参して〈打敷にすへす、〉大相国に進す。

相国、御盃の酒を土器にうつし入て、御酒盞を資平朝臣にたまふ。のみをはりて、さかつきを座の前にをきて、揖して座をたちて南階をおりて、はしかくしの下にして

前右大臣、起座、行向寝殿西第二間西柱辺簀子、伝取御酒盞〈候打敷取之、於盞者返給本役人、〉
入御座当間、進御前献之〈本陪膳之人以前迎入、〉左大弁宰相、取御銚子相従、
上皇、令目前相国給、相府、進昇長押恐敬候、上皇、令受酒給、前右大臣、取御銚子入之、御飲了、更令盛酒給、賜太相国、々々、急挿笏、賜御盃、
此間前右大臣、返給御銚子於初役人、下長押候簀子、左大弁宰相、退西賜御銚子於蔵人、大相府、持御盃後本座、
次前右大臣、又後座、
相府、召男共、資平朝臣、参進、大相府、仰土器可持参之由、資平、退入持参土器〈不居打敷、〉進大相府、
相府、移入御盃酒於土器、賜御酒盞於資平、次飲了、置盃於座前、揖起座降南階、於階隠下拝舞〈此間雨晴、〉

拝舞す。此間雨はる。

諸卿をの〳〵座にとゝまらす。右大臣、四条前大納言、右大将、中宮大夫、三条の中納言、権中納言、四条宰相中将、春宮権大夫、東の階よりおりて地上にむれたつ。今出川前右大臣、帥、別当、西階よりおりて地上にむれたつ。

相国、拝する時、諸卿蹲居す。拝しをはりて、南階よりのほりて、複座のゝち、諸卿複座す。ことの厳重、これよりさきなるはなし。席上の壮観、たくひすくなく、生前の栄耀、こゝにきはまりぬ。まことに当時の眉目後代の美談なり。

次に資平朝臣、土瓶子を持参す。相国、さらにもる。左大臣、すゝみて盃をとりて複座、次第に巡流す。

次に太相国、御をくり物を御かた〳〵にたてまつる。内御方、先御本〈螺鈿のはこに入て、錦をもてつゝみて、玉の緒してくひをゆひて、松の打枝につく、〉前右大臣、これをとりて西の方よりいてゝ、御前にたてまつりて、物名を称して、東の廊にして為教朝臣にたまふ。

此間諸卿不留座、右大臣、四条前大納言、右大将、中宮大夫、三条中納言、権中納言、四条宰相中将、春宮権大夫、降東階群立地上、今出川前右大臣、帥、別当、降西階群立地上、

拝時、蹲居、拝了、昇南階、復座之後、他卿、相復座、

次資平朝臣、持参土瓶子、相国、更盛、左大臣、進大相府座辺、取盃復座、次流巡、

次大相国、奉御方々於御贈物、内御方、御本〈入螺鈿筥、以錦裹、以玉緒結頸、付松打枝、後聞仮名御本云々、〉前右大臣、取之出自西方、進御前称物名、於東廊賜為教朝臣、

次に御琵琶〈錦の袋に入、〉春宮大夫、とりて同所にして高俊にたまふ。

院の御方、先笙〈はこに入て、錦をもてつゝみて、玉の緒してくひをゆひ、松打枝につく、〉右大臣、これをとる。同所にして資宣にたまふ。

次に和琴〈錦の袋に入、〉中宮大夫これをとる。経業にたまふ。女院の御方、先御本〈内の御方のことし、〉四条前大納言、これをとる。

次に御琵琶〈錦の袋に入、〉別当、これをとる。をの〳〵御前にたてまつりて、物名を称して、西廊の西の一間簾下にして、女房にたてまつる。

春宮御方、御笛〈笙のことし、〉右大将、これをとりて、東の廊にして経任にたまふ。

中宮御方、箏〈錦の袋に入、〉三条中納言、これをとる。御前にして物名を称して、東廊の東の一間の簾下にして、女房にたてまつる。

次に御引出物をたてまつる。内御方、御馬六疋〈平文移をゝく、〉一の御馬、経忠、基顕等朝臣、これを引。二の御馬、信家、雅平等朝臣これを引。三御馬、相保、長顕

御琵琶〈入錦袋、〉春宮大夫、取之於同所賜高俊、
院御方、笙〈入筥、以錦裹、以玉緒結頸、付松打枝、〉右大臣、取之、於同所賜資宣、
和琴〈入錦袋、〉中宮大夫、取之給経業、女院御方、御本〈如内御方、〉四条前大納言、取之、
御琵琶〈入錦袋、〉別当、取之、各進御前、称物名、於西廊西一間簾下、進女房、
春宮御方、御笛〈入筥、以錦裹、如御本、〉右大将、取之於東廊賜経任、
中宮御方、箏〈入錦袋、〉三条中納言、取之、於御前称物名、於東廊東一間簾下、進女房、
次奉御引出物、細馬〈自西門出之、〉内御方、六疋〈置平文移、〉一御馬、経忠、基顕等朝臣、引之、二御馬、相保、長顕等朝臣朝臣、三御馬、信家、雅平等朝臣、四御馬、

等朝臣、これを引。四御馬、公寛、公春等朝臣これを引。五の御馬、一の御馬におなし。六の御馬、二の御馬におなし。

をの〳〵浅履をはき、弓を随身にたひて、鞭をとりてこれを引。階の間にあたりて御前に引むけて、中門の外にして左右馬寮に給て、さらに返て南庭をへて、始の所にいたりて、院御方の御分を引。

御馬六疋〈黒移をゝく、〉先度役人引之。中門の中に御随身にたふ。御随身、中門の外にして御厩にたふ。

春宮御方、御馬三疋〈鞍をかす、〉同人これを引。中門外に主馬まうけてうけとるへきに、まうけすして、直垂の男、うけとるによりて、つなをなけかくる人、ありとなん。

次に上皇より御馬二疋を前相国にたまふ。一の御馬、資平朝臣、御随身泰久則、これを引。二の御馬、茂通朝臣、秦兼躬、これを引。東の中門より入て南庭の橋の下にひきたつ。

相国、座をたちて、南階よりおりて〈此間一門人、地上に

公寛、公春等朝臣、五御馬、同一御馬、六御馬、同二御馬、

各着浅履、給弓於随身、取鞭引之、当階間引向御前、於中門外賜左右馬寮、更帰〈経南庭樹南楽屋傍、〉至始所、又引之、

院御方、六疋〈置黒移、〉始人数反引之、於中門内給御随身、於中門外給御厩、

春宮御方、三疋〈不置鞍、〉始人同引之、於中門外首馬可請取之処、不儲、此所直垂男、取之〈投懸綱之人、在之、〉

次上皇、賜御馬二疋於前相国、一御馬、資氏朝臣、御随身泰久則、引之、二御馬、茂通朝臣、御随身秦兼躬、引之、入東中門引立南庭橋北、

相国、起座降南階〈一門人、蹲居地上如前、諸卿、同不留座、〉

蹲居すること前のことし。諸卿、〈おなしく座にとゝまらす、〉一の御馬のうはてのさしなはをとりて、一拝して、西の方へすこし引しりそく。別当これをつたへとりて、前駈にたふ。

次に二の御馬いさゝか西方に引よせて、別当、さらにかへりてこれをとる事、さきのことし。

次、春宮還御。次に主上入御。

（この部分、対応箇所なし）

次に五位殿上人等まいりて、三所の御膳を撤す。此間執柄、参せらる。

勧賞の事あり〈此間又雨下。〉其儀母屋の御簾をたれて、階の間の中央に御座をまうく。同間の南の庇に菅円座をしきて、執筆の大臣の座とす。其西に同円座をしきて、関白の座とす。執筆の座の西のほとりに切燈台をたつ。出御の後、関白着座。左大臣、召によりて参上して着座。次、左大臣、をのこともをめす。資宣、参すゝむ。硯紙持参すへきよしを仰す。蔵人、即持参〈折筥にすへて、つ

取一御馬表手指縄、一拝、小引退西方、別当、伝取之、賜前駈、

次二御馬聊引寄西方、別当、更帰取之、如前賜前駈、

次春宮還御、次主上入御、

高定朝臣、参東面妻戸外、賜御笏、右宰相中将、取御劔、授簾中内侍、四条宰相中将、取璽筐、同授内侍、次入御簾中、頭中将、候御簾、次上皇、入御、前相国、候御簾、

次五位殿上人等、参進、撤三所御膳、此間執柄、参上、

次有勧賞事〈此間又雨下、〉其儀垂母屋御簾〈庇上之、〉階間中央儲御座、同間南廂敷菅円座、為執筆大臣座、其西敷同円座、為関白座、執筆座西頭立切燈台、御装束了、出御、関白着座、左大臣、依召参上着座、次左大臣、召男共、資宣、参進、仰硯紙可持参之由、蔵人、即持参之〈蔵人方、硯居折筥、加盛続紙、〉置左大臣前、

き紙をくは〈へもる、〉左大臣の前にをく。
左大臣、仰によりて次第にこれをかく。次に奏聞しての
ち、殿上にして、大内記公長をめしてこれをたまふ。
関白、座をしりそく。蔵人、切燈台円座等を撤す。
賞にあつかる人、今出川前右大臣、右大臣、二条大納言、
花山院大納言、別当、四条宰相中将、春宮権大夫等、中
門の下に列立。高定朝臣、事由を申。
次に拝舞して、をの〳〵まかり出ぬ。

左大臣、依仰次第書之、次奏聞返給於殿上、召大内記〈公
長〉給之、
関白、退座、次蔵人、参進、撤切燈台円座等、
次蒙賞人、今出川前右大臣、右大臣、二条大納言、花山
院大納言、別当、四条宰相中将、春宮権大夫、列立中門
下、高定朝臣、申事由、
次拝舞了、分散、

第二部　空間と身体

第五章　琵琶秘曲伝授儀礼の形成をめぐって

はじめに

平安時代末期より江戸時代末期にいたるまで、秘曲伝授という師資相承、つまり師匠（授者）と弟子（受者）の間で秘密裡に曲を伝えていく儀礼があったことが知られている。秘曲伝授は天皇家でも行われており、後鳥羽天皇から明治天皇の父である孝明天皇までの記録が残っている（章末に［表］として、十五世紀までの秘曲伝授の記録をまとめた）。

そのうち中世前期に隆盛を究めるのが琵琶秘曲伝授である。琵琶秘曲伝授は楊真操、石上流泉、啄木という三曲（実際はこれに上原石上流泉が加わり四曲となる）の伝授を中心としたもので、特に啄木を最秘極とする。これら三曲は楽譜も現存し、現代の復元によれば五～八分ほどの短い曲である。(注1) これら秘曲は一定の作法次第を持つ儀礼として相承された。

かかる琵琶秘曲伝授の儀礼化を大成したのが藤原師長（一一三八～九二）である。師長は、管絃や郢曲、声明のあ

系図

秘曲伝授史料に基づく天皇家、西園寺家、西流の相伝系図
墨線…血脈
点線…血縁
をあらわす
（一部、『琵琶血脈』で補訂）

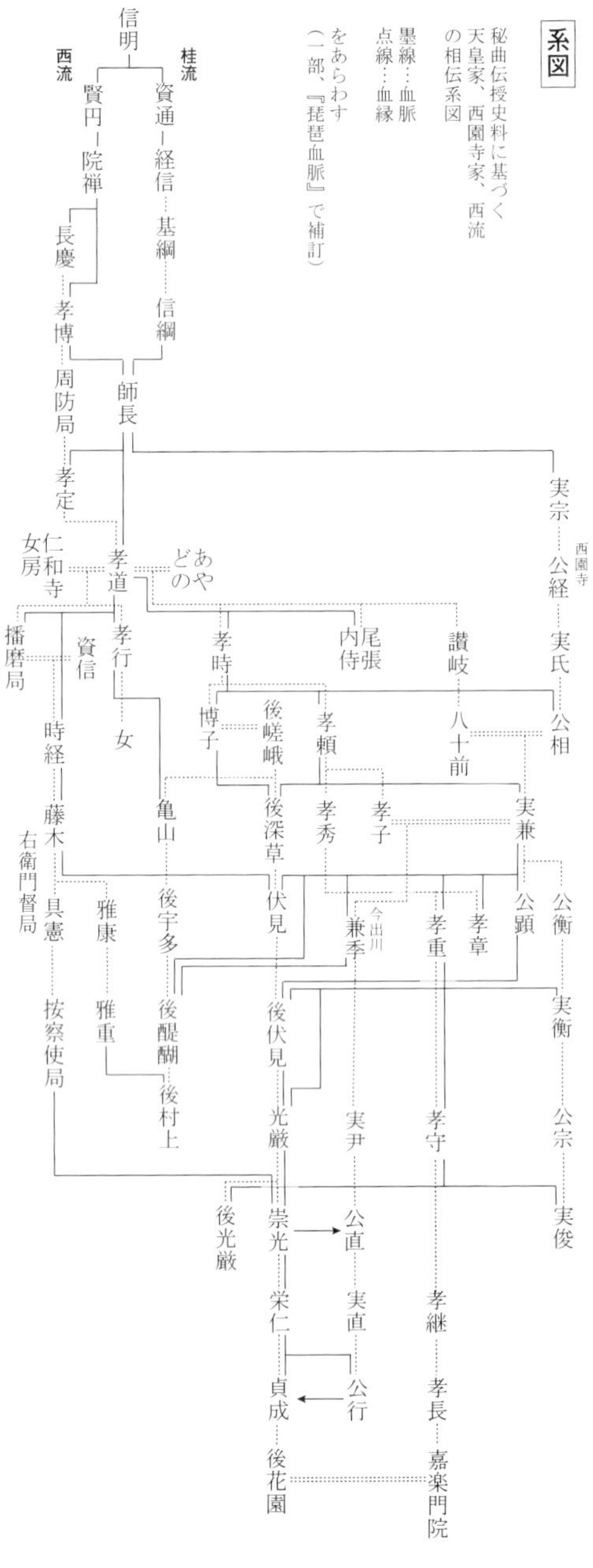

らゆる流派を統合し、当時の音楽界に君臨した人物である。特に琵琶においては、それまでの主要流派であった桂流、西流をまとめ、琵琶譜集成として『三五要録』十二巻を編纂した（三曲はこのうち『三五要録』巻二に収録される）。また自らの邸宅のあった地に妙音堂を建立し、本尊として妙音天像を安置、妙音堂を秘曲伝授の道場とした。そして秘曲伝授の次第書である『楽家伝業式』を記し、この次第によって大宮実宗へと啄木を伝授している。

以降、秘曲伝授は鎌倉時代においては天皇家と、大宮実宗の男・公経にはじまる西園寺家、そして師長の家司であった藤原孝道（一一六六～一二三七）を中心とする琵琶西流という三つの家を主軸として、相互補完的な関係を築きながら相承された［系図］。特に西園寺北山第に建立された妙音堂には師長由来の妙音天像が安置され、啄木伝

授が行われるとともに、師長の命日である毎月十九日には妙音講が催され、[注2]琵琶道の中心となるに至った。

以下、本書の第二部にあたる五章から九章では、琵琶秘曲伝授儀礼を形成する種々の要素——弁才天、妙音天、妙音堂、妙音講式——について考察し、儀礼を構成するテクストについて読みといていく。本章ではまず、琵琶秘曲伝授が儀礼として形成されていく過程を振り返り、これを文学との連関において読みといてみたい。

一　藤原貞敏の事跡（九世紀）

秘曲伝授に関してその淵源を尋ねた時、しばしば言及される人物に藤原貞敏と南宮貞保親王の二人がいる。特に貞敏の渡唐に関わる逸話と、貞保親王撰『南宮琵琶譜』の記述は、後に述べるように秘曲伝授にまつわる諸説と関連して語られていくことになる。以下、第一節で貞敏について、第二節で貞保親王について考察する。

藤原貞敏[注3]（八〇七～八六七）は藤原氏京流の出自で、父を継彦とする。承和の遣唐使の一員となり、承和五年（八三八）に入唐、翌六年に帰朝し唐楽を伝えた。その功績もあって同八年には雅楽助に任命されている。同十四年には雅楽頭に昇進し、天安二年（八五八）には掃部頭に任じられた。最終官位は従五位上とされる。後代ではもっぱら掃部頭と称された[注4]。

承和の遣唐使における貞敏の事跡は「琵琶諸調子品」に詳しい。「琵琶諸調子品」は書陵部蔵『琵琶譜』に附属する譜であり[注5]、「壱越調」以下、全二十七調の調絃および絃合（調絃を確かめるために弾く短い曲）から構成される。末尾には貞敏自身による以下の跋文が記されている。


　大唐開成三年〈本朝承和年中〉戊辰八月七日壬辰、日本国使作牒状、付勾当官銀青光録大夫検校太子庶事王友真、奉揚州観察府請琵琶博士、同年九月七日壬戌、依牒状送博士州衙前第一部廉承武、〈字廉十郎生年八十五、〉則揚

州開元寺北水館而伝習弄調子、同月廿九日学業既了、於是博士承武送譜、仍記耳、

開成三年九月二十九日判官藤原貞敏記

跋文によれば貞敏は大唐開成三年（＝承和五年（八三八））に渡唐、牒状によって揚州開元寺は北水館におもむき、九月七日より二十九日にいたる間、廉承武（廉十郎）より諸調子を受けたという。その後、廉承武から譜を送られたと伝える。以上の内容より「琵琶諸調子品」に記される全二十七調の調絃および絃合も、この時に伝授されたものと考えられる。

そしてこれら全二十七調の末尾にあるのが「啄木調」である。本文には「従返風香調緩乚絃与一絃同音」とある。啄木調が返風香調の乚の絃と一の絃を同じ音にした調子であることを説明するものである。他の調子と違って絃合は記されていない。後世、啄木は返風香調の最秘曲として相伝されたが、貞敏が廉承武に受けた啄木は調子の一であった可能性がある。

以上「琵琶諸調子品」の内容も含めて論じたが、貞敏の入唐をめぐっては今ひとつ『日本三代実録』貞観元年（八五九）九月十四日条に記される貞敏卒伝が知られている。以下に全文を示す。

従五位上行掃部頭藤原朝臣貞敏卒、貞敏者、刑部卿従三位継彦之第六子也、少耽愛音楽、好学鼓琴、尤善弾琵琶、承和二年為美作掾兼遣唐使准判官、五年到大唐、達上都、逢能弾琵琶者劉二郎、貞敏贈砂金二百両、劉二郎曰、礼貴往来、請欲相伝、即授両三調、二三月間、尽了妙曲、劉二郎贈譜数十巻、因問曰、君師何人、素学妙曲乎、貞敏曰、是我累代之家風、更无他師、劉二郎曰、於戯昔聞謝鎮西、此何人哉、僕有一少女、願令薦枕席、貞敏曰、一言斯重、千金還軽、既而成婚礼、劉娘尤善琴箏、貞敏習得新声数曲、明年聘礼既畢、解纜帰、臨別劉二郎設祖筵、贈紫檀紫藤琵琶各一面、是歳、大唐大中元年、本朝承和六年也、七年為参河介、八年遷主殿助、少選遷雅楽助、九年春授従五位下、数歳転頭、齊衡三年兼前介、明春加従五位上、天安二年丁母憂解官、

服拝掃部頭、貞観六年兼中介、卒時年六十一、貞敏无他才芸、以能弾琵琶、歴仕三代、雖无殊寵、声価稍高焉、

これによれば、貞敏は大唐の上都（長安）において、劉二郎を師匠として砂金二百両を贈り、両三調を習ったという。さらに劉二郎より譜数十巻を賜り、その娘と成婚したと伝える。この記述は「琵琶諸調子品」と比べて、入唐および琵琶の伝習の事実に関する内容は共通するものの、伝習期間、伝習の場、師匠の名称など多くの差異がある。箇条書にすれば以下の通りである。

	「琵琶諸調子品」	『日本三代実録』
・伝習期間	九月七日〜二十五日	二三月間
・伝習の場	揚州開元寺北水館	上都（長安）
・御師匠	廉承武（廉十郎）	劉二郎

佐藤辰雄は円仁『入唐求法巡礼行記』などとの比較から、貞敏の伝習期間および伝習の場に関しては「琵琶諸調子品」に信憑性があることを述べており首肯される。（注6）もっとも「琵琶諸調子品」と『日本三代実録』の説は後に混同されながら受容されていくことになるので、この点については第五節以降で述べることとし、ここでは、貞敏の入唐および調子伝習に関わり、二つの説があったことを確認しておくにとどめる。

二　貞保親王と『南宮琵琶譜』（十世紀前半）

次に貞保親王について述べる。貞保親王（八七〇〜九二四）は清和天皇の第四皇子である。貞観十五年（八七三）に親王宣下の後、上野太守、中務卿、兵部卿、式部卿などを歴任した。当時の親王における一般的な昇進過程といえる。最終官位は二品、管絃の名手として著名であり、その事跡については後代の逸話に事書かない。特に延喜二

十一年（九二一）に進上された『新撰横笛譜（南竹譜、南宮笛譜なども）』は、後世、「日本の譜の証本には、貞保、博雅二代譜をもちゐるべしと、知足院殿（藤原忠実）おほせをかせおはしましたり」[注7]、「天下の証譜」[注8]などと称され、『新撰楽譜（博雅笛譜）』と並び、後代の楽譜の規模とされた。[注9]

一方、貞保親王は自ら琵琶譜も撰している。『南宮琵琶譜』一巻がこれである。平安時代写本および南北朝期写本が書陵部蔵伏見宮旧蔵本として現存しており[注10]、風香調、返風香調、黄鐘調の手（独奏による短い曲）から成るものである。譜には貞保親王自身によって以下の序文が記されている。

夫琵琶馬上楽也、形法三才、絃象四時、飛濫觴於秦年、流妙曲於漢日、公主之向烏孫、後其絶域之志昭君之辞鳳闕、慰其遠嫁之悲、況銑谿翫曲、石季倫対此陶興、竹林勧酔阮仲客弾之蕩性者也、

太上法皇以此器処躁静之中、執疎密之要、勅上野太守親王、就余学其音曲、伏惟物以秘為貴、故待撰深蔵、音以希見重、故得人乃伝、余百年之半已過、九泉之別難知、若我生涯与桐露、而忽晞恐彼曲調混松風、而長絶道無大小只思不墜、凡厥調子数已繁多、其中秘手悉皆伝授、始自延喜廿年孟冬、終于廿一年、季秋親王天性洞暁聞一知十、

まず、王昭君が匈奴に渡る際に馬上で奏したのが琵琶楽の淵源であることが記される。これは『文選』巻十四に基づくものである。勅撰、私撰を問わず、あるいは楽譜に限らず、事物の淵源を記すのはかかる編纂物の序における常套表現である。

ついで第二段落目以降に本書撰述の理由が書かれる。それによれば、本譜は太上法皇（宇多）の命によって、貞保親王が上野太守親王（敦実親王、八九三～九六七）に授けた調子譜であるという。その「秘手」の「伝授」は延喜二十年（九二〇）に始まり翌二十一年に終わったという。引用文中に見える「伏して惟んみるに物は秘するを以て貴しとす、ゆゑに撰するを待ちて深く蔵す。音は希なるを以て重しと見る、故に人を得て乃ち伝ふ」とは、かかる

手を秘することの思想的表明であろう。

三　桂流と西流および藤原忠実（十一世紀から十二世紀）

以上、第一節では貞敏が廉承武より秘調を授けられ、そのうちの一つが「啄木調」であったこと、第二節では貞保親王より敦実親王に諸調子の手が授けられていたこと、そこに「秘手」「伝授」の語句が見えることを挙げた。ただしこの段階では伝授されたのは絃合や手であり、いまだ曲にはいたっていない。秘曲が資料上に表立ってあらわれるようになるのは、十一世紀から十二世紀にかけてのことである。すでにこの時代、説話や言談の中に秘曲の名前は登場している。そのうちもっとも著名なものが、『江談抄』三 - 六三や『今昔物語集』二四 - 二三に載る蝉丸説話であろう。逢坂の関で、源博雅が盲者より啄木、石上流泉の両曲を相承されるという話であるが、のちに様々な変相をもって『平家物語』等に受容される説話となった。[注11]

他方、楽譜においてもこれら秘曲が記載され始める。後代の解釈によれば、この時代の琵琶道を支えたのは桂流と西流と呼ばれる流派であった。桂流は桂大納言・源経信（一〇一六～九七）を祖とし、西流は藤原孝博（一〇七二～一一五四）を祖とする流派である。[注12]

このうち源経信については、書陵部蔵『琵琶譜』一巻（伏 - 九三〇）が経信自筆譜と認められている。[注13] 風香調ほか諸調子の手および曲について記すものであるが、そのうちの一曲に上原石上流泉が載せられている。楊真操、石上流泉（と上原石上流泉）、啄木という三曲のうち少なくとも一曲が記されていることが知られる、最古の譜と考えられる。一方、現存する『琵琶譜』には啄木は収録されていない。ただし以下にあげる記述から、経信譜には啄木が存在していたことが推定される。

問、同曲〈啄木〉撥を乙のをにさしはさむ時、孝博ながれには撥頭をもに為下、経信流には以山形為下云々〈是事彼曲伝受之次、被弾之、〉しかるに桂少輔〈経信〉の被譜〈うちぐもり〉ひらきみるところに、おなじく孝博説為之、

（中原有安述『胡琴教録』（『伏見宮旧蔵楽書集成　二』四三頁））

啄木之音、桂少輔譜に三種のこゑをしるせり。はじめはばちのしりをもちゐるところを、啄木之音といひ、つぎにふくす〈覆手〉をめぐらすところを、下食のこゑといひ、つぎにばちをつらむくを鳴飛の子ゑといふ。これ先達のいふことにあらず、みなそのふるまひ、てらつゝきのふるまひにかはりたり。おしあてごとにや。

（藤原孝道『新夜鶴抄』（『伏見宮旧蔵楽書集成　三』三〇～三一頁））

これらの資料から、経信の琵琶譜には啄木が収録されており、その口伝として三種の音なるものが記されていたことがわかる。この三種の音は後述する師長自筆の「啄木譜」（伏‐九七二）にも「反撥尻令有声」「以撥自覆手上鳴」「以大指四度穿之令有声」として記されている。現代の復元曲においてもこの三種の音は〝演奏〟されているが(注14)、少なくとも経信の時代にはかかる特殊な技法が確立されていたことが知られる。

源経信に対し、西流の祖である藤原孝博もまた譜を撰している（以下、「孝博譜」と仮称する）。「孝博譜」は現存しないが、かつて岡本貞烋の所蔵するところであった「琵琶秘抄」(注15)なる資料にその識語類が抄出されており、次の奥書があったことが知られる。

天養元年（一一四四）〈甲子〉三月二十二日〈癸酉〉沙弥〈在判〉願西法名

「琵琶秘抄」にはまた、「孝博譜」の中に次に挙げるような秘曲伝授をめぐる識語があったことも記されている。

啄木裏書云、たくぼくたしかに師説口伝等、しかしながらおしへつたへにて、さずけおはりぬ、
天養元年〈甲子〉六月五日乙酉　在判　藤原孝博入道
法名願西　字西遊房

石上流泉、楊真操、風香調四手裏□□、上原石上流泉、曲別裏書如此、

「孝博譜」には啄木が記されており、その裏書に曲を授けた旨が記されていたこと、そこに孝博（願西）が署判を加えていたことがわかる。これより、秘曲伝授が十二世紀中葉には行われていたことが理解される。また「琵琶秘抄」によれば、石上流泉、上原石上流泉、楊真操他についてもかくのごとき裏書による伝授が成されていたという。啄木や石上流泉、上原石上流泉はすでに見たように『江談抄』『今昔物語集』などの諸説話にも見え、経信の琵琶譜にも存したと考えられるが、「孝博譜」には、これに楊真操を含めた、つまり三曲（実質的には四曲）が記されており、その伝授が行われていたことがわかる。

注意したいのは、孝博譜の書写奥書が天養元年三月二十二日であるのに対して、啄木の伝授日が同年六月五日とされていることである。少なくとも啄木の伝授は、譜を授けた後に行われたことがわかる。中世における三曲の伝授が、伝授→譜という階梯が一般的であったのに対して、ここでは譜→伝授という形がとられていたことになる。

このように経信や孝博の琵琶譜から秘曲やその伝授の実態が垣間見える。一方、この時代の秘曲伝授の形成に関わる人物で、いま一人重要な位置にあるのが藤原忠実（一〇七八～一一六二）である。藤原忠実はその言談である『中外抄』『富家語』などに代表されるように故実に明るく、また音楽にも造詣が深かった。自身の住まいであった宇治殿や知足院に、如上、孝博などの多くの楽人達を招いていたことも知られている。忠実の楽人に対する厚遇は、息子である頼長の『台記』にも記されるが、そこには孝博ほか、六条入道蓮道（源基通）や覚暹など、当代一流の楽人たちの名も見えている。(注16) そして彼ら地下楽人もまた私に譜を撰しており、(注17) 忠実のもとにはかかる様々な音楽の知識や言談が持ちこまれたものと考えられる。忠実自身も『類聚箏譜』を編纂し、別に『類聚楽録』という楽目録を編纂していたことが知られる。(注18) そしてその音楽に対する傾倒は、同時に妙音天信仰というかたちでも表出された。『台記』久安三年（一一四七）十月十四日条には、

禅閤（藤原忠実）仰曰、年来好箏、未嘗得証矣、中心甚傷、仍迺供妙音天、祈得証矣、好道之至、不恥千古者歟、

と見え、箏の証を得るために妙音天に供養した旨が記されている。日記類に見える妙音天の語の初出であり、この妙音天信仰が後に孫の師長に継承され、さらには西園寺家へと伝わることになる。(注19)『台記』に見える妙音天はおそらく琵琶を持つ二臂像であると考えられるが、(注20)それは箏の証を得るための本尊でもあり、管絃全般を司る尊格であったことが理解される。

四　藤原師長による儀礼の確立（十二世紀後半）

かくして秘曲は実際に譜として実体化し、伝授が行われ、妙音天という尊格も摂関家の中にその信仰を萌しはじめる。このような時代背景のもとに輩出されたのが藤原師長（一一三八〜九二）であった。藤原師長は悪左府・頼長の子であり、前節に見た忠実の孫にあたる。父を保元の乱で失い、自身も保元の乱と治承寿永の内乱に際して配流されるという憂き目に遭いながら、後白河院の恩寵あつく、院と同い年に天寿を全うしている。

師長による秘曲伝授が史料上にあらわれはじめるのは、如上の二度目の帰京の後である。師長は治承三年（一一七九）十一月に治承のクーデターに連座し罷免、尾州に流されるが、寿永元年（一一八二）三月に赦されて帰京している。そしてその翌年、寿永二年三月に東山に妙音堂を建立供養している。(注21)この妙音堂供養と同じ時期に、師長から某氏に対して伝授が行われていたことを記す資料が書陵部蔵『諸調子品撥合譜』（伏－一〇八三）である。本書は師長自筆と思われる琵琶譜であり、内容は風香調、返風香調、黄鐘調、返黄鐘調、双調、平調、清調についての撥合と手が記され、その後、「三曲」とあって三曲および今様が続く。ただし三曲譜については、楊真操、石上流泉、

上原石上流泉のみであり啄木は記されない。(注22)

それぞれの譜には「寿永三年三月二十八日、奉妙音大閤御説了」といった伝授を示す裏書が記される。(注23)伝授の期日は寿永二年十二月三日の風香調手を初例とし、文治六年（一一九〇）二月六日の平調撥合を最後とする。前節で述べた「孝博譜」と同じように、譜を授けた後に伝授を行って奥書を記す形式なのであろう。ただし『諸調子品撥合譜』の場合、裏書を記すのは弟子であり、この点は「孝博譜」とは異なる。なお伝授を示す裏書のうち、以下の三曲についてはその場所も示されており注目される。

寿永二年大呂（十二月）二十七日、於賀茂上宮奉受妙音院了　「風香調撥合（西説）」（裏書）

文治六年（一一九〇）二月六日、於天王寺西僧房奉受妙音院了、　「平調撥合（西説）」（裏書）

寿永第二年大呂第二十七日、於賀茂上宮雲分、此曲同奉受了、　「楊真操」（裏書）

このうち賀茂社は『文机談』第二冊に見える「秘曲尽くし事件」(注24)の現場でもあり、種々の法楽が行われるなど管絃との繋がりの深い神社であった。(注25)また天王寺西僧房も西鳥居の浄土信仰と連なり貴賤の信仰を集めた場である。(注26)久安三年には鳥羽院の御幸のもと、秘曲の一である楊真操が奏されてもいる。(注27)

しかし、何より師長の構想した秘曲伝授にあって重要な意味を持つのは妙音堂であった。先述のように、妙音堂は後白河院御所法住寺殿の近く東山の地に、寿永二年（一一八三）三月に建立されている。しかし東山妙音堂は、同年十一月の木曽義仲による法住寺殿来襲に際し被害を受け、まもなく打ち棄てられたものと推定されている。(注28)その後、師長は四条室町に新たな邸宅を構えることになった。四条室町第は師長室・成子の父・成親の所有地であり、(注29)恐らくその関係を伝ってのものであったのだろう。そしてこの邸宅を妙音院と号し、新たに妙音堂（妙音院金堂）を設けたのである。

書陵部蔵『楽家伝業式』（伏‐九三八、『伏見宮旧蔵楽書集成　一』所収）はこの四条室町第の金堂をモデルとして作成された秘曲伝授の次第と考えられる。(注30) 標題に「式」とあるものの、その形式はまぎれもない次第であり、(注31) ここに琵琶秘曲伝授儀礼が一箇の儀礼として確立したことになる。

そしてこの『楽家伝業式』に基づき、妙音堂で啄木伝授を受けたのが大宮実宗（一一四五〜一二一三）であった。実宗は閑院流藤原氏に属し、その子・公経は後の琵琶道の主流となる西園寺家の祖にあたる。実宗の啄木伝授は彼自身の日記によって詳細に記されるが、その内容が『楽家伝業式』とほぼ重なることは、早く磯水絵が指摘する通りである。(注32)

一方これら伝授次第によれば、啄木伝授の後、師匠より譜の授与があったことが記されている。このような伝授譜のうち、師長自筆として現存するのが書陵部蔵「啄木譜」(注33)（伏‐九七一）である。以下にその奥書を示す。

件曲、於本尊宝前、伝授左近衛権少将二条定輔朝臣了、

文治三年（一一八七）二月二十一日　妙音院楽人（花押）

本譜は藤原師長より二条定輔に授けられた切紙譜である。「本尊宝前」とあるのは妙音天であり、伝授の場は四条室町第金堂であると考えられる。このように、師長は最秘極の啄木については切紙による伝授としたのであったが、実は石上流泉についても、同じように曲単位での伝授を行っている。書陵部蔵「上原石上流泉」（伏‐九六一、『伏見宮旧蔵楽書集成　三』一三‐一七）がそれである。以下に奥書を示す。

文治五年（一一八九）閏月九日、於天王寺西僧房、伝授修理大夫二条定輔朝臣了、

妙音院楽人（花押）

譜によれば伝授の場所は「天王寺西僧房」であるという。これは先に見た『諸調子品撥合譜』の裏書に記される平調撥合伝授の場と共通する。実は『諸調子品撥合譜』には石上流泉、上原石上流泉が収録されるものの、そこには伝授裏書が記されていない。以上の点も踏まえれば、楊真操ふくめた諸曲は巻子譜による伝授を行い、啄木、石

上流泉、上原石上流泉については切紙による伝授を行い、特に啄木については妙音堂を使用し次第をもって伝授する（儀礼として伝授する）、というのが師長による秘曲伝授の構想であったと考えることができる。

五　天皇家への伝授（十三世紀前半）

かくして師長によって秘曲伝授が一箇の儀礼として定められ、その方法も、まとまった譜から曲ごとへの伝授へと変容していく。そして十三世紀も前半にいたると、これら秘曲伝授は天皇家においても行われるようになる。かかる皇族の秘曲伝授を担ったのが、前節に見た大宮実宗と二条定輔という師長の弟子達であった。実宗は守貞親王（後高倉院）の御師匠となり啄木を授けている。定輔は後鳥羽、順徳の両代の御師匠となり、後鳥羽には最秘の啄木まで、順徳には楊真操を授けている（章末［表］参照）。

ただし師長が定めた秘曲伝授の作法が、そのまま天皇家に対する次第として機能していたわけではない。天皇家の伝授では本尊としての妙音天が使用されることもなく、諷誦文をあげる導師もいなかった。総じて仏教色は希薄であり、定輔より後鳥羽院への啄木伝授において妙音堂献馬の記事が見られることが（注34）、わずかに妙音天信仰と結びつく程度である。

かかる天皇家への伝授次第と対照をなすのが藤原孝道（一一六六〜一二三七）による『琵琶灌頂次第』である。藤原孝道は琵琶西流における棟梁的存在であり、師長の弟子として後鳥羽院や順徳院の信任も篤かったが、身分の低さもあり天皇の御師となるには至らなかった。一方、孝道はその子女のために数多くの口伝を遺しており（注35）、いずれも話の筋が見えない散漫なものとなっている。『琵琶灌頂次第』もまた、次第と言い条、口伝というべき性格を持つものであり、師長の『楽家伝業式』とも性質の異なるテクストである。その奥書によれば、本書は元久二年（一二〇五）三月下旬に書かれたものという。これはちょうど後鳥羽院が楊真操から啄木に至る三曲伝授を受けている最中にあたる。本書冒頭に「先帝王御灌頂次第」と天皇による灌頂の次第（口伝）を記している点からみても、『琵琶灌頂次第』は後鳥羽院に向けて書かれた次第（口伝）と考えられる。[注36]

本書の特徴はその表題に「灌頂」とある通り、秘曲伝授を密教の灌頂にあてる点にある。孝道は琵琶における道の理念を真言密教における血脈に比定する独自の論理を持っており、[注37]『琵琶灌頂次第』においても三曲伝授を真言の三部灌頂に準えている。後鳥羽院の伝授に妙音天が用いられず仏教色も希薄であったことを踏まえるならば、本書は孝道による皇族への伝授儀礼構想を示したものとも言える。

他方、本書において孝道が、秘曲伝授における故実を貞敏や貞保親王の言説に求めている点も注目される。例えば秘曲伝授では本枕（ほんまくら）[注38]と呼ばれる弟子から師匠への贈物がある。孝道はこの本枕が贈られる理由として、

　大唐琵琶劉二郎には、遣唐使貞敏贈砂金二百両、妙曲を伝云々、貞敏云、一言斯重千金還軽、などいへり。

と述べている。貞敏が劉二郎に金二百両を送り、調子を授けてもらい、これを千金払ったとしてもなお軽いものだと言ったとする逸話は、第一節で見た『日本三代実録』の貞敏卒伝に基づいたものである。すなわち廉承武（劉二郎）―貞敏の琵琶伝習が、秘曲伝授の先例としてとらえられているのである。同様の記述は他の孝道口伝類にも見える。例えば『教訓抄（孝道教訓抄）』には、

　廉承武にびはならふとて、こがね三百両をおくりたる、[注39]

とある。廉承武は「琵琶諸調子品」に見える名前であり、「こがね」を贈ったとする記事は『日本三代実録』に基づいている（ただし『日本三代実録』では「砂金二百両」とある）。孝道は「琵琶諸調子品」と『日本三代実録』を混同させ、さらに贈物の額が三百両であったとする異説をも取り込んだ上で貞敏伝習譚を伝えている。

このような故実へ附会された伝承は貞敏の事跡だけにとどまらない。孝道は曲を秘する理由として『琵琶灌頂次

第』の中で、

譜序に云、伏惟物以為貴、故待価深蔵、音以希見重、故得人乃伝、

と述べている。これは第二節で見た貞保親王『南宮琵琶譜』の序文の引用である。『南宮琵琶譜』序文は、貞保親王から敦実親王へ「秘手」を「伝授」する際に用いられた譜であるが、孝道はこの秘手伝授をも秘曲伝授の先例に位置づけようとしていたことがわかる。

六　貞敏伝承の拡大

孝道の『琵琶灌頂次第』においては、廉承武―藤原貞敏や貞保親王―敦実親王の伝習が秘曲伝授の先例として位置づけられていた。興味深いのは、同時代、それまでの説話集において登場することのなかった廉承武や藤原貞敏が、様々な異伝を以って諸書に記されていく点である。

例えば壱越調の曲である賀殿について、次の説があったことが知られる。(注40)

南宮横笛譜云、此曲承和遣唐時、判官藤原貞敏弾于琵琶并有勅作儛時、以嘉祥楽為破、以賀殿為急、以伽婁賓為出笛也、　（『三五要録』巻五「賀殿」）

貞保親王の『南宮横笛譜（新撰横笛譜）』には、賀殿破は嘉祥楽に合わせて貞敏が作成したものであり、もと賀殿と呼ばれた曲は今の賀殿急にあたる、という説が記されていたという。ところがこれが天福元年（一二三三）成立の『教訓抄』になると、廉承武が伝えたという説に改変されている。

此曲ハ、モロコシヘ承和御門ノ御時、判官藤原貞敏ト云ケル者ヲツカハシタリケルニ、廉承武ト云人ニ琵琶ヲナラヒテ、此朝ニハヒロメタルナリ。

これは廉承武―貞敏の関係を踏まえなければ成り立たない改変である。また源顕兼の『古事談』六‐二一には次の著名な逸話が記される。

村上聖主、明月之夜、於清涼殿昼御座、玄上ヲ水牛ノ角ノ撥ニテ引澄シテ、只一所御座ケルニ、如影之者、自空飛参テ、孫庇ニ居ケレバ何物ゾト令問給之処、申云、大唐琵琶博士廉承武ニ候、只今此虚ヲ罷通事候ツルガ、御琵琶ノ撥ヲトノイミジサニ所参入也。恐クハ昔、貞敏ニ授貽曲ノ侍ヲ欲奉授云々。聖主有叡感之気、御琵琶ヲ令差置給タリケレバ、カキナラシテ、是ハ廉承武之琵琶ニ候。貞敏ニ二給候之内ニ候ト申ケリ。終夜御談話アリテ、上玄石上曲ヲバ奉授云々。

貞敏ヲバ、妙音院入道ハ常吾祖師守宮令ト被仰ケリ。玄上事ヲ江中納言ニ人ノ問ケレバ、不知慥説。延喜比、玄上宰相ト云ケル琵琶引ノ琵琶ヤラムトゾ被答ケル。

玄上を奏する村上天皇のもとに、廉承武があらわれ上原石上流泉を伝えたとするこの話は、受者や曲目などを変えながら、多くの類型をもって諸説話集に伝えられた。最終的にそれは藤原貞敏が日本に伝えた「両三調」（『日本三代実録』）が三曲であったする説にまで拡大していくことになる[注41]がこれもまた廉承武―貞敏の伝承をもとに産み出された説話と考えられよう。

また引用した『古事談』の続話（六‐二二）には次のようにある。

貞敏渡唐、成廉承武之聟、一年之間、究習琵琶之曲云々。帰朝之時、紫檀琵琶二面得之云々。又以金与廉承武云々。玄上者件琵琶之其一也云々。

これも『日本三代実録』に見える、貞敏が持ち帰った「紫檀紫藤琵琶各一面」をめぐっての改変であり、すでに十三世紀前半には、貞敏の琵琶伝承がかなりの肉付けをもって変相されていたことがわかる。そしてかかる廉承武―貞敏の位置づけもまた、藤原孝道の影響が大きいと考えられる。例えば、藤原孝道発案、藤原孝範作の『音楽講式』[注42]には、次のような対句が見える。

清涼殿中、玄象久備果葉之重宝、
麴材舘下、承武早伝上原之秘曲、

清涼殿の中にある玄上（玄象）は累代の重宝であり、麴材舘の下で廉承武は上原石上流泉の秘曲を伝えた、という意味であろう。「麴材舘」は詩文に秀でた人たちが集う場所であり、実際に貞敏が曲の伝習を受けたのは「北水館」である。また廉承武が伝えたのは曲ではなく、調子や絃合であった。しかし『音楽講式』は、上原石上流泉が麴材舘において廉承武より伝えられた曲であるとする。

この北水館から麴材舘への改変は、あるいは作者・孝範の衒学的附会によるとも思われるが、『文机談』に次の記事が見えることから、その後の音楽伝承に影響を与えた可能性も考えられる。

廉承武は大唐の比巴の博士なり。開元寺のうちに一館をしむ。これを麴材館といふ。仁明天皇の御宇、承和第二のとし〈この仁明天皇は嵯峨の第二の御子、和琴、御笛、御比巴長也、〉かもんのかみ藤原貞敏といへる人を遣唐使として、比巴をならひつかはす。……かの開元寺のきたなる水館にたづね行きて、王牒を官察府につく。
……　（『文机談全注釈』三六頁）

以下、貞敏が廉承武より三曲を授けられ、廉承武の娘である「劉娘」をもらったという話が続く。話の概要は、すでに指摘のあるように「琵琶諸調子品」および『日本三代実録』に基づくものである。[注43]しかし「麴材館」の語句は両書には見えず、『音楽講式』にのみ書かれる事項である。『文机談』が『音楽講式』から直接引用したわけではないにせよ、孝道が伝えた秘曲伝授に関わる伝承が、『文机談』に反映されている可能性は高いと言えるであろう。

孝道は身分の問題から琵琶秘曲伝授の御師たり得なかったものの、彼が伝えた伝承は、同時代の文学や故実に大きな影響を与えたのである。

七　唱導の中の秘曲伝授

かかる秘曲伝授の説話への派生は、とくに唱導において独自の展開を遂げた。ごく単純な修辞の段階で言えば、大江匡房作「琵琶銘并序」(注44)に見える、

風香調裏、春花含芬馥之気、
流泉曲間、秋月淀清明之月、
鳳凰鴛鴦、自添和鳴之声、
叢花啄木、暗送玲瓏之響、

の句は『宝物集』や『教訓抄』など諸書に引用されるとともに、特に後半の「鳳凰鴛鴦……」は『音楽講式』に朗詠として採られている。(注45)本句は陽明文庫蔵『朗詠譜』や因空本『朗詠要抄』にも収録されており、広い流布が認められる。

あるいはまた澄憲の『法華経釈』「見当塔品」には、

清調詫木調雲中喧、
石上流泉曲霞中静、

の対句が見られ、(注46)この表現は後にそのまま応安本『善光寺縁起』に採られることになる。(注47)

しかし唱導世界における秘曲伝授の有り様をなにより鮮明に映し出すのは『平家物語』諸本、特に『源平盛衰記』であろう。例えば巻三十一「青山琵琶」には次の逸話が記される。(注48)

抑、流泉曲とは、都率内院の秘曲也。菩提楽とは此楽也。弥勒菩薩常に此曲を調て、聖衆の菩提心をすゝめ給

故也。其声歌に云、
三界無安　猶如火宅　発菩提心　永証無為
とぞひゞくなる。漢武帝の仙を求め給し時、内院の聖衆天降て、武帝の前にて此曲を調べ給し時、龍王窃に来て、南庭の泉底に隠居て此を聴聞せしかば、庭上に泉流れて満たりしより、此曲をば流泉と名たり。我朝には延喜第四王子、会坂の蝉丸の、琵琶の上手にて、天人より伝られたりしを秘蔵せられて、更に人に授給はず。博雅三位、三年の程、夜々関屋に通つゝ伝たりしを、三位も是を秘蔵して、輙く人には伝へざりけり。啄木と云曲も天人の楽也。本名解脱楽と云。此曲を聞者は生死解脱の心あり。其声歌に云、
我心無碍法界同　我心虚空其本一
我心遍用無差別　我心本来常住仏
とぞ響なる。震旦の商山に、仙人多く集て偸に此曲を弾けるに、山神虫に変じつゝ、木を啄様にもてなしてこれを聞けるより、啄木とは申也。

流泉曲は衆生に菩提心を勧めるために別名を「菩提楽」と言い、漢の武帝が龍王から伝えられた曲とする。また啄木については、生死解脱を説くために別名を「解脱楽」といい、延喜帝（醍醐天皇）第四皇子、逢坂の蝉丸が源博雅に伝えた曲とする。

このうち菩提楽、解脱楽をめぐる説は、楽書や説話集には見られない話である一方、『和漢朗詠集』の注釈に類話を見ることができる。

漢の武帝、仙術を好み給し故に仙人の管絃を聞かばやと仰ければ、上天夫人、西王母なんどを使とて、五岳十八仙の三十人の仙人を請し給ひければ、或は雲に乗て、月にのり、師子にのり、象にのりなんどして、夜半計に含元殿のうしとらの角に集り給けり。武帝は夜光霊冠の々を着し大王六山の大刀を腰きて含元殿に打向、よ

もすがら管絃をし給しかども、帝より外に聞く人無かりしかば誰か得聴と云也。其時当殿の泉のそこに龍あり。此を聞けるが余り面白さに泉を出て南庭まで走り登りたりければ、泉の水、庭に流れしに依て流泉を始て名けたり。本は菩薩とぞ申ける。此の楽は本は天上の兜率天の楽也。弥勒菩薩、為聖衆此の楽を弾じて菩提心を勧め給ふ也。

（『和漢朗詠集古注釈集成二―一』二二八頁）

啄木と云事、義云、琵琶の三曲の中に啄木と云、午より本は此楽をば解脱楽と申けり。震旦の商山に仙人多く集、弾此曲、霊虫、木の枝に「我心無礙法界同、我心虚空其本一、我心遍用無差別、我心本来常住心」と云文を、啄たりけるより名啄木云々、上の第八の所に、流泉の曲、有之。可合之云々。

（同二四〇頁）

引用は見聞系注と呼ばれる、十二世紀末には成立していたと言われる『和漢朗詠集』の注釈書である。前者は五二三番詩「三十仙人……」の句をめぐる注釈、後者は巻五の末尾に付される一文である。話のプロットは『源平盛衰記』と完全に一致しており、また啄木曲に至っては「我心無礙……」という四句偈まで一致している。[注49]『平家物語』と『和漢朗詠集』の諸注釈をめぐる連関は、唱導や寺院圏との接点を含め様々な点で指摘されているが、石上流泉、啄木をめぐる当該話もまた、唱導において展開していたものと思しい。

また蝉丸による伝授譚は、第三節で述べたように『江談抄』や『今昔物語集』に見える著名な説話である。しかし、『文机談』において、本話は和琴に関する秘曲伝授譚とされており、琵琶の秘曲を伝えたとする説は僻事とされている。[注50]一方、称名寺聖教には鎌倉時代の書写にかかる蝉丸説話の説草が伝わっている。[注51]『江談抄』が蝉丸の名を記さず、『今昔物語集』が中世において受容されていなかった事実を踏まえるのであるならば、『平家物語』における蝉丸説話もまた、かかる説草などを介した唱導に由来するのものであった可能性がある。

このように秘曲伝授を儀礼として伝えた天皇家や西園寺家の言説とは別な部分で、秘曲伝授説話は展開していったのである。

結語

以上、秘曲伝授が儀礼として成立した過程を明らかとし、また伝授にまつわる説話伝承についても考察を加えた。『楽家伝業式』の著述や、妙音天の使用、切紙単位での伝授など、藤原師長が秘曲伝授の成立において果たした役割は大きい。しかしそれら秘曲伝授儀礼を構成する要素は、師長以前に統合されつつあったのである。すでに師長の祖父・忠実は妙音天供を行っていた。三曲の伝授もまた「孝博譜」の段階で行われていたものと思しい。師長その人によって秘曲伝授儀礼すべてが創出されたわけではないのである。

同様のことは師長以後についても言える。師長の弟子である藤原孝道は、琵琶秘曲伝授儀礼における作法の先例を「琵琶諸調子品」や『日本三代実録』貞敏薨伝、『南宮琵琶譜』などに基づきながら、新たな口伝として構築した。その根幹となる廉承武―貞敏の伝習譚は、孝道による異説をも加えながら、同時代の説話集や故実書に多大な影響を与えることになった。

それ以前、ほとんど資料に名を見せることのなかった廉承武や貞敏が、師長や孝道の時代に様々なテクストに名前を見せるようになることは、秘曲伝授が儀礼のみならず、そこに付随する諸説をも含みながら伝承されていったことを示すものと言えよう。

注

（1）「平安朝　殿上人の秘曲」（CD、日本コロンビア、一九九二年）などで復元された秘曲を聴くことができる。
（2）土屋紀慶「中世における妙音天―楽と信仰の面から」『芸文研究』八五、二〇〇三年。

（3）貞敏については豊永聡美の論によるところが大きい。豊永聡美『中世の天皇と音楽』第二部第三章「御師の実像」、吉川弘文館、二〇〇六年（初出二〇〇三年）。

（4）以上の事跡については『日本三代実録』貞観元年（八五九）九月十四日条による。ただし最終官位は四品であったとする説もある。前掲注（3）豊永著二二八頁（注1）参照。

（5）『琵琶譜』は書陵部に南北朝期写の院禅本（登録名「琵琶譜〈院禅本〉」、伏‐一〇二六）と平安期中期写本（伏‐二〇七一）が現存する。両者とも『南宮琵琶譜』と「琵琶諸調子品」という二種の譜からなる。福島和夫「豊永聡美氏「藤原貞敏―音楽に秀でた官人―」について」『日本音楽史研究』六、二〇〇六年も参照。

（6）佐藤辰雄「貞敏の琵琶楽伝習をめぐって」『日本文学誌要』三二、一九八五年。佐藤は『日本三代実録』の当該条に信が置けないこと、また『本朝無題詩』所収の輔仁親王作「弾琵琶」に「絃象四時堪調月　塵残十葉遠伝風〈従大唐琵琶師廉承武、至於我已及十代〉」とあることから、伝承者についても『日本三代実録』の劉二郎ではなく、「琵琶諸調子品」の廉承武が正しいとする。

（7）藤原孝道『新夜鶴抄』（『伏見宮旧蔵楽書集成　三』三九頁）。

（8）『文机談全注釈』四八頁。

（9）『新撰横笛譜』および貞保親王の事跡については、福島和夫を参照。福島和夫「新撰横笛譜並びに貞保親王　私考」『日本音楽史叢』和泉書院、二〇〇七年（初出一九七五年）。

（10）前掲注（5）参照。なお『南宮琵琶譜』は、多分に私的な撰譜であり、『新選横笛譜』とは性格が異なる。この点については前掲注（9）福島論文参照。

（11）蝉丸説話については中島和歌子が諸説話を一覧化している。中島和歌子「『世継物語』博雅少年琵琶秘曲伝習説話をめぐって―その諸要素の解明と説話の教材化の試み」『札幌国語研究』一、一九九六年。

（12）琵琶西流については岩佐美代子「音楽史の中の京極派歌人達」『京極派和歌の研究』笠間書院、一九八七年（初出一九七七年）を参照。

（13）経信『琵琶譜』については書陵部による複製本があり、相馬真理子によって解題がなされている。『琵琶譜　源経信筆』八木書店、一九九〇年。

(14) 磯水絵編『今日は一日、方丈記』新典社、二〇一三年。
(15) 本書については以下を参照。猪瀬千尋「村田正志「後村上天皇の琵琶秘曲相伝の史実」と岡本貞烋氏旧蔵「琵琶秘抄」について」『HERITEX』二、二〇一七年。
(16)『台記』久安四年（一一四八）三月十一日条ほか。
(17) 例えば『三五要録』には「蓮道譜」や「覚暹譜」の存在が示される。
(18)『音律事』（『続天台宗全書　法儀1　声明表白類聚』）三三〇頁。
(19) 猪瀬千尋『古今著聞集』「管絃部二六五話の福天神縁起について―ダキニ法と『刀自女経』をめぐって」『説話文学研究』五二、二〇一七年。
(20) 本書第七章参照。
(21)『百練抄』寿永二年二月九日条。
(22) 上原石上流泉の譜が重複して書かれており、三曲譜の途中以降は別筆増補の可能性がある。なお本譜に収録される今様曲については二〇一八年度中の報告を予定している。
(23) この裏書は師長とは別筆であるが、人物の特定にはいたらなかった。ただ大宮実宗について、『実宗公記』建久三年（一一九二）六月二十七日条の啄木伝授の諷誦文に「先年先授孝博入道禅門之訓、今日亦都督御史大夫之説」とあり、西流桂流を学んでいたことが知られるので、第一に比定される人物になる（『諸調子品撥合譜』は西流、桂流の両説が記されている）。
(24) 磯水絵『説話と音楽伝承』和泉書院、二〇〇〇年。
(25) 早い例として『権記』長保五年（一〇〇三）四月二十六日条などがある。
(26) 植木朝子「四天王寺西門信仰と今様―『梁塵秘抄』一七六番歌をめぐって」『日本歌謡研究』四七、二〇〇七年。
(27)『台記』久安三年九月十四日条。『古今著聞集』二八二話。
(28) 櫻井利佳「妙音堂について―妙音院師長研究余滴」『東洋大学大学院紀要』四三、二〇〇六年。
(29)『吉記』寿永元年（一一八二）二月二十三日条。
(30) 本書第九章参照。

(31) 式、次第については阿部泰郎に詳しい。阿部泰郎「〝次第〟を読む―守覚法親王「紺表紙小双紙」の世界から」『日本文学』四四 - 四、一九九五年。
(32) 磯水絵『説話と音楽伝承』和泉書院、二〇〇〇年。本書第九章参照。
(33)『伏見宮旧蔵楽書集成　三』一三 - 二八。
(34)『琵琶秘曲伝受記』所引『花山院右大臣記』元久二年六月十八日条。
(35) 孝道の口伝については『伏見宮旧蔵楽書集成　三』にまとめられている。
(36) 阿部泰郎「芸能王の系譜」『天皇の歴史　10　天皇と芸能』講談社、二〇一一年。
(37) 藤原孝道『知国秘鈔』には「まして人のするわざは、仏法真言等よりつたはりをたづぬ。いはんやたゞのしわざといふとん、管絃はことに相承をたづぬる事也」（『伏見宮旧蔵楽書集成　三』七六～七七頁）とある。
(38) 本枕に関しては相馬万里子に詳しい。相馬万里子「西園寺実兼考」『中世音楽史論叢』和泉書院、二〇〇〇年。
(39)『伏見宮旧蔵楽書集成　三』一六五頁。
(40) 以下、貞敏と廉承武に関わる説話は、佐藤辰雄によって網羅、考察されている。佐藤辰雄「廉承武伝承の考察」『日本文学誌要』三四、一九八六年。
(41) 藤原孝時「三曲秘譜」（伏 - 九五七（『伏見宮旧蔵楽書集成』三 - 一三 - 三））。『文机談』第一冊（『文机談全注釈』三六～四一頁）。『源平盛衰記』巻十二「師長熱田社琵琶事」。
(42)『音楽講式』については菅野扶美を参照。菅野扶美「「音楽講式」について」『極楽の世界』北辰堂、一九九七年（初出一九八七年）。
(43) 前掲注（40）佐藤論文参照。
(44) 小林加代子「資料紹介　宮内庁書陵部蔵『琵琶銘并序』影印・翻刻」『同志社国文学』六二、二〇〇五年。なお小林は大江匡房の作であることに疑義を呈している。同「楊貴妃と琵琶―楽琵琶の三曲の一つ「楊真操」と院政期の漢籍受容」『アジア遊学』一七四、二〇一四年、も参照。
(45) 前掲注（44）で小林が指摘する文献を含め、本文で挙げた「琵琶銘并序」を引用するテクストは以下のものがある。『宝物集』（光長寺本、二種七巻本巻一）、『教訓抄』巻八、『平家物語』（覚一本巻三「大臣流罪」、延慶本第二本、長

門本巻七)、『源平盛衰記』、早歌「琵琶曲」(『中世の文学　早歌詞集』二三六頁)、『河相宮縁起』(『神道大系　神社編　大和』所収)。

(46) 小林加代子「中世における三曲―妙音天・妙音菩薩との関連をめぐって」『梁塵』二三、二〇〇五年。

(47) 「清調詑木調雲上喧、石上流泉曲霞中静也」(『続群書類従　二十八上』一四六頁)。唱導における修辞としての三曲は、次に示すように中世聖徳太子伝にも見ることができる。「青調託木、糸竹呂律の調べ、宮中に澄み渡り、賀殿輪台の舞は廻雪の袂を翻して庭上に舞ひかなつ」(『聖法輪蔵』太子四十九歳(『真宗史料集成　第四巻』五二七頁))。

(48) 長門本『平家物語』巻一にもほぼ同文が収められている。

(49) 黒田彰『中世説話の文学史的環境』和泉書院、一九八七年。牧野和夫『中世の説話と学問』和泉書院、一九九一年。

(50) 『文机談』第一冊(『文机談全注釈』六六頁)。蝉丸説話の和琴に関する異伝をめぐっては以下の論文を参照。吉川理吉「蝉丸説話の源流と平安朝時代の俗楽俚謡に就いて」『京都帝国大学国文学会二十五周年記念論文集』星野書店、一九三四年。なお曼殊院蔵「佚名楽書」に和琴の秘曲として「蝉丸手〈第一〉」が挙げられており、蝉丸が和琴の秘曲を伝えたとする説も広がりを見せてはいたようである。青木千代子「曼殊院所蔵佚名楽書　解題・翻刻」『日本音楽史研究』七、二〇一〇年。

(51) 「秋風延喜院ニ被埋事　博雅三位逢会坂　蝉丸伝流泉啄木之秘曲事」(金沢文庫寄託称名寺聖教三七五–一五)。金沢文庫編『称名寺の新発見資料』一九九四年、に影印、翻刻と解題がある。

［表］秘曲伝授年表

【凡例】受者授者の空白欄は人名不詳のもの。表題「妙」の○＝妙音天を本尊に用いた。◎＝妙音堂で妙音天を本尊に用いた。「典拠」の★＝諷誦文あり、☆＝叙位日のみ記述あり（伝授の日は不明）。
略称は**伏**＝書陵部蔵伏見宮旧蔵本（『伏見宮旧蔵楽書集成』所収のものは巻数―番号を、そうでないものは伏―号数を記した）**園**＝園太暦　**応**＝応永年中楽方記　**奥**＝三五奥秘録　**花**＝花園院御記　**看**＝看聞日記　**観**＝観音寺相国記　**教**＝教言卿記　**言**＝言国卿記　**後**＝後深心院関白記　**康**＝康富記　**山**＝山科家礼記　**持**＝持明院家楽譜伝書（松雲公採集遺編類纂　楽譜部）**実**＝実隆公記　**諸**＝諸調子品撥合譜（伏―一〇八三）**親**＝親長卿記　**史**＝大日本史料（原拠に当たれなかった時のみ記す）**続**＝続史愚抄（他史料以外の情報が得られる時のみ記す）**体**＝体源抄　**明**＝明応二年鳳管灌頂記　**湯**＝お湯殿の日記

		妙	種類（曲）	授者［名器］	受者［名器］	典拠
寿永二（一一八三）	一二月　三日		琵琶（風香調手）	藤原師長	不明	諸
	二七日		琵琶（楊真操、風香調撥合）	藤原師長	不明	諸
元暦元（一一八四）	三月二四日		琵琶（黄鐘調撥合）	藤原師長	不明	諸
	二八日		琵琶（風香調第一手、黄鐘調撥合）	藤原師長	不明	諸
	六月　七日		琵琶（返風香調撥合、手）	藤原師長	不明	諸
文治一（一一八五）	七月　六日		琵琶（風香調撥合、返黄鐘調撥合、双調撥合）	藤原師長	不明	諸
文治三（一一八七）	二月二一日	○	琵琶（啄木）	藤原師長	二条定輔	伏一―二　伏三―一三―二八
文治四（一一八八）	七月　八日		琵琶（清調撥合）	藤原師長	不明	諸
文治五（一一八九）	閏四月　九日		琵琶（上原石上流泉）	藤原師長	二条定輔	伏三―一三―一七
文治六（一一八九）	二月　六日		琵琶（平調撥合）	藤原師長	不明	諸
建久三（一一九二）	六月二七日	◎	琵琶（桂説啄木）	藤原師長	大宮実宗	伏一―二★
建久五（一一九四）	三月　一日		琵琶（石上流泉）	大宮実宗	守貞親王（後高倉）	伏一―二、一七
建久九（一一九八）	八月一〇日		琵琶（啄木）	藤原経家ヵ	藤原公定	伏一―一七

正治二（一二〇〇）	三月一四日	琵琶（啄木）	大宮実宗	守貞親王（後高倉）	伏一―二
元久二（一二〇五）	一一月一六日	琵琶（石上流泉）	二条定輔	後鳥羽院	伏一―二、一七
	一二月一九日	琵琶（上原石上流泉）	二条定輔	後鳥羽院	伏一―二
	三月二〇日	琵琶（楊真操）	二条定輔	後鳥羽院	伏一―二、一七
	六月一八日	琵琶（啄木）	二条定輔	後鳥羽院［元興寺］	伏一―二、一七
建暦一（一二一一）	一一月　二日	琵琶（石上流泉）	後鳥羽院	久我通光	伏一―一七
建保二（一二一四）	一〇月二三日	琵琶（万秋楽）	藤原孝道	藤原孝時	伏三―一三―一四
建保六（一二一八）	八月　七日	琵琶（楊真操）	二条定輔	順徳天皇	伏一―一、二　伏一―一七
	八月　七日	琵琶（荒序）	藤原孝道	藤原孝時	三五要録巻六（書陵部五一五―〇八七）
嘉禄二（一二二六）	八月二九日	琵琶（楊真操）	二条定輔	二条兼輔	伏三―一三―二三
	一二月二一日	琵琶（石上流泉）	二条定輔	二条兼輔	伏三―一三―二三
安貞一（一二二七）	二月　八日	琵琶（上原石上流泉）	二条定輔	二条兼輔	伏三―一三―五、二三、三一
	五月　三日	箏（万秋楽）	蓮阿弥陀仏	天王寺おとわ	万秋楽箏譜他（伏―一一五四）
	一二月　六日	箏（輪鼓褌脱）	蓮阿弥陀仏	天王寺はりま	万秋楽箏譜他（伏―一一五四）
安貞二（一二二八）	三月一二日	箏（盤渉調紋合など）	蓮阿弥陀仏	天王寺はりま	万秋楽箏譜他（伏―一一五四）
嘉禎二（一二三六）	四月一四日	琵琶	藤原孝道	源時経	伏三―一三―一一
仁治一（一二四〇）	一〇月一一日	琵琶（楊真操）	藤原孝時	西園寺公相	伏一―二　伏一―一七
	一二月一四日	琵琶	藤原孝時	西園寺公相	伏三―一二
寛元二（一二四四）	一一月一七日	琵琶（啄木ヵ）	藤原孝時	西園寺公相	伏三―一二
寛元三（一二四五）	一〇月一〇日	琵琶（万秋楽）	藤原孝時	孝孫前	伏三―一三―一四

宝治一（一二四七）	六月三〇日	舞（胡飲酒）	土御門定通	多忠茂	葉黄記
	七月　五日	琵琶（啄木カ）	西園寺公相カ	藤原孝頼	伏三―一二
正元一（一二五九）	一〇月二七日	琵琶（啄木カ）	藤原孝時	藤原博子	伏三―一二
文永二（一二六五）	一一月一七日	琵琶（楊真操）	西園寺公相	西園寺実兼	伏一―二
文永四（一二六七）	八月　三日	琵琶（啄木）	源時経	右衛門督局（虎御前）	伏三―一三―一一
	一二月　五日	琵琶（啄木）	藤原孝経	亀山天皇［玄上］	伏一―一、二、一七　園（延文元年一一月五日条）
	一二月一二日	琵琶（石上竜泉）	藤原博子	後深草院［御前］	伏一―一、一七　伏三―一三―二〇
文永五（一二六八）	一月一五日	琵琶（上原石上流泉）	藤原孝頼［荻花］	後深草院［御前］	伏一―一、二、一七　伏三―一三―二〇
	一月二三日	琵琶（楊真操）	藤原孝頼	後深草院	伏一―一、一七　伏三―一三―二四
	六月二五日	琵琶（啄木）	藤原博子［仙鶴］	後深草院［御前］	伏一―一、二、一七　伏三―一三―二〇
文永九（一二七二）	五月　八日	琵琶（孝博流啄木）	藤原孝頼［象丸］	西園寺実兼［末濃］	伏一―二★、一七
	五月一四日	琵琶（灌頂）	藤原孝頼	洞院公守	伏一―一七
	五月一五日	琵琶（万秋楽）	藤原孝頼	藤原幸時	伏三―一三―一二
	五月　日	琵琶（荒序）	藤原孝頼	西園寺実兼	三五要録巻六（書陵部五一五―〇八七）
弘安八（一二八五）	四月　八日	琵琶（蘇合、万秋楽）	藤原孝秀	（抹消）	伏三―一三―一二
弘安九（一二八六）	六月一八日	琵琶（楊真操）	西園寺実兼［虎丸］	熙仁（伏見）［御前］	伏一―一、二☆、一七　伏三―一三―一三
	六月二〇日	琵琶（啄木）	西園寺実兼［鬼丸］	熙仁（伏見）［御前］	伏一―一、二、一七　伏三―一三―二六
	一二月二九日	琵琶	藤原孝秀		伏三―一三―二九

弘安一〇（一二八七）	八月三〇日		笛（皇帝、団乱旋、荒序、万秋楽六帖、蘇合四帖）	花山院長雅	熙仁（伏見）	伏三―一三―四一
正応一（一二八八）	五月二一日		琵琶（灌頂）	右衛門督局	伏見天皇	伏一―一　伏一―一七
正応二（一二八九）	五月　四日		琵琶	右衛門督局	伏見天皇	伏三―一三―一一
正応四（一二九一）	一月二一日		琵琶	藤原孝秀	壱岐宗成	伏三―一三―一〇
	八月二八日	◎	琵琶（啄木）	西園寺実兼	鷹司冬平	伏一―二、七★
	一一月三〇日		琵琶（石上流泉、上原石上流泉、清調）	西園寺実兼［虎丸］	伏見天皇［良道］	伏一―二、一七　伏三―一三―一九
永仁五（一二九七）	一〇月一三日	◎	琵琶（啄木）	西園寺実兼［末濃］	西園寺公顕［最音寺］	伏一―二★、八、一七
	一〇月二八日		琵琶（万秋楽）	藤原伏女	（上臈御方）	伏三―一三―三五
嘉元三（一三〇五）	七月　日		琵琶	西園寺実兼	藤原孝重	伏三―一三―七
	七月　日		琵琶（盤渉調曲）	西園寺実兼	藤原孝重	伏三―一三―七
徳治二（一三〇七）	一〇月二七日	◎	琵琶（啄木）	西園寺実兼	藤原孝章	伏一―二★、一七
	一一月　八日	◎	琵琶（灌頂）	藤原孝章	小串範秀	伏一―二、一七
延慶二（一三〇九）	七月　六日	◎	琵琶（啄木）	西園寺実兼［末濃］	藤原孝重［象丸］	伏一―二、一七
	一〇月二三日		琵琶（楊真操）	西園寺公顕	後伏見院［唐花］	伏一―一
応長一（一三一一）	三月　二日		琵琶（林歌、長保楽）	西園寺公顕	後伏見院	伏一―一
	四月二〇日		琵琶（石上流泉、上原石上流泉、将律調ほか）	西園寺公顕	後伏見院	伏一―二、一七
	六月一四日	◎	琵琶（啄木）	西園寺実兼	今出川兼季	伏一―二、一七、三〇
正和一（一三一二）	一一月二六日		琵琶（蘇合、万秋楽）	清応	房憲	伏三―一三―二二
正和二（一三一三）	一二月二二日		琵琶（啄木）	西園寺公顕［鬼丸］	後伏見院［御前］	伏一―一★、二★、一七　公衡公記（正和四年三月二二日条）
元応一（一三一九）	一月一〇日		琵琶（慈尊万秋楽）	西園寺実兼	後醍醐天皇	伏一―九
	一一月　八日		琵琶（万歳楽、五常楽）	後伏見院	量仁親王（光厳）	花

元亨一（一三二一）	一月三〇日		琵琶（啄木）	右衛門督局（虎御前）	源雅重	伏三―一三―一一
	六月一五日		琵琶（石上流泉、上原石上流泉）	西園寺実兼	後醍醐天皇	伏一―九
元亨二（一三二二）	五月二五日		箏	尼六条	実子（正親町実明女）	花
	五月二六日	○	琵琶（啄木）	今出川兼季	後醍醐天皇［玄上］	伏一―一〇、一七　花
	六月一一日		箏	尼六条	実子（正親町実明女）	花
	八月一二日		琵琶（啄木本譜外口伝）	藤原孝重［黄葉］	後伏見院［鬼丸］	伏一―一、一七　花
元亨四（一三二四）	七月　日		琵琶	藤原孝重	土肥遠時	伏三―一三―九
嘉暦三（一三二八）	二月一六日		琵琶（啄木本譜外口伝）	今出川兼季	後醍醐天皇	伏一―一〇、一七
	三月一六日		催馬楽（灌頂）	綾小路有頼	後醍醐天皇	綾小路家伝　砂巌
	二九日		笛（皇帝破陣楽）	大神秀賢	持明院家藤	持
	八月一七日		笛（団乱旋）	大神秀賢	持明院家藤	持
	一〇月一九日		笛（荒序）	大神秀賢	持明院家藤	持
	一〇月二一日		琵琶（万秋楽）	藤原孝重	（た中の入道）	伏三―一三―一四
元徳二（一三三〇）	四月　七日		神楽（宮人）	平松資親	後醍醐天皇	続☆
元弘三（一三三三）	九月　九日		琵琶（楊真操）	後伏見院	光厳院	奥
建武二（一三三五）	五月　一日		琵琶（石上流泉）	後伏見院	光厳院	奥
	五月　八日		琵琶（上原石上流泉）	後伏見院	光厳院	奥
暦応二（一三三九）	五月一九日		琵琶（啄木）	藤原孝重	光厳院	伏一―一七
康永二（一三四三）	二月一二日		琵琶（啄木カ）	藤原孝重	藤原孝守	藤原孝重琵琶伝授状
	五月一〇日		琵琶（万秋楽）	光厳院	正親町忠季	伏一―一七
	一二月　八日		琵琶（将律并清調、盤渉調など）	光厳院	正親町忠季	伏一―一七

	一二月一七日		琵琶（甘州只拍子）	光厳院	正親町忠季	伏一―一七
	一二月二五日		琵琶（両曲）	光厳院	正親町忠季	伏一―一七
貞和一（一三四五）	一一月二五日		神楽（星）	大神景茂	光明天皇	園
貞和四（一三四八）	九月二三日		琵琶（蘇合四帖）	光厳院	興仁親王（崇光）	伏一―一七
貞和五（一三四九）	閏六月一四日		琵琶（甘州）	光厳院		伏一―一七
観応一（一三五〇）	六月二八日		琵琶（万秋楽）	光厳院	崇光天皇	伏一―一七
観応二（一三五一）	二月　七日		琵琶（清調、将律調）	光厳院	崇光天皇	伏一―一七　奥
	二月一九日		琵琶（盤渉調）	光厳院	崇光天皇	伏一―一七
	九月　五日		琵琶（皇帝、団乱旋）	光厳院	崇光天皇	伏一―一七
文和四（一三五五）	四月　八日		琵琶（啄木カ）	久我兼親（良空）	後村上天皇	伏三―一三―一一
	一〇月一四日		琵琶（楊真操）	光厳院カ	崇光院カ	伏一―一七
延文一（一三五六）	五月二二日		琵琶（石上流泉）	光厳院	崇光院カ	伏一―一七
	五月二四日		琵琶（上原石上流泉）	光厳院	崇光院カ	伏一―一七
	一〇月二〇日		琵琶（啄木）	光厳院	崇光院	伏一―一七　奥
	一〇月丁巳日		琵琶（万秋楽）	光厳院カ	崇光院カ	伏一―一七
延文三（一三五八）	八月二一日	○	琵琶（啄木）	崇光院［黄葉］	正親町忠季	伏一―一、一七　伏三―一三―二六　園
	一二月二六日		笙（蘇合、万秋楽）	豊原龍秋	後光厳天皇	応（応永一五年八月二五日条）
延文四（一三五九）	四月二八日		笙	豊原惟秋カ	後光厳天皇	後
	八月一二日		琵琶（蘇合四帖）	藤原孝守	後光厳天皇	伏一―一一
延文五（一三六〇）	七月　二日		笙（団乱旋）	豊原信秋	後光厳天皇	応（応永一五年八月二五日条）
	一一月二二日		琵琶（万秋楽、甘州只拍子）	藤原孝守	後光厳天皇	伏一―一一

貞治三（一三六四）	六月二八日		琵琶（蘇合四帖）	崇光院	栄仁親王	伏一―三四
貞治五（一三六六）	四月二五日		笙（灌頂）		山科教言	応（応永一六年九月一二日条）
	八月一九日		琵琶（万秋楽）	崇光院	栄仁親王	伏一―三四
	一二月一八日	○	琵琶（啄木）	崇光院［末濃］	今出川公直	伏一―一
貞治六（一三六七）	四月二二日		琵琶（播磨局流）	按察局	崇光院	伏一―一三―一
	八月二五日		琵琶（蘇合四帖）	崇光院	源氏女（本郷家泰女カ）	伏一―三四
応安一（一三六八）	五月一三日		笙（荒序）	豊原信秋［太子丸］	後光厳天皇［二千石］	応（応永一五年八月二五日条） 明 後
	一二月　五日		琵琶（清調、将律調）	崇光院	栄仁親王カ	奥
応安二（一三六九）	一二月　九日		琵琶（楊真操）	崇光院	栄仁親王	奥
	八月二九日		琵琶（万秋楽）	崇光院	本郷家泰女	史
応安三（一三七〇）	一一月　二日		琵琶（甘州只拍子）	崇光院	本郷家泰女	伏一―三四
	一二月　二日		琵琶（両流泉）	崇光院	栄仁親王	奥
応安四（一三七一）	二月一九日		琵琶（下無調撥合）	崇光院	（あか）	伏三―一三―一五
応安六（一三七三）	二月　四日		琵琶（皇帝、団乱旋）	崇光院	本郷家泰女	伏一―三四
永和四（一三七八）	四月一三日		琵琶（楊真操）	崇光院	本郷家泰女	伏三―一三―二五
康暦一（一三七九）	六月二九日		笙（蘇合）		足利義満	体
	一一月　八日		笙（万秋楽）		足利義満	体
康暦二（一三八〇）	六月一九日		笙伝授（甘州只拍子）	豊原信秋	足利義満	体
	八月二七日		笙（皇帝、団乱旋）			体
永徳一（一三八一）	三月　二日		笙（蘇合四帖只拍子）	豊原信秋	足利義満	体
	八月二七日		笙（荒序）	豊原信秋	足利義満	体

	九月二三日	○	琵琶（啄木）	崇光院	栄仁親王	伏一―一奥
	一〇月一一日		琵琶（万秋楽）	崇光院		伏三―一三―一三
永徳二（一三八二）	三月二六日		笙（蘇合）	足利義満	後円融天皇［二千石］	続　体
至徳二（一三八五）	二月一二日		琵琶（石上流泉）	崇光院	（有泰女）	伏三―一三―六
	二月一八日		琵琶（上原石上流泉）	崇光院	（有泰女）	伏三―一三―六
	二月一八日		琵琶（啄木）	崇光院	（堀河局）	伏三―一三―六
明徳三（一三九二）	八月二一日		笙（荒序）	足利義満	豊原量秋	体
明徳四（一三九三）	二月一九日		琵琶（唱歌万秋楽）	崇光院	今出川公直	伏三―一三―一六
応永四（一三九七）	九月一六日		箏（蘇合四帖）	義仁親王	三条西実清	砂巌
	九月二〇日		箏（皇帝、団乱旋）	義仁親王	三条西実清	砂巌
	九月二二日		箏（盤渉調）	義仁親王	三条西実清	砂巌
応永五（一三九八）	一二月一四日		箏（双調、万秋楽）	義仁親王	三条西実清	砂巌
応永六（一三九九）	四月　五日		箏（水調）	義仁親王	三条西実清	砂巌
応永七（一四〇〇）	四月二五日		琵琶（皇帝、団乱旋）	栄仁親王	治仁親王	伏一―三五
応永九（一四〇二）	一〇月一三日		琵琶（蘇合四帖）	栄仁親王	治仁親王	伏一―三五
	一一月一四日		琵琶（清調撥合）	栄仁親王	治仁親王	伏三―一三―三六
	一二月　三日		琵琶（玉樹後庭花）	栄仁親王	楊梅兼邦	伏三―一三―三六
応永一一（一四〇四）	五月　三日		箏（大黄鐘調）	義仁親王	三条西実清	砂巌　伝授状奥書案（東山御文庫勅封一五五―四―四）
			箏（沙陀調）	義仁親王	四辻実茂	伝授状奥書案（東山御文庫勅封一五五―四―四）
応永一三（一四〇六）	一月一四日		琵琶（風香調撥合、楊真操）	栄仁親王	治仁親王	伏三―一三―三六

	二月　五日		笙（団乱旋）		花山院忠定	教
	三月一五日		笙（万秋楽）	豊原定秋	山科教豊	教
	四月二九日		琵琶（春楊柳）	栄仁親王	治仁親王	伏一―三五
	五月　八日		琵琶（万秋楽一具）	栄仁親王	治仁親王	伏一―三五
	五月二八日		琵琶（甘州只拍子）	栄仁親王	治仁親王	伏一―三五
応永一五（一四〇八）	二月二五日		秘曲（蘇合）		高倉永藤	教
	三月　九日		笙（蘇合）		足利義嗣	教
	三月　九日		笙（蘇合）	足利義満	山科嗣教（賀安丸）	教
	八月二九日		笙（蘇合香四帖只拍子、甘州四帖只拍子、賀殿百反）	豊原定秋	後小松天皇	応　続
応永一六（一四〇九）	四月二三日		笙（万秋楽）		山科教高	教
	八月一七日		笙（万秋楽）	豊原定秋	足利義嗣［達智門］	応
	九月　二日		笙（灌頂）	豊原定秋	後小松天皇	応
応永一七（一四一〇）	八月一七日		笙（荒序）		後小松天皇	宸翰栄華
	八月二九日		箏（蘇合四帖）	後小松天皇	山科教豊	応　宸翰栄華
	九月二四日		琵琶（石上流泉）	栄仁親王	治仁親王	伏三―一三―一九
	一〇月一七日		笙（団乱旋）	豊原定秋［火桶］	山科教興［糸巻］	教興卿記
	一一月二五日		琵琶（将律調）	栄仁親王	治仁親王	伏三―一三―一九
	一二月二三日		琵琶（上原石上流泉）	栄仁親王	治仁親王	伏一―三五、三―一三―一九
応永一八（一四一一）	四月　八日	○	琵琶（啄木）	栄仁親王［虎丸］	今出川公行［巌］	伏一―一二、一三　看（永享五年八月一日条）
	四月二六日		琵琶（皇帝、団乱旋）	栄仁親王	貞成親王	伏一―三五
	一一月一九日		琵琶（楊真操）	栄仁親王	貞成親王	伏三―一三―三六
応永二〇（一四一三）	四月　九日		琵琶（蘇合四帖）	栄仁親王	貞成親王	伏一―三五
	一〇月　三日		琵琶（風香調撥合、楊真操）	栄仁親王	園基秀	伏三―一三―三六

応永二一（一四一四）	二月一九日		琵琶（下無調）	栄仁親王	治仁親王	伏一―三五
	二月二四日		琵琶（慈尊万秋楽）	栄仁親王	今出川公行	伏一―三五
応永二三（一四一六）	一月一三日		琵琶（万秋楽）	栄仁親王	治仁親王	伏一―三五
	一月二四日		琵琶（万秋楽）	栄仁親王	貞成親王	伏一―三五
	七月二二日		催馬楽	栄仁親王	園基秀	看
	七月二四日		琵琶（啄木）	栄仁親王［虎］	治仁親王［卯花］	看　伏三―一三―二七
	九月二三日		箏	後小松天皇	山科教豊	宸翰栄華
	一一月　五日		琵琶（口伝）	栄仁親王	治仁親王	三五極秘抜書
応永二四（一四一七）	七月　六日		笛	山井景藤	中山忠親	薩戒記
	一一月一一日		琵琶（万秋楽）	今出川公行	今出川実富 公富	看
応永二六（一四一九）	七月　四日	○	朗詠（傅氏巌嵐）	綾小路信俊	貞成親王	看
	八月二八日		琵琶	今出川公行	今出川公富	看
応永二七（一四二〇）	八月二八日		琵琶（石上流泉、上原石上流泉） （奥書のみ）	今出川公行	貞成親王	伏一―一四
	八月二八日		琵琶（万秋楽）		今出川公富	看
永享二（一四三〇）	六月二六日		箏	後小松院	四辻季保	宸翰栄華
永享四（一四三二）	七月二四日		催馬楽（竹河）	洞院満季	綾小路有俊	看
永享五（一四三三）	九月　二日		箏	後小松天皇	洞院実熙	看
永享七（一四三五）	一二月二九日		笙（蘇合四帖）	豊原久秋	後花園天皇	看
永享八（一四三六）	一一月二六日		朗詠	綾小路有俊	洞院実熙	看
	一二月一三日		笙（万秋楽、蘇合四帖只拍子）	豊原久秋	後花園天皇	看
永享九（一四三七）	六月一四日		舞（胡飲酒）	多忠右	久我通行	看

永享一〇（一四三八）	一一月二四日	○	琵琶（蘇合四帖）	貞成親王［巌］	貞常親王［虎丸］ 今出川教季	伏一―一五　観
永享一一（一四三九）	一二月二〇日		神楽	洞院実熙	綾小路有俊	大曲秘曲伝授例
	六月一六日		琵琶（蘇合四帖只拍子）	藤原孝長	西園寺公名	観
永享一二（一四四〇）	六月一一日		琵琶（万秋楽三帖序説、奥二拍子説）	藤原孝長	西園寺公名	観
嘉吉一（一四四一）	一〇月　二日		箏	四辻季保	後花園天皇	建内記
嘉吉二（一四四二）	二月一二日	○	琵琶（万秋楽一具、蘇合四帖只拍子）	貞成親王	貞常親王	伏一―一五
	六月　八日		箏（蘇合四帖）	四辻季保	後花園天皇	観（一四日条）康
嘉吉三（一四四三）	四月　三日		琵琶（甘州只拍子）	貞成親王	貞常親王	伏一―三六
文安一（一四四四）	一二月二六日		琵琶（皇帝、団乱旋）	貞成親王	貞常親王	伏一―三六
文安二（一四四五）	八月二五日		箏（蘇合四帖楽拍子）	四辻季保	貞常親王	伏一―四〇、四二
	一二月一二日		箏（皇帝、団乱旋）	洞院実熙	後花園天皇	師郷記
文安三（一四四六）	四月二七日		琵琶（皇帝、団乱旋）	貞成親王	今出川教季	伏一―三六
文安四（一四四七）	八月一五日		琵琶（風香調撥合、楊真操）	貞成親王	貞常親王	伏三―一三―三三
文安五（一四四八）	一二月二一日		箏（万秋楽）	四辻季保	貞常親王	伏一―四一、四二
文安六（一四四九）	二月　四日		箏（蘇合四帖只拍子）	洞院実熙	後花園天皇	洞院実熙蘇合香伝授状（東山御文庫勅封一五五―六―九）
宝徳二（一四五〇）	四月一七日		箏（灌頂）	洞院実熙	後花園天皇	綱光公記　公卿補任（洞院実熙項）
	一二月　五日		琵琶（将律調、下無調撥合）	貞成親王	貞常親王	伏一―三六
	一二月　五日		琵琶（楊真操、将律調、下無調撥合）	貞成親王	今出川教季	伏一―三六

享徳二（一四五三）	八月一五日		箏（皇帝、団乱旋）	洞院実熙	貞常親王	伏一—四一、四二　康
享徳三（一四五四）	一〇月二二日		箏（盤渉調、風江調）	洞院実熙	貞常親王	伏一—四一、四二
	一〇月二八日		箏（大楚江調）	洞院実熙	貞常親王	伏一—四一
康正一（一四五五）	四月三〇日		箏（双調柱）	洞院実熙	貞常親王	伏一—四一、四二
	八月一六日		箏（水調）	洞院実熙	貞常親王	伏一—四一、四二
	一二月二六日		和琴（弓立曲）	綾小路有俊	四辻実仲	大曲秘曲伝授例
康正二（一四五六）	三月三〇日		箏（蘇合四帖只拍子）	洞院実熙	貞常親王	伏一—四一、四二
	四月　五日		箏（甘州只拍子）	洞院実熙	貞常親王	伏一—四一、四二
	五月一三日		箏（朱明調柱、大黄鐘調）	洞院実熙	貞常親王	伏一—三七、四一、四二
長禄二（一四五八）	四月二八日		琵琶（皇帝、団乱旋）	貞常親王	園基有	伏一—三七
	九月三〇日	○	箏（沙陀調）	洞院実熙［松虫］	貞常親王［三菊］	伏一—四一、四二
	一二月一七日		笙（荒序）	豊原縁秋［糸巻］	後花園天皇［大虎］	禁裏御灌頂記　楽書（国会図書館ゐ—六七）
長禄四（一四六〇）	閏九月　二日		箏（賀殿）	洞院実熙	貞常親王	伏一—四二
寛正四（一四六三）	一一月一二日		琵琶（蘇合四帖只拍子）	貞常親王	園基有	伏一—四〇
寛正五（一四六四）	六月　九日		箏（朱明調柱）	貞常親王	洞院公数	伏一—三七
文正一（一四六六）	一二月一七日		琵琶（返風香調）	貞常親王	今出川教季	伏三—一三—三四
文明二（一四七〇）	一一月一九日		笙（皇帝・団乱旋）	豊原縁秋	後土御門天皇	重胤記　続
文明八（一四七六）	一二月一五日		琵琶（万秋楽）	今出川教季	邦高親王	伏一—四一　言　実
文明九（一四七七）	一二月二一日		琵琶（皇帝・団乱旋）	今出川教季	邦高親王	実
	一二月二三日		箏（蘇合）	四辻季春	勝仁親王（後柏原）	実　湯

文明一〇（一四七八）	一月二〇日		朗詠	綾小路有俊	甘露寺元長	親
	六月二五日	○	笙（万秋楽）	豊原統秋［鳳凰］	山科言国［糸巻］	言
	一一月二一日		箏（万秋楽）	四辻季春	勝仁親王（後柏原）	言　湯
文明一一（一四七九）	一月二五日		笙（蘇合）	豊原縁秋	勝仁親王（後柏原）	実　親
文明一三（一四八一）	二月一八日		笙（万秋楽）	豊原縁秋	勝仁親王（後柏原）	湯　言
	九月一三日		琵琶（楊真操）	今出川教季	邦高親王	伏一―四〇　言
	一二月二六日	○	笙（皇帝・団乱旋）	豊原統秋	山科言国	言　山
文明一六（一四八四）	三月二四日		箏（万秋楽）	四辻季経	勝仁親王（後柏原）	湯
	六月二四日		（万秋楽）			湯
長享一（一四八七）	六月二九日		笙（皇帝・団乱旋）	豊原繁秋	勝仁親王（後柏原）	湯
	一〇月二八日		琵琶（蘇合四帖）	邦高親王	上臈局	伏一―三八
明応二（一四九三）	閏四月二四日		笙（賀殿百拍子）	豊原繁秋	勝仁親王（後柏原）	言
	九月二四日		笙（灌頂）	豊原繁秋	松木宗綱	言
	九月二六日	○	笙（荒序）	豊原繁秋［火桶］	後土御門天皇［大唐丸］	言　親　明
明応六（一四九七）	六月一一日		笙（蘇合）	豊原繁秋カ	勝仁親王（後柏原）	実

第六章　啄木本譜外口伝について
──『啄木調小巻物』をめぐって──

はじめに

琵琶秘曲伝授は、十二世紀後半に藤原師長によって確立された儀礼である。三曲（啄木、楊真操、石上流泉、これに上原石上流泉を加え実質的には四曲となる）の相伝が伝授の中心であり、その中で最秘とされるのが啄木である。啄木には三種の音と呼ばれる特殊な奏法があり、師長以前よりこうした秘説が存在していたことが知られている（前章参照）。

しかし、十三世紀以降、琵琶秘曲を伝えた主軸の三家（天皇家、西園寺家、藤氏西流）のうち、藤氏西流の代表的人物であった藤原孝道は、三種の音よりもさらに重い秘伝を息子たちに伝えていた。この秘伝は伝授譜には記されないことから、啄木本譜外口伝とも呼ばれ、その後の秘曲伝授において重要な位置を占めることになる。本章では啄木本譜外口伝について、その内容を記すテクストである『啄木調小巻物』を紹介し、秘説の伝来について考察していく。

一　『文机談』の本譜外口伝

啄木本譜外口伝の伝来については、西流孝時流に属する隆円の『文机談』（文永九年（一二七二）第一次成立）に詳しいので、以下に挙げておく。

いたわりもきうになりければ、妻子すべて女のたぐひはまへによせず、「女はうき物也」とぞ申しける。又「善知識よしなし、法深房かねうちて念仏すゝむべし、孝行水いるゝやくをつとめよ」といふ。「そのほか人あるべからず」といふ。期ちかくなりければ、両息ゆいごんをたがへず、かねをうつ、又水をすゝむ。頭北、西面にふして、手をむねのうゑに合掌す。かくのごとくしてしばらくありて、また合掌をみだりて、手をさま〴〵にうごかす事あり。これをみるに最秘のあやつりとみゆ。法深、くちには光明真言をみてゝ、孝行をひきていはく、「この事み給へりや、子細ある事也。御こゝろにかゝる事の侍るやらん」とて、孝時、耳にさしよりて、「最秘の曲、五ヶの口伝、ともに孝時、孝行給はり候ひにき。御こゝろやすく思し食すべし」といひきかす。又「いまは他事なく御念仏あれ」と申しきかせければ、そのときうなづきて、孝時と孝行とふたりが手をとり合せて、おの〳〵一心なるべきよしの気色みえければ、法深も孝行もなみだをながして、ゆめ〳〵隔心あるまじきよしを、たがへに父が耳に申しきかせをはりにき。則ちこゝろよくうなづきて、その後は手をみだらずしていきたへ、まなことぢにけり。をやのこをおもふならひ、まことにあはれ也といへども、この執心、いまはのときまでもあらはれ侍る事、あはれなる事ども也。

さて一七日のうちに、法深、このありつるむねを具に一巻にかきつけて、奥には起請の事ば（詞）をのせて孝行にみす。孝行また、「この事、実也」とて、やがて署判をくわう。いづれもみな誓状をかきのせたり。件の一巻はいまだ孝時があとに侍るとかや。
（『文机談全注釈』二九〇～二頁）

孝道は臨終の間際になると、女子供を払い、息子の孝時と孝行に看取るよう頼んだ。そこで孝道は手を動かして何をか伝えようとするのだが、孝時はそれを「最秘のあやつり」であると気づき、そのあやつりを覚えたので、「いまは他事なく御念仏あれ」と父に言った。孝道が無事に往生した後、孝時は一七日のうちにその日の内容を記録し、起請文を書いた。孝行は「この事、実也」と傍に書き、署判したという。

この「最秘のあやつり」が本論で主題とする啄木本譜外口伝である。そしてその内実を示す資料が、『啄木調小巻物』（伏‐一一〇〇）である。本書は孝道の口伝を孝時がまとめたものであり、その後、藤原孝頼、西園寺実兼、藤原孝重へと書写相伝されたものである（各人物については前章［系図］参照）。最終的に南北朝時代の僧・隆淵が書写し、北朝崇光院へと進上している。現存する一巻は隆淵書写本にあたる。

ただし実兼によって大幅な加筆が成されており、また書写過程で奥書の意味が不明瞭になっている。さらに現在の研究では『啄木調小巻物』を部分的に抄出し、その他の伝授記録類を加えた『口冢口決』（栄仁親王筆、『伏見宮旧蔵楽書集成　三』に翻刻あり）を用いた分析がなされているため、よりいっそうの混乱を生じる事態となっている。口伝そのものの内容解明も重要事項であるが、本論ではまず奥書識語の読みを中心として本譜外口伝の伝来を明らかにしたい。翻刻については章末に記し、その中に見える九つの奥書識語について便宜的に①～⑨の番号を降った。

以下、本書を順に見ていく。まず冒頭には琵琶と撥の図が記される。これは「実兼私書之」と注記があるように、後年、西園寺実兼によって補筆された図である。

ついで「啄木調」とあり譜が記され、その後に「法深（藤原孝時）云」として「長句拍子事」以下五つの秘伝の名称が記される。これが『文机談』に見える「五ヶの口伝」（傍線参照）であり、「最秘のあやつり」の内容である。

ついで「頭書私」「下書之」と続く。これは、本来は啄木譜の頭注や下注にあった言葉が、書写過程でその場所に置けなくなったため、その内容を末尾に移動させたものである。

以下、奥書①へと続くのだが、これは以降の奥書②③よりも年次が下っている。このうち奥書②について、相馬万里子は孝時のものかとするが、(注1)ここでは孝道のものと見たい。孝道は承元二年に、孝時（法深）に授けるために『三五要録』複数巻を書写しているので、(注2)おそらくその一貫で啄木譜のみ別に書写したものと考えられるからである。

ただし孝道が実際に孝時に対して啄木を授けるのは、承元二年よりずっとあとのことである。これは両者が不和になったためであり、孝時は二十九歳まで灌頂を待たなければならなかった。この伝授を示すのが奥書③「建保六（一二一八）七（月）十一（日）入眼了」である。(注3)すなわち孝道は承元二年に啄木譜を奥書②まで書き、その後、建保六年に孝時に啄木を伝授、奥書③を書き継ぎ孝時に与えたのである。

その後、『文机談』に見たように孝道は臨終の床で孝時、孝行に五箇の口伝を伝えた。孝時は寛元二年（一二四四）、西園寺公相亭で「妙音院自筆譜」と校合して、五箇の口伝の名称を記し、孝道から授かった譜を改定した。具体的には、それまでの譜には頭注に「西譜云南宮二度」とあったのを「西譜曰西宮二度」としたのである。これを示すのが奥書①である。公相はこの譜の正本なることを示すため「此事実也」と譜に添えた。『文机談』では孝道臨終の際の口伝を孝道がしたため、孝行がそれに「この事、実也」と添えたというが、同じような事を公相もしていたことになる。実際、『口冢口決』によれば、孝時は奥書①を記した一ヶ月後の寛元二年（一二四四）十一月十七日、この改定譜でもって公相に啄木本譜外口伝を授けている。(注4)

さらに孝時は、息子の孝頼にこの改定譜を授けた（奥書④）。その後、孝頼はおそらくは西園寺公相の「仰せ付けによって」この譜を高倉宿所で書写した（奥書⑤）。そして文永九年（一二七二）、重病の孝頼から啄木本譜外口伝を授かった西園寺実兼は、忘却することがないよう孝頼からこの譜を預かり、「他筆を交えず」これを書写した。これは孝頼の子である孝秀に返し伝授をするためであった（奥書⑥）。孝秀は当時十七歳であり器量が不十分であったため、孝頼は血縁関係にある実兼に琵琶の相承を託したのである。そして約束通り実兼は孝秀に伝授を行い、口伝の内容を譜の後に記しおいた（奥書⑦）。ここに現在『啄木調小巻物』と呼ばれる本譜外口伝の原型ができあがったのである。

二　持明院統における本譜外口伝

以上、奥書①〜⑦について述べた。奥書⑧⑨についても説明しなければならないが、そこに至るまでにはまず、天皇家における秘曲伝授について見ておく必要がある。というのも持明院統の三天皇（後深草、伏見、後伏見）および後醍醐については、啄木本譜外口伝の伝授が見られるからである。以下、第二節で持明院統について、第三節で後醍醐天皇について述べる。

まず持明院統の後深草であるが、孝時の女・博子を御師匠として、文永五年（一二六八）六月二十五日に啄木を、その次の日に本譜外口伝を受けている。このことは後深草自身の日記によって記されているが、啄木の記事が長大であるのに対して、本譜外口伝の記事は「丑剋、博子曰、啄木曲秘説等〈爪調事、第二句拍子事、叩撥事、撥持様事等也〉」[注5]とあるのみである。秘説を記すのを憚ったと見られ[注6]、口伝のみの伝授であったと思われる。

いっぽう後深草の息子の伏見は、右衛門督局（藤木）から本譜外口伝を受けている。右衛門督局は孝道の曾孫であり、孝道と後妻・仁和寺女房から生まれた播磨局の系譜を引く人物である（前章［系図］参照）。孝道は孝時、孝行以外にも播磨局に本譜外口伝を授けていたようであり[注7]、そのため播磨局の孫女である右衛門督局も伝授することが出来たのである。伏見がこの当時存命だった西園寺実兼や藤原孝秀を本譜外口伝の御師匠としなかった理由については不詳だが、持明院統の天皇においては二代続けて最秘説の伝授を女性が担うことになった。

そして伏見の息子である後伏見は、本譜外口伝を元亨二年（一三二二）八月十二日に受けている。御師匠は病床の実兼に代わり孝重がつとめた。その時の記録が、自身の日記に詳細に記されているので、以下に必要部分を挙げる。

孝重度々蒙目参御庇、近召寄、条々口伝委細伝授之〈所謂爪調、長句拍子、撥取様、打撥角拍子、覆手上攪撥廻事等也、〉凡此等口伝、雖伝業之人多、悉授之事更無之、只一トヲリヲ伝受マデ之由、孝重申之、又譜外口伝授等、先達注置事無之、只以詞授之、而孝道竊注置此等口伝伝子孫、爰入道相国対孝頼伝業入道相国之時、此一巻密々書写留、且又私委細口伝猶書加之、今夜孝重持参口伝等、不残一事雖申入、猶為御不審、彼一巻可備叡覧之由、入道相国蒙命之由申之、則見之〈切紙巻物書之、入道相国自筆也、抑孝重密々申曰、此正本故孝章之時不慮紛失、入道相国授孝章之時マデハ無相違有之、若孝章失之乎、生前遺恨也、正本同切紙ニ書之、聊モ不違写之、於今者以之凝（ママ）正本之由、申之、誠以遺恨也、但入道相国染自筆之上、私口伝委細書加之、口伝取手之文、殆定過正本歟、末代重書何可過之哉之由、仰之、〉秘事口伝更無残殆如取手、誠為末学希有秘書、無双重宝也、入道相国至此等令免一見之条、道之芳志報謝更不可及也、抑件秘書、今両三口伝簡要所々、余当座密々書写〈且抑合孝重、々々不可有子細之由、申之也、〉返給也、

（『後伏見院御記』元亨二年八月十二日条）

本譜外口伝について、先達は口頭伝授のみで伝えてきたが、孝道がこれを注し置き、子孫に伝えた。そして実兼が孝頼に伝授を受けた時、密々にこれを書写し、さらに詳細な注解をつけ加えたのだ、という。孝重は実兼の命によってこれを持ってきたのであったが、孝重が言うところ、正本（孝頼書写本を言うか）は孝章の時に紛失したため、今はこの実兼自筆本を正本にするのだという。後伏見はこれに大いに感銘を受け、秘事口伝の部分を密々に写しおいた。

この『後伏見院御記』の記事と対応するのが、『啄木調小巻物』の奥書⑧である。奥書⑧によれば小巻物は孝重に預け置いたものであり、西園寺家が孝博流（琵琶西流）の門弟であるゆえ委ねるものという。実兼は師長の日記（『四禅記』）に見えるという啄木曲の由来を記した上で、この奥書を書き継いでいる。奥書が記されたのは元亨二年八月九日であり、これは孝重が後伏見に本譜外口伝を授けた三日前にあたる。以上より、後伏見が見た一巻とは、『啄木調小巻物』の実兼自筆本、すなわち章末翻刻文の奥書⑧までが記されたものであったことが明らかとなる。

なおこの『後伏見院御記』は自筆本と考えられ、伝授記事の末尾に「此記六、不可有外見、記道之秘奥之故也」

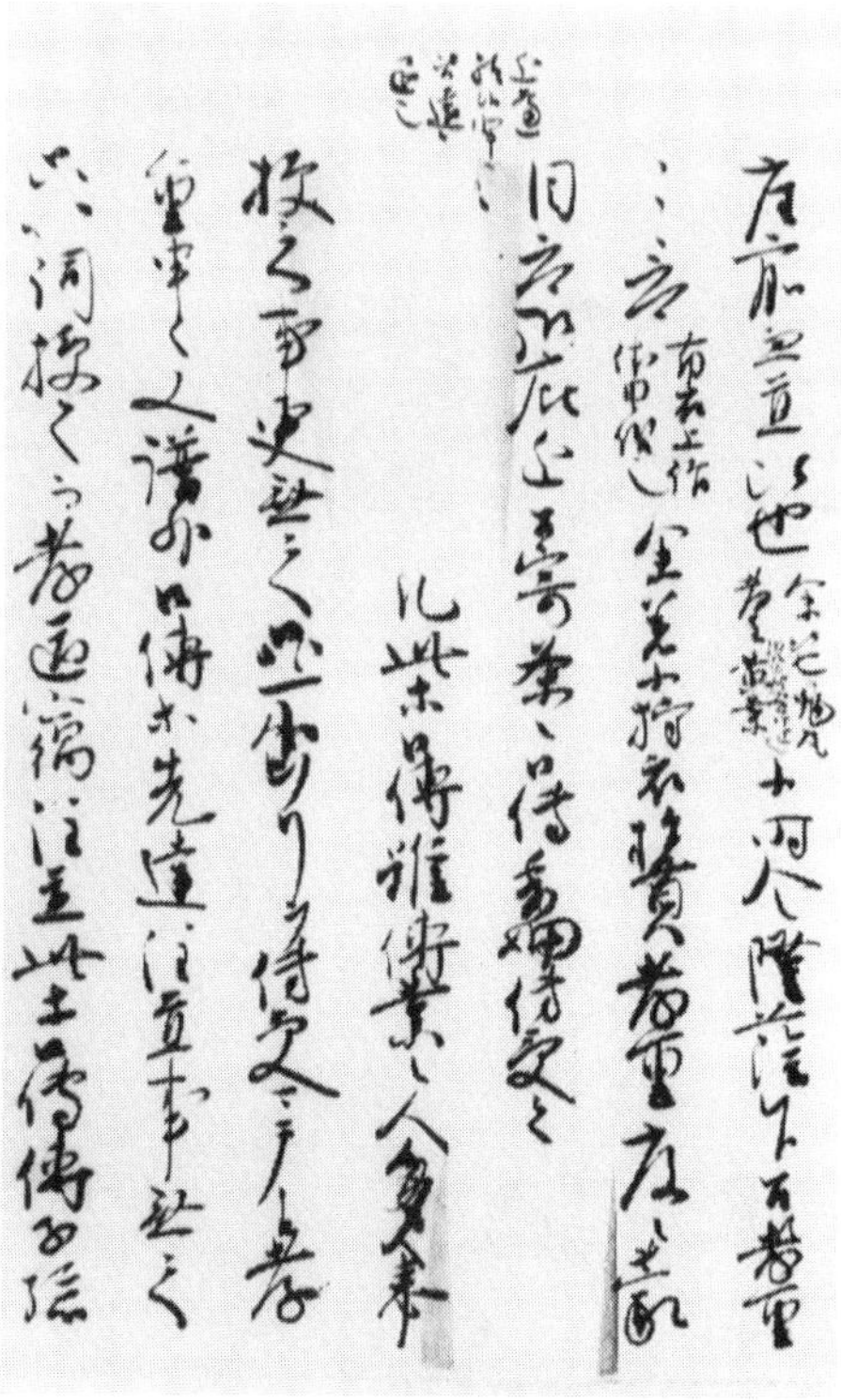

〔図一〕『代々琵琶秘曲御伝受事』宮内庁書陵部蔵（伏・九四四）所引『後伏見院御記』（後伏見院自筆カ）

とあるように、明らかに別記として書かれた秘録である。しかもこの五箇の口伝の名称、つまり本文割注「〈所謂爪調、長句拍子、撥取様、打撥角拍子、覆手上攬撵廻事等也〉」の部分は白紙片で覆われており〔図一〕、どれだけ後伏見院が本譜外口伝を重んじていたかがわかる。

三　後醍醐と本譜外口伝

次に後醍醐と本譜外口伝の関係について考察する。嘉暦三年（一三二八）二月十六日、後伏見は、先述の『後伏見院御記』に次の記事を書き継いでいる。

嘉暦三年二月十六日、庚戌、雨下、前右府参即召前、談語曰、節日依召参禁裏、啄木曲所御伝受、去元亨二年御伝業之後、于今不授申、依有故入道相国申旨也、業件奥秘不依貴賤、或依志之深、或依手操之堪能、授之、無被仰下旨者、無左右不可申入之由、蒙遺命、仍于今秘之、而自去年冬比有被仰下旨、仍申之云々、余者正和二年伝業以後、即対故入道相国可伝受之由、相互約諾之処、付公私自然馳過、子細不被記、仍去元亨二年夏、入道相国依臥病床、以孝重朝臣具申之、剰覧一巻之秘書、是責テモ殷懃為不残一事也、子細其時具記了、今主上当道之御沙汰喧天下、御手操定珍重歟、不能左右々々々、如余非器不堪之身、猶免道之奥秘、是故入道所存如何、已迷愚慮者也、

これによれば、後醍醐天皇が今出川兼季（西園寺実兼四男）より本譜外口伝を受けたのだという。後醍醐の琵琶をめぐっては、右に挙げた資料も含め豊永聡美が詳細に分析している。[注8]後醍醐は文保二年（一三一八）に践祚して以来、当時かなりの高齢であった西園寺実兼を御師匠として秘曲を受け、実兼の出仕が不可能となってからは実兼男・兼季を御師匠として、元亨二年（一三二二）五月二十六日に啄木伝授に至っている。そして「志深」く、「手操堪能」

な者にのみ与えられる最終伝授を、嘉暦三年に受けたのである。こうした後醍醐の琵琶の習得について、後伏見は「今主上当道之御沙汰喧天下、御手操定珍重歟」と賛辞を送るが、その背後にあったのは豊永の言うように無力感であったのだろう。(注9)「一巻之秘書」すなわち『啄木調小巻物』を孝重より閲覧することができたのが、後伏見にとってせめてもの矜持であったと思われる。

しかし後醍醐はその孝重とも急速に距離を縮めていく。元弘元年（一三三一）の舞御覧では後醍醐自身が笛を吹き、まわりの奏楽者を廷臣で固める中、孝重を参仕させて鉦鼓を打たせた（『舞御覧記』）。建武の新政においても孝重の重用は続き、建武元年（一三三四）の三席御会(注10)においては琵琶を弾かせている。「然者孝道齢流雖為比巴、家近不被聴御遊所作、後醍醐院御代建武元年御遊始、故孝重朝臣及老後始召加了、只是一度也」(注11)とあるように、琵琶西流一族のうち、男性陣において唯一の御遊参仕の例であった。さらに建武二年（一三三五）四月八日には、孝重に孝道自筆の『三五要録』十二巻を与えている。この『三五要録』は平調巻を欠損する代わりに、風俗譜（第十三巻）を加えたもので、このうち催馬楽巻下（第四巻）は藤原師長自筆であったという。(注12)後醍醐はこれに、

為道之重宝永可令伝子孫也、偏是継絶興廃之志而已、為孝道子孫一人相続、此芸家之余慶道之貴愛也、本譜又帰于家、定可相叶曩意者歟、

という奥書を加え孝重に下賜したのであり、西流の正統を孝重に位置づけようとしていことがわかる。

この『三五要録』は建保六年（一二一八）から安貞元年（一二二七）にかけて、孝道より播磨局に相伝されたものであった。後醍醐は、播磨局の曾孫にあたる資名を琵琶の御師匠としており（『口冢口決』）、資名からこれを奪取したのであろう。(注13)後醍醐はまた播磨局伝来の孝博自筆譜も入手していて、これは西園寺実兼へと渡っている。すなわち後醍醐は文保年間に西園寺実兼より楊真操を受けているが、この時の料（宝枕）として「孝博自筆琵琶譜」を与えているのである（ちなみに石上流泉の時は慈恵大師自筆の法華経であった）。

こうした伝授料に法宝物を用いる後醍醐の行為を踏まえれば、孝重への譜の下賜も何らかの伝授の見返りであったことが推定される。後醍醐は嘉暦三年（一三二八）に今出川兼季より本譜外口伝を受けている。しかし前節で見たように、その時点で『啄木調小巻物』は孝重へと渡っている。したがって後醍醐は本譜外口伝を受けたものの、内容を十分に修得できなかった可能性がある。以上から勘案すれば、後醍醐が期待した見返りとは本譜外口伝の内実を知ること、突き詰めれば『啄木調小巻物』の入手ではなかったか。『啄木調小巻物』の伝来に関して後醍醐の影響を認めることはできないものの、それまで一度として御遊に参仕経験のなかった藤原氏西流の男性を、建武新政後初度の晴儀である三席御会に参仕させた背景には、後醍醐の秘曲に対する執念を見てよいものと思う。

四　久我兼親、隆淵による秘説の流出

以上見たように、十三世紀後半から十四世紀前半にかけて、本譜外口伝は秘曲伝授における最重要の秘説となった。しかし本譜外口伝を実兼より継承した孝重は、子の孝守に口伝を相承できないまま没してしまう。重篤の孝重は、急遽、伝授状を作成し、秘伝一式を孝守に授けた。その時の伝授状が『藤原孝重琵琶伝授状』（東京大学史料編纂所蔵）である。以下に本文と文意を掲げる。

ひわのひきよくとも の事、せつ〳〵こと〳〵くさつけ了、なかんつくにたくほくのせつ、ちうのこゑ、はちのとりやう、くてんおほしといへとも、一ことものこらすてんしゆをはんぬ、しそんのせつ、かけひわのくてん、れいおうのくわうしと、ちやうちやうつましらべ、七はちのせつ、一こともののこるところなく、たかもりにさつくるところなり、いたはりくわきうによりてせんし殿に申なり、しひつかはるへからす候、はんきやうをくわへ候ぬ、

かうゑい二年二月十二日
たかしけ（花押）

（琵琶の秘曲どもの事、説々悉く授け了。就中に啄木の説、柱の音、撥の取り様、口伝多しといへども、一事も残らず伝授し了んぬ。慈尊の説、懸琵琶の口伝、陵王の荒序、調々爪調、七撥の説、一事も残るところなく孝守に授くるところなり。労、火急によりて前司殿に申なり。自筆にかはるべからず候。判形を加へ候ぬ。
康永二年二月十二日　孝重）

啄木ほか慈尊万秋楽、懸琵琶口伝、[注14]陵王荒序、七撥、爪調など、伝えるべき曲の総体が見てとれる。しかしこれらの口伝は、観応の擾乱に始まる一連の争いの中で西流から離れていくことになる。以下、この時代の秘曲伝授に大きな役割を及ぼした二人―良空と隆淵―について述べていくことにしたい。

良空は俗名・久我兼親、伏見院に啄木本譜外口伝を伝えた右衛門督局（第二節参照）の孫であり、孝道からみて五代の孫にあたる。良空がはじめ接近したのは後村上天皇であった。文和四年（一三五五）四月八日、金剛寺行宮にあった後村上に対し、良空は三曲および本譜外口伝を伝授する。また孝道―時経伝来の『三五要録』巻二を献上している。[注15]巻二は啄木を含む秘説が書かれた巻である。

良空の伝授はその後も続き、延文二年（一三五七）二月二十日には、右衛門督局伝来の『南宮琵琶譜』が、翌延文三年四月二十日には孝行伝来の「孝博譜」が献上された。[注16]そしてこの時、「是則唯授一人之真説、最後一言之奥旨耳」という最秘説（本譜外口伝）が授けられたのである。[注17]

しかし南朝の不利を悟ったのか、良空はその後、北朝の崇光院に接近することになる。貞治六年（一三六七）四月二十二日には「播磨局余流之秘説」を崇光院に授けた。[注18]そして応安三年（一三七〇）四月五日には、『三五要録』巻二を献上した。「琵琶秘抄」によればこの『三五要録』には、

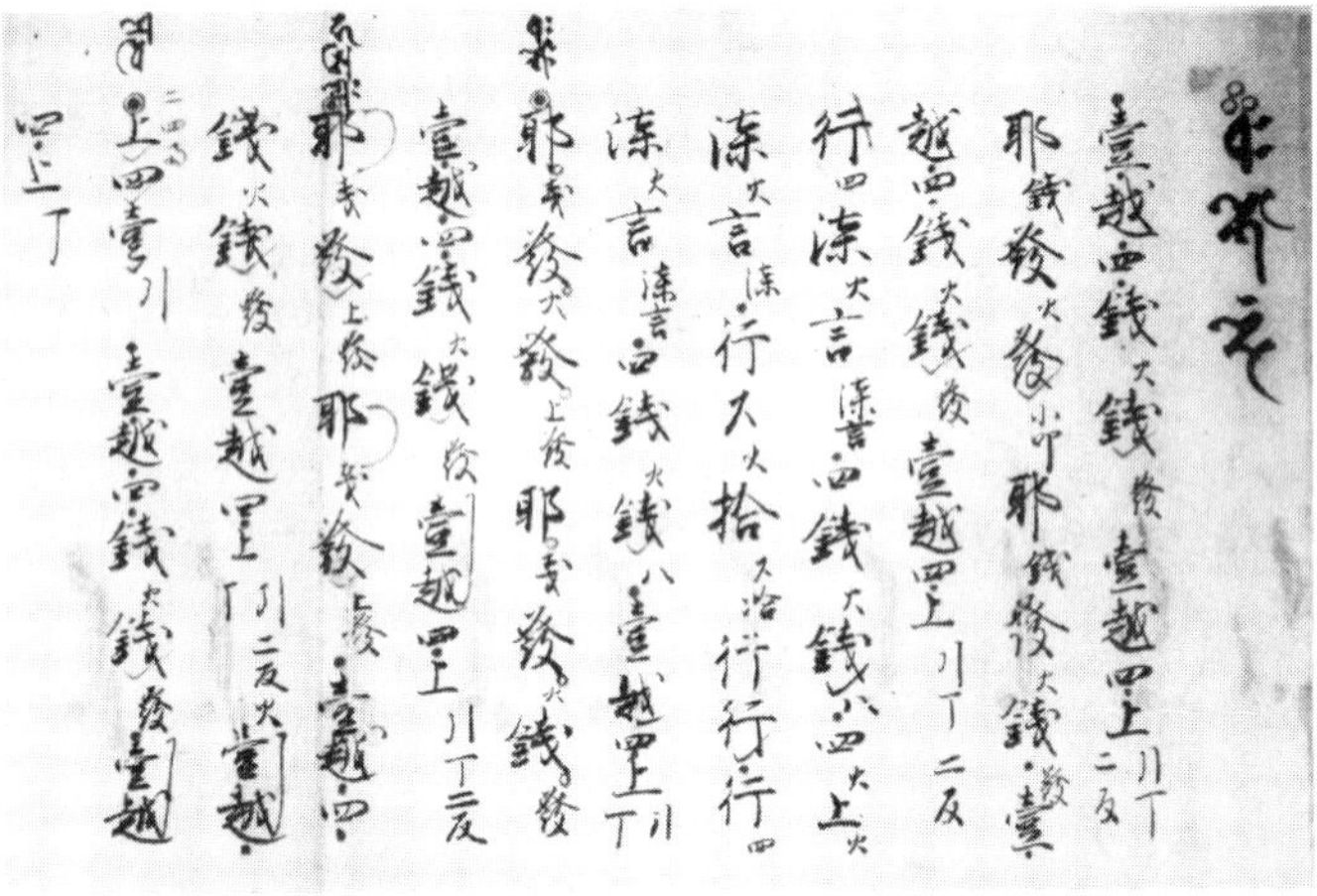

［図二］『木曲深秘』宮内庁書陵部蔵（伏ー1027）

此巻先年進置年長、子細見去年□□所返賜之也、就中当道事、
一事已上依申入之、即所進置仙洞也、後必可被返下雅宗、若
雖不然、継道之者、可被返下者也、(注19)

という裏書があったといい、先述の南朝に献上された一本であったことがわかる。本文中に見える雅宗は『尊卑分脈』には見えないものの良空の子息と考えられており、良空としては南朝北朝いずれでも良いので、天皇家との秘曲伝受の関係を構築しようと目論んでいたことが推測される。

　良空は本譜外口伝を「七重口決」と称し、将律音を「将理智」と称するなど秘曲伝授を密教色の濃いものとして解釈している。書陵部蔵伏見宮家旧蔵本には『木曲深秘』（伏－一〇二七）という、三曲を梵字化し、譜面を漢語化したいわば「暗号化された譜」というべきものが存在するが、恐らく良空の着想によるものであろう［図二］。

　一方、同じ時期、崇光院に接近したのが隆淵であった。隆淵は『口冢口決』によれば善統親王の息子と伝えられる。ただしその経歴は定かではない。『続千載和歌集』（一三一八年）の一首を始めとして、勅撰和歌集への入首が認められ、歌人としての動向の方が良く知られており、(注20)はじめ和歌の世界から北朝に接近したようである。

隆淵はいかなる経緯によってか不詳なのであるが、孝重と源資守（右衛門督局男、播磨局流）の弟子になっている（『琵琶血脈』）。ところが隆淵は実兼―孝重と伝来された秘説口伝を悉く書写し、崇光院に献上してしまう。事実、書陵部蔵伏見宮家旧蔵本には、崇光院に献上されたと思われる隆淵筆の秘説口伝が幾つも残っている。（注21）それらの資料は年月未詳のものが多いが、延文二年（一三五七）、金剛寺より崇光院が還御して後のことと思われ、その概要は『隆淵仮名書状』（伏‐一〇六七）に詳しい。

御所さま、なに事かきこえさせおはしまし候らん、正月の中にまいり候はむと存候つるを、目のいたはりいまだよくもなり候はず候、又中風の気おこりて候か、左の手ひえ候て、かうこならず候程に、比巴もつかまつり候はず候、目も中風気も余寒さむく候はゞ、よくそ候むすらんと存候、この月のするざまに、かならずしこうつかまつり候べく候、書写の物の事、小巻物、爪調譜、悪筆をかへりみ候はず、泔州かき候てまいらせあげ候べく候、手撥合譜に口伝ども委細注付て候、譜の事もおほせ下され候やらんと存候、本譜はうちまかせたる説にて候を、秘説又口伝にて、火引以下、本譜にかはりたる所ども候、その外か大撥小撥ひとつを又かきわけ候所、拍子の長短以下、いろ〳〵の故実口伝、故三位申候ぶんを、彼卿まへにて注付て候をもてをのづから人のみて候とも心え候ぬやうに注付て候、これら委御沙汰あるべき御気色にて候はゞ、調子品の分を、みな書写仕候て御心えやすきやうに注付候てまいらせ上候べく候、泔州譜には藤木、覚心ひき候し分をも、かたはらに付て候事しげく候へば、彼説は略べく候やらん、覚心祖母播磨局が、覚心にはこまかにをしへて候へば、一流のうちの事にて候へば、それらも両方に注付候べきやらん、たゞ又故三位に、候し分ばかりにて候はむずるやらん、御うかゞひ候て、御たう候にしたがひ候て、譜をようゐつかまつり候べく候、あなかしこ〳〵、

冒頭の文より、隆淵がかなりの高齢かつ病の身であり、参仕が思うようにできなかったことが知られる。しかし

「この月のするゐざまに、かならずしこうつかまつり候べく候」と言い、「小巻物、爪調譜、悪筆をかへりみ候はず、沿州かき候てまいらせあげ候べく候」とも述べている。「小巻物」とは、ここまで見てきた『啄木調小巻物』に異ならず、隆淵は孝道以来の最秘説までをも流出させようとしていたことがわかる。果たして『啄木調小巻物』の奥書⑨に「小巻物所進上仙洞也」とある通り、隆淵は孝重伝来の小巻物を書写し、仙洞へと献上してしまったのである。かくして西流は孝道以来の秘伝の根幹を喪失してしまったことになり、十五世紀中半、孝和を以て廃絶してしまうことになった。

結語

以上、これまでの研究史において触れられることの少なかった側面に焦点をあてつつ、啄木の口伝相承について読みといた。秘曲伝授については、十二世紀後半〜十三世紀前半は藤原師長と藤原孝道およびその周辺から、十三世紀中葉〜十四世紀前半は天皇家、西園寺家、および藤原氏西流の女性達が注目されることが多いが、西園寺実兼や藤原氏西流による新たな秘伝の生成についても目を向ける必要があるように考えられる。

注

（1）相馬万里子「「代々琵琶秘曲御伝受事」とその前後―持明院統天皇の琵琶」『書陵部紀要』三六、一九八四年。

（2）嘉暦本『三五要録』（書陵部蔵五一五‐八七）の奥書参照。

（3）『文机談』には「はたして二十九にてこれ（琵琶灌頂）を遂げ給ひぬる」（『文机談全注釈』二七五頁）とあるものの、孝時の生年が不詳であることから、伝授の年はこれまで明らかではなかった。しかし『随意調子品』（書陵部蔵伏‐

二〇一八）に「法―他界七十七／文永三年九月二十二日死」とあり、これが孝時（法深房）の没年と考えられることから、生年は建久元年（一一九〇）であると推定される。孝時が建久元年生まれであるとすると、伝授の年は建保六年となり、『文机談』の記述と『啄木調小巻物』の奥書③が照応することになる。なお「受眼」が啄木伝授（琵琶灌頂）を示すことは、『古今著聞集』に「受眼の啄木にいたりて」（四九六話）などとあることからも明らかであろう。
（4）『伏見宮旧蔵楽書集成　三』二一〇頁。
（5）『伏見宮旧蔵楽書集成　一』一一頁。
（6）ただし当該部分の書写者は後伏見院と思われ、秘説を重んじる後伏見院が、後深草の記録を省略した可能性もある。
（7）『三曲秘決』（『伏見宮旧蔵楽書集成　三』一一）参照。
（8）豊永聡美『中世の天皇と音楽』吉川弘文館、二〇〇六年。
（9）前掲注（8）豊永著書一一〇頁参照。
（10）酒井茂幸「中世における三席御会について―成立と意義」『国語と国文学』八三‐一〇、二〇〇六年。
（11）『御遊部類記』所引『敦有卿記』応安三年（一三七〇）三月四日条。
（12）書陵部蔵本（一六一‐八五）が後醍醐から孝重に下賜された本の系統に属する。
（13）一方、後醍醐天皇は資名に播磨局伝来の摂津国大島庄を相伝するよう取り計らっている（『摂津国大嶋雀部庄関係文書写』（書陵部蔵伏‐七七五））。後醍醐はこのような略奪と勧賞の方法をもって廷臣を掌握しようとしたのであろう。なお後醍醐における宝物収集については坂口太郎が詳細に論じている。坂口太郎「後醍醐天皇の寺社重宝蒐集について」『鎌倉時代の権力と制度』思文閣出版、二〇〇八年。
（14）青海波の舞において、垣代という、舞人のまわりを所作する時の技法を言う。実兼以降、秘説化したと思われ、その実態は「輪台事」（書陵部蔵伏‐一〇七九）などから明らかになる。
（15）『三曲秘譜』（書陵部蔵伏‐九三七、『伏見宮旧蔵楽書集成　三』に翻刻あり。）
（16）「琵琶秘抄」。本書については猪瀬千尋「村田正志「後村上天皇の琵琶秘曲相伝の史実」と岡本貞烋氏旧蔵「琵琶秘抄」について」『ＨＥＲＩＴＥＸ』二、二〇一七年を参照。
（17）『三曲秘譜』。前掲注（14）参照。

(18)『一人口決』(書陵部蔵伏 - 一〇九七)、柳原本『三五要録』。
(19)前掲注(16)参照。
(20)稲田利徳『和歌四天王の研究―頓阿・兼好・浄弁・慶運』笠間書院、一九九九年。
(21)『御秘蔵譜』(書陵部蔵伏 - 一〇七〇)、『爪調譜』(伏 - 一〇七二、三)、『輪台事』(伏 - 一〇七九)、『十二律隆淵注進并琵琶柱事』(伏 - 一一八八)、『手撥合　隆淵説』(伏 - 二〇一六)。

参考資料　宮内庁書陵部蔵伏見宮旧蔵『啄木調小巻物』

解題

宮内庁書陵部蔵、伏見宮家旧蔵。請求記号伏－一一〇〇、整理書名「啄木調（小巻物）」。巻子一軸。南北朝期写。隆淵筆。縦一六・三センチ、全長三五六・七センチ。全八紙、一紙横約四六・二センチ、第八紙のみ三二・〇センチ。本文料紙鳥ノ子。裏打ち修補あり。一紙三〇行程度、一行一九文字程度。軸後補。表紙後補。第一紙端裏に「啄木調〈孝頼口伝〉　実兼」とあり。別に包紙あり（現在は後補表紙と本紙第一紙との間に継ぐ。「大第四十一号／啄木調〈半切孝頼口伝〉　一巻〈八枚〉」とあり）。

内容については第六章で述べたので繰り返さない。藤原孝道の口伝を息子の孝時がまとめ、その後、西園寺実兼が加筆したものである。現存するこの一巻は、上述の実兼増補本を隆淵が書写したものである。

翻刻

此撥并琵琶ノ絵図ハ本草子ニハ不書　実兼私書之

或以名目雖相違
只同事也

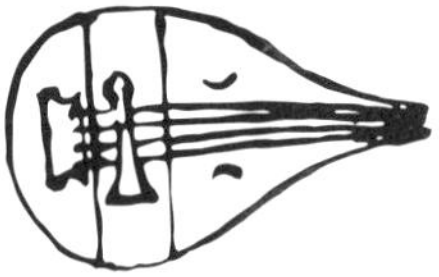

啄木調〈従返風香調絃乚絃与一絃同音〉

（譜は省略）

法深云

長句拍子事　撥取様事　爪調《ツマシラメ》事

打撥角之間拍子事　攪廻覆手上事

頭書私

師説　攪廻《スリメクラス》ニ覆手上并撥面等ヲ一

師説　撥尻為上《ハチノシリヲカミトス》コレハしノ絃ニ撥ヲ払事也。

西譜云　西宮《ニシノミヤ》二度ハチノスミヲ打事也。

此〈西〉今ナヲシタル也、本是南トアリケリ。
下書之或譜ニ兵衛ノ命婦説入ニク絃一《イルキヨウノヲニ》、鳴ニ之一《ナラスコレヲ》、即《スナハチ》引出《ヒキイタス》之。
次《ツイテニナル》ニ鳴⊥し一一

寛元二年十月二十三日於ニ冷泉前
右大臣家一、合《テ》ニ妙音院御自筆本一ニ　」一（第一紙）
校合了、也ム所加ニ八《ハチノ》事一ヲク、頭書ニ西宮《ニシノミヤ》
直《ナオス》事、此時也、沙弥法深記之、①
此事実也、
是即右大臣《富小路》殿自筆也
承元二年九月、、、
藤原〈在判〉②
伝受譜在別紙
健保六七十一入眼了③
〈正奥書ニハ年月日三字
有之、仍以正文ニ書入之、実兼〉
宝治元○年七○月五○日、此曲授藤原孝頼
畢、為嫡子為一子、為道為世、云
道理云○志、件正文書入之、実兼、誰成不審哉、故実口伝
一事無残事也、④

爪調《ツマシラメ》〈コノツメシラメ呂律アヒマシハレルフシキノ物ナリ、シモハ呂カミマテ弾ハ律也、〉

八ムク火ム八⊥一丁十ク一⊥下丁

　絃合《ヲアハセ》〈十、八千〉

一しクク⊥⊥ク⊥上丁

長句拍子事ト云ハ四撥ツ、クトコロヲ

イトモ程ヲ不合、ホテラ

カニ、而物カラヲモク弾。コノ拍子序ニモアラス、

手ニモアラス、楽拍子ニモアラス、又六拍子ニモ

ナキナリ。

撥ノ取様、中ノ指ヲ撥ノサキノソハニノセテ、

ヒトサシ大指右〽此字不定実兼ノ一方クスシ、小指一方左〽此字不定ト

両方ニワカテ取也。

〈左右字若事違歟、予了見不及歟、違所習如此　実兼〉

爪調有譜〈七撥但是中〉

撥ノ角ヲ打事、撥ノ頭ヲ上ニテ二絃ヲ正ニサシハ

サム。又、説三絃但三絃ノ説ハ各

イトモ不用　」（第二紙）

カクシテ後撥ノサキノ右ノ角ヲ大指ニテ

打之、二拍子ニ合テ打是上ノナリ。
覆手ノ上ヲカキメクラカスコト、也ノ絃ニ
音ヲアラス。此事、譜ニテイトモ心ヱラレ
ス。仍、コレヲカク。是ミナ上々。
彼口伝等、カクシルシヲクトイヘトモ人ニ
ヨリテコレヲ少々サツクヘシ。第一ノ弟子
ミナモサツクヘシ。次ノ弟子ニハ其心ヲユヘシ。
句ノ拍子、ハチノトリヤウ、ナムトマテアルヘシ。
法御弟子ニモ師継、光俊等、此口伝ハカリ
ナリ。ヨク〳〵心ユヘシ。
　建長八年卯月廿三日書之以仰付之〈高倉宿所〉⑤

――――――――――――（墨線の上より朱線を引く）

右已上本定〈本少草子也／孝頼自筆也、〉
　去八日伝受当曲之時、口伝以詞
　悉授之、然而猶為不令忘却、取出
　此草子慥授予了、件本可授孝秀
　云々、予書写欲返遣本、依憚外見
　不交他筆、於燈下自書写之了、

文永九年五月十三日

権大納言藤原朝臣　判⑥

翌日校合了、無相違点了、

判　」（第三紙）

已下私記之〈実兼〉

啄木調ハ近来、伝授人太多、頗可謂道之陵遅。但本譜面ハカリハ人多雖知之、専以口伝為最要旦。故可秘口伝之由、先達執之。

口伝

一、啄木之音取撥事〈有両説〉

其内撥ヲ取直之時、やすく早速可取直也、此事極大事也、

能々可練習、不可寄左手。

一、撥ヲし絃ニ挿之時、悪くして一クなむとニサシタカユル事あり。あやまりて絃ノ声、不慮ニ高ク鳴事あり。如然事、能々可思慮。

一、打撥角之時、撥ノサキ次第ニ半月方へすちかひゆかむ事あり。スチカハぬ様ニ可打。

一、爪調用指事
中指　同　食指《ヒトサシノユヒ》　中指　同　大指　食指　同　中指　大指　中指　大指
八　ム　ク火　ム八　⊥　一丁　下　十　ク　一　⊥　一丁
此爪調子絃《四ノ絃》ハ呂散也。第二《二ノ絃》ハ律也。
是ハ手ニテナラス物ナレハ、手弾法ニテ注可
然其法当世無知之人、予モ委ハ不知之。
一、啄木之音、撥取様、普通之外、今一説秘蔵之
取様アリ。撥ノ崎ヲ手ノ中ニナシテ、撥ノ尻ヲ
サキヘタスナリ。仮令ハ今一説ノ取様ニ似タリ。
但モノニキリ、様カハリタルナリ。撥ノ崎ノ角ヲ
手ノ裏ノ方ノ中ノ指ノ根ニツカセテ、中指ヲ撥
ノソハニノセテ、食指ト大指トハ在半月方、无名
指ト小指ハ在覆手方、食指ヲハスコシカヽメテ、
其サキト大指トヲアハスル也。両方可同躰、師
伝云、是鳥頭ヲ模也。此事返々可秘蔵一向以
口伝授来之処、如此注置。冥慮難側可慎
可思慮。聊爾者必有冥罰先蹤炳焉也。
不可不慎。然而伝受人、忘却之時、見之為思　」（第四紙）
出也。

抑此秘蔵様ハ、撥ヲ中間ニ如此取直事、煩しき也。早速ニ可取直、普通ニ持タル撥ヲ先、ココシ、崎ノ方ヘ取寄テ、无名指トヲ手ノ裏ノ方ヘ超テ、大指ノサキヲ撥ノ崎ニ懸テ、手内ノ方ヘ引廻ス様ニスレハヤスク、被取直也。サテ其後ウルハシキ姿ニ能々可取直。委細猶在口伝不及筆端也、但取直様ハ今一ありぬへし。その様如此かくへしとも不覚候。

これハ半月方ヨリ
ミヱタル様也
大指の方ナリ
此取様両院
内秘蔵様也

此ハ覆手方
小指方也

撥ノ此角ニテ撥面ノ子絃
ヨリ下方ヲ打其便ニ子
絃ヲ鳴也撥面ヲ打時ハ
撥ノ頭ハ下ニ
向手ハ上ニナル
ナリ
手裏方ハ在撥西方
手甲方ハ向外

一、打撥角ニユカマサル事

撥ノソハヲ角ヨリモスコシタカク打ハ、必半月ノ方ヘスチカヒユム也。而撥ノ角ヲシモノ方ヘ〈ハチノサキノカタ〉ウチハツス様ニ打ハユカマサル也。シモヘ打様ニハカマヘテミスヘカラス。

一、乚絃ニ撥ヲハサム事

悪クスレハ、トリタカヘテアラヌ絃ニハサム。又、其音、不慮ニナ《鳴》リナムトスルハ失也。二ノ絃ト三絃トノ間ニ、撥ノ頭ヲ入テ、末及一絃ル程マテ、サシ入スシテ、撥ノサキヲ撥面ニ押付ル様ニスレハ、撥ノ頭ハネテヤスク、サヽルヽ候也。撥ノ中ノ程ノ三ノ絃ノトヲリニアタル程マテフカクサシハサムヘキナリ。若一説ニ就テ、三絃ニ可挿クトモ唯拠可知シ。但三絃ニハサム説ハ常不用云々。是兵衛命婦カ説也。イカサマニモ撥ヲ浅クサシツレハ、撥ノ角ヲ打時ノ声、載勝《テラツヽキ》ノ飛タル羽ノヲトニ似タルナリ。」（第五紙）フカクサシツレハ、其音不似也。四ノ絃ノ方ヘスコシ多カヨキ也。撥ノ中ヲ三ノ絃ノ程ニ可当之由、慥ニ口伝ヲ受タル事ハナケレトモ、コレホトカヨク候ソト、孝頼法師、教ヘシ。分際如此ナリ。撥ノ頭ハ一ノ絃ノ方、サキハ四ノ絃ノカタヘムケテ撥面ノ中央ユカメスシテ、可挿也。譜ニ鳴飛ノ声ト付タルハナキ飛《鳴》ニハアラスナリ、飛《鳴》フ時ノハネノヲト、スコシモ不違也。但、遠クテ聞時ハ、件ノ羽ノヲトキコエス。縁ノハシナムトニテ聞時ノ、キチカク飛ヲリハキコユル也。予、此曲伝受ノ後、北山ニテ常ニ啄木鳥ヲ見ル。心ヲト、メテ、彼カ振舞ヲ見ルニ、思アハスル事有。又下食声ト謂ハ、別ニヲリハムト謂事ハ不見。撥ヲ以テ覆手ノ上ヲ掻廻時ニ似タル声ヲ鳴事アリ。

此ヲ下食音と号歟

撥ヲ挿時ハ、四ノ絃ノ方ヨリ上サマニサス也。

抜時ハ一絃ノ方ヘ抜也。

一、抜撥之時、⊥之一件三ヶ之絃ニ令有声事

撥ノサキヲスコシ撥面ニ押付タル様ニシテヌケハ、件三《ミツ》ノ絃、皆有声也。但撥面ニアマリニツヨク押付ツレハ、事々しく高声ニ鳴事アリ。殊ニ細絃ハ高ク鳴、太絃ハ微音ナリ。何モ同程ニ聞ヨキ様ニ可鳴也。仮令其音ノ高サハ爪調ノホトニ可聞之由、口伝也。能々可練習也。

撥ヲ抜之時、先撥ノ頭ヲ取テ覆手ノ方ヘ

スコシ引ユカメテ撥ノ頭ノ左ノ方ニ大指ヲアテ聞キ、右ノ方ニ中指ヲ懸テ食指ノ腹ヲ撥ノヒラニ打置テ抜ハ、撥ノサキノ右ノ角ニ⊥之一ノ三ケノ絃ヲナラセハ、其音色宜キウヘニ、撥ヲ抜テ後モ取直シヤスキ」（第六紙）也。如此キナラテ、スクニ上サマヘ抜ハ三箇ノ絃、撥ノ廉モナキ所ニアタル故ニ色音不宜、又撥ヲ取直モ煩シキ也。

此等口伝故実或具習之、或自所了知也、凡伝業灌頂人雖多之、大略仮令許事歟、爰予竊人師ヲ懸心上ニ、孝秀未授此曲、随所望可返授之由、孝頼法師示置之、重彼貴命之上、為報祖師恩、具伝受可返授之由存之間、愚慮之所覃慥伝受了、不定条々尋問之、且此由示師遊之処、慇懃之志感嘆尤深云々、仍無所残授由加奥書了、又伝受以後於此曲者

随分令練習了、
　弘安九年六月廿日記之
　　春宮大夫（西園寺実兼）判 ⑦

於啄木鳥ハ為比巴霊、弾比巴人尤可重也、
平治二年（永暦元年）七月十六日、四禅記（妙音院御記　于時在土州配所）云朝念誦了、
学窓寂寞、于時啄木鳥来居庭前
近樹、予以辞示、若為琵琶霊者宜来
我家之上、項之此鳥来居屋上啄板、予
着水干袴下地祈道芸等、」（第七紙）

此小巻ハ所預置孝重朝臣、雖
○（可）授子孫、如此事、書留之条、冥知
見難測之上、孝重為孝博後胤、已
為人師之器、予以下為彼家之門弟之
間、暫預置物也、所書置能々了見
得其意者、早破之可入火中也、
元亨二年八月九日　沙弥（西園寺実兼）判 ⑧

小巻物所進上　仙洞也
康安二年七月十三日
法印隆淵（花押）（⑨）

第七章　弁才天をめぐる造形と文芸

はじめに

延慶二年（一三〇九）十一月十四日、後伏見院は仙洞御所にて清暑堂御神楽の院拍子合を行い、自らそこで琵琶の名器「良道」を弾奏した。院の演奏は一度として間違えることのない完璧なものだったらしく、『後伏見院御記』（『延慶大嘗会記』）には「今夜所作無一事違失、是偏妙音天冥助也」と自賛している。これに遡ること二十三年前、後伏見の父・伏見院に琵琶の最秘曲・啄木を授けた西園寺実兼は、祖師・大宮実宗ですら叶わなかった天皇への啄木伝授を成就したことについて、自らの日記に「妙音天冥助之至」と記している。（注1）この「妙音天冥助」という詞は、（注2）「家」や「道」と結びつくかたちで、楽に携わる者のうちで繰り返し使われてきた認識であり、「妙音天」への崇敬を特徴的に示したものと言える。（注3）この妙音天とはいかなる尊格であったのだろうか。

中世、特に鎌倉時代を中心として、琵琶は歴代の天皇が修学すべき楽器となり、（注4）その中で、家の正統を証す師資相承の儀礼・秘曲伝授は、天皇の一代一度の儀でのみ奏される霊物・玄上とともに当代の音楽の根幹となった（本書第一章、第五章参照）。秘曲伝授を担ったのは天皇家と西園寺家と藤氏西流という三つの家であり、特に西園寺家にあっては北山第に秘曲伝授の場「妙音堂」が設けられ、その妙音堂の本尊が妙音天であった。

この中世において絶大な尊崇をあつめた音楽神は、研究史上においてはじめ美術史から関心を集め、[注5]その後、秘曲伝授などと関連して国文学研究において解明がなされた。このうち弁才天法や道場観における妙音天のイメージを取りまとめ、これを分析し、また『妙音講式』を紹介した乾克己の論、[注6]妙音天関係についての先行研究と文献を整理し、さらに王権と音楽の問題を早くに指摘した荻野三七彦の論[注7]は研究史上の意義が極めて大きい。一方で川瀬由照の調査研究[注8]によって、西園寺妙音堂の本尊に比定される彫刻および「西園寺第二伝」の絵画が確認されたことは、図様の面からは未詳だった妙音天について、その解明のための大きな足がかりとなった。

ここに一通りの基礎資料がそろった今、あらためて妙音天という尊格について体系的に論ずる必要があるように思われる。もとより中世に妙音天という尊称で呼ばれていたこの尊格が、現在では弁才天の名で通用していることからしても、まず弁才天に関する基本的な事柄の整理が必要と言えるだろう。[注9]本論では弁才天についての基礎的事項について、以下の二つの視点から考察を行う。

一点目は儀軌[注10]と図様の問題である。弁才天の日本における造形は、諸尊格のなかでも多様であり、それぞれの造形が基づくところの儀軌もまた多様である。本論第一、二節では、こうした儀軌と図様がどのように分類できるのか、また儀軌と図様の対応関係はどのように示されるのかを考える。

二点目は弁才天における信仰の様相の問題である。弁才天を記述する文字資料は、儀軌だけではなく文芸においても多様なかたちで見ることができる。本論第三、四節では、諸文芸での弁才天がどのような思想背景のもとに記述されるのか、また第一節で述べた儀軌や図像をどう関わりあうのか、といった点について考察する。

なお弁才天には「大弁才天女」「大弁功徳天」「妙音天」「美音天」「弁財天」など、各経典によって呼称に差異があるが、本論では弁才天に統一した。それ以外、例えば引用などで弁才天以外の名称を使う場合はカッコつきで「妙音天」「美音天」などとして使用する。

一　儀軌と図様の四分類

弁才天はインド神話のサラスヴァティーが仏教に取り入れられ尊格化したものである。弁才天を説く儀軌は根立研介によって『金光明経』系、『大日経』系、偽経系の三系統に分類されている。(注11) 図様もおおむねこの三系統に対応するといってよく、従うべき分類と言える。『金光明経』系は『最勝王経』を中心に説かれるもので、図様は八臂の女天の姿（章末［図一］）である。『大日経』系は『大日経』を中心に説かれるもので、図様は胎蔵界曼荼羅所収の二臂の菩薩形の姿［図二］である。なお秘曲伝授の本尊としての「妙音天」［図四］はこの系統に属する。この点については第八章で詳述する。

氏の分類は的確なもので、今後の研究もこれを基準とすべきであるが、二臂で女天の尊格［図三］、あるいは既述の妙音天などを考察の対象とした場合、より精緻な分析が必要になると思われる。そこで以下、『金光明経』系を「最勝王経系」、大日経系を「大日経系」とした上で、ほかに雑密系、習合系を加えこれを分析したい。(注12) すなわち（A）雑密系、（B）最勝王経系、（C）大日経系、（D）習合系として再分類し、各々を定義することとする。参考に本章末尾に［表一］［表二］として、現存の作品が、どの分類に従うかを記しておいた。

先ず（A）～（D）の分類区分において、儀軌と図様がどのような対応関係をもっているかを示した上で、論述の方針について述べたい。（A）雑密系は、儀軌と図様ともに多様だが対応関係はほとんどない。したがってそれぞれを列挙していくにとどめる。（B）最勝王経系は、儀軌と図様がよく照応している。したがって儀軌本文を追いつつ、図様がどのようにこれに対応しているかについて、逐一述べるかたちで論じたい。（C）大日経系は、図様が固定化している一方で儀軌は多様な展開を見せている。ここでは儀軌の展開に着眼点をおき論じたい。（D）習合系は儀軌と図様の対応関係が明らかではない。したがって儀軌における展開を示した上で、図様の問題に触れ、最後に両者の接点について考察したい。

（A）雑密系（『大日経』『最勝王経』以外の経典に基づくもの）

弁才天は、日本においては顕教側（『最勝王経』を主とするもの）と密教側（『大日経』を主とするもの）で別々の形で受容された。ただしこれらの儀軌に従わない、雑密系というべき図像も存在する。『胎蔵図像』では「弁才天女及二侍者」として、持物を持たない菩薩形の姿であらわされる尊格がある。曼荼羅上においては天部東方に位置する。(注13)『胎蔵旧図像』では同じく菩薩形で二脇侍を連れた尊格が「美音天」として描かれる。これは左手に琵琶のようなものを持っている。曼荼羅上では天部西方に位置する。『四種護摩本尊及眷属図像』では「弁才神」として箜篌を弾く姿であらわされる。ほぼ同じ図様が『別尊雑記』に、類似の図様が『諸尊図像集』に見出せる。『別尊雑記』にはまた「唐本」を典拠としたと思しい六臂の「大弁才天」が収録される。これらは現図曼荼羅以前の弁才天の様相を伝えるものとして貴重である。また『大日経疏』巻六所引「阿闍梨所伝曼荼羅」は「弁才天」を「閻魔羅法王」の眷属として天部南方におく。真寂法親王の『諸説不同記』は「弁才天」と記し、現図曼荼羅以外に「所伝図」「或図」「山図」(注14)を挙げる。「所伝図」は「南方閻魔眷属中」に位置するとし、「或図」においては「枇杷頭直」、「山図」においては「女衣跏坐」とする。現図曼荼羅の弁才天は菩薩形だが、その萌芽においては、『最勝王経』の説くような女性形の姿であったことを想起させる。(注15)

（B）最勝王経系

義浄訳『最勝王経』は『金光明経』の漢訳三部の中でも、最も広く日本で普及した経典である。鎮護国家の修法としての最勝会の成立や最勝講の隆盛に伴い、護国経典としても重要視された。弁才天はこのうち「序品第一」「四天王護国品第十二」「大弁才天女品第十五」「善生王品第二十一」「大弁才天女讃歎品第三十」に記述されている。このうち巻七「大弁才天女品第十五」においては、弁才天の造様や住処、功徳が詳述されており、後の弁才天のイメージの基層をなしている。

若人欲得最上智　応当一心持此法
増長福智諸功徳　必定成就勿生疑
若求財者得多財　求名称者獲名称
求出離者得解脱　必定成就勿生疑
（大蔵経一六：四三六c）

最上智を得ることを望んでその名を称するならば必ず成就する、という部分は、智慧の尊格としての側面（弁才）を強調している。一方で、財宝を得ることを望んでその名を称するならば必ず成就する、という部分は、この尊格の財宝神的側面を強調しており、後世この尊格が「弁財天」と称されることになった一因をなしている。

於軍陣処戦恒勝　長養調伏心慈忍
現為閻羅之長姉　常著青色野蠶衣
好醜容儀皆具有　眼目能令見者怖
無量勝行超世間　帰信之人咸摂受
或在山巌深険処　或居坎窟及河辺

或在大樹諸叢林　天女多依此中住
仮使山林野人輩　亦常供養於天女
以孔雀羽作幡旗　於一切時常護世
師子虎狼恒圍遶　牛羊雞等亦相依
振大鈴鐸出音声　頻陀山衆皆聞響
或執三戟頭円髻　左右恒持日月旗
黒月九月十一日　於此時中当供養
或現婆蘇大天女
（大蔵経一六・四三七ａ）

「於軍陣処戦恒勝」はこの尊格の戦闘神としての側面をあらわしている。また「現為閻羅之長姉」、つまり閻魔天の姉という言説は（Ａ）で挙げた「阿闍梨所伝曼荼羅」（「所伝図」）と共通する。ただし閻魔天と関係のあるような弁才天の図様は現存の作品からは見出せない。これに続く「常著青色野蠶衣」は後の典籍にしばしば引用される箇所である。恐らくは字義通り、山蚕（野生の蚕）の絹で作成した衣裳を指すと思われる。図様においては、長袖衣に裲襠をまとう姿であらわされる。また「或在山巌深険処」以下の偈は、弁才天の住処を説く部分であり、この尊格を祀る場所が山部や湖海の島に多いこととの典拠となっている。「師子虎狼恒圍遶　牛羊雞等亦相依」は眷属としての動物を示したものである。時代は未詳だが、こうした畜生類を周囲におく「六角堂能満院粉本」（二二一九番）のような作例もあることには注意したい。なお同図は婆蘇（婆藪仙人）を脇侍におくが、これは「或現婆蘇大天女」に基づくものであろう。

猶如師子獣中上　常以八臂自荘厳
各持弓箭刀矟斧　長杵鉄輪并羂索
（大蔵経一六・四三七ｃ）

上の偈において、腕の数と持物とが定義される。弁才天は八臂で各々が武器を持つ姿であるという。八つの武器とは弓、箭、刀、鉾、斧、長杵、鉄輪、羂索である（注16）。

以上、図様や信仰に影響を与えた部分を抽出し、それぞれを検討した。最勝王経系の図様は、東大寺法華堂安置の塑像（奈良時代）が最古の作例であるが、造像例は少ない。なお諸注釈が重んじられる大日経系とは違い、最勝王経系においては『最勝王経』によって弁才天のイメージはほぼ確立されており、後述する道場観などにおいて引用されるのも『最勝王経』のみである。

（C）大日経系

弁才天は現図胎蔵曼荼羅の外金剛部西方に位置しており、菩薩形坐像で左膝を立て琵琶を弾く姿であらわされる［図二］。その図様を示すという伝空海『秘蔵記』（広本）には「弁才天〈白肉色、弾琵琶〉」と記されている（注17）。こうした現図曼荼羅所収の弁才天は、白描図画などに幾つかの図版を見出すことはできるものの、作例は少ない［表二］（注18）。

現図胎蔵曼荼羅の主たる典拠は『大日経』であり、弁才天については巻一で位置、巻二で真言、巻四および五で印相が説かれる。日本において広く普及した『大日経』の二注釈、『大日経疏』（以下『疏』）『大日経義釈』（以下『義釈』）を合わせ、弁才天を説く部分を表として記した。以下、名称、位置、真言、印相の問題から考えたい。

	大日経	大日経疏	大日経義釈
位置	巻一「入曼荼羅具縁真言品第二」 西方諸地神　弁才及毘紐	巻五「入曼荼羅具縁品之余」 西方近門置地神衆。次北置薩囉薩伐底。訳云妙音楽天。或曰弁才天。次北并置其妃。又次置微瑟紐。旧訳謂之毘紐。	巻四「入漫荼羅具縁真言品第二之二」 次西方近門置[illegible]地[illegible][illegible]神衆。次北置[illegible]薩[illegible]囉[illegible]薩伐[illegible]底。釈云妙音楽天或云弁才天。次北并置其妃。又次置[illegible]微[illegible]瑟紐。旧訳謂之毘紐。

真言	印
巻二「普通真言蔵品第四」 美音天真言曰　南麼　三曼多　勃駄喃 薩囉娑嚩底曳　莎訶	巻四「密印品第九」 仰三昧手在於臍輪。智慧手、空風相持。向前運動、如奏楽。是妙音天費拏印。 巻五「秘密曼荼羅品第十一」 風方風幢印　妙音楽器印
巻十「息障品第三之余」 次美音天、是諸天題詠美者、与乾闥婆稍異。彼是奏楽者也。薩羅薩伐底曳〈是美音之名也〉。以初薩字為体是堅義。若有堅住即有生住異滅之相、入阿字本来無堅。則無成懐故也。余字皆為釈此。私謂以此妙音悦可衆生、言辞柔軟悦可衆心令得歓喜者。説無堅令知無常。験得如来堅固之法也。	巻十四「密印品第九之余」 先仰左手当臍、如承把琵琶状。右手風空余散申之。向身運動如弾絃之状、是妙音天印也。此即攝乾闥婆等、此是天妃、亦言乾闥婆類。 巻十六「秘密曼荼羅品第十一之余」 風天作風幢印　妙音天作琵琶印
巻七「普通真言蔵品第四」 又美音天真言、亦名大辨天。是諸天中歌詠微妙者、猶如毘首羯磨工於技巧之類。非乾闥婆。𑖭𑖨𑖭𑖿𑖪𑖝𑖿𑖧𑖸薩羅娑嚩底曳、是彼名号正音、即為真言。又是一種妙音天乗也。以初娑字為真言体。是堅固義。如馬鳴自奏頼吒和羅楽、五百王子思惟世間過患、同時出家。今此真言亦爾。能以金剛諷誦令一切衆生咸悟三界無常無有堅住勤修堅法成堅固身。又法華云、言辞柔軟、悦可衆心。随順説諸法皆令得歓喜。亦是此法門意也。	巻十「密印品第九」 先仰左手当臍、如承把琵琶状。右手風空相捻余三散申之向身運動如弾絃之状。是妙音天印〈此即攝乾闥婆等〉此是天后亦是乾闥婆類。 巻十二「秘密漫荼羅品第十一之余」 風天作風幢印　妙音天作琵琶印

名称について、『大日経』において弁才天は「弁才」「妙音天」「妙音楽天」の名で呼ばれる。それぞれ同一の尊格を示すと思われるが、明確な対応関係は示されない。また「弁才天」という名称も用いられていない。『疏』『義釈』においては「訳云妙音楽天、或曰弁才天」として「妙音楽天」と「弁才天」が同一視されている。ただし『疏』『義釈』は「北并置其妃」とし男天ととらえている。その点、『最勝王経』の説く女形の弁才天とは様相を異にして

いる。

位置について、『大日経』においては西方に位置するとし、現図曼荼羅と照応する。『疏』『義釈』においては北にその妃が置かれるとするが、現図曼荼羅にそのような姿を見ることはできない。

真言について、『大日経』には「南麼　三曼多　勃駄喃　薩囉娑嚩底曳　莎訶」とある。訳して「帰命　三千世界　諸仏　妙音天」の意となる。(注19)『疏』『義釈』はこの薩字（沙字）についての意味を述べている。両者の本文に異同が見られるが、示すところに大差はない。以下に『義釈』の読み下しを記しておく。

> またこれ一種の妙音天乗なり。初めの姿字をもって真言の体となす。これ堅固の義、馬鳴の自ら頼吒和羅の楽を奏するに、五百の王子、世間の過患を思惟して、同時に出家するがごとし。いまこの真言もまたしかり。よく金剛の諷誦をもて、一切衆生をしてことごとく、三界は無常にして堅住することあることなしと悟りて、堅法を勤修して堅固の身を成さしむ。また法華に「言辞柔軟、悦可衆心」と云はく。随順して諸法を説きて、みな歓喜を得しむ。またこれこの法門の意なり。

姿（沙）字をもって真言の体（種字を示すか）とするとあり、これには「堅固」（金剛のような堅い悟り）の義があるという。(注20)頼吒和羅の奏楽によって五百王子が出家したように、サラスヴァティーの真言には唱えるものに無常を悟らせるのだと『義釈』は説いている（『疏』によれば阿字にこの義があるという）。これに続いて「言辞柔軟、悦可衆心」と『法華経』方便品からの引用がされる。「言辞柔軟、悦可衆心」は釈迦が如来の弁才を讃歎して述べた詞であり、弁才という連想からこの詞を引いてきたものであろう。

印相について、『大日経』では妙音天費拏印と記している。費拏はインドの古楽器ヴィーナの音写である。費拏印は三昧手（左手）を（仰いで）臍のあたりにあて、智慧手（右手）の空風（人差し指と親指）を捻り、体側に向かって奏楽をする状をいう。(注21)琵琶を弾くポーズではないことに注意しておきたい。また『疏』『義釈』においては費拏印の姿が「乾闥婆類」とされる。乾闥婆が古来より音楽神としてイメージされることに由来するものだろうが、あるいは「四種護摩本尊及眷属図像」に胎蔵界の弁才天に酷似する造形があることに拠るとも考えられる。

以上の『大日経』および『疏』『義釈』の他に、日本で広く受容されたものとして法全『青龍寺儀軌』がある。『青龍寺儀軌』は『大日経』の供養儀軌である。弁才天については、以下の部分が引用されることが多い。(注22)

地神持宝瓶　弁才即妙音
慧風持於空　運動如奏楽
彼天費拏印　那羅延持輪
（大蔵経一八：一六一a）

西方諸地神について記した部分だが、『大日経』に同様の文は見られない。ここでは「弁才」が「妙音」と同体とされている。

妙音天真言曰〈即摂乾闥婆類、左仰安臍下如琵琶、右散風空相捻運動。清浄法身深入、清浄妙法音、演出解脱声、言詞美悦衆心随順説法〉度有情。
（大蔵経一八：一六二b）

「妙音天」の真言を説く部分である。「摂乾闥婆類」は『疏』『義釈』では「妙音天」の印相を説く部分で述べられていたものだが、『青龍寺儀軌』においては真言に組み込まれている。これに続く「清浄法身深入、清浄妙法音、演出解脱声、言詞美悦衆心随順説法」は『疏』『義釈』には見られない言葉である。妙音天の真言には「清浄妙法の音」があり、「演出解脱の声」があるという意であろう。

（D）習合系

院政期を中心として、明王や天部を主尊とする別尊法が隆盛を迎えたことは広く知られているが、弁才天もまた別尊法の本尊として、形像や道場観が規定されるようになる（参考のため、弁才天法や道場観を記した経典を章末［表三］

に挙げた）。ほとんどの場合、こうした道場観によって観想される弁才天は単一の儀軌によらず、顕教経典と密教経典の両方に基づいた形でイメージされている。同様に、図様においても顕密両方のイメージを摂取した弁才天が、鎌倉時代以降、多く見られるようになる。これを本論では仮に習合系と呼ぶことにする。

まず儀軌の側面から考えたい。道場観の早い例としては淳祐の『要尊道場観』がある。

楼閣中有荷葉座。上有𑖭字〈或𑖭字〉。字変成琵琶形。形成弁才天女。首載宝冠。荘厳微妙身。端厳白肉色。著青色野蚕衣。持琵琶。左膝立之〈経云、常以八臂自荘厳。〉無量眷属囲繞云々。（大蔵経七八：五八b）

はじめに楼閣中の荷葉座を観想し、次にその上の𑖭字を観想する。𑖭字は弁才天の種字である。次にこの𑖭字が弁才天女に変ずる。頭に宝冠を戴き、尊容は白肉色、青色野蚕衣を着す。八臂で琵琶を持ち、左膝を立てた姿であらわされるという。

ここで、種字を𑖭字（𑖭𑖲字）、持物を琵琶とする、顔の色が白肉色であるという点は『大日経』および『秘蔵記』に基づいており大日経系である。一方で「弁才天女」という名称、および野蚕衣を着すという点は『最勝王経』に基づいており最勝王経系である。『要尊道場観』に説かれる弁才天は、まさしく習合系と呼ぶにふさわしい形で観想されている。ただしこれが実際に観想可能な道場観であったのかは疑わしい。というのも八臂で琵琶を持ち、左膝を立てる様式は、造形的に破綻をきたすように思われるからである。(注23) 事実このような図様の弁才天は現存する作品から確認することはできない。そもそも八臂の女天である最勝王経系の弁才天と、二臂の菩薩形である大日経系の弁才天は図像的に相容れないものであり、それを観想のために同一平面上に置いたために、このような無理が生じたのである。

『要尊道場観』で示された弁才天の道場観は、寛助『別行』、成賢『薄草紙』、守覚『異尊抄』（三十巻本『秘鈔』）などにも説かれ、またこの道場観をより具体的に記した静然『行林抄』などの類もあり、広く普及した説と思われる。ただしそのうちの幾つかは、観想法上の附会について疑義を呈している。例えば『行林抄』は「依経可為女天、所謂品題弁才天女……北置弁才、次置其妃云々、女天何可有妃哉」と、根本的な問題である男女の差異を指摘する。また成賢『薄草紙』は「私云、弁才天八臂、妙音天二臂也。形像大相違。弁才天八臂中、不持琵琶。以琵琶為三摩耶形、如何」と八臂の三昧耶が琵琶であることの不審を説く。一方で守覚『秘鈔』の注釈である頼瑜『秘鈔問答』は、こうした矛盾を「於一尊手臂多小不同、其例是多。何以手臂多小云別体乎。又一尊用多種字三形、是多、八臂之時随所求用何三形何妨」と自らの解釈で補っている。(注24)

儀軌における弁才天の習合が幾つかの矛盾点を抱えているのに対して、図様においてはそうした混乱は見られず、一つのイメージ—二臂の女天が琵琶を弾いた姿—で統一されている。［図三］は『諸尊図像集』所引のものである。女天、裲襠衣を着す点は最勝王経系により、二臂、持物が琵琶である点は密教によっている。この女天が琵琶を弾く姿こそ、中近世に広く流布した弁才天の形像であった。具体的な作例としては、文永三年（一二六六）の像造銘をもつ鶴岡八幡宮の裸形着装像を古例として、鎌倉時代以降に幾つか見ることができる［表一］。

なおこの［図三］『諸尊図像集』所引の弁才天は、傍らに鶏が描かれる点で異色である。弁才天と鶏で連想されるのは、北斗曼荼羅や九曜星図における金曜星である。金曜星は頭頂部に鶏を戴く女天で、琵琶を弾く姿であらわされることから、しばしば弁才天と混同されたと思われる。山科教言の日記『教言卿記』応永十四年（一四〇七）九月二十二日条には次のようにある。

三条公雅公妙音天トテ求出送給、鶏頂上事不審之間、毘沙門堂実円僧正、此本尊遣之、教有少将相尋之処、金曜星之由御意見、首ニ載鶏、持琵琶、金曜星勿論云々、妙音天形像六臂八臂等云々、種々雖有異説、載鶏像曾無之云々、所詮此像月輪中（中カ）書之、金曜星無疑歟

三条公雅が「妙音天」として持ち込んだ図像は、頭に鶏を載せていた。これを不審と思った教言が孫の教有をし

て実円僧正に照会させたところ、金曜星であろうということであった。「妙音天」は六臂八臂のものなどあるが、頭に鶏を載せるものはなく、なるほど確かに金曜星であろう、と教言は結論づけている。しかしこの「妙音天」が恐らくは単尊であったということ、および『諸尊図像集』の図例から、むしろ金曜星と習合した弁才天の図像だったのではないかと推察される。いずれにせよ、儀軌のような文字テキストの範疇を超えて、イメージの連想によって弁才天はその姿を多様化させていったことがわかる。

繰り返せば、儀軌においても図様においても、弁才天は習合の形でイメージされているものの、両者に明確な接点があるわけではない。（注25）ただしその接点を示唆するものは、儀軌からも図様からも見ることができる。例えば寛信の『伝授集』は、弁才天法を記す早い例であるが、そのうちの道場観には次のようにある。

壇上有𑖭字。成宝宮殿。摩尼燈燭珠鬘珞以成荘厳、其中央有妙壇場。所成衆宝。其上有荷葉座。座上有𑖭字成琵琶。琵琶変成弁才天菩薩。身白肉色。而天女形也。端正殊妙、弾琵琶勢。諸天女使者等、前後囲繞。

（大蔵経七八：二三一b）

観想法じたいは『要尊道場観』と大差はない。ただし『要尊道場観』に見える「八臂」「青色野蚕衣」の句が見えない。『伝授集』においては、何臂かは記されず、「弁才天菩薩」とあるものの、造形的な矛盾は無く、白肉色の相貌の天女が琵琶を弾く、習合系の姿をイメージさせるものと言える。（注26）

図様からの接点はどうであろうか。例えば、京都市中京区所蔵であったという弁才天像一幅は、もと高山寺方便智院の管絃講本尊とされる。（注27）高山寺は正治元年（一一九九）には弁才天像を所蔵していたことが知られ、（注28）妙音講の開催を示唆する記録もあり、（注29）また弁才天と関わる宇賀神、吒枳尼天関係の古い資料を有することからも、（注30）中世においてかなり早い段階で弁才天および宇賀神、吒枳尼天信仰を摂取していたことがわかる。今のところ、この弁才天の造様は定かでないが、こうした図像や文書が明らかになることで、習合系という、最も普及した弁才天の形式についての、体系的な解明が可能になると思われる。(注31) 以上、雑密系、最勝王経系、大日経系、習合系による、儀軌と図像の分類を試みた。それぞれを表にまとめれば以下のようになる。

	最勝王経系	大日経系	習合系
主たる経典	最勝王経	大日経　玄法寺儀軌	最勝王経　大日経　玄法寺儀軌　など
名称	弁才天　弁才天女	妙音天　弁才	妙音天　弁才天　弁才天女　など
顔	天女	菩薩形	天女
腕	八臂	二臂	二臂
衣裳	青色野蚕衣	条帛	青色野蚕衣
持物	武器	琵琶	琵琶

二　偽経類の形成

次に偽経類について考える。(注32) 偽経類に関わる弁才天はいわゆる宇賀弁才と呼ばれるものである。文字通り、宇賀神と弁才天が習合したものであり、その姿は天女系であらわされ、頭部にはとぐろを巻いた蛇が置かれる。一般に天女が弁才天で、蛇が宇賀神とされる。

これら宇賀弁才が儀軌、図様含めいつから発生したかは定かではない。天台山門穴太流に連なる僧・謙忠が『弁才天修義私』一巻を記しており、十三世紀には何らかの形で宇賀弁才に関わる儀礼や図像、儀軌類が記された痕跡がある。また十四世紀の天台記家僧・光宗の著した『渓嵐拾葉集』「弁才天私苗」には宇賀弁才に関わるテクストが多数引用されており、すでにかなり体系的な形で宇賀弁才がとらえられていたことがわかる。もっとも謙忠については、その存在が伝説的であり、著述や活動についてもさらに慎重に検討すべきものと考えられる。(注33)また天台系のテクストについても、その多くは秘庫に蔵される現状にあり、宇賀弁才の発生・展開については寺院聖教研究の発展を俟って論じる他ない側面がある。

そこで現段階で考察できる問題として「弁才天三部経」を取りあげたい。「弁才天三部経」とは次の三つを指す。

『最勝護国宇賀耶頓得如意宝珠王陀羅尼経』（以下、如意宝珠王陀羅尼経とする）

『即身貧転福徳円満宇賀神将菩薩白蛇示現三日成就経』（以下、三日成就経とする）

『宇賀神王福徳円満陀羅尼経』（以下、円満陀羅尼経とする）

これらはもともと三部の連続した経典として成立したものではなく、潮音道海が貞享四年（一六八七）に刊行した『弁財天三経略疏』によって、三つに統合された偽経である。しかしながら、「弁才天三部経」は近世以降、広く受容された経典であり、また山本ひろ子の研究(注34)以来、宇賀弁才はこの三部の経典を軸にとらえられてきた側面がある。その点を踏まえて、以下「弁才天三部経」の位置づけ、および関連する図様の問題について考察する。

「弁才天三部経」のそれぞれの経典について、その成立年と制作者は明らかではない。ここではまず識語類などを参照して、諸本における書写年代がどの程度下るのかを考えてみたい。『如意宝珠王陀羅尼経』については、近世、相当流布する経典であるのにもかかわらず、十六世紀以前の書写本を確認することができない。『三日成就経』については、文明五年（一四七三）に三井寺玉光坊の本を写したという醍醐寺本(注35)が確認できた限りの最古写本である。一方、『円満陀羅尼経』については文保元年（一三一七）頼心の元書写奥書を持つ金剛寺本(注36)や、「文明五年（一四七三）〈癸巳〉正月四日奉伝受了」の奥書を持つ醍醐寺本(注37)などの存在が知られている。本経は『渓嵐拾葉集』の「弁才天私苗」に典拠としても挙げられており、台密東密を問わず広く流通した経典であったことがわかる。

以上より、「弁才天三部経」のうち、十四世紀まで正確に成立が下るのは『円満陀羅尼経』のみであることがわかる。(注38) その上で留意したいのは、残りの二つの経典―『如意宝珠王陀羅尼経』と『三日成就経』―には、それぞれ基となった経典が存在しているという点である。まず『如意宝珠王陀羅尼経』については、『仏説宇賀神将十五王子如意宝珠経（十五王子経）』に基づくものであることが、伊藤聡により明らかにされている。(注39)『十五王子経』は称名寺ほか各寺院に現存しており、その最古写本は高山寺蔵の承元三年（一二〇九）覚経書写本と思われる。(注40) これは『宝珠王陀羅尼経』の書写年代より、はるかに時代が下るものである。

そして『三日成就経』が典拠にしたと思しい経典が『須臾福徳円満成就刀自女経（刀自女経）』である。(注41) 本経は釈尊が目蓮に対し、壇毘尼長者が福徳をなした修法について説く、という内容の偽経である。本尊は宇賀神とされ、その図様は、女形で狐に座し、剱と宝珠を取る二臂像として示される。このうち、その福徳利益の功徳を説く部分が、如上『三日成就経』と多くの共通点を持つ。以下に両本文を比較して挙げる。

七度振者也、即七宝出生、爾時長者夢覚後、**如雨降七宝出生成大福長者**、**仏**聞覚此法為目蓮尊者訖、今持此法、弘天下、一切衆生令成就福徳、毎日此呪印一百八遍誦者、出生福徳無限、**受持此法形像**、**現身成就福徳**人、**七万八千人**也、**十六大国**各其名体在住、**何況末世衆生受持此法尊像者**哉、**三七日之内**必定現**其霊験**、決定**成就福徳**、**爾時一切**衆生**由此法**、**得無生忍**、**皆大歓喜信受奉行**、
（『刀自女経』）

以之即**七度振動**者、貧所忽成福所並立宝庫倉充満無量財福、**如大雨降七宝出生成大福長者**、**仏**此法為尊者阿難訖、須達檀毘尼依此法**現身成就福徳**、以是因縁故**十六大国**奉崇福徳法人**七万八千人**、**何況**未来悪**世衆生受持此法尊像者**、決定三日内現**其霊験**応**成就福徳**、**爾時一切**人天大会**依此法**、**得無生忍**、皆証神通智恵弁才、**歓喜信受奉行**、
（『三日成就経』）

共通部分をゴチックとして示した。順序はやや異なるものの、語句単位でかなりの共通があることがわかる。両

者を比較してみると、『三日成就経』の方がより効験の強さ、速さが強調されていることに気付く。例えば、『刀自女経』が三七日で「雨」が降るがごとく七宝が生ずるとするのに対して、『三日成就経』は三日で「大雨」が降るがごとく七宝が生じると記している。さらに伝本の状況を見ると、『刀自女経』は承元三年（一二〇九）覚経書写奥書を持つ高山寺本が最古写本と考えられる。(注42)対して『三日成就経』は十四世紀以前の奥書を持つ本を確認することができない。『渓嵐拾葉集』「弁才天私苗」「吒枳尼天私苗」にすでに『刀自女経』が挙げられている点を踏まえてみても、『刀自女経』の成立が先であり、『刀自女経』を下敷きとして『三日成就経』が成立したと考えるべきであろう。

以上をまとめれば、「弁才天三部経」は次のような成立過程をたどったことがわかる。

宇賀十五王子経　→　如意宝珠王陀羅尼経
刀自女経　→　三日成就経
円満陀羅尼経

実はこれら「弁才天三部経」の基となった『宇賀十五王子』『刀自女経』『円満陀羅尼経』のいずれとも、そこに弁才天の名称は記されていない。ただしそれは弁才天と全く無関係ということではない。例えば『宇賀十五王子経』は、宇賀神将が修する如意宝珠法について記したものであるが、そこでの本尊は八臂の天女形として示されている。持物こそ異なるものの、これは『最勝王経』に説かれる八臂天女形の弁才天と共通している。また『宇賀十五王子経』には、宇賀神将がかつて前生において貧女であり、如意宝珠法によって「福宝光明女」になったことが記される。この福宝光明女は『最勝王経』の経疏や註釈に見える尊格であって、この点も『最勝王経』との接点を想定することができる。

しかし『宇賀十五王子経』を改変した『如意宝珠王陀羅尼経』が、本尊の陀羅尼を、

唵宇賀耶惹耶ギャラベイ娑婆訶　唵噌羅噌婆諦曳娑婆訶

とし、明確に弁才天（「噌羅噌婆諦曳」）の存在を示すのに対し、『宇賀十五王子経』に同様の記述は見られないことなどからわかるように、『宇賀十五王子経』は『最勝王経』を取り込むものの、あくまで主体は宇賀神であって、弁才天は部分的なものとして認識されているに過ぎないのである。

こうした弁才天とは別個の宇賀神の存在は、『刀自女経』『円満陀羅尼経』においてより明確なものとなる。『刀自女経』は、先に見たように二臂天女形の宇賀神を説いており、真言も「阿ラハ闍那（文殊）、吒枳尼、旋多摩尼（宝珠）」とあって文殊菩薩、吒枳尼、宝珠とは結びつくが、弁才の名は見られない。『円満陀羅尼経』は荒神を抑える守護としての宇賀神を説く経典であるが、そこに説かれる図様は四臂で頭上に蛇をのせた天女形であり、弁才天とは異なっている。

山本ひろ子は、「宇賀神とは何よりも、弁才天の一種、つまり造作され案出された弁才天であったことを確認しておく必要があるだろう[注43]」として、宇賀神を弁才天に内包させるが、見てきたように宇賀神は本来、弁才天とは別個の尊格なのである。むしろ初期の宇賀神は、吒枳尼や宝珠とこそ強く結びついており、後世、弁才天がそれらを吸収することで成立したのが、宇賀弁才や『如意宝珠王陀羅尼経』、そして『三日成就経』であったと考えられる。

こうした諸尊格をのみ込み肥大化していく弁才天の姿は、図様の側面からも示すことができる。［図五］はかつて白畑よしによって紹介された弁才天図像である[注44]。上方に「奉施入／竹生島……応永二十（以下不明）」とあって、応永二十年代（一四一三〜一四二三）に竹生島に奉納された図像であることがわかる。また下方には「（南無）／弁才／大尊天」と見える。しかしこの弁才天像の像形は『刀自女経』に基づいているのである。以下に『刀自女経』の本文を挙げる。

其宇賀形如㆓天女㆒、頂上有㆓白蛇㆒、其上ニ住㆓黄狐㆒、左手持㆓如意宝珠㆒、右手把㆓大刀㆒、身荘㆓諸天衣㆒、

乗二大白狐一、其狐疾走如三金翅鳥一翼翔二一千里一、左右手足各纏レ蛇、頂蛇有二白角一、

この一文を図様と比較すれば、本図が『刀自女経』によっていることは明白であろう。本来『刀自女経』に記される本尊は宇賀神、文殊、吒枳尼の真言を持つ尊格であった。ところが、本図はこれを弁才天として位置づけている。

このように弁才天は図像と文字の両側面から吒枳尼を取り込んでいったのである。宇賀神とは、もともと『刀自女経』にあるような福徳をもたらす天女形の尊格なのであった。それを、後代、弁才天が吸収したのが宇賀弁才の姿であったと考えることができる。「弁才天三部経」とは、こうした混沌として拡大する弁才天の成立の一過程として解釈されるべき経典と言えるだろう。

三　中世における弁才天と文芸（世俗側）

ここまで弁才天を巡る諸経典について考察した。次に弁才天が、中世の文芸においてどのように受容されていたのかを考えてみたい。今日でも七福神の一として信仰を集める弁才天であるが、その信仰の諸相が広く文献にあらわれ始めるのは十五世紀以降のことといってよく、それ以前の文献は存外に少ない。このうち、秘曲伝授の本尊としての妙音天については本書第八章で詳しく述べるため、ここでは弁才天全般について世俗側の受容と僧侶側の受容の二点に分けて述べていく。

はじめに世俗の信仰について、特に文献上に早くあらわれ始める弁才天はいわゆる三弁才天（箕面、竹生島、江島）であろう。このうち箕面弁才天のことは、早く『兵範記』嘉応二年（一一六九）三月四日条に記主・平信範の参詣の旨が見え、「龍樹菩薩垂迹之霊地、……詣弁才天女宝前」とある。この記事は『色葉字類抄』や『阿娑縛抄』「諸

寺略記」に見える、箕面滝龍穴の宝殿には龍樹菩薩像と弁才天女像が安置されているという内容と一致する。また如上の縁起を踏まえ、後年、東坊城秀長（一三三八〜一四一一）は「箕面塔堂供養表白」「同諷誦文」「同願文」を執筆している。(注45)

竹生島弁才天のことは、『菅浦文書』所引「権律師実遍文書紛失状案」（建久三年（一一九二）、鎌倉遺文六四二）に「件島者、弁才天女垂迹之霊地」と見えるのが史料上の初出と思われる。ただしすでに『別尊雑記』（十二世紀後半成立）には定智筆という竹生嶋弁才天の図様が描かれている。また日吉山王曼荼羅には琵琶を弾く二臂の習合系弁才天が見られる。これは岩瀧社の本地である竹生島弁才天が影向したものと伝えられる。(注46)竹生島弁才天をめぐるもっとも著名な逸話は、『江談抄』巻四-三三に見える、都良香に漢詩の下七句を授けたというものであろう。本話は「江朗詠注」の補入と見られており、『十訓抄』一〇-六など、中世の文芸に広く流布した逸話であった。(注47)

また江島弁才天は『吾妻鏡』養和二年（一一八二）四月五日条に、文覚が大弁才天を勧請した記事が知られるほか、中原光氏の発願による習合系の弁才天像一躰が、現存最古の彫刻の弁才天として著名である。(注48)

一方、三弁才天よりも資料の年代は若干下るが、南都の弁才天の信仰も存在していた。成簣堂文庫蔵『文永之記』によれば、文永十年（一二七三）九月二十一日に、永久寺峰堂弁才天像の開眼供養が行われている。『内山永久寺置文』『内山永久寺縁起』には、弘安九年（一二八六）に同寺玉垣社に弁法眼泰経作の弁才天が奉請されたことが記されている。また大智寺蔵『橋柱寺縁起』によれば、橋柱寺の弁才天は徳治二年（一三〇七）に天河弁才天を勧請したものという。

あたかもこの頃書かれたのが大福寺蔵『瑞夢記』(注49)である。応長二年（一三一二）、沙門某によって書かれた『瑞夢記』は、箸尾の弁才天社の霊験を記した全三巻からなる説話集であり、そのほとんどが類話を持たない貴重なものである。そこで記される弁才天は、もっぱら天女としてあらわされてはいるが、管絃神としても祀られ、あるいは作中には白蛇や白狐も登場することから、習合系や偽経系をも含みこんだ多様な尊格と化している。そのうち中巻冒頭に見える説話に「サレバ詩歌管絃ヲ業トシ、歌舞猿楽ヲ宗トスル人モ当社弁才天ヘ集テ、サマ〲ノ芸能共ヲ尽セバ」とあるのは、すでにこの時期、弁才天が民衆において芸能神として信仰されていたことを示す貴重な証左でもある。実際、『瑞夢記』中巻に登場する人物は遊女三人を含む女人達であり、中央の説話集や歴史資料と全く交わらないところで弁才天信仰は確かに隆盛していたのである。

四　中世における弁才天と文芸（僧侶側）

次に聖俗のうちの聖側について考えたい。まず顕密仏教のうちの顕教について述べる。第一節に記した通り、弁才天は『最勝王経』にその名が見える。『最勝王経』は護国経典であり、とくに天長七年（八三〇）創始の薬師寺最勝会は南京三会の一として重要な位置を占めた。最勝王経系の弁才天もまた信仰を集め、奈良時代には弁才天像が作成されていたことが諸史料より知られる。(注50)しかしこれらは現存しておらず、平安時代以降も隆盛を続ける『最勝王経』の信仰とは逆に、弁才天そのものは顕教においてさほど重要な位置づけはされてこなかった。

密教のうちの東密についても、弁才天はさほどの位置を与えられてはいない。諸修法書において弁才天法は記されるものの、その本尊の観想が矛盾を含むことはすでに第一節で挙げた通りである。勧修寺流興然の『四十巻』に収録される「弁才天法」が、一つの独立した聖教となって諸寺院に見られる例(注51)などはあるが、弁才天が特に東密において重要な尊格として扱われることはなかったようである。ただし十四世紀にも入ると次第に偽経系の影響が見られ、金沢文庫寄託称名寺聖教のうちの阿公口伝湛睿記『薄草紙聞書』（一四-四）には宇賀弁才天のことなどが見えている。

これに対し台密において弁才天は特別な意義づけをもってむかえられた。台密の聖教は未公開のものが多く、断片的な資料しか挙げることはできないものの、多く附法相伝における秘法としてかの尊格は位置づけられていたものらしい。

例えば『円戒十六帖』には慧思、智顗が伝えた弁才天の法があったことが記されている。同書によれば、智顗を守護する龍神は、智顗の臨終にあたり水瓶に入ったという。その後、水瓶には戒体と戒水が入れられたが、弁才天が守護するために乾くことはなかった。最澄はこの宝瓶を相承し延暦寺に安置したという。(注52)また『天台相伝秘決鈔』にも天台大師・智顗が「弁才天成就ノ人」であったことが記されている。同書はまた、青蓮院に秘蔵される「生身ノ弁才天」の箱の存在を示唆している。(注53)もとより、慧思や智顗、最澄の著述に弁才天の名称が見えるわけではないが、台密の付法相承の過程において弁才天が特別な地位を与えられていたことがこれらの書物から理解される。

こうした弁才天をめぐる秘伝の発生は、およそ十二世紀中頃に遡るかとも思われ、逢善寺蔵「檀那門跡相承資」(注54)には、十二世紀の台密僧・浄蓮房源延の皮籠聖教に「大黒、弁才、吒天、聖天重々ノ深秘」が納められており、その中には「弁才不過三日七日成就」の法が存在していたことが記されている。源延は台密谷流の系譜を引く人物であり、(注55)初期の台密弁才天の言説は、谷流の祖師・皇慶などに仮託して語られるものであったことがうかがわれる。(注56)実際、十三世紀に登場し『弁才天修儀私』一巻を著したという謙忠は、皇慶の系譜を自称している。(注57)

なお右記の「皮籠聖教」に見えるように、台密において弁才天は、大黒天や吒枳尼天など、いわゆる六天（弁才天、大黒天、吒枳尼天、荒神、多聞天、歓喜天）信仰のうちで受容されている。六天の中でも弁才天は中心的な役割を与えられており、現存する六天信仰に関わる図版のほとんどは、弁才天が中尊であるか、そうでなくとも必ず描かれている。(注58)ほんらい弁才天とは無関係であったはずの『刀自女経』が、弁才天の経典として受容されたように、弁才天は六天を包含しながらその尊格としての存在を肥大化させていったものと思われる。

結語

以上、弁才天（妙音天）について主要な経典を紐解きながらその受容について考察した。弁才天は『最勝王経』に基づく最勝王経系、『大日経』に基づく大日経系、そしてその両者が混交した習合系、そして「弁才天三部経」などに基づく偽経系に分類できる。このうち最勝王経系は本朝では、『最勝王経』の受容にともない最も早く受容されるものの、儀軌に基づく造形はほとんど残っていない。また大日経系も白描図画などに作例は見えるが、必ずしも数は多くない。ただし本章冒頭で挙げたような秘曲伝授の本尊は、この大日経系の姿が原型にある。そしてもっとも受容されたのが習合系と偽経系であり、特に台密においてこれら偽経系が普及した痕跡が認められる。諸文芸における弁才天の受容もかかる動向に従うものと言ってよく、習合系のイメージを土台としながら、次第に偽経系と混交していったものと考えられる。

注

（1）高橋秀樹によれば、北山第を建立した公経は家格としての西園寺家の祖師であって、琵琶道としての祖師は公経父の大宮実宗に求められるという。高橋秀樹「家と芸能――「琵琶の家」西園寺家をめぐって」『芸能の中世』吉川弘文館、二〇〇〇年。

（2）「故太政大臣殿（大宮実宗）又雖為両上皇御師匠之儀、彼是遂不被授申秘曲、爰予匪啻黷御師匠之名利、奉授両箇秘曲、不堪不肖之質、且恐且悦、然而已謝父祖之遺恨、豈非当道之高運哉、是併妙音天冥助至歟、可貴可悦」『実兼公記』弘安九年（一二八六）六月二十日条。

（3）「誠妙音天之感応、当道之冥加、仰而可信者歟」（『公衡公記』（即位大嘗会等記）永仁六年（一二九八）十一月二十二日条）、「而今忽遂伝業灌頂、為道過分為身有恐、只妙音大士之加後、太相国之照鑑者也」（『後伏見院御記』正和二年（一三一三）十二月二十二日条）、「妙音大士必垂照鑑垂我道之擁護者」（同、元亨二年（一三二二）八月十二日条）、「凡当家子孫、携四絃秀管絃者、随便宜之管領院家之条、可在妙音天之冥慮」（「西園寺公重譲状」）、「無為出仕其道之冥鑑、妙音之擁護也」（『中殿御会部類記』所引『東山内府記』享徳二年（一四五三）三月十二日条）。

（4）相馬万里子「「代々琵琶秘曲御伝受事」とその前後―持明院統天皇の琵琶」『書陵部紀要』三六、一九八四年。豊永聡美『中世の天皇と音楽』吉川弘文館、二〇〇六年。

（5）谷真一「土佐行広考―土佐派研究の一節」『美術研究』一二七～八、一九四二～三年。

（6）乾克己『宴曲の研究』桜楓社、一九七二年、第二章参照。

（7）荻野三七彦『日本古文書学と中世文化史』吉川弘文館、一九九五年（初出一九八一年）、第四‐三参照。

（8）川瀬由照「二臂琵琶弾奏弁才天の研究」『鹿島美術財団年報』一八、二〇〇〇年。同「西園寺妙音堂本尊像について」「出町妙音堂本尊妙音天画像」『鹿苑寺と西園寺』思文閣出版、二〇〇四年。

（9）弁才天の研究については、近世、新安流の祖・浄厳によって著された『弁才天秘訣』（『近世仏教集説』所収）が教理面において一つの頂点を成しており、また近代においては『織田仏教大辞典』（「宇賀神」「大弁才天」項）『望月仏教大辞典』（「宇賀神」「弁才天」項）が、弁才天関係の資料を網羅的に収集し、その後の研究の中核をなしている。昨今の研究に則すならば、像造形式においては根立研介の論が詳細であり、いわゆる宇賀弁才天に関しては山本ひろ子の論が基礎的かつもっとも重要なものである。なお、弁才天の研究史については伊藤聡、鳥谷武史を参照。根立研介『日本の美術　317　吉祥・弁才天像』、二〇〇二年、至文堂。山本ひろ子『異神―中世日本の秘教的世界』平凡社、一九九八年。伊藤聡「『頼朝之最期』における弁才天本身顕現譚を巡って」『説話論集』一六、二〇〇七年。鳥谷武史『中世における宇賀弁才天信仰の研究―叡山と「江島縁起」』二〇一七年（博士論文）。

（10）本来、儀軌は『青龍寺儀軌』や『玄法寺儀軌』などのように、供養の方法を記したテキストについて言う用語であるが、本論ではその尊格の利益や姿形を説くところの根本経典や、道場観、観想法を説く経典についても、儀軌として扱う。

（11）前掲注（9）根立著書参照。

（12）旧稿（「弁才天を記す基礎文献についての分析―西園寺妙音堂本尊の究明に向けて」『比較人文学研究年報』八、二〇一〇年）においては大日経系を密教系、最勝王経系を顕教系、習合系を顕密習合系と名付けた。その後、苫米地誠一氏や田中本泰氏から、顕教系の名称は適切ではない旨を指摘された。その点を踏まえ本論では旧稿から名称を改めてある。

（13）以下、曼荼羅上での位置特定は栂尾祥雲による。栂尾祥雲『曼荼羅乃研究』高野山大学出版部、一九二七年。

（14）「或図」「山図」の位置づけについては松原智美を参照。松原智美「『諸説不同記』の「或図」と台密の胎蔵図」『密教大系11　密教図像2』法蔵館、一九九四年。

（15）『大日経』『最勝王経』以外の弁才天の様相、およびインド神話におけるサラスヴァティーの位置づけについては以下の論文を参照。石田尚豊『曼荼羅の研究』東京美術、一九七五年。坂内竜雄「弁才天女考」『印度学仏教学研究』二五‐一、一九七六年。長野禎子「『金光明経』における「弁才天」の性格」『印度学仏教学研究』三六‐二、一九八八年。田代有樹女「佛教における女神像の位置（一）―辯才天」『名古屋造形芸術大学名古屋造形芸術短期大学紀要』一、一九九五年。

（16）図様においては、八つの武器はほぼ固定化されているものの、どの手が何を持つかは不定である。たとえば『十巻抄』所収の図版に則すならば、左手は上から剣、斧、弓、羂索、右手は上から鉾、独鈷（杵）、矢（箭）、鉄輪である。

（17）なお『秘蔵記』の基となった曼荼羅は現図曼荼羅とは異なる形式のものだったという説がある。前掲注（14）松原論文及び以下の研究を参照。高田修「東寺の三副古本両界曼荼羅について―いわゆる「真言院曼荼羅」の検討」『美術研究』一八九、一九五七年。

（18）なお弁才天の三昧耶について、『大日経』『疏』『義釈』は詳らかにしないが、『胎蔵図像』と深い関係にあるという叡山本『大慈大悲三昧耶曼荼羅』には、すでに「弁才天」の三昧耶として琵琶が描かれており、早い段階で弁才天の三昧耶が琵琶であると認識されていたことがわかる。

（19）前掲注（6）乾論文参照。

（20）『大日経』巻六「百字成就持誦品第二十二」によれば「沙」字は法諦不可得の義があるとする。

（21）安然『胎蔵界大法対受記』は、費拏印について空海や遍昭、安慧の説などを取りまとめ、それぞれを挙げているが、諸説に大差はない。安然が諸説を挙げるのは、台密においては胎蔵界の印相が伝わらず、詳らかでなかったためである。

(22) なお以下の引用は『玄法寺儀軌』にもみられるものである。『玄法寺儀軌』は、法全が『青龍寺儀軌』以前に著したものであり、弁才天を「妙音天女」と記すなど特徴的な部分もあるが、『青龍寺儀軌』にくらべ日本ではあまり普及しなかったので、本論では引用しなかった。

(23) 種別に関わらず、楽器を奏楽する尊格はそのほとんどが二臂である。これは奏楽するイメージが強調される余り、他の腕が持物を受けつけないためであると推定される。

(24) 『大蔵経』所収の十八巻本『秘鈔』は弁才天法を含まないが、『秘鈔問答』や亮尊『白宝口抄』などの『秘鈔』注には弁才天法の項目が見られる。これは『秘鈔問答』などが注したのが三十巻本『秘鈔』であったためと思われる。三十巻本『秘鈔』は『異尊抄』を含んだものであり『異尊抄』には弁才天法が収録されている。

(25) あるいは図像上の習合系について、請来画の影響を考える必要もあろう（『仏教絵画　幽玄齋選』九〇、九一番解説参照）。

(26) 『秘鈔問答』は弁才天法について「妙音天為管絃等、祈可修之歟……為得弁才可修之歟」としている。

(27) 林屋辰三郎『「座」の環境』淡交社、一九八六年、六三頁。

(28) 『高山寺古文書』第二部一五（三〇八頁）。

(29) 『高山寺古文書』第三部二一（三三五頁）。

(30) 猪瀬千尋「『古今著聞集』管絃部二六五話の福天神縁起について―ダキニ法と『刀自女経』をめぐって」『説話文学研究』五二、二〇一七年。

(31) なおこの他に「妙音天」の名を冠する仏像や絵画に、大阪府円照寺のものがある（『大阪府全志』一〇三二頁）。

(32) 宇賀弁才天についての研究史は前掲注（9）鳥谷論文参照。

(33) 謙忠の事跡については前掲注（9）の山本著書および伊藤論文を参照。

(34) 前掲注（9）山本著書。

(35) 醍醐寺聖教四九二―六四。

(36)『河内長野市史　第五巻　史料編二』四二六頁。
(37)醍醐寺聖教五三五－三三〇。
(38)「弁才天三部経」は、別に『大宇賀神功徳弁才天経』『大弁才天秘密陀羅尼経』を加えて「弁才天五部経」と称されることもあるが、『大宇賀神功徳弁才天経』『大弁才天秘密陀羅尼経』は三部経よりもさらに年代の下るものであることから、本論では扱わないこととした。
(39)前掲注（9）伊藤論文参照。
(40)高山寺聖教一一一－四四。
(41)前掲注（30）猪瀬論文参照。
(42)前掲注（30）猪瀬論文参照。
(43)前掲注（9）山本著書三二八頁。
(44)白畑よし「十一面観音像・弁才天像」『古美術（三彩社）』三七、一九七二年。
(45)いずれも『文纂』崇福寺巻や『本朝文集』巻七十五に所収。
(46)『厳神鈔』（『神道大系　日吉』一〇六頁）ほか。
(47)牧野和夫『延慶本『平家物語』の説話と学問』思文閣出版、二〇〇五年、三一六頁。
(48)江島の弁才天については前掲注（9）鳥谷論文を参照。
(49)『広陵町史　史料編　上巻』二〇〇〇年。
(50)「写書所解」（『大日本古文書　編年文書』三、六一九頁）、「仏像彩色料注文」（同書一二、二五二頁）。
(51)高山寺聖教四〇－二〇、観智院金剛蔵一二四－二八－三三など。
(52)『続天台宗全書　円戒1』八五頁。
(53)『続天台宗全書　口決1』五〇七～八頁。
(54)『千葉県史料中世篇　県外文書』など参照。
(55)源延およびその研究史については岡野浩二に詳しい。岡野浩二「平安末期における天台僧の東国往来と聖教書写――忠済・源延と尾張・信濃・伊豆・相模・上総」『史聚』四九、二〇一六年。

(56) 前掲注(9)鳥谷論文参照。
(57) 前掲注(9)山本著書参照。
(58) 奈良国立博物館『神仏習合』二〇〇七年、など参照。

［表二］弁才天の作例一覧　※分類は本論のA〜Dに随う　※現存不明のものも含む

絵画（単尊）

分類	所蔵	法量	時代	様式	備考	解説　図版
C	醍醐寺五重塔壁画		平安中期	板絵着色		
C	仁和寺	七九・二×四一・一	応永十四（一四〇七）	絹本着色	重文	
C	大英博物館	一三五・五×五七・四	南北朝	絹本着色		『秘蔵日本美術大観一』
C	静嘉堂	一五六・一×五九・七	南北朝	絹本着色	重文　岩崎家旧蔵　撥面に陵王を描く	『国華』三一四〇　『静嘉堂宝鑑』
D	出町柳妙音堂	一一二・二×五六・六	南北朝	絹本着色		『鹿苑寺と西園寺』
D	宝城院	一〇四・〇×三九・〇	南北朝	絹本墨画	重文	『空海と高野山』一〇九番
D	岡寺		室町	絹本着色		『日本の美術』一六二〇番
D	今滝寺	八八・三×三四・六	南北朝	絹本着色	県指定　兵庫県立歴史博物館寄託　脇侍に多聞天をおく	奈良博『神仏習合』一八六番
D	能満院粉本二二〇八	五四・二×三九・三	文政十（一八二九）	紙本白描	仁和寺蔵の写し	『仏教図像聚成　上』二六七頁
D	能満院粉本二二〇九	六七・〇×三八・五	弘化四（一八四七）	紙本白描		『仏教図像聚成　上』二六七頁
D	川崎家旧蔵	不明				『国華』四七三〇
D	乾坤院	七四・七×三八・〇	鎌倉	絹本着色	脇に箏を置く　円光背	『聖と隠者』一四一番
D	福岡市美術館	八九・五×三八・八	南北朝	絹本着色		

	D	根津美術館					『根津美術館蔵品選』『国華』八九一〇
	D	知恩院	七五・一×三六・三	鎌倉カ	絹本着色		『仏像綜覧』八九〇番
	D	ボストン美術館	八四・三×三七・二	南北朝	絹本着色	出町妙音堂のものと類似	『ボストン美術館日本美術調査図録第一次調査』七一番
	D	ボストン美術館	七〇・七×三六・六	室町	絹本着色	書付「妙音天　六百五十年土佐光長」	『ボストン美術館日本美術調査図録第一次調査』一一六番
	D	幽玄齋コレクション	六二・五×三〇・〇	南北朝	絹本着色		『仏教絵画　幽玄齋選』九二番
	D	幽玄齋コレクション	九〇・〇×三八・二	南北朝	絹本墨画		『仏教絵画　幽玄齋選』九三番
絵画（複数）	B	東京芸術大学			板絵着色	浄瑠璃寺吉祥天像（一二一二年頃）厨子内板絵	
	B	能満院粉本二三一九	五四・六×三九・〇		紙本白描	脇侍に「婆蘇仙人」「難陀水神」「閻魔天」「帝釈天」	『仏教図像聚成　上』二七一頁
彫刻	C	白雲神社	像高六二・一 髪際四六・七	鎌倉初期		重文	『鹿苑寺と西園寺』
	D	西大寺	鏡板径一八・七 像高九・二		銅造	重文　大黒天納入品	『天部の美　ご利益と護のほとけたち』四二番
	D	鶴岡八幡宮	像高九五・七	文永三年（一二六六）		重文　裸形着装	
	D	高貴寺	像高四四・二 髪際三七・二			重文　檜　寄木　玉顔　彩色金泥	
	D	江ノ島神社	像高二六・三			裸形着装	
	D	馬居寺	像高二二・五	南北朝カ			

［表二］白描図画の弁才天一覧

分類	書名	成立	編者	傍注　備考	収録図版
A	四種護摩本尊及眷属図像			「弁才神」	大蔵経図像部一―八五二頁
A	胎蔵図像			「弁才天女及二侍者」「縒羅沙縛底曳沙訶」	大蔵経図像部二―二五四頁
A	胎蔵旧図様			「美音天」	大蔵経図像部二―五一七頁
C	十巻抄	十二世紀中半	永厳　恵什		大蔵経図像部三―五〇頁　『図像抄』（法蔵館）
D	諸尊図像集1			「弁才天」「七集云肉色持琵琶」　鶏が傍にいる	大蔵経図像部一二―八八九頁
B	諸尊図像集2			「胎蔵図天女形八臂左第一鉾第二三古杵第三弓箭／最勝王経云或執三戟頭円髪左右恒持日月旗、文云掌以八臂自荘厳各持弓箭刀鞘斧長持鉄輪／并羂索云々」　脇侍に女天二躰	
A	諸尊図像集3	鎌倉カ	不明	「同像〈智泉筆／銘云弁才神〉」	
D	四家鈔図像1			「弁才天／種字〈薩字〈或抄云〉　三昧、、琵琶／身相肉色天女形弾／琵琶之形也／此像胎蔵／界儀也〉」	大蔵経図像部三―九〇七頁
B	四家鈔図像2		心覚カ	「此像出最勝王経／或左第四手亦持刀謬歟復竹生嶋本八臂様左／第四手持鞘右第三手鉞斧之／左第一手取弓次手羂索次手独古次手鞘右手一〈手箭〉／次手輪次手輪次手鉞次手刀」　左第一手、右第一手ともに剣を持ち頭上で交叉させる	
A	別尊雑記1			「弁才神／胎外部／智泉之筆」　称名寺本は『よみがえる中世』一五一番参照	大蔵経図像部三―五四八頁
C	別尊雑記2			「私加是」	
B	別尊雑記3			「私加之／竹生嶋弁才大　定智筆／三井寺法輪院本也」	

A	別尊雑記4	十二世紀後半	心覚	「大弁才天／唐本」	
B	醍醐本図像			「弁才天　最勝王経説／白肉色」別尊雑記3と一致	大蔵経図像部四―四〇頁
B＊	久原本図像			＊ただし二臂	大蔵経図像部四―六七頁
B＊	天部形像1			＊ただし二臂、宝珠を持つ（宝蔵天女と混同か）	大蔵経図像部七―六一一頁
B	天部形像2	鎌倉前期ヵ		「台蔵云　弁才天　𑖭𑖨𑖭𑖿𑖪𑖝𑖱　肉色引琵琶左膝立之」	
B	阿娑縛抄	建治元年（一二七五）	承澄		大蔵経図像部九―五〇五頁

［表三］弁才天法、道場観を説く経典

仏典名	該当巻	成立	著者	備考　参照　引用文献	典拠
要尊道場観	巻下		淳祐（八九〇〜九五三）	『最勝王経』を引用	大蔵経七八—五七頁
胎蔵三密抄	巻四		覚超（九六〇〜一〇三四）	『青龍寺儀軌』『大日経義釈』を引用	
勝語集	巻上	保延六（一一四〇）	恵什（一〇六〇〜一一四四）	『最勝王経』を引用	大蔵経七八—二一三頁
別行	巻六	永久五（一一一七）	寛助（一〇五二〜一一二五）	内容は『要尊道場観』とほぼ同じ	大蔵経七八—一七四頁〜
行林抄	第六九	久寿一（一一五四）	静然	『最勝王経』『玄法寺儀軌』『青龍寺儀軌』『摂大儀軌』『大日経義釈』『胎蔵大法対受記』『深密抄』『大日経』を引用	大蔵経七六—四四二頁〜
伝受集	巻一		厳覚（一〇八〇〜一一五六）		大蔵経七八—二三一頁
別尊雑記	巻四四		心覚（一一一七〜一一八二）	『成蓮抄』『別行』『勝語集』『最勝王経』『青龍寺儀軌（カ）』『大仏頂経』を引用	大蔵経図像部三—五四八頁〜
異尊抄	巻下		守覚（一一五〇〜一二〇二）	道場観の内容は『要尊道場観』にほぼ同じ	大蔵経七八—五九六頁
薄草紙	巻八		成賢（一一六二〜一二三一）	道場観の内容は『要尊道場観』とほぼ同じ　『華厳経』『大日経疏』『最勝王経』を引用	大蔵経七八—六八三頁
阿娑縛抄	巻一五五	建治一（一二七五）	承澄（一二〇五〜一二八二）	『大日経義釈』『大唐西域記』『十巻抄』『秘蔵記』『随求経』『調定図』「弁才天私記（大原上綱記）」『大日経』『最勝王経』『大仏頂別行法』を引用	大蔵経図像部九—五〇五頁

秘鈔問答	巻一二本	正安二（一三〇〇）	頼瑜（一二二六～一三〇四）	『最勝王経』『大日経疏』『薄草紙』『法華経疏』『最勝王経疏』『別行』『五十巻抄』を引用	大蔵経七九―四九六頁～
白宝抄		鎌倉後期	澄円	「或抄」『青龍寺儀軌（カ）』『大仏頂経』『十巻抄』『大日経疏』『最勝王経』『法華経疏』を引用	大蔵経図像部一〇―一一三二頁
成菩提集	第四之三		永範	『青龍寺儀軌（カ）』『秘蔵記』『調定図』『最勝王経』を引用	大蔵経図像部八―七二九頁
図像集（提婆本）	巻五		不明	『最勝王経』『最勝王経玄樞』「大吉祥天女念誦法」を引用	大蔵経図像部四―三五五頁

図二　「御室版両界曼荼羅」所収弁才天像
『大正新脩大蔵経　図像部』一（大蔵出版）より引用

図三　称名寺蔵（神奈川県立金沢文庫管理）
「諸尊図像集」所収　弁才天像 2

図一　称名寺蔵（神奈川県立金沢文庫管理）
「諸尊図像集」所収　弁才天像 1

図四　仁和寺蔵「弁才天像」

図五　個人蔵「弁才天像」
『古美術』三七（三彩社）より引用

第八章　妙音堂について――秘曲伝授儀礼の復元――

はじめに

いまに金閣寺として名高い北山の鹿苑寺が、もとは北山第とよばれる西園寺家の邸宅であったことは広く知られている。その建立の時期をめぐっては正確な史料がなく、現在では『百練抄』元仁元年（一二二四）十二月二日条の「前太政大臣供養北山堂、号西園寺」とある記事をもって、西園寺公経による建立とすることが通説とされている。(注1)

それよりのち鎌倉時代のあいだ、北山第はたびたび天皇・上皇による行幸・御幸をあおぎ、その都度、盛大な賀宴が催されたことは『とはずがたり』『増鏡』はじめ、当代の歴史書や文学作品、日記や諸部類記がしめすところである。その中で、次に挙げる『増鏡』巻五「内野の雪」の一節は、ありし日の北山第の様子を徴わすものとして、これまでの研究の中でくりかえし引用されてきた。

本堂は西園寺、本尊の如来まことに妙なる御姿、生身もかくやといつくしうあらはされ給へり。また善積院は薬師、功徳蔵は地蔵菩薩にておはす。池のほとりに妙音堂、滝のもとには不動尊、この不動は津の国より生身の明王、蓑笠うちたてまつりて、さし歩みておはしたりき。その蓑笠は宝蔵にこめて、卅三年に一度出さるるとぞ承る。

本堂も善積院も功徳蔵院も妙音堂も、現在にその形跡をとどめるものはない。しかしここに見える妙音堂こそが、中世西園寺家が秘儀として伝えた琵琶秘曲伝授が行われた儀礼空間であった。琵琶秘曲伝授は鎌倉時代において、天皇家、西園寺家、藤氏西流という三つの流派によってほぼ独占的に伝承された秘伝であり、同時代の天皇家―西園寺家の結びつきをとらえる上で、欠かすことのできないものである。(注2)その妙音堂の本尊であり、秘曲伝授儀礼の本尊であったのが、妙音天と呼ばれる尊格であった。

本論では、秘曲伝授と妙音堂、妙音天についての歴史的、美術的側面について整理するとともに、西園寺北山第妙音堂における秘曲伝授の儀礼空間を、文字史料より推定復元する。その上で、本尊である妙音天が、儀礼においてどのような役割を、あるいはどのような思想を帯びていたかについて考察する。本尊の儀礼における役割という分析方法をしめすことで、儀礼研究における一つの新しいアプローチを提示したい。

一　秘曲伝授と妙音天の歴史

妙音天が、史料にはじめて見えるのは藤原頼長『台記』の久安三年（一一四七）十月十四日条である。

禅閤（藤原忠実）仰曰、(注3)年来好箏、未嘗得証矣、中心甚傷、仍酒供妙音天、祈得証矣、好道之至、不恥千古者歟、

ここには記主・藤原頼長の父である藤原忠実が、証を得ていなかったため、この日、妙音天に供物をささげ、証

を得ることを祈願した旨が書かれている。藤原忠実といえば箏の名手であり、一方で『古今著聞集』には、吒枳尼天に祈願をかけ成就させたことが知られる。[注4]『古今著聞集』によればその吒枳尼天は「妙音院の護法殿」に納められたという。時代は下るが、西園寺実兼は北山第妙音堂の妙音天について「此則知足院（忠実）并妙音院禅閤（藤原師長）以後相伝本尊也」と述べており、[注5]これらの点から考えると、あるいは「妙音天を本尊とした秘曲伝授」の原型のようなものが、忠実の時から存在していた可能性はある。

ただ、妙音天が秘曲伝授の本尊として明確に位置づけられるのは、忠実の孫の師長にいたってからである。寿永元年（一一八三）二月九日に、師長の邸宅のあった東山に妙音堂が供養されている（『百練抄』）。師長の『楽家伝業式』には、秘曲伝授は妙音院金堂を会場とし妙音天を本尊として行うことが書かれているので、おそらく東山の妙音堂も、秘曲伝授を意図してつくられたものであったのだろう。しかしながら、この東山の妙音堂は、建立して数年のうちに打ち捨てられてしまったらしい。櫻井利佳が明らかにしたところによると、新日吉社に隣接して建立された東山妙音堂は、法住寺殿の焼亡などにともなってその機能を失い、四条室町第に新たな妙音堂が建立されたという[注6]（以下『楽家伝業式』の記述にならい、四条室町第の妙音堂について「四条室町第妙音院金堂」と呼称する）。

この四条室町第の妙音院金堂において、師長は、秘曲伝授の最秘説である啄木を、二条定輔と大宮実宗に伝授したと思われる。師長が伝授の際に二条定輔に与えた『啄木譜』の奥書には「件曲、於本尊宝前、伝授左近衛権少将二条定輔朝臣了」とあり、妙音天を本尊として伝授をしたことが知られる。また、実宗の記録である『実宗公記』には、秘曲伝授の様子が詳らかに記されている。[注7]文中に「次禅閤被奉礼妙音天〈三度、〉予同時奉礼之、」とあることから、こちらも妙音天を本尊としていることがわかる。『実宗公記』は『楽家伝業式』をもとに作成されたものであり、[注8]その伝授の時期（一一九二年）が師長の最晩年であったことから察するに、『実宗公記』『楽家伝業式』両書が記述する堂宇は、東山の妙音堂ではなく、四条室町第の妙音院金堂なのであろう。

このように、妙音院金堂における妙音天を本尊としての啄木伝授、という様式が師長によって確立された。その後、師長の妙音天を引き継いだとされるのが西園寺家である。『文机談』によれば、大宮実宗の曾孫にあたる西園寺公相（一二二三～六七）が、粟田口禅尼を介して東山妙音院の本尊や師長の御影を入手した、という。(注9) 西園寺家が、妙音堂をいつ建立したかは不明だが、公相没後の翌文永五年に、後深草院の秘曲伝授にあたって、妙音堂へ献馬の由が見えるので、(注10) おそらく公相の時代には建立されていたと推定される。

妙音堂を用いての秘曲伝授が見られるのは、公相男・実兼の代になってからである。記録上においては正応四年（一二九一）から応長元年（一三一一）までおこなわれていたことがわかっている（本書第五章の［表］参照）。また実兼の代より、妙音堂における妙音講の開催が確認される。妙音講は本尊である妙音天を讃じ、堂内で雅楽を奏する一種の管絃講であり、その式としては本書第九章で述べる『妙音講式』が存在する。妙音講は師長の忌日である十九日に営まれるもので、(注11) 史料上の初出は『公衡公記』弘安十一年（一二八八）二月十九日条に「妙音講如例、但無音楽」とあるものである。ただし、『実兼公記』文永九年（一二七二）五月八日条所引の諷誦文に「就妙音堂之壇場、毎月之間、展管絃講之梵莚者例也」とあり、このときすでに毎月の妙音講の開催が恒例化していたと思われる。妙音堂は、秘曲伝授の場であるとともに、藤原師長を祀る堂宇でもあった。実際、秘曲伝授の折には藤原師長の御影が本尊前に置かれることもあった。(注12)

このように西園寺家の妙音天信仰の背景には藤原師長の存在が大きいが、妙音天が師長から西園寺家へ本当に伝来したかは不審である。その第一の理由は、第二節で述べる北山第妙音堂の本尊と目される仏像の作風が、十二世紀よりは下らない点である。師長（一一三八～九二）が勧請した妙音天が西園寺に伝わったとすると、造像年代に矛盾が生じる。(注13) 第二の理由は、師長の伝授と、西園寺家の伝授のあいだに百年弱の空白期間がある点である。実際、実宗男・西園寺公経、孫・実氏の宮廷音楽における参仕や秘曲伝授の記録は認められず、『琵琶血脈』においても両者は血脈上に位置づけられてはいない。曾孫・公相にいたって、西園寺家は琵琶を主たる家業にすえるのである。

以上の二点は、西園寺家における琵琶の問題を考える上で意識しておく必要があり、この点については結語において今一度考えたい。しかしともかくとして、妙音天を使用しての伝授は師長に始まり、その後、西園寺に受け継がれ、次第に天皇家、藤氏西流にも広まっていった。後伏見院は高階隆兼に妙音堂本尊を図画させている。おそらく内裏での妙音講に用いられたものであろう。後にこれは北朝に伝わり、崇光院は秘曲伝授においてこれを用いている。[注14]一方の大覚寺統においても、後醍醐天皇は妙音天を新たに勧請し、妙音講を開催している。[注15]帝器（天皇の所作する楽器）が琵琶から笙へ、笙から箏へと代わった十四世紀以降においても妙音天は天皇家の信仰を集めた。笙吹きであった後光厳にも、宸筆の妙音天の名号があったことが知られ、[注16]後小松院宸翰とされる仁和寺蔵の妙音天図［第七章末図四］の讃にも「南無妙音大天」とある。妙音天は、中世の天皇家において、もっとも信仰を集めた尊格といっても過言ではない。

二　秘曲伝授の本尊様式

次に秘曲伝授儀礼の本尊たる妙音天は、いかなる造形によってあらわされるのか考えてみたい。秘曲伝授ないし妙音講の本尊として作成された「妙音天」は、史料上確実に存在したと思われるものだけでも、十六世紀以前で、西園寺北山第妙音堂安置、今出川入道所持、[注17]後伏見院所持[注18]（高階隆兼筆）、藤氏西流所持、[注19]後醍醐天皇所持、[注20]豊原氏所持[注21]（後光厳院讃）、山科家所持（後小松院讃、土佐行広筆、現仁和寺蔵）、西園寺第二伝、[注22]後小松院所持[注23]（土佐行広筆）のものがある。琵琶の秘曲を伝えた三家（天皇家（持明院統、大覚寺統とも）、西園寺家、藤氏西流）のすべて、および笙の秘曲を伝えた四家（天皇家、足利家、山科家、豊原氏）のうち二家までが妙音天を伝えていたことが確実であり、

当代における妙音天信仰の広がりがうかがうことができる。(注24)

このうち西園寺北山第妙音堂の妙音天の図様については、現在、仁和寺が所有する一幅［第七章末図四］がその姿をつたえるものであることが判明している。これは土佐行広の筆にかかるもので、山科家という「笙」の家に伝わった妙音天画像であり、西園寺妙音堂本尊の何度目かの写しであることが山科家の日記などからわかっている。(注25)一方で現在、白雲神社蔵の本尊としてまつられる一体は、西園寺妙音堂本尊そのものである可能性が川瀬由照によって指摘されている。(注26)

その理由について、白雲神社蔵の制作年代が十三世紀であり、西園寺北山第の建立時期と重なることもあるが、なによりその造型が特徴的であり、他に類例がないことが大きい。妙音天の姿形は、胎蔵界曼荼羅所収の「妙音天」や「美音天」とよばれた尊格［第七章末図二］がもとになっている。ここで妙音天の図像的な位置づけについてまとめておくと、妙音天を含めた弁才天は、偽経系統のものをのぞけば最勝王経系、大日経系、そしてこの二つが混じった習合系の三種類に分けることができる（本書第七章参照）。中世において作例が多いのはこのうち習合系である。一方、大日経系に関しては胎蔵曼荼羅所収のものをのぞけば、秘曲伝授関係のものしか作例がなく、いいかえれば秘曲伝授の本尊である妙音天は、きわめて特異な図様をもった尊格ということになる。

ただし白雲神社蔵のものと胎蔵界曼荼羅所収のものとは、同じ大日経に分類される一方、造形的はつぎの三点で異なる。ひとつめはこれが正面を向いているということ、ふたつめは持っている琵琶の大きさと、傾け方のちがいで、三つめは足の組み方のちがいである。正面を向いているのは、本尊であるためだろうが、琵琶の持ち方、足の組み方は注意される。白雲神社蔵のものは、琵琶を直角にたおし、あぐらの間にすえて弾く姿であり、それはつまり当時の男性の楽琵琶の持ち方なのである。

以上見てきた歴史的背景と造形的特質の問題を踏まえた上で、次節からは実際の伝授の有り様について、復元的手法を用いた上で考えてみたい。

三　堂宇の復元と儀礼の再現

前節までの考察をふまえつつ、史料に基づいた形で堂宇の復元および儀礼の再現をおこなう。先に、秘曲伝授の基礎的な事項について整理しておく。以下に三点にわけて述べる。一点目に、妙音堂で行われる伝授はすべて三曲のうちの最秘曲「啄木」の伝授である。二点目に、天皇家の伝授は北山第で行われることはあるが、妙音堂で行われることはない。ただし天皇家の伝授においても妙音天を本尊とする例があり、こうした場合は掛幅を用いる。三点目に、儀礼の人員について、師匠（授者）と弟子（受者）、および家司、そして導師によって構成される。

以上をふまえ、まず堂宇の復元から考える。北山第については、足利義満によって接収されたことと、義満没後に堂宇がことごとく破却されたこともあって、その全容の解明にはいたっていない。西園寺北山第について考察した川上貢によれば、北山第は北亭と南亭からなり、このうち妙音堂は北亭近くに位置するという。(注27)北山第全体の中での妙音堂の位置づけは、川上の指摘と、本論冒頭にあげた『増鏡』の「池のほとり」から推測するほかないが、幸いにも『伏見宮旧蔵楽書集成　一』に集録される以下の六つの史料によって、妙音堂そのものの復元は、かなりの部分で可能となる。

①　三好定衡記……正応四年（一二九一）八月二十八日
　　　西園寺実兼から鷹司冬平に伝授

②　公顕卿記………永仁五年（一二九七）十月十三日
　　　西園寺実兼から西園寺公顕に伝授

③　三善春衡記……徳治二年（一三〇七）十月二十七日
　　　　西園寺実兼から藤原孝章に伝授
④　三善春衡記……徳治二年（一三〇七）十一月八日
　　　　藤原孝章から小串範秀に伝授
⑤　三善春衡記……延慶二年（一三〇九）七月六日
　　　　西園寺実兼から藤原孝重に伝授
⑥　琵琶伝業次第…応長元年（一三一一）六月十四日
　　　　西園寺実兼から今出川兼季に伝授

これら六つの記事を照応しつつ、[注28]まず堂宇の空間について把握する。なお参考のため①〜⑥を任意に引用するが、師匠、弟子の身分によって若干、伝授の位置が異なるほかは、設営および次第はほとんど同じである（引用文末尾の①〜⑥は、上記史料①〜⑥に対応する）。

（一）　渡殿で宸殿と結ばれ、[注29]間に中門廊がある（公卿座─中門廊─渡殿─妙音堂という構造）。南廊側に位置するか。また南面に階段を付設する。

亥刻許受者有渡御、〈御束帯、扈従殿上人二人、前駆四人、衛府長小御随身両三人云々、被用毛車、〉令入自西園寺四足門給、令着南廊給、〈中門廊、公卿座已下掌燈兼仰預令儲之、在打敷、〉①
入夜所々挙掌燈〈公卿座上下、中門廊、透渡殿、各一本、以上高燈台在打敷、〉③
南中門扉并同廊妻戸扉等閉之〈為不入雑人也、〉中島并本堂南庭〈舞台北程也〉南中門辺ニ下家司奉仕立明、時々以番頭等被見御縁下雑人、依其曲秘蔵也③

令昇妙音堂南面沓脱給、経南東簀子〈於正面間聊御蹲踞〉入当間御着座〈南面、〉⑤

これらの記事および、『増鏡』の「池のほとり」という記事から、妙音堂は寝殿造における「コ」の字型の先端部分、ふつう釣殿にあたる部分に位置し、持仏堂のような空間を構成していたことがわかる。

（二）東向き、内陣を持つ、通常は外陣部（孫庇部）とは透障子で区切られる。桁行三間、梁間四間か。

道場東面三ヶ間撤透障子、南北障子覆翠簾〈如例〉②

内陣正面透障子三箇間并北僧座畳撤之〈不撤南座、〉南北障子覆翠簾垂之⑤

上記の記事から桁行は三間以上であることがわかる。師匠座の記事などと合わせて考えると四間以上の空間は想定できず、桁行は三間と推定する。拝座の記事から外陣部（孫庇、弘庇）を持つことがわかる。時代的な様式からいって梁間三間は有り得ない。以上から、梁間は四間と想定される。つまり孫庇付の横三間、縦四間の空間であり、鶴林寺法華堂などに近い様式であったといえる（ただし外陣部は吹放だった可能性もあり、鶴林寺法華堂ほど閉鎖性はなかったかもしれない）。

（三）後戸を持つ

閉後戸妻戸并障子、又依仰、上下諸人達令出之、中門上下扉同閉之③

後戸は導師、家司が移動で使用する空間である。

（四）師匠の座は内陣部北側である（身分によっては外陣側となる）

堂中東第二間、副北障子、敷大文高麗畳一枚〈東西行、〉其上敷竜鬢一枚、其上東京茵、為御師匠座②

内陣東第一間副北障子、東西行敷大文高麗端畳一枚、其上敷草座〈建久三年敷布草座云々、今度被用尋常草座〉為師匠御座〈依御法躰不敷竜鬢茵等、〉③
東面弘廂第一間、逼東長押、南北行敷高麗小文畳一枚、其上加東京茵為師匠座④
内陣東第二間副北障子、東西行敷大文高麗畳一枚、其上敷草座〈建久三年敷布草座、徳治二年被用尋常草座、今度如然、〉為師匠御座〈依御法躰不敷竜鬢茵、〉⑤

内陣東第一間、第二間の違いはあるが、師匠の座は北面に面したかたちで横長（東西行）に設置する。ただし藤原孝章が師匠の場合④は、弘庇に設置している。

（五）弟子の座は内陣部東側正面、本尊と向き合う形式である（身分によっては外陣側となる）

正面間迫東長押、南北行敷同畳并竜鬢茵等〈閉付様同師匠御座、〉為受者御座①
同庇南第一間〈除正面間、〉逼東長押、東西行敷同畳一枚〈頗寄北、〉其上加同茵為受者座、④
同内陣正面中央逼東長押、敷小文高麗畳一枚〈南北行、〉其上加東京茵為受者座、正面弘庇南第二間敷紫端畳一枚〈南北行、〉為伝業以前受者座、⑤

内陣の東長押に接した形で縦長（南北行）に設置する。ただし小串範秀が弟子の場合（④）は、弘廂に設置している。また藤原孝重が弟子の場合（⑤）は、「伝業以前」の場を弘廂に設けている。

（六）師匠の拝座は外陣部、弟子の拝座は東側の廻廊（簀子部）である

正面弘廂中央敷小莚二枚為御拝御座、〈師匠御座寄乾頗在前、受者御座寄巽頗在後、〉①
正面弘庇〈頗寄北〉敷莚一枚、為御師匠拝座〈南北行、〉同南第二間簀子〈頗南寄〉敷同莚一枚、為受者拝座〈南

北行〉③

（七）その他の設え

○本尊厨子は三方厨子、普段は御帳がかけられ戸は閉められている

其儀、先撤妙音天御帳三面、仮机〈当時供花間立之、〉開三方扉⑤

○導師座には次のものが置かれる

御帳前机・礼盤・盤台・燈台等如常、脇机上置諷誦文二通〈師匠御分儒草右京大夫俊範朝臣草進之、受者所伏也〉⑤

○誦経幄は東庭に設置、師匠および弟子の嚫（布施）を置く

東庭砌下当仏前立誦経案一脚〈在小莚、〉積嚫物〈信濃布百端、師弟共仰後戸奉仕之、〉同南方〈頗退東〉立受者誦経案積嚫物〈同前〉④

○内陣と外陣をふさぐ透障子を撤去し、北面、南面には御簾をかける

内陣正面透障子、三箇間并北僧座畳撤之〈不撤南座、〉南北障子覆御簾垂之⑥

○師匠の座の前には切燈台をおく

師匠座前立切燈台一本〈正面間北柱下、在打敷、〉挙掌燈〈挑東、〉①

○その他、想定されること

・背面には階段を設置
・内陣と外陣の間には段差がある
・南北の壁は障子

・西は後戸をのぞいては壁面
・東面は吹き抜け
・導師座の切燈台は二つ

以上をもとに復元した秘曲伝授儀礼時の妙音堂の指図が章末［図一］である。参考に、四条室町第妙音院金堂の復元指図を載せておいた。そして、この復元図をもとに、⑥に基づいて秘曲伝授の流れをまとめたものが章末［図二］である。

四　秘曲伝授における本尊の生身性

では、ここからどのような事象を読み取ることができるだろうか。まず、秘曲伝授の意図であるが、夜半の伝授であり譜を見る事もなかったことから、技術の面での相伝ではなかったことは明らかといえる。すでに曲を憶えた上で、奏楽に臨んでいたのではないか。逆に言えば、深夜、堂内には燈台が二つか三つ、伝授直前には後戸や中門も閉められ辺りが護衛で固められるなど、厳粛な雰囲気のもとに行われていた儀礼であった。譜の相伝が必ず儀礼に組み込まれている点から考えると、譜の伝授の象徴化と見ることもできる。

儀礼の構造においてもっとも興味深いのは、受者と本尊が対峙する点かと思われる。つまり秘曲伝授においては、あたかも本尊が受者に秘曲を伝える、という工夫がされていたと考えられる。師匠はそのための媒のような存在でもあった。第一節で述べたように、北山第妙音堂の本尊は妙音天であるとともに、そこに藤原師長の存在も重ねられていたわけで、推し進めて考えるならば、妙音堂における秘曲伝授とは、秘曲伝授を創始した師長その人に伝授を受けることでもあった、と解釈できるだろう。図像面に則して見れば、男性の楽琵琶の持ち方をする妙音天の姿（第二節参照）は、受者と対座する、という点において、秘曲伝授にふさわしい造型であったことがわかる。

なお、秘曲伝授において本尊と受者が向かい合う形式は、四条室町第妙音院金堂においても北山第妙音堂においても変わらない。北山第妙音堂は、妙音院金堂の方位を九〇度廻転させた以外は、基本的な構成は同様のものである。師長の『楽家伝業式』が、その後の西園寺家の伝授の規範となったことが、次第の面から明らかにされているが、(注30)建築の側面においても、北山第妙音堂が妙音院金堂を継承していたことがわかる。ただし妙音院金堂と北山第妙音堂は幾つかの点において差異がある。

たとえば事前の行法において、妙音院金堂は懺法や両界行法が行われているのに対し、北山第妙音堂では妙音供が行われている。妙音院金堂は瑠璃壇が須弥壇の廻りにおかれているのに対し、妙音堂には瑠璃壇がない（瑠璃壇は常行堂独特の行道用の空間である）。また『楽家伝業式』には「他楽器、准此」とあることから、琵琶以外の秘曲伝授も想定していた節があるが、北山第妙音堂は本尊の様式も含め琵琶秘曲伝授に特化している。以上の点から、妙音院金堂が種々の法会を行う持仏堂であったのに対し、北山第妙音堂は音楽関係、特に琵琶を使用する儀礼のための堂宇であったといえる。

五　形骸化する秘曲伝授と西園寺家による妙音天信仰の再興

結論に入る前に、秘曲伝授や妙音天が中近世にいたってどのように展開していくのか概括してみたい。まず秘曲伝授自体、近世に入ると形骸化していたという事実がある。本書第五章末尾の［表］を追っていくとよく判るが、秘曲伝授は時代が下るにつれ細分化し種類を増やしていく。しかし最秘伝の啄木は十五世紀中半の後崇光院の代に途絶え、公的な奏楽の場である御遊自体も室町期の内乱で頽廃する。天皇の奏する楽器も笙や箏となり、琵琶の家にとって、天皇の御師匠となることでの叙位は望むべくもなかった。天皇家の秘曲伝授は近世末期まで続くが、近世はまた天皇家の伝授が様々な形で行われていた時代でもあった。秘曲伝授は数ある天皇の伝授のうちの一つに過ぎず、かつての西園寺家の秘曲伝授のような、政治と密着した意義をそこに見いだすことは難しい。

一方の妙音天については、第二節で述べた白雲神社蔵の妙音天像が、近世においては西園寺家の所有であったことが知られている。(注31) しかし西園寺家の琵琶は南北朝の動乱にあって西園寺公宗が誅殺されたことによりいったん断絶しており、その後は傍流であった菊亭今出川家が主流となる。その後も園家などの台頭があり、西園寺家は近世にあっては、必ずしも中世のような琵琶道を領導する家ではなかったようである。そのような中で次の記事は注目される。

帰リニ西園寺（実益）ヘ寄候、妙音天建立候、初而一見候、……十五日妙音弁才天ノ法楽歌、

（『時慶記』文禄二年（一五九三）六月三日、十日条）

文禄二年、西園寺実益によって「妙音天」が建立され、六月十五日より妙音講が始められた由が書かれている。この六月十五日がいかなる日なのかは判然としないが、近世の西園寺における妙音講は、この記録の後、六月十五日の開催で固定化されていたようである。(注32) 第一節に述べたとおり、鎌倉～南北朝における西園寺家の妙音講は師長の忌日である十九日に行われており、六月十五日という日にちはいかにも不審である。『時慶記』に見られる妙音天建立および妙音講の記事は、中世の西園寺家から連綿と続いてきたものではなく、近世初頭における西園寺家の妙音天再興の一貫ととらえるべきかと思われる。以上のように、近世においては、妙音天と秘曲伝授は、完全に乖離してしまったといってよいだろう。

結語

以上、先行研究を振り返ることで妙音天の歴史的・図像的位置づけを整理し、秘曲伝授の儀礼空間復元を通して、こうした歴史・図像の両側面を再解釈するとともに、妙音天を本尊とする妙音講についても読み解いた。

妙音天を本尊としての、妙音堂における秘曲伝授は藤原師長『楽家伝業式』によって確立する。西園寺家は妙音堂および妙音天を継承し、自らの邸宅のある北山第に妙音堂を建立、秘曲伝授をおこない、師長の忌日には妙音講を開催した。儀礼の復元を通して見えた、受者が本尊より曲を授かるという構造は、すでに『楽家伝業式』において見られるものだが、北山第妙音堂の本尊にはダブルイメージとしての師長の存在があり、北山第における秘曲伝授においては、あたかも師長から曲を授かるという演出がなされていたことがわかる。

図像面に即していえば、西園寺妙音堂の本尊の図様は、密教系の弁才天の姿形を、楽琵琶を弾く姿にあらためたものであることがわかっている。今回の儀礼復元を通じて理解されたのは、その造型が秘曲伝授の本尊として、適応した形式であったことである。秘曲伝授において、本尊は単にそこに安置されるものだけではなく、受者に曲を授ける存在でもあり、楽琵琶を持ち正面を向く妙音天は、そうした儀礼にもっともふさわしい姿であった。

一方、妙音天の御前で雅楽を奏する『妙音講式』は、次第における供物・人員の配置図の分析より、四条室町第妙音院金堂をモデルとしていると思われ、藤原師長の作であることが推定される。『妙音講式』は西園寺家に伝わった後に、その式文が一部改変され、師長を祖師とする言説がそこにくわわった。これが現在に流布する『妙音講式』諸本である。ただ、いずれの諸本においても妙音天は、供養者とともに楽を奏する存在であり、こうした面に、妙音天の生身性、つまり自ら楽を奏する尊格であるという性質を読み解くことができる。

本論を通して得られたのは、秘曲伝授や妙音天信仰が師長より西園寺家に相承されるにあたって、そこにある変化が生じているという事実だった。西園寺家は四条室町第妙音院金堂にならい、北山第に妙音堂を建立し、師長の『琵琶伝業次第』と同じかたちでの伝授をおこなう。しかし、本論で明らかになったのは、その本尊の造形じたいが西園寺家のオリジナルであった可能性が高いということだった。さらに妙音堂は、師長の御影を本尊前に安置するなど、（琵琶としての）祖師堂の役割をにない、そしてそこで使用されたであろう『妙音講式』も、師長作成のものから、師長をまつる講式へと書きかえられていた。四条室町第妙音院金堂の妙音天も、北山第妙音堂の妙音天も、受者に秘曲を与える尊格であったことは変わりないが、北山第のそれは、本尊に師長自身の存在を重ねるのである。西園寺家は師長がつくりあげた様式を継承しつつ、そこに自らが琵琶の「道」における中枢であるための仕組みを、巧みに組み込んでいたものといえよう。

注

（1）龍粛「西園寺家の興隆とその財力」『鎌倉時代　下』春秋社、一九五七年。なお観智院本『東寺長者補任』「第五十二代真恵」、顕証本『仁和寺御伝』「光台院御室」にも北山堂供養の記事が載る。これらによれば同供養の期日は十二月四日であったという。

（2）荻野三七彦「西園寺の妙音天像―「西園寺家と琵琶」の一節―」『日本古文書学と中世文化史』吉川弘文館、一九九五年（初出一九八一年）。豊永聡美『中世の天皇と音楽』吉川弘文館、二〇〇六年。

（3）『増補史料大成』は「今日仁和寺舎利会、次依レ仮不レ向二禅閤一、仰曰、……」とするが、ここは「禅閤仰曰」と読むべきだろう。

（4）『古今著聞集』巻六「知足院忠実、大権房をして吒祇尼の法を行はしむる事並びに福天神の事（第二六五話）」。

（5）『実兼公記』正応四年（一二九一）八月二十八日条。

（6）櫻井利佳「妙音堂について―妙音院師長研究余滴」『東洋大学大学院紀要』四三、二〇〇六年。
（7）『実宗公記』建久三年（一一九二）六月二十七日条。
（8）磯水絵「琵琶秘曲伝授作法の成立と背景」『説話と音楽伝承』和泉書院、二〇〇〇年（初出一九八三年）。
（9）『文机談』第五冊「本尊被移西園寺殿事」（『文机談全注釈』二九三頁）。
（10）『後深草院御記』文永五（一二六八）年六月二十六日条。
（11）高橋秀樹「家と芸能―「琵琶の家」西園寺家をめぐって」『芸能の中世』吉川弘文館、二〇〇〇年。土屋紀慶「中世における妙音天―楽と信仰の面から」『芸文研究』八五、二〇〇三年。
（12）前掲注（11）高橋論文参照。
（13）川瀬由照「西園寺妙音堂本尊について」『鹿苑寺と西園寺』思文閣出版会、二〇〇四年。
（14）『崇光院御記』貞治五年（一三六六）十二月十八日条。
（15）『花園院御記』元亨三年（一三二三）十月十六日条。
（16）『教言卿記』応永十四年（一四〇七）九月二日条、『応永年中楽方記』所引『教言卿記』応永十六年八月十七日条。
（17）『教言卿記』応永十四年（一四〇七）九月二日条。なお前掲注（2）荻野論文参照。
（18）『崇光院御記』延文三年（一三五八）八月二十一日条、貞治五年（一三六六）十二月十八日条、永徳元年（一三八一）九月二十三日条。また前掲注（13）川瀬論文参照。
（19）『教言卿記』応永十四年（一四〇七）九月二日条。
（20）『花園院御記』元亨三年（一三二三）十月十六日条。
（21）『教言卿記』応永十四年五月十九日条、『応永年中楽方記』所引『教言卿記』応永十六年八月十七日条。
（22）『栄仁親王御記』（『伏見宮旧蔵楽書集成　一』一二）、『看聞日記別記』（同一三）、『妙音天像伝来記』（同一四）。
（23）『看聞日記』応永二十六年（一四一九）七月二十日条。
（24）琵琶と笙についての問題は前掲注（4）豊永論文参照。
（25）前掲注（2）荻野、前掲注（13）川瀬論文参照。
（26）前掲注（13）川瀬論文参照。

(27) 川上貢『日本中世住宅の研究』中央公論美術出版、二〇〇二年（初出一九六七年）。
(28) 妙音堂を用いた秘曲伝授の記録は、この六つ以外にも『伏見宮旧蔵楽書集成』に収録されるが、本論では内容が詳細な六つに対象を絞って論じる。
(29) 渡殿の位置については、秘曲伝授史料からだけでは実態がわからず、あるいは北側に付属していたとも推定される（南廊を通って妙音堂に向かっていたことがわかるので、自然に考えると南北に通る廻廊が妙音堂につながっていたことになる）。一方で、北面に渡殿があると本尊が東を向いていることが不自然になる。この場合、あるいは大森恵子が述べるように、正面系の二十五菩薩来迎図に見える琵琶を弾く仏菩薩の影響を考える必要があるかもしれない。大森恵子「中世の楽琵琶の宗家・西園寺家と妙音天信仰」『年中行事論叢』岩田書院、二〇一〇年。
(30) 前掲注（8）磯論文参照。
(31) 西田かほる「西園寺家の妙音天信仰について」『学習院大学史料館紀要』一〇、一九九九年。
(32)「妙音講六月十五日也、毎歳於西園寺殿亭有之、凡所用之曲平調也」（『楽家録』）、「一、毎年六月十五日御開帳御座候間、正八ツ時迄ニ御参詣可被下候、其節御供所詰所へ御出可被下候、御受書」（「西園寺家文書二‐七」）。西園寺家文書の引用は右注西田論文による。

図一　西園寺北山第妙音堂復元図
応長元年（1311）六月十四日

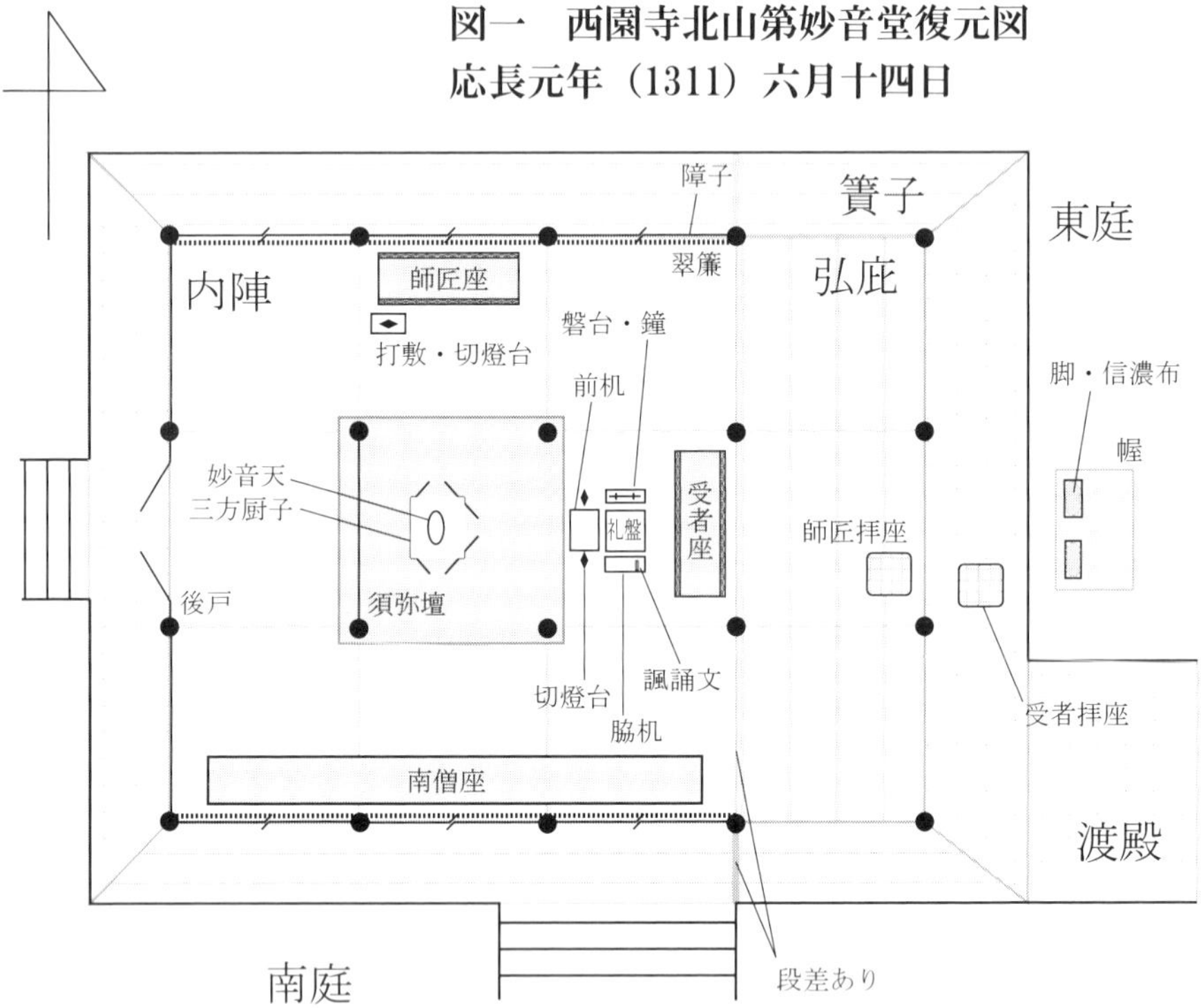

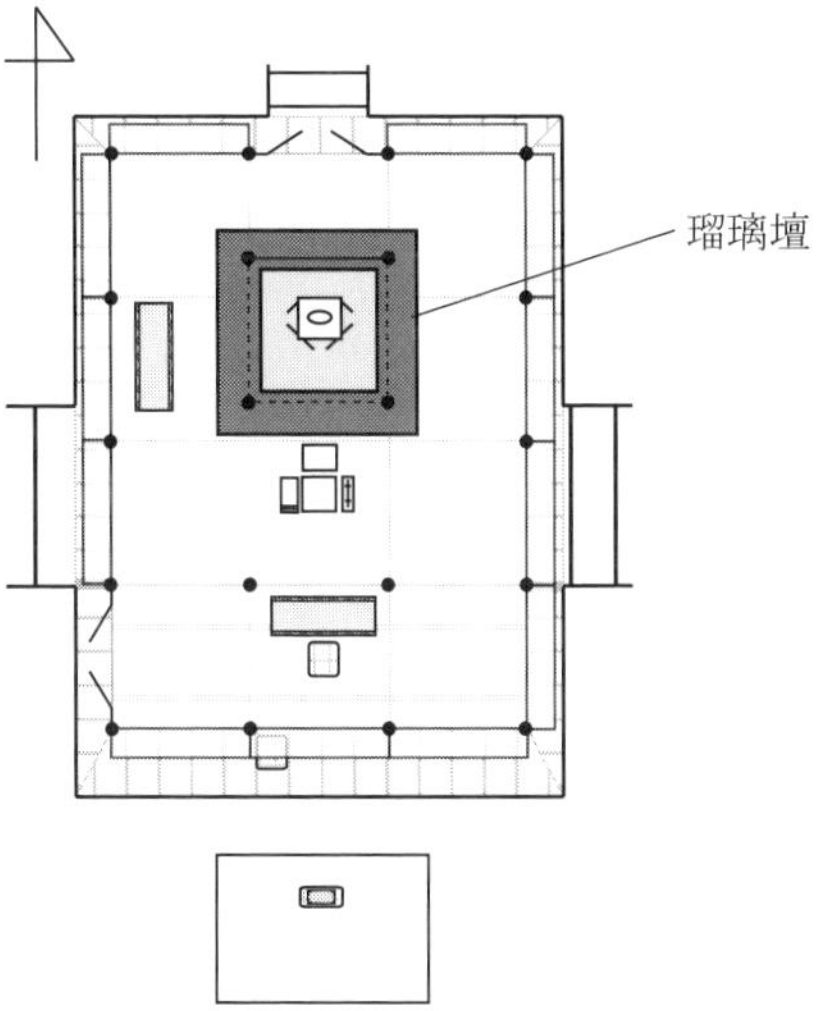

四条室町第妙音院金堂復元図
（伝授時、『楽家伝業式』に基づく）

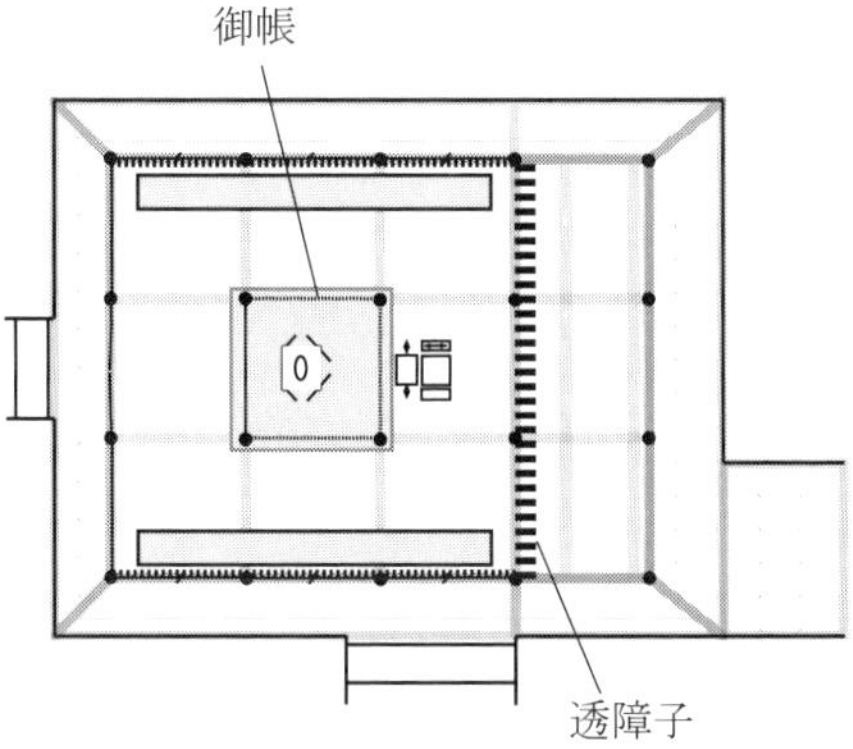

妙音堂（通常時）

図二　琵琶秘曲伝受時の動き

◎後戸開放時

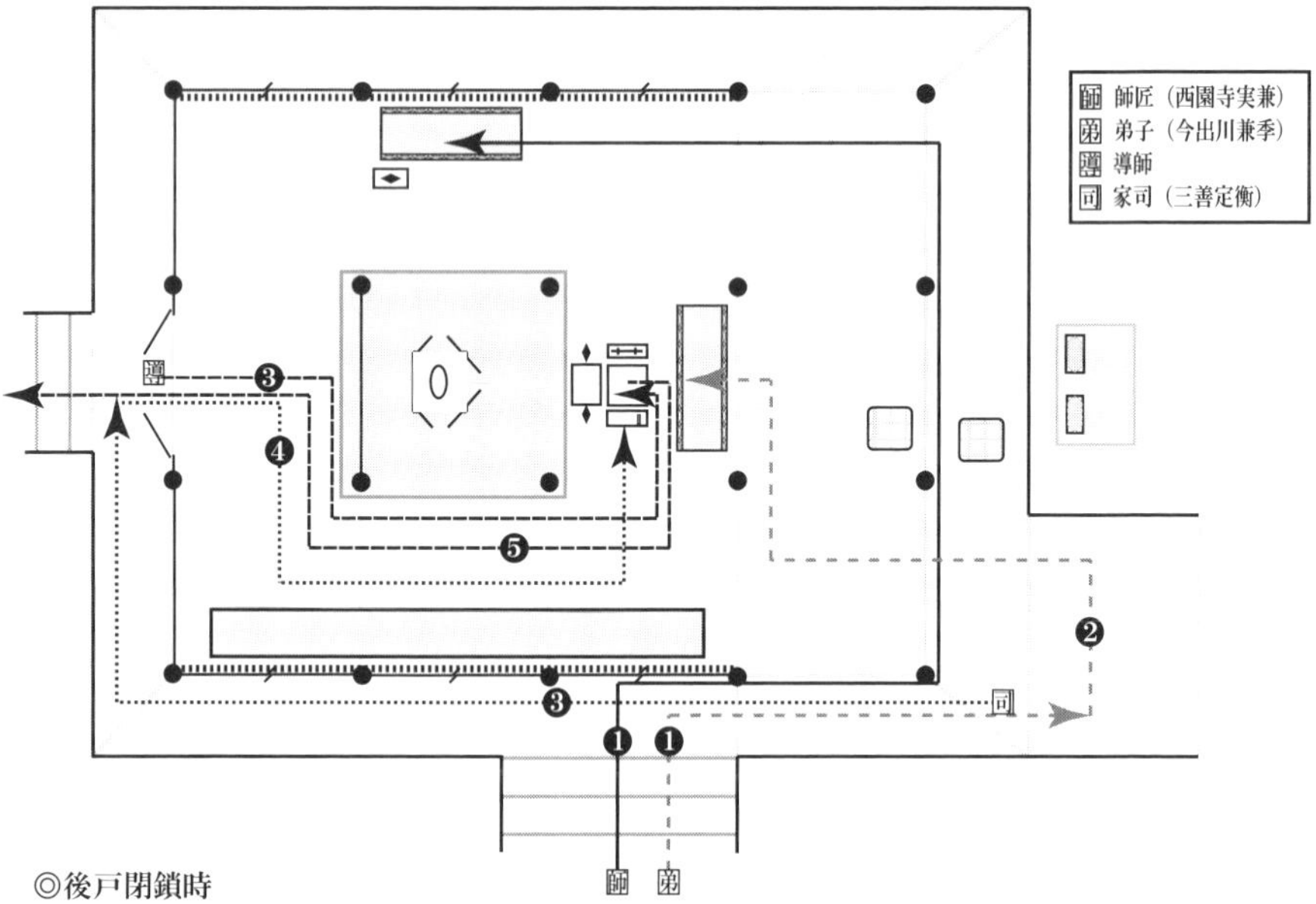

◎後戸閉鎖時

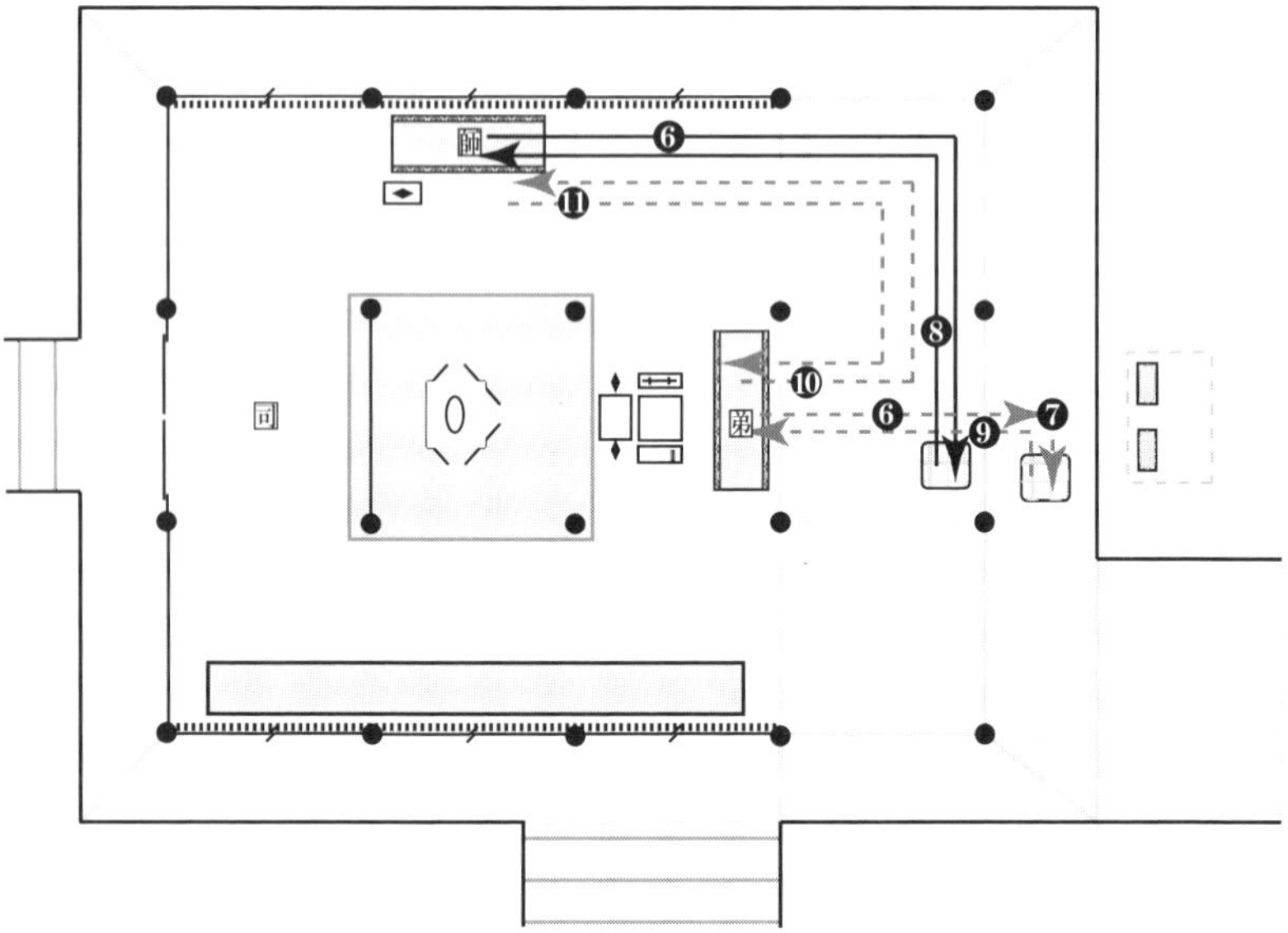

応長元年（1311）六月十四日　西園寺実兼より今出川兼季への啄木伝授
『琵琶伝業次第』に基づく復元

１．師匠入場、着座す❶
　昇堂南面沓脱〈受者同之、但依受者之尊卑、昇降格、可有差別、〉経堂前弘庇北行〈於正面間、聊蹲踞、〉入当間着座〈南面、〉
２．弟子入場、着座す❷
　受者暫徘徊渡殿辺、師匠座定間、奉行家司於東南簀子辺伺師匠気色、次師匠家司示受者可着座之由、受者経弘庇北行自当間着座、〈先跪長押、依師匠目、自座後昇長押着之、〉
３．導師入場す❸
　次諷誦導師〈鈍色甲袈裟〉着礼盤、〈予儲後戸辺家司催之、入後戸経御帳南着之、〉
４．導師、諷誦文を読む
　啓白後読諷誦文、〈有受者諷誦者両度各別読之、搥鐘各三〉
５．導師に録を賜う❹
　次賜導師禄〈未下礼盤給之、〉家司入後戸、経御帳南給之〈有受者諷誦者、両度各別給之、綾褂各一重、〉
６．導師退出す❺
　導師取重之、退下、
７．雑人を払いのく
　次師匠召家司、上下諸人遠令之出由、仰之、中門上下扉同令閉之〈事終開之、〉
８．師匠、起座して拝座に座す❻
　次師匠起座出当間、蹲踞拝座〈西面〉、此間受者退座、蹲踞正面南間簀子
９．弟子、起座して拝座に座す❼
　次受者依師匠目、同蹲踞拝座、
１０．師匠、弟子ともに妙音天に合掌、啓白す
　次師弟相共奉礼妙音天、〈拝三度、聊合掌、〉拝畢乍居〈師弟共亀居、〉〈師匠者授曲於其人由心中啓之、受者々受曲於其人之由也、師弟共祈誓道冥加、〉
１１．師匠、本座に復す❽
　次師匠復本座〈座定間受者、暫蹲踞〉
１２．弟子、本座に復す❾
　次依師匠目、受者帰着堂中座〈入当間自座着之、〉
１３．師匠、弟子、琵琶を持ち秘曲伝授
　次師匠抱琵琶、受者同之〈随師匠目、〉次師弟共調琵琶〈七撥掻合、返風香調、〉次授曲〈有作法、〉次師弟共置琵琶、
１４．弟子、本座を起ちて師匠御前に座す❿
　次師匠目受者、々々起座下、弘廂、北行入師匠座当間、跪師匠座前〈頗左方、乾向、〉
１５．師匠、譜を授く
　師匠自懐中取出譜、授受者、々々少披見之、
１６．弟子、本座に復す⓫
　懐中復座、

第九章　『妙音講式』について

はじめに

持明院殿阿弥陀講、(注1)天王寺舎利講、(注2)足利将軍家天神講(注3)など十二世紀以降の諸権門において、管絃打物による奏楽を伴う講―管絃講が行われていたことが知られている。そのうちの一つに妙音天を本尊として行う妙音講がある。妙音講は十三〜四世紀に西園寺北山第妙音堂で行われていたことが諸資料より知られる。十四世紀以降は宮中や私邸でも行われるようになった管絃講である。妙音講については土屋紀慶による専論(注4)があり、詳細な事例分析をもとに、もともとは藤原師長の忌日（十九日）に行われていた妙音講が、宇賀神系の弁才天信仰と一体化し、妙音天縁日である巳の日に行われるように変化していった事実を明らかにしている。

一方、こうした妙音講を執り行うための式として『妙音講式』が存在する。『妙音講式』をめぐっては、乾克己による遮那院本の紹介に始まり、岩田宗一の諸本紹介と部分的校合を経て、近年では金子良子による思想的位置づけにまで及んでいる。(注5)

ところが妙音講と『妙音講式』という明らかな連関を持つはずの両者について、これまで明確な接点は示されてこなかった。如上土屋論においても御厨子所預・高橋範舜が式読点を付したという『妙音講式』の存在（『教言卿記』応永十四年（一四〇七）九月二十一日条）が指摘されるにすぎない。あるいは阿部泰郎が『妙音講式』の作者を藤原師長に比定するという注目すべき見解（注6）があるものの、明確な根拠が示されているわけではない。

本論ではかかる研究の現状を踏まえ、『妙音講式』諸本のうちの金剛三昧本が、師長が建立した四条室町第妙音院金堂をモデルに作られた点を指摘し、師長による妙音講開催の事実を示す。さらに講式の持つ思想性について考察した上で、西園寺家における講式改変の可能性についても言及してみたい。

一　『妙音講式』概要

本節では『妙音講式』の諸本、構成について述べる。まず諸本について、現在までに次の七点が確認されている（括弧内は目録上の登録名を示す）。

（一）金剛三昧院本

デジタルデータ（『高野山講式集DVD―ROM』）で確認。巻子装。全一一紙。奥書なし。

（二）成簣堂文庫本

仁和寺心蓮院旧蔵、青木信寅旧蔵。巻子一軸。鎌倉期写。伝明恵筆。縦三一・二センチ、全長二四二・九センチ。全六紙、一紙横約四五～五〇センチ。第二紙のみ一八・九センチ。本文料紙楮紙。裏打ち修補あり。一紙一七行程度、一行一五～一八文字程度。軸後補。後補柿色表紙あり。端裏に「妙音講式」とあり。第一紙端裏に「妙音講式」とあり。同紙右下に朱印「心蓮院」とあるか。第一紙と二紙の間に欠あり。表白末尾と式文第一段前半を欠する。第三紙にのみ朱点あり。別に末尾に後補一紙あり、「信寅」とあり。紙背文書あり。箱あり、徳富蘇峰自筆で「妙音講式／〈伝明恵上人筆／背面古文書〉」とあり。包紙あり、青木信寅自筆（カ）で「妙音講式〈明恵上人筆／欠一紙〉〈校異別本福／此校合迠全備也〉」とあり。また添付資料として高山寺慧友僧護の手稿一紙あり。「妙音天講式一巻〈亦ハ名二管絃講式一ト也〉／後宇多法皇御本 信助僧正筆／跡也 嘉永四年辛亥六月十二日 謹／校之畢」「管絃式一巻 式部僧都覚任作也」などとあり。ただし信助筆とされる聖教とは筆跡が異なる。（注7）なお高山寺にはかつて妙音講式が存在していたことが知られており、近衛家実公御筆のものもあったという。（注8）

奥書なし。

（三）学習院大学本

マイクロフィルム（国文研二一六‐二五〇）で確認。巻子装。軸木あり。函あり、函に打付書で「妙音講式〈南北朝時代古写／紙背に古文書五通あり〉一巻」とあり。外題不明、内題「妙音講式」。全八紙。奥書なし。

（四）勝林院本魚山叢書所収（妙音天講式）

写真帳（史料編纂所六一八六‐二六）で確認。勝林院蔵覚秀本『魚山叢書』の一で、舌八八・講式部に収録される。安倍季良自筆。なお奥書に観智院本の名が見えるが現存の目録に確認することはできない。ただし東寺宝菩提院本『伽陀集』B本に「妙音講伽陀」があり、『妙音講式』諸本のものと一致することから、これが観智院本に基づく可能性がある。

奥書「右妙音講式一巻所伝於東寺也、申請　観智院僧正之間、新写此一巻所贈給也／文政七年（一八二四）六月二十五日　玄蕃権助　安倍季良」

（五）立命館大学本（妙音天講式）

立命館大学図書館西園寺文庫蔵。請求記号SB七六八・二八。和綴冊子一冊、江戸時代後期写。縦二六・二センチ。横一八・六センチ。薄灰色渋横刷毛目表紙、右上朱「四十一」、見返素紙。本文楮紙。墨付一六丁、別に遊ビ前後各二丁、片葉五行書。裏打修補あり。外題打付書「妙音天講式 全」、内題「妙音講式」。小林健二氏による書誌調査書あり。なお奥書に「安倍季良」とあるものの、筆致は本人のものと異なる。

奥書「季良以之案之、此講式即毎月十八日所渡／行之講式歟、而此式有東寺観智／院僧正蔵、一日得見之、於是借／乞写之、魚山遮那院広道僧／都被加一校了／文政九年九月九日／玄蕃権助安倍季良」

（六）宗淵本魚山叢書所収

未見。『天台学僧宗淵の研究』（西来寺、一九五八年）によれば、文政十一年（一八二八）、摂州兵庫能福寺本を書写したものと言う。

（七）遮那院本（妙音天講式）

乾克己による翻刻文[注9]で確認。奥書は乾の解題による。

奥書「天保十一〈庚／子〉年（一八四〇）南呂五日書写了」

（八）実光院本（妙音天講式）

岩田宗一による翻刻文[注10]で確認。奥書は岩田の解題による。書写者について、奥書①の良海は来迎院北之坊住持、また奥書②の覚秀は来迎院理覚坊第十四世住持、奥書③の亮恕は来迎院理覚坊第十七世住持である[注11]。

奥書「①天保十一〈庚／子〉年（一八四〇）南呂五日書写之　法印良海　②嘉永七寅年（一八五四）九月十二日書写之　法印覚秀　③慶應四〈戊／辰〉年（一八六八）中春三日書写之　亮恕」

諸本系統についてであるが[注12]、まず大きく（一）と（二）～（八）に分けられる（以下、未見の（六）は除く）。（一）

金剛三昧院本のみ次第―表白―式文（五段）―次第から構成される。他本は前半の次第が見えない。次第は、儀礼の作法の順序を書いたものである。「次…」「次…」と箇条書の形式を取ることから次第の名称で呼ばれる。金剛三昧院本の次第はかなり詳細かつ具体的であり、これは同本が特定の空間を想定したものであることを示唆させる。この点については次節で述べる。

（四）～（八）はいずれも大原魚山に関わるものである。（四）勝林院本魚山叢書所収と（五）立命館大学本は両方とも観智院本（散逸カ）を底本とするもので、書写をした安倍季良と交点をした広道の間には交流があったことが知られている。[注13]

以上の点を考慮に入れながら、次節からは本文の内容について具体的に検討してみたい。

二　次第と空間

前述の通り、金剛三昧院本は冒頭に詳細な次第が記されている。先に本文を挙げ、その上で内容から読みとれる儀礼空間について考察する。

当日未時、弁備供物

金堂母屋三ヶ間、南妻戸前、小机三脚上、各安香花等供具一前、同長机三脚、各安花瓶二口〈合六口用時花、〉

同中央間長机上〈小机南、〉安飯菓等供物十杯〈油根木餅飯各三杯、如次第安之、油在中、飯在左右端、〉

……

次令人著座、

公卿以下蔵人、五位以上着南階上天床座〈東座者西上、西座者東上並北面、〉

諸司三合以下楽人等着階下簀子座〈以中為上、〉
次畳楽器於令人座前〈堂預役之、但階下者承仕役之、〉
次僧侶着座〈孫庇正面間東西相分着之、常住者在西座東上、客僧者在東座西上並北面、〉
……
次唱中段〈二反〉至第二反ニ、同音ニ唱之ヲ、即昇自璃瑠壇ノ南階ノ西頭、経壇上ヲ、右遶一匝畢、列立長机ノ前ニ〈西上北面、〉

傍線部を付した部分の検討から、①堂宇が南向である点、②堂宇が金堂とよばれていた点、③公卿座が天床部、つまり内陣部にもうけられていた点、④僧座が孫庇の部分にもうけられていた点、そしてこれらの座が東西を分ける形で設置されていた点、また⑤瑠璃壇が存在していた点が読みとれる。この点を踏まえた上で、先に本書第八章で示した四条室町第妙音院金堂（藤原師長建立）と西園寺北山第妙音堂の推定指図を再掲する。

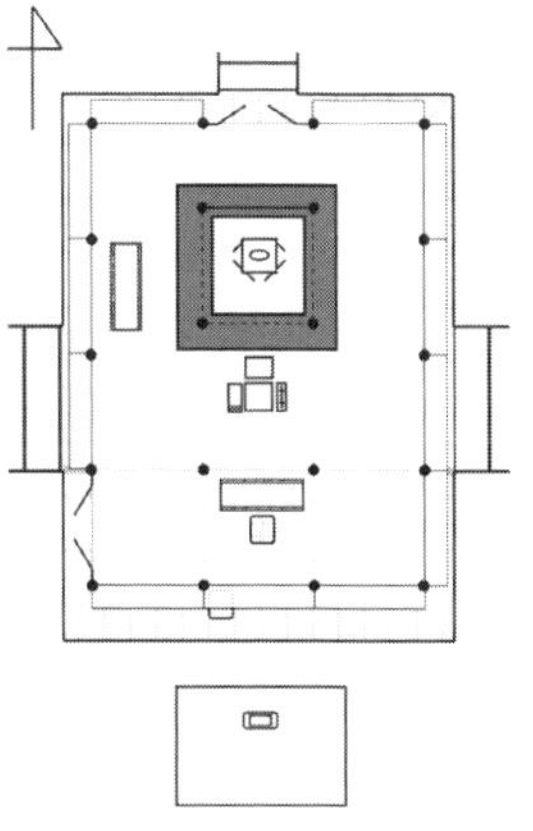

四条室町第妙音院金堂復元図

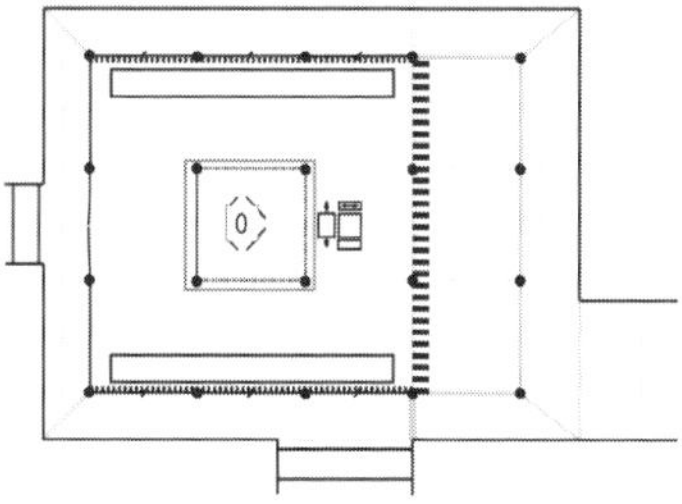

西園寺北山第妙音堂復元図

すると金剛三昧院本の記述は妙音院金堂の復元図と①〜⑤の点ですべて合致する。対して、北山第妙音堂とは③しか重ならない。以上より、金剛三昧院本は四条室町第で行われる妙音講のための講式である可能性が高いことがわかる。同時にそれは師長の時代に妙音講が行われていたことをほぼ確定づけるものである。

次に後半部の次第について確認する。

次神分、
次六種、
次廻向、
次導師降楽、
平調　五常楽急〈三反〉
黄鐘調　平蠻楽〈二反〉
盤渉調　青海波〈三反〉
次催馬楽、楽曲、
次琵琶手、箏調子、
次風俗、朗詠、
〈右件歌詠楽曲等次第任意、前後随便或交奏之、或者省略之、但至琵琶手曲者、毎度必可供養之、是為本尊三摩地之故也、〉
此間引布施〈導師被物一重、裹物一布二段、請僧侶各裹物一布二段、〉
次伶人退出、

特徴的なのは導師降楽の後に様々な音楽が挙げられている事であろう。それは催馬楽、風俗、朗詠など人の声を中心とするものもあれば、楽曲（管絃を指すか）[注14]、琵琶手、箏調子など楽器による奏楽を中心とするものもある。そして割注にあるように、この中の「琵琶手」については「本尊の三摩地」であるから必ず奏さなくてはいけない、とされる。「琵琶手」は「手」と呼ばれる独奏による短い曲である。『三五要録』には「陳太娘」「白力相」といった様々な手が記されており、これらは秘曲に準ずるものとされた。「三摩地」は三昧耶形（尊格の印相）のことであり、ここでは妙音天の三昧耶形が琵琶印であるとされている（妙音天の印相は費拏印であって正確には琵琶ではないのだが、その根拠は式文で示されている。この点については第五節で述べる）。

このように『妙音講式』においては、人の声、楽器の音による種々の音楽が奉納されている。妙音講は、自ら妙音院と号し、あらゆる声（音）についての流派を統合した師長が張行するにふさわしい営みであったと言えよう。

三　表白と伽陀

金剛三昧院本の位置づけが明確になったところで、表白及び伽陀について読み解きたい。なお表白とは儀礼の旨趣を述べたものである。講式においては冒頭に配される。伽陀はそれぞれの段（式文）の末尾に置かれるもので、式文の内容を踏まえたものである。はじめに表白について、冒頭には次のようにある（なお以下、特に断りのない限り引用は金剛三昧院本とする）。

謹敬白浄妙法身摩訶毘盧遮那、因円果満盧舎那界会、一代教主釈迦牟尼善逝、十方三世恒沙諸仏、最勝王経甚深妙典、法界縁起権実聖教、文殊妙音等諸大薩埵、迦葉阿難等諸賢聖衆、大慈大悲妙音大天、歌天楽天、乾達婆王、緊那羅等伎楽諸天、乃至尽空遍法界三宝願海言。

まず表白は講において廻向すべき諸尊格をあげる。この部分は常套句であるが、講式の性格を規定するものであるので若干の解説をくわえる。「最勝王経…」以降で挙げられる尊格、経典がこの講式を特質づけるものであって、

「最勝王経」は弁才天女を記す『最勝王経』を指す。「妙音大天」は経典には見えないが、しばしば唱導において妙音天を讃歎する時に使われる言葉である。「乾闥婆」「緊那羅」は音楽神で『最勝王経』や『法華経』に解かれる尊格である。こうして妙音天（弁才天）及び音楽に関わる尊格を挙げた後、法会の旨趣を述べるのであるが、注目されるのは以下の部分である。

夫四智円明之月、曜二真空一而高懸、三諦相即之風、満二法界一而遍扇。色香無レ非二云中道之理一、根境悉具二内証之用一。然而十方国土区分、六識利鈍各異、或眼見二仏光一得道、或身触二天衣一解脱。余根亦復如レ是。此娑婆世界者、耳根明了、声為二仏事一。或思二遮悪治善之勝業一、殊在二歌詠讃嘆之妙功一。仍対二妙音天之本尊一、修二一座之講演一、仰二善恵地之薩埵一、祈二二世之値遇一。

原夫、金石絲竹、猶出二不生不滅之響一、匏土革木、又奏二非有非空之声一。是以、専成二法楽之曲一、忝驚二仏天之聴一。伏願一切三宝妙音大天影向道場一、円二満悉地一矣。今此講会略有二五段一。第一讃二妙音天女一、第二述二伎楽功徳一、第三祈二現世利益一、第四願二後生菩提一、第五発二廻向弘願一。

この部分は、引用で改行を施したように、二つに分けることができる。前半部は「歌詠讃歎の妙功」とあるように、妙音講でうたわれる催馬楽、風俗、朗詠などの郢曲の巧徳を述べた部分である。その思想的根拠を示すのが「声仏事をなす」という語句である。「声仏事をなす」は『摩訶止観』などにも説かれる重要語句で、中世声明口伝類の序文にはしばしばこの言葉が見える通り、声による功徳を説く文言であった。(注15) 対して後半部を見ると、「金石糸竹」「匏土革木」という言葉が見える。これは『一切経音義』に見える対句であって、ここでは楽器類の総称を示している。かかる楽器類の演奏も「不生不滅の響」があり「非有非空の声」を持つものとしており、楽器による音の功徳が説かれている。つまり前半部で人が発する声の、後半部で人が奏でる音の功徳が説かれているのであり、先に見た、式文以後の郢曲管絃など種々の演奏による法楽の旨趣と一致する。

伽陀についてはすでに金子良子による正確な分析（注16）があるが、一応典拠とともに本文を示しておく。

（第一段）
聡明勇進妙音天　人天供養悉応受
名聞世間遍充満　能与一切衆生願

『最勝王経』大弁才天女品（大蔵経一六：四三六ａ）
聡明勇進弁才天　人天供養悉応受
名聞世間遍充満　能与一切衆生願

（第二段）
簫笛琴箜篌　琵琶鐃銅鈸
如是衆妙音　尽持以供養

『法華経』方便品（大蔵経九：九ａ）
簫笛琴箜篌　琵琶鐃銅鈸
如是衆妙音　尽持以供養

（第三段）
願我所求事　皆悉速成就
無病常安穏　寿命得延長

『最勝王経』大弁才天女品（大蔵経一六：四三八ａ）
願我所求事　皆悉速成就
無病常安穏　寿命得延長

（第四段）
或以歓喜心　歌唄頌仏徳
内至一小音　皆以成仏道

『法華経』方便品（大蔵経九：九ａ）
或以歓喜心　歌唄頌仏徳
乃至一小音　皆已成仏道

（第五段／廻向伽陀）
（願以此功徳　普及於一切　我等与衆生　皆具成仏道）

南無自他法界平等利益

このように『最勝王経』大弁才天女品と『法華経』方便品の偈が引用されている。詳細は次節以降で述べていくが、『最勝王経』に説かれるのは弁才天で、『法華経』に説かれるのは妙音菩薩であり、原拠では妙音天とは称されない。しかしここでは第一の伽陀が「弁才天」から「妙音天」に変更されているように、『妙音講式』の名のもとに弁才天と妙音菩薩が妙音天に引きつけられて考えられている。

また第二、四段の伽陀は『法華経』では連続した偈であり、第二段は楽器による音の功徳を、第四段は人の声の功徳を示したものである。人の声と楽器の音という、二つの音がこの講式において強調されていることはこれまで見てきた通りであるが、偈においても二つの音の功徳が示されているのである。なお第五段の伽陀は廻向伽陀であり、本来は「願以此功徳　普及於一切　我等与衆生　皆具成仏道」の一文があったと思われる。

四　第一段式文と尊格の同一化

表白と伽陀の分析を終えたところで、次に式文を見ていく。本節では式文第一段を扱う。伽陀の分析で見たとおり、『妙音講式』は『最勝王経』の「弁才天」と『法華経』の「妙音菩薩」が融合して示されている。ここで注意しなくてはならないのは「妙音天」は『大日経』に説かれる尊格であって、『最勝王経』や『法華経』に妙音天の名称は見られない、という点である。しかも『最勝王経』に説かれる弁才天に音楽的な要素は見られないのであって、本書第七章に見たように、『最勝王経』における八臂の弁才天と、『大日経』における二臂で琵琶を奏する妙音天とは、この時代、図像や修法においては習合するものの、言葉の次元においてはいまだ乖離している状況にあったのである。したがって、『妙音講式』という名称のもとに、弁才天や妙音天、妙音菩薩を語る以上、言葉の次元においてこれらを同一化させる論法が必要なことになる。そして、それが表明されるのが式文第一段、第二段なのである。

以下にあげる第一段式文は、そうした同一化の論法ための布石と言える。

第一讃二云妙音天女一者、夫此天者毘盧遮那之等流身、善恵地位之大薩埵也。真諦三蔵曰、此第九地菩薩、具二四弁才一、復能施レ他故、立二此号一。花厳経説第九地具四弁云、以二辞無礙智一、具二微妙音一、故一切世間之所二帰趣一。又大品般若説第九地菩薩修治地業云、知二諸天龍夜叉揵闥婆語一、而為二説法一。

傍線をつけた部分は『最勝王経疏』大弁才天女品からの引用である。第九地菩薩は十ある菩薩の修行段階のうち九番目を言う。六十巻本『華厳経』や『大品般若経』にも説かれており、弁説に巧みであるとされる。すなわち式文では、六十巻本『華厳経』十地品に見える「無碍智を辞し、微妙音を具し」と、『大品般若経』発趣品に見える「諸天、龍、夜叉、乾闥婆の語るを知りて」を挙げ、第九地菩薩の音楽的特質を挙げている。『最勝王経』の経疏に見える一節を『華厳経』『大品般若経』から釈するという、いささか迂遠な手続きをへて、弁才天が妙音を持ち乾闥婆などに類する音楽神であることが示されるのである。講式は続けて次のように言う。

誠知、久成二如来法身大士一、以二普現三昧之力一、示二妙音天女之身一。

天部などの尊格が、如来と同一であるという発想は、中世唱導の一形式であって、次のように幾つも例が見える。特に日吉社神道系の諸書に類例が多い。

三には影向衆、いわく往古の諸仏法身の大士、その円極を隠して……

（千観『十願発心記』）

夫奉尋両所三聖者、惣一朝衛護之善神、別四明鎮守之霊社也。云本地、往古之如来、法身大士也。

（『澄憲作文集』第二十三「山王」）

神々皆是本地ハ、往古ノ如来、法身ノ大士ナリ。

（『耀天記』（『神道大系　神社編　日吉』八〇頁））

其上に往古の如来、法身の大士たち、　（『北野天神縁起』（『日本思想大系　寺社縁起』一五九頁））

仏典には見えない、中世的な仏神世界における思想といえるが、この次に続く本文もその点で興味ふかい。

胎蔵儀軌云、妙音天、即摂二乾闥婆類一。浄法身深入清浄妙法音、演出解脱声、言辞柔美、悦衆心、随二順説法度一、有レ情。今案、浄法深入者、釈二天義一。天者、第一義天、故是三徳中法身徳也。清浄妙法音者、釈二妙音名一。演二妙法音一、表二内証恵一。故是般若徳也。言辞柔美者、柔和慈悲之義。故是解脱徳也。然則、妙音天女之名者、三徳秘蔵之理也。亦名二弁才天一、亦名二大弁天一。此天住二智恵荘厳法門一、以二四悉壇弁才一、開二悟衆生一故、名二大弁一、亦名二美音天一。是諸天中歌詠妙音。

「胎蔵儀軌」すなわち『青龍寺儀軌』を引用し、その後でそれぞれの本文を釈していく。その釈によれば

浄法身深入＝天＝法身徳
清浄妙法音＝妙音＝般若徳
言辞柔微＝柔和慈悲（「女」を指すか）＝解脱徳

なのであって、「妙音天女」の文字には「三徳」（法身、般若、解脱）があると結論づけられる。これは『金光明経玄義』巻上の、

三譬喩者、旧経師、以三字譬三徳、金譬法身、光譬般若、明者喩解脱徳、　（大蔵経三九・一c）

に基づくとも考えられるが、むしろ中世の経釈における釈題目でとらえられるものと思う。釈題目とは経典名を語句ごとに解釈するものであるが、例えば『最勝王経』について言えば「最勝王経惣釈」（澄憲『釈門秘鑰』所引）に、

金者喩法身徳、光者喩般若徳、明者喩解脱徳、

とあって[注17]、こうした釈題目の論理を「妙・音・天女」の三語にあてはめたのが『妙音講式』であったと考えられる。

このように、『妙音講式』の作者は経釈における論法も身につけた、かなり博識な人物であったことがわかる。

式文第一段に見える『青龍寺儀軌』の引用などは、他に類例が見えず、いわゆる要文集からの引用ではない、原典から直接参照したと思われるものであって、このような点を考慮しても講式の作者が経典に相当慣れ親しんでいたことが想定される。

五　第二段式文と音楽の功徳

次に第二段を解釈する。冒頭から挙げる。

第二述㆓伎楽功徳者㆒、此天女舒㆓左掌㆒、以把㆓三昧之琵琶㆒、動㆓右手㆒、而調㆓四絃之律呂㆒。其四絃、則出㆓四徳波羅密之声㆒。彼五音、亦表㆓五智大菩提之理㆒。

傍線部は妙音天女の奏楽の姿をあらわしたものである。ここは『大日経』の、妙音天費拏印の印相を説く場面を元にしている。

仰三昧手在於臍輪。智慧手、空風相持。向前運動、如奏楽。是妙音天費拏印。（大蔵経一八：二九c）

ただし、この印相によって示される姿態は、三昧手（左手）を仰いで臍のあたりにあて、智慧手（右手）の空風（人差し指と親指）を捻り、体側に向かって奏楽をする状、つまり費拏（ヴィーナ）を弾く姿である。『妙音講式』はこの点を正確に抑え、「左の掌をのばして三昧の琵琶をとり、右の手を動かして四絃の律呂を調ぶ」と、左手をのばし琵琶を抱え、右の手を動かして奏楽をする、つまり琵琶を奏する状に言い換えている。顕密の聖教に通じた作者の工夫ととれる。

さらにこうした天女の奏楽する四絃の調べには「四徳波羅蜜の声」があるといい、その五音には「五智大菩提の理」があるのだという。五音を五智に比定するのは『管絃音義』ほか諸楽書にも見られるもので、四絃を四徳波羅

に比定するのは類例がないものの、『観無量寿経』に見える、

其摩尼水、流注華間、尋樹上下、其声微妙、演説苦空無常無我諸波羅蜜。（大蔵経一二：三四二b）

の言い換えであって、作者が音律論や浄土経典に関しても造詣があったことをうかがわせるものである。

そして講式はまた次のように続く。

昔大樹緊那之弾レ琴也、讃二常楽我浄之徳一、馬鳴菩薩之作レ楽也、説二苦空無我之法一。彼二菩薩之琴瑟、聞レ之者忽得二無生忍一。

「大緊那（緊那羅）」「馬鳴菩薩」ともに音楽に関わる尊格であるが、ここでは次の文の影響が考えられる。

此曲ハ、天竺祇薗寺供養ノ日、伽陵頻来舞儀時、妙音天奏二此曲一玉ヘリ。……此鳥鳴音中、囀二苦空無我常楽我浄一也。（『教訓抄』巻第四「迦陵頻」）

この迦陵頻曲に関する言説は、二十巻本『和名類聚抄』巻四「迦楼頻」にも類似文が「或譜云…」として見えることから、楽書の世界において知られていた言葉であると見え、この点において、作者の音楽説話に関する知識がうかがわれる。その上で講式は妙音菩薩を登場させる。

此三摩耶之琵琶、聞レ之者盍滅二有漏罪一哉。昔妙音菩薩以二十万種伎楽一、供二養雲雷音王仏一。以二是因縁果報一、今生二浄華宿王智仏国一、得二美妙音声一、善説法利生。故称二妙音菩薩一。供二養伎楽功徳一、莫大哉。是故我等唱二歌頌一、讃二天女一、調二絃管一、供二仏陀一。最勝王経天女白仏言、我将二諸眷属一、作二天伎楽一、来二詣其所一、而為擁護。願人間妙曲与天女伎楽、凡聖同合二奏其雅音、仏天共納受給此供養。故大衆先唱偈、次可レ行二礼拝一。

妙音菩薩は『法華経』妙音菩薩品に登場する尊格である。十万種の伎楽を以って雲雷王を供養したという、妙音菩薩における音楽の功徳が説かれているのであって、この点において、第一段式文で示された『大日経』の妙音天

＝『最勝王経』の弁才天とが、『法華経』の妙音菩薩と一体化するのである。そしてそれは、見てきたように顕密の教理と楽書の言説によって論理的に示されたものであった。

六　第五段式文と講式の受容

以上、式文第一、二段を続けてみた。第三、四段に関しては引用元が『最勝王経』に限られており、特に詳述はしない。ここでは第五段について、諸本の改変部分に注目して論じてみたい。というのも『妙音講式』第五段は諸本間で最も異同がある部分であり、そこから講式の享受者層が想定できるからである。特に金剛三昧院本と他本とで本文が全く異なる点は重要と思われる。ここでは金剛三昧院本と、学習院大学本を比較する。比較のため原文通りに訓点、合符についても翻刻し、句読点、濁点を私に付したものを挙げる。

第五発廻向弘願者、一座講会ノ儀式已ニ訖ヌ。願以二此善根一、普及ニ群萌一、各二成二一世之所求、遂得二三身之証果一。方今、諸徳毎月精勤ハ更ニ雖レ《ドモ》不《ズト》レ懈テ、法主依テ宿素ノ願一ニ、殊ニ猶欲レスル刷《カイツクロハント》者歟。若爾病痾災殃之患累《ルイハ》、類レシテ露ニ忽ニ銷《キヘ》、美音弁才之徳用ハ、共《トモナテ》月ニ、増《マスマス》明ナラン。重請、請肆常開ヒテ、鎮ニ扇二冥山之風一ヲ、梵席惟穏ニシテ、遠ク期二セン龍花之春一ヲ。乃至法界平等利益。仍唱伽陀、可行禮拜矣。

南無自他法界平等利益

（金剛三昧院本）

第五発スハ廻向弘願一ヲ者《ハ》、一座ノ議会儀式已訖ヌ。願ハ以善根一普ク及シ群萌一ニ、各成シ二一世之所求一ヲ、遂ニ得シ三明之証果一ヲ。夫レ挹《クムデ》流一レヲ、討《タヅネ》源ヲ、以徳ヲ報ス恩ヲ。禅定聖霊忝クモ為メ楽家之祖師ト、已ニ為タリ当会之本願一ニ。今此ノ恵業宜クシ資ス聖霊。殊ニハ亦、本朝異域過現当携ハリ管絃、好マム音曲ヲ之輩、籍《ヨリ》此廻向一ニ開《アヅカラン》其利益一ニ。故大衆先唱偈一ヲ。次可行ス礼拝一ヲ頌曰

願以此功徳等
南無自他法界平等利益　　（学習院大学本）

金剛三昧院本が美音弁才（妙音天）の徳を述べるのに対して、学習院大学本は「禅定聖霊」を「楽家祖師」と定め一座をこの「聖霊」(注18)に資するものと説く。「禅定聖霊」とは明らかに藤原師長のことであり、(注19)学習院大学本からは藤原師長を琵琶の「祖師」に位置づけたいという思惑を読み取れる。

ここで注目されるのは、冒頭にも記したように、十三世紀から十四世紀にかけて、西園寺北山第妙音堂で妙音講が行われていた事実である。第八章で述べたように北山第妙音堂の本尊は師長伝来とされていた。そして金剛三昧院本には妙音院金堂をモデルにしたと思われる次第があるのに対して、学習院大学本は次第が消されている。以上をもとにすれば、師長が主催した妙音講の式である金剛三昧院本を西園寺家が改変し、北山第での妙音講のためにつくりかえたのが学習院大学本であると考えられる。

七　『妙音講式』の影響

最後に『妙音講式』が後代の文学に与えた影響について考察する。講式の影響というと、乾克己が『往生講式』を例として網羅的に示したように、(注20)種々の文芸への波及が考えられるのだが、『妙音講式』の場合、むしろ講式内での影響が強い点に特徴がある。

例えば先に見た『音楽講式』について、次にあげる表白の部分は『妙音講式』の引用と推定される。

不生不滅之調、徹虚空界之風、
非有非空之響、和法性海之浪。　　（『音楽講式』）

金石糸竹、猶出不生不滅之響、

匏土革木、又奏非有非空之声。　（『妙音講式』）

『音楽講式』は文学博士の草案であるゆえ漢詩表現には優れるが、仏教的要素は乏しく、その一部分も『妙音講式』に依ったものであったことがわかる。また尊性『太子講式（五段）』は管絃講の講式であるが、その式文第四段「明二発伎楽伝末代意趣一」の一節

声成仏事、遮悪慈善之勝業、弘自遺跡、

は、『妙音講式』表白部分の

此娑婆世界者、耳根明了、声為仏事。

に基づいていると見てよいと思う。あるいはまた『諸講式集』所引の『弁才天講式（三段）』の式文第一段「讃二現世利益一」には、

或又現二臂形舒左掌、而抱三昧之琵琶動右掌、与調四絃之呂律、其四絃則出四徳波羅蜜之声、彼五音亦表五智大菩提之理。(注21)

とあるが、これは『妙音講式』式文第二段、

第二述伎楽功徳者、此天女舒左掌、以把三昧之琵琶、動右手、而調四絃之律呂。其四絃、則出四徳波羅密之声、彼五音、亦表五智大菩提之理。

のそのままの引用であろう。

このように『妙音講式』は、講式に与えた影響は大きいものの諸文芸にはあまり波及していない。講式の受容が盛んな宴曲(注22)においても、その受容は確認できない。こうした講式内での受容と、諸文芸への波及の差異は、『妙音講式』があくまで仏教の教理に正確に基づいて書かれたものであり、修辞的に必ずしも魅力があったとは言えない

点が大きかったと思われる。その点でも、漢文の文脈を多用し諸文芸にも波及している『音楽講式』(注23)とは対照的な位置にある。

そのような中で、『源平盛衰記』巻二十八「経正竹生嶋詣」に見える以下の記述は、『妙音講式』を引用した可能性があるものとして注目される。(注24)

天女と申は即大弁才功徳天女是也。此往古の如来法身の大士也。紫磨の姿を隠して和光の道に出給。仮に端厳の女身を荘て、能美妙の音楽を調ぶ。左の掌を舒ては三昧の琵琶を懐き、右の手を動しては四絃の呂律を調ぶ。故に此天をば美音天女とも名、妙音楽天とも申す也。

竹生島の弁才天を説くくだりである。この部分は『妙音講式』の以下の式文と、本文が類似する。

誠知、久成如来、法身大士、以普現三昧之力、示妙音天女之身。（第一段式文）

第二述二伎楽功徳一者、此天女舒二左掌一、以把二三昧之琵琶一、動二右手一、而調二四絃之律呂一。其四絃、則出二四徳波羅密之声一。彼五音、亦表二五智大菩提之理一。（第二段式文）

留意したいのは、第二段式文との類似箇所である。第五節で述べたように『妙音講式』は『大日経』に見える妙音天の費拏印を改変し、琵琶を持つ印相を説いている。『源平盛衰記』に記述される弁才天の記述は、この『妙音講式』中の印相と一致しており、引用の可能性は十分考えられるものと言ってよい。

「経正竹生嶋詣」は、天台における教説との接点が濃密なことが諸研究により指摘されており(注25)、天台談義書で成立した朗詠注である『和漢朗詠集和談鈔』にも、類似の本文があることもすでに知られている。(注26)しかしそこには台密とは異なる経路をもった講式も内包されていたのである。

結語

『妙音講式』で示される本尊は、『最勝王経』の弁才天、『大日経』の妙音天、『法華経』の妙音菩薩を軸としながらも、その経疏や経釈の言説をも取り入れている。かかる複合的尊格に、音楽にかかわる諸言説を破綻することなく布置していく『妙音講式』は、その後の講式間での強い影響に表されるように、優れた管絃講式として当時から認識されていたことがわかる。

最後に講式の作者について述べておく。成簣堂文庫本の添付資料によれば『妙音講式』の作者は式部僧都覚任（覚仁）であるという。覚任は式部丞藤原家能の子で、仁和寺内の威徳寺などに住した僧である。弁舌に堪能であったとされ、その唱導を集めた作品として『覚任表白集』が知られるほか、仁和寺蔵『久安御灌頂記』の作者にも比定される。また貴族との関係においては、藤原頼長との親交があったことが想定されている（注27）。

本書第五章および第八章で述べたように、藤原師長の父である頼長の日記『台記』には妙音天の記事が見えている。また仁和寺という場に注目すれば、師長と同年代の守覚法親王には楽書『糸管要抄』の著作があったことが知られる。東山御文庫蔵『呂律口伝』（注28）などに代表されるように、仁和寺には音楽についての広い知識が寺内で共有されていたものと思われる。『妙音講式』の成簣堂文庫本が、仁和寺塔頭である心蓮院旧蔵本であったことを合わせて考えるならば、本講式が覚任の作であることは十分にあり得ることであろう。

以上を踏まえ、『妙音講式』の成立と伝来について推測すれば以下のようになる。『妙音講式』は十二世紀前半、覚任によって作成された講式であると考えられる。覚任と頼長に関係性が見られることから、摂関家に伝来した妙音天像のために作成された講式であった可能性もある。そして十二世紀後半、師長が妙音堂を建立し本尊に妙音天を安置、秘曲伝授儀礼を創始するに及び、講式には供養のための次第が付された。さらに十三世紀に至り、師長の妙音堂を継承する西園寺北山第妙音堂が建立されると、師長は秘曲伝授の祖として尊崇され、講式の一部も師長賛嘆のための文言へと改変された。

現存本から考えると覚任作の原態をとどめるものが成簣堂文庫本、師長建立の妙音堂の次第を組み込むものが金剛三昧院本、西園寺家による改変が成されたものが学習院大学本と想定される。それ以外の諸本は声明の系譜の中で用いられたものであるが、基本的には学習院大学本に近い本文を持っている。このことは、いったん貴族側で受容され改変された講式が、その後、僧侶側で受容されていったことを示すものと言えよう。式文第二段に「願人間妙曲与天女伎楽、凡聖同合二奏其雅音一」とあるがごとく、『妙音講式』はその淵源から伝来に至るまで、聖俗両様で用いられた講式なのであった。

注

（1）持明院殿の音楽については、櫻井利佳を参照。櫻井利佳「法深房藤原孝時の出仕」『文学と音楽史―詩歌管絃の世界―』和泉書院、二〇一三年。
（2）安本雅彦「管絃講の音楽的実相」『伝承文学研究』三八、一九九〇年。
（3）三島暁子『天皇・将軍・地下楽人の室町音楽史』思文閣出版、二〇一二年（初出二〇〇九年）。
（4）土屋紀慶「中世における妙音天―楽と信仰の面から」『芸文研究』八五、二〇〇三年。
（5）乾克己『宴曲の研究』桜楓社、一九七二年（初出一九六五、一九六七年）。岩田宗一「講式と音楽―妙音天講式を中心として」『声明の研究』法蔵館、一九九九年（初出一九八一年）。金子良子「『発心集』の管絃往生思想―『妙音講式』と『音楽講式』を中心に」『仏教文学』三五、二〇一一年。
（6）阿部泰郎『中世日本の宗教テクスト体系』名古屋大学出版会、二〇一三年（初出二〇〇七年）、三四三頁。

（7）『出家受戒略作法』（醍醐寺聖教二三四‐五一）、『空海遺告写』（仁和寺聖教御経蔵二〇‐三八）。
（8）『高山寺経蔵典籍文書目録　第二』二二七頁。
（9）前掲注（5）乾論文参照。
（10）前掲注（5）岩田論文参照。
（11）『両院僧房歴代記』（『続天台宗全書　法儀1　声明表白類聚』所収）による。
（12）前掲注（5）岩田論文に諸本関係がまとめられているが再検討の余地がある。
（13）『声調考正目録』（『勝林院本魚山叢書』鼻六〇所収）奥書など。
（14）一般に催馬楽などの人の声が含むものを「歌」といい、声を含まない管絃打楽器からなるものを「楽」という。
（15）本書第十三章参照。
（16）前掲注（5）金子論文参照。
（17）「最勝王経物釈」と『金光明経玄義』との関係については、すでに箕輪顕量が指摘している。『釈門秘鑰』の引用も箕輪著書による。箕輪顕量『日本仏教の教理形成―法会における唱導と論議の研究』大蔵出版、二〇〇九年。
（18）遮那院本はこの部分を「音曲伝来ノ祖師聖霊」とする。
（19）西園寺文庫本の末尾にも「私云、廻向文云、禅定聖霊トハ則妙音院禅閤ノ御事ナルベシ」とある。
（20）前掲注（5）乾論文参照。
（21）関口静雄「翻刻　竜谷大学図書館蔵『諸講式集』」『学苑』六七二、一九九六年。
（22）前掲注（5）乾論文参照。
（23）菅野扶美「『音楽講式』について」『極楽の世界』北辰堂、一九九七年（初出一九八七年）。
（24）大智寺蔵『橋柱寺縁起』（元徳二年（一三三〇）元奥書）にも『妙音講式』と同文が認められるものの、こちらは『弁才天講式』からの孫引き引用であると考えられる。
（25）名波弘彰「南都本『平家物語』経正竹生島詣と日吉社聖女宮の琵琶法師―叡山信仰圏における宇賀弁財天信仰をめぐって」『文芸言語研究　文芸篇』十一、一九八七年。辻本恭子「『源平盛衰記』と叡山文化圏―赤青童子・雨宝童子がつなぐ経正竹生島参詣記事と師長熱田社参詣記事」『軍記物語の窓　第二集』和泉書院、二〇〇二年。

（26）牧野和夫『中世の説話と学問』和泉書院、一九九一年、一二七頁。

（27）以上、覚任の事跡と著作については以下の論を参照。小島裕子「『五宮灌頂記』解題・翻刻」『名古屋大学比較人文学研究年報 第一集・第二集』二〇〇〇年、松薗斉「『久安御灌頂記』解題・翻刻」同書、山崎誠「『覚任表白集』解題」『真福寺善本叢刊 法儀表白集』臨川書店、二〇〇五年。

（28）勅封六〇－三－四－一。仁和寺旧蔵。鎌倉期写。

第三部　言葉と宗教

第十章　中世前期における狂言綺語観の展開

はじめに

狂言綺語の句は、唐の白居易（七七二〜八四六）において初めて使われた言葉である。すなわち『香山寺白氏洛中集記』に「願以今生世俗文字之業、狂言綺語之過、転為将来世世讃仏乗之因、転法輪之縁也」とあり、白居易は来世への善報を期待する意味でこの一文を使用したとされている。(注1)「願以今生世俗…」の一文は、勧学会を経てのち『和漢朗詠集』を通じて本朝にも広まったが、白居易の思想はそのまま受け継がれず、様々な曲折を経て解釈されることになった。それゆえ狂言綺語観とはふつう、十悪の一とされる綺語、妄語（となるような営為）をいかに仏道に結びつけるか、そしてそれにともなって狂言綺語の句がどのように用いられるか、という分析概念を指す言葉として使用されている。

中世前期（十二世紀〜十三世紀）における狂言綺語観の展開を見たとき、密教的な側面をのぞけば、(注2)その潮流は主として次の二つに大別できる。(注3)

一つは諸法実相論（注4）からの視点である。諸法実相論とは「諸法（もろもろの事象）は実相（真理）である」という解釈に基づく。諸経典に見える言葉であるが『法華経』方便品にこの言葉があることで、文芸にも様々な影響を及ぼした。狂言綺語観においては特に、『涅槃経』を原拠として『法華文句』を通じて広まった「麁言軟語帰第一義」の句が受容されている。（注5）こうした思想を表明するものに『梁塵秘抄』の著名な歌「狂言綺語の誤ちは　仏を讃むる種として　麁き言葉もいかなるも　第一義とかにぞ帰るなる」や、『色葉和難集』序文（十三世紀前半カ）などがある。

いま一つは執と心のありようの問題である。中世になると和歌や管絃が綺語や戯事であるか、という問題よりも、そうした歌詠、奏楽に伴う執の存在が問題となってくる。執とは――この問題に最も正面から向き合った鴨長明『発心集』（注6）によれば名聞、名利、驕慢、恩愛、嫉妬、余執、邪執、他念などであり、この執にまどわされると「魔縁得便」ことになり、臨終の後、虫とか蛇とか、あるいは天狗の類になってしまう。こうした執への解決策として、当時の人々が最も重視したのが「心澄む」の実践であった。すなわち、歌詠、奏楽において一心に集中すれば「心澄む」（注7）という状態になり、この「心澄む」状態こそが仏道における修行で得られるものと同じである、という思想を見いだしたのである（後世の言葉を借りるならば「和歌をこのみし心にて、道心をこのめば、まことに発心すすみやすかりけり」（『西行上人談抄』）ということになる）。この「心澄む」という状態は、仏教から数寄を把え直した時に、数寄者に求められる心のありようでもあった。（注8）「心澄む」や数寄の実践は、広汎に受け入れられ、『龍鳴抄』（一一三三年）、『教訓抄』巻七（一二三三年）などに狂言綺語の句とともに見ることができる。

以上二つ、諸法実相論と執の問題は、白居易が「願以今生世俗…」で示した思想とは異なるけれども、その「（罪障となるような）綺語も仏道に通ずる」という点では共通しており、しばしば狂言綺語の句とともに語られるようになった。本論ではこの二つの側面に注目しながら、特に十二世紀中半から十三世紀前半にかけての唱導文献を主軸として、狂言綺語観の展開について考察していく。安居院流の澄憲（一一二六～一二〇三）に代表されるこの時代の唱導は、和歌、管絃、今様など諸道に及んでおり、狂言綺語観に関わる家の人々の代弁としてとらえることができる。道や家の理念が形成されていく中世前期にあって、唱導を分析の対象とすることは、狂言綺語観の広範な理解につながるものと考える。以下、具体的には澄憲の「和歌政所結縁経表白」を起点として、これと連関する『柿本講式』（十二世紀末カ）『月講式』（一二一六年）『音楽講式』（十三世紀前半）といった作品を見ることで、狂言綺語観の展開のうちにいかなる論理がつくりだされ、その中でどのような表現がなされるか、時代を追いつつ考えることにしたい。

一　諸法実相論の展開

ここではまず、諸法実相論が狂言綺語の句と結びついていく過程を確認する。諸法実相論の文言と狂言綺語観が重なってくるのは十一世紀後半のことと思われる。まず挙げられるのが大江匡房（一〇四一〜一一一一）による願文である。

平生所レ嗜之春風秋月、翻帰二第一義諦之虚空一、小日所レ好之綺語狂言、改成二証三菩提之方便一。
（「前美濃守藤原知房朝臣阿弥陀堂供養願文」（『江都督納言願文集』巻六-九））

「綺語狂言」は狂言綺語の句を意識したものであろう。また「第一義」とは仏教に於ける最高の境地（涅槃）のことである。(注9)ここに「麁言軟語帰第一義」と「狂言綺語」の類語が見いだせる。このような平生の詩歌の営みを菩提に導こうとする考え方は、同じく「前上野守藤原敦基朝臣逆修願文」（同書巻六-一一）の

仰願、以二此功徳一、廻向二後生一。露命慭遺之間、道心不二暫退転一。風息既断之後、極楽得二必往生一。嗟呼、龍文鳳藻之戯、改結二四悉壇之縁一、飛華落葉之遊、定殖二三菩提種一。

といった文章にも見いだすことができる。

一方、諸法実相論を早い段階に文芸に取り込んだものとして注目されてきたのが、惟宗孝言によって書かれた「納和歌集等平等院経蔵記」（一〇七一年、以下「経蔵記」）である。これは藤原頼通によって平等院経蔵に納められた私撰集の旨趣を述べたもので、(注10)以下に本文から一部を引用する。

謂㆓其思風㆒、最足㆓発露㆒。……加之、時断㆓外虚㆒、側聞㆓内典㆒、麁言軟語、遂帰㆓中道之風㆒、妄想戯論、皆混㆓実相之月㆒。故、以㆓斯和歌集等㆒、納㆓平等院経蔵㆒。曽非㆑加㆓顕密法文之緗帙㆒、偏為㆑慣㆓讃嘆仏乗之句偈㆒也。願以㆓数篇風雲草木之興恋慕怨曠之詞㆒、翻為㆓安養世界七菩提之文八正道之詠㆒。

和歌の罪障を述懐し、それが「発露（懺悔）に足る」とした上で、「麁言軟語…」以下の諸法実相論に展開させる、という構造を取る。注目したいのは「願はくは数篇の風雲草木の興、恋慕怨曠の詞を以て、翻して安養世界の七菩提の文、八正道の詠となさむ」とあるところで、これは先に記した匡房の文言とも共通しよう。すなわち匡房も孝言も春花秋月は徒なるものであるといっている一方で、それが仏法にも通ずると述べているわけで、白居易の「願以今生世俗…」の句に近い表現がとられていることがわかる。

二　澄憲「和歌政所結縁経表白」と『法華経』

匡房や孝言によって表明された諸法実相論は、「雲居寺聖人懺狂言綺語和歌序」（『本朝小序集』所引、一一〇六年）や寂然『法門百首』（十二世紀中半）などによって展開し、ついに澄憲において「願今生世俗…」の句と同体化する。代表的なものに『諸人雑修善』などに載る「源氏一品経表白」「信西小納言修弥勒講表白」があるが、特に諸法実相論との関わりから重要なものとして「和歌政所結縁経表白」（永万二年（一一六六）、以下「結縁経表白」）が挙げられる。この結縁経供養は歌林苑に集う男女僧俗によっていとなまれたもので、普賢菩薩像を本尊とし、『法華経』二十八品を読み込んだ歌をその前で読み上げたものである。

就中、綺語招罪、妄想恥恩、彼待二秋月於暮嶺一、未レ照二生死闇夜一。尋二春花於遠山一、何期二覚樹根源一。加之、翫レ月厭レ雲之思、残二妄想於暁天一、惜レ花嫉レ風之情、結二邪執於春空一。蓋雖レ非二殺盗之重罪一、猶屡残二綺語之罪過一。何況、婦人佳美之詠、驚二識浪於秋思一、男女恋慕之詞、動二情塵於春夢一、互萌二輪廻之罪根一、各結二流転之業因一。自レ古至レ今、其儀尤盛。男女嫁娶之媒、婦人愛念之源、以二和歌一為レ先、以二吟詠一為レ源。如何為二此道一、懺除二先賢之罪根一。

夫依レ地蹶者還依レ地而起。行レ路迷者還行レ路覚。不レ如。不レ改二和歌之風一、即尋二菩提之月一思食者也。依レ之図二十願六牙聖容一、泣仰二懺除業障之願一。写二開三顕一之真文一、敬憑二仏種縁起之語一。擺二詞林為道場一、詠二和歌一読二経王一。課二三十一字之風情一、述二二十八品之義理一。伝聞、麁言軟語、皆帰二第一義諦之風一、治世語言、併不レ違二実相真如之理一。煙露草木之興、更帰二三草二木之源一。恋慕怨別之詞、悉混二開示悟入之文一。

論理展開は明白で、前言、旨趣を置き、真名序以下に解かれる和歌の徳を示し、（以下引用箇所）しかし和歌には罪障があるといい、どうすればその罪を懺悔できるのか問うた上で、「それ地によりて蹶く者は還りて地によりて起つ」と論理を展開させ、[注11]「麁言軟語」以下の諸法実相論に及ぶ、という構成をとる。罪障の述懐―懺悔発露―諸法実相論という展開は「経蔵記」と同様であり、もとより「結縁経表白」文中の多くが「経蔵記」によっていることは、先学の指摘にある通りである。[注12]

ただしその表現において、澄憲のそれは前述の匡房や孝言と大きく異なる。澄憲の表白の独自性は、法会の場に即した形でテクストがつくられる点にある。ここでは「十願六牙」「懺除業障の願」という具平親王「普賢菩薩讃序」

を意識した言葉で本尊を讃歎するとともに、(注13)「開三顕一」「仏種縁起」など『法華経』に基づく文言が記されている。(注14)この供養対象への意識は「経蔵記」との比較において明確であり、たとえば「経蔵記」では

願以数篇風雲草木之興、恋慕怨曠之詞。

とあるのを「結縁経表白」では

願煙露草木之興、更帰薬草雲雨之譬。
恋慕怨別之詞、悉混開示悟入之文。

としている点に注目できる。「薬草雲雨の譬」は異本(注15)では「三草二木の源」などとあるが、いずれにせよ薬草喩品に基づくもので、対して「開示悟入の文」は方便品に基づく。本は漢籍の引用であったのが、(注16)ここでは『法華経』の言葉に置きかえられている。

このように澄憲は先代の文言を引き入れつつ、そこに供養対象に関わる言辞を取り入れることで、これまでにない狂言綺語の文脈を創造したのである。

三　「依地蹶者還依地而起」と順縁、逆縁

ふたたび「結縁経表白」に問題を戻せば、やはり読みとかなければならないものが、論理展開の基調となる「それ地によりて蹶く者は還りて地によりて起つ」の句である。これは『入大乗論』を典拠とすることがわかっており、続いて「路を行いて(き)迷ふ者は、還りて路を行いて(き)覚る」とあることから、迷悟不二という諸法実相論を説く言葉と思われる。しかし同時にこの言葉は澄憲の他の作品にも多用されている。ならば原拠よりも澄憲の文脈に沿って読みとく必要があろう。

就中、世人、為レ子造二諸罪一、堕存二三途一、長受レ苦云、祖依二子造一レ罪必堕二悪道一也。而依二子追善一必得道也。人倒レ地如二従レ地起一。（真如蔵本『言泉集』）

『言泉集』は澄憲の子・聖覚が、澄憲の表白を抄出して作った文例集である。引用は「父料施主分」の表題を持つもので、亡父供養のための表白にあたる。子のために親が罪をつくり悪道に堕ちたとしても、子の供養によってその恩に報いることができるという、『心地観経』の文が引かれており、「人の地に倒る…」は懺悔の言葉として示されている。古から今に続く人々の和歌の罪障を普賢菩薩に懺悔する「結縁経表白」において、この言葉が使用されることにも合点がいく。

いっぽう「結縁経表白」が終始『法華経』の文脈に沿って構成されていることから、「それ地によりて…」には『法華経』に基づく解釈がなされていたとも考えられる。いま澄憲による法華経釈にこの言葉が見られることに注目したい。

妙楽大師、問答委釈二此事一給。所以、記云「問、若因レ謗堕レ苦、菩薩、何故為二苦因一。答、其無二善因一不レ謗亦堕。因レ謗堕レ悪、必由得益。如レ人、倒レ地、還地起故。以二正謗一摂二邪堕一」……夫、今経独以二順縁一不レ為レ妙。又依二逆縁一得益。明二逆即是順一、説二善悪不二一故也。（澄憲『花文集』巻四）

引用文は『法華経』常不軽菩薩品の釈文で、常不軽菩薩は、どんな罵詈雑言をうけてもひたすらに頂礼し頌を唱え、ついに衆生を悟りに導いたとされる尊格である。『法華文句記』を引きつつ、菩薩は善因が無いものには「正謗」を端緒として解脱させる、という趣旨が述べられており、ここで「地」は、迷い、謗り、それゆえに悟る我々の認識の譬えとして機能している。

謗る言葉をも縁とするという考え方は、直接は「結縁経表白」とはつながらないけれども、例えば「然則始レ自二信順随喜之真語一、終レ至二般若誹謗之麁言一。併帰二第一義一、悉会二真如海一。」（『沙門実賢記文』[注17]）などの言葉を問におくことによって、「麁言軟語帰第一義」と同様の諸法実相論に結びつく考え方であることが理解できる。「結縁経表白」は「それ地によりて…」の文言をふくめ、綺語について『法華経』の世界から諸法実相論によって解釈していたのであった。

もとより『花文集』に見える「逆即是順」「善悪不二」という言辞は、中世になって盛んに唱えられた諸法実相論の言葉であった。この誹る言葉を仏縁へと導く考え方は、同じく澄憲『十講巻釈』の不軽品釈に「中道一実之逆縁、還澄㆓六根清浄之水㆒」として示されている。逆縁とは、もとは仏道を導くものとはかけ離れた縁をさすが、中世には「悪しき事がらによって仏道に入るよすがとなるような縁（注18）」を指す言葉として使われるようになる。『法華経』そのものには見えず、『法華経』の解釈を通じて根付いた言葉である。この逆縁の意を汲んでつくられたのが次の歌であろう。

不軽大士の構へには　逃るる人こそなかりけれ
謗る縁をも縁として　終には仏になしたまふ
（『梁塵秘抄』一四〇番歌）

菩薩を大士と呼称するのは唱導における特質の一であるが、そうした点からしても、この歌は『法華経』そのものではなく経釈に影響を受けたものと考えられる。同じ逆縁の考え方は次の文章にもあてはまる。

自らあはれをもかけ、また謗らん輩も、この道に心を入れん人は、万代の春、千歳の秋の後は、皆この倭歌の深き義によりて、法文の無尽なるを悟り、往生極楽の縁を結び、
（藤原俊成『古来風体抄』（序文、一一九七年（第一次）））

そもそも此は羇中の景趣にあらず、存外の浅き狂言なり。……嘲らん人、憐れまん人、順逆の二縁、共に一仏土に生れて、一切衆生を済へとなり。
（『海道記』（跋文、一二二三年））

狂言綺語の句が物語や歌集の序跋に用いられるのと同じように（注19）、順縁—逆縁という諸法実相論の一展開もまた物

語や歌論の序跋に用いられた。そう考えてみると、これら院政末期の時代をさかのぼり、選子内親王『発心和歌集』（一〇一二年）跋文にこの逆縁の考え方が見られるのは意義深い。

唯願若有二見聞一者、生々世々与レ妄値遇、仰二多宝如来之願一。定有二誹謗一者、在々所々与レ妄結縁、同二不軽菩薩之行一。

早く筑土鈴寛はこの言葉に注目し「特に常不軽のことを仰ったことは注意すべきで、……流行語の狂言綺語を、御用いになっていないのを、私は興味深く感じる」[注20]としており、「麁言軟語帰第一義」の句とは別の中世的諸法実相論の萌芽が、この時代に存在していたことをうかがわせる。

四　『柿本講式』と妄執の顕在化

以上、澄憲における狂言綺語観の拡大と、その同時代的展開を見た。だが「経蔵記」から「結縁経表白」において展開されたのは『法華経』的解釈だけではない。「結縁経表白」に「月を翫び雲を厭ふの思ひ、暁天に妄想を残し」とあるように、和歌がもたらす執の側面についても強調がされたのである。[注21]澄憲による唱導が他の文献に影響を与えていく中で、執はどのように理解されたか。ここでは『柿本講式』を例に挙げたい。『柿本講式』は表白と三段の式文からなる講式で、表白と式文が和漢混淆文からなる点、そして伽陀のかわりに和歌が詠まれる点に特徴がある。成立は十二世紀末頃とされる。[注22]諸本は大別して、式文第二段の人麿の作とされる和歌「ほのぼのと…」を仮名で記し、式文第三段に「佐国」「大輔」の名が見える陽明文庫本系[注23]（仮称）と、「ほのぼのと…」を真名で記し、両者の名が見えない類従本系[注24]の二系統に別れる。今、陽明文庫本系の本文より、必要な部分のみを引用する。

第三に素意を述ぶと云ふは、……末の露、元の滴、ながく消えなむ夜、たちまちに、暗きより暗き道に入りなむとす。惜しむべし、惜しむべし。哀しむべし、哀しむべし。
就中或所云、花を愛すれば蝶と成て春の野に飛び、水を浴すれば魚と成て秋の渕に遊ぶといへり。彼佐国が「多生にも定めて花を愛する人たらん」といひ、大輔の「雲となりなむ世なりともたちはかくさじ秋の夜の月」とちかへるがごとくなり。是等の執心にこたへば、先霊の出離にも疑おほかるべし。凡一念の妄心によて多生の苦患に沈むこと、先規まことにしげき者歟。
爰に地によりて蹶くものは　かへりて地によりてたつ。路をゆきて迷へるものは、かへりて路を行てさとる。しかじ、此道の先亡を訪はん事、只この道をもてせむには、となり。是を世俗戯語のたはぶれとあざける事なかれ、なにはのことか法の門より出でざる。是を狂言綺語の過とすつることなかれ。かへして当来讃仏の縁とせむ。

先行研究にある通り[注25]、第三段の式文は「地によりて蹶くものは」の文言も含めて「結縁経表白」によっている。論理展開もほぼ同様であるので、ここでは「結縁経表白」にない部分——引用文の第二段落を中心に見ていく。まず「就中或所云……」について、これに続く文章が唱導の常套句であった可能性を指摘しておく。時代は下るが称名寺三世・湛睿（一二七一〜一三四六）の説法資料に次の言葉が見える。

次に境界の愛と申すは、境界による所の心を留め候。あの水を愛する者は魚と成りて秋の波をくぐり、花を愛する者は蝶と成りて春の野に戯る。只、あざひやかに泉の水を結び、花の色を愛するだにも執心と成りて、生死に留る事にて候。[注26]

引用はいわゆる三種愛心を説くくだりで、そのうちの境界愛がいかに執心となるかを述べたものである。ここに「水を愛する者は…」と『柿本講式』に類似する表現が用いられており、「花（水）を愛する者は…」は執を語る因縁の一つであったことがわかる。

次に「花を愛すれば蝶と成て春の野に飛び、水を浴すれば魚と成て秋の渕に遊ぶ」の一文であるが、これは花を愛するあまり蝶に生まれ変わった大江佐国の逸話と、熱悩にうなされる中で魚となった薛偉の逸話に基づいている。(注27)佐国の話は『発心集』巻一にも著名であり、『発心集』では「念々の妄執、一々に悪身を受くる事は、はたして疑ひなし」という評語で結ばれている。「多生にも定めて花を…」はその佐国が読んだ詩で『新撰朗詠集』に収録されるものである。対して、「雲となりなん…」は殷富門院大輔の歌である。この歌は収録される歌集、歌論書によって詞を変えるが、そのうちの『歌仙落書』には「はかなくて雲となりなむ世なりとも立ちは隠さじ秋のよの月」として収録され、『和歌密書』(注28)によれば次の記述がある。

大輔歌云、

消えはてて煙とならむ跡までも立ちはかくさじ秋の夜の月

此の歌は、六儀をたてむ時は、賦歌の姿よりは妄執歌とてきらはるべし。

ここでは月への執が強すぎるとして一首が批判されている。先の「結縁経表白」本文に即するならば、それは「月を翫び雲を厭ふ」歌なのである。それゆえ後世において、妄執の歌として認識された。

以上をもとにすれば、「結縁経表白」から『柿本講式』がつくられるにあたって、そこにより強く執に対する意識が打ちだされていたことがわかる。『柿本講式』末尾の「是を世俗戯論のたはぶれとあざける事なかれ、なにはのことか法の門より出でざる」は遊女宮木の歌を典拠とするもので、(注29)後世、狂言綺語観と合わせて語られるようになる歌(注30)であるが、講式の一般的文体から逸脱した『柿本講式』であるからこそ可能となった引用であろう。

五　『月講式』と心における諸法実相論

それでもまだ『柿本講式』においては、執に対してどう向かいあうか、その論理展開については従来の諸法実相論の域を出ていない。これが建保四年（一二一六）の禅寂作『月講式』になると、執と心の問題として扱われるようになる。[注31]『月講式』は長明没後の五七日仏事に記されたものであり、特定の本尊を置かず月を本尊とする点に特徴がある。その独自性を強く打ちだすのが、懺悔発願の部分である。

或望レ光称レ霜、翫レ草号レ雪。或思二山平一、願二天不一レ曙。徒起二亀毛菟角之見一、空貽二狂言綺語之謬一。……閑思二道理一、倩案二聖教一、以二妄念一触二聖境一、薬童子之喩在レ眼。以二染心一縁二仏法一、花厳経之説可レ聞。心麁境妙巨益是多。但依レ地而顛還依レ地起。須寄二心月輪一以懺悔二罪障一。……無明巨夢中纔聞二深妙法一、三界唯一心。心外無別法。

これまでと同様に「地によりて顛る…」を起点とした懺悔発露の構文であって、この点、『月講式』が「結縁経表白」の影響下にあると言う今村みゑ子の指摘は正しいものと考えられる。[注32]懺悔の対象は和歌のみならず月を翫ぶ者すべてに及んでおり、それらを「妄念に非ざるはなし」と断定しているあたり、『柿本講式』よりいっそう執に対する意識が明確にされている。

ただし、執を菩提に導く論理も強化されており、それが「閑道理を思ふに…」以降の文章である。このうち「薬草童子の喩」は『大宝積経』巻八に見えるもので、耆婆が薬草で童子をつくったところ、（染心をもって）これと歌い戯れたものがみな病気を治した、という故事に基づく。この逸話が『往生要集』巻下で「麁心妙果」の利益を説く段に引用される。すなわち「以二染心一縁二於如来一者亦有二利益一耶」の解答としてこの比喩が用いられる。『月講式』本文に「心麁境妙巨益これ多し」とあるのはこの『往生要集』の考え方に基づくもので、染心をも肯定しているところに『月講式』の特徴がある（これは「心澄む」を基調とする数寄の考え方とは異なる）。

さらに「依地而顛…」の後には、『心地観経』以下に説かれる月輪観と、灌頂『摩訶止観』序分に説かれる円頓止観を融合させた観想法が記される。心を月に喩えたもので、月の明暗寂照が一体であるように、執心もまた一心に帰すものとする。「花厳経の説」＝「三界唯一心」はその根本の表明であろう。「三界唯一心」もまた経釈における諸法実相論で説かれた言葉であることを考えると、(注33)『月講式』で展開されているものは、心のはたらきに即した諸法実相論として理解される。

六　『音楽講式』と宿執

『月講式』が執に対する心のありように注目したのに対して、執そのものを実直にみつめる考え方もあった。いま『音楽講式』を例に挙げ、狂言綺語観のさらなる展開について追っていきたい。

『音楽講式』は藤原孝道（一一六六〜一二三七）の発案によるもので、講式本文は文章博士の藤原孝範（一一五八〜一二三三）によるものである。(注34)表白と六段の式文からなるこの講式は、伽陀の代わりに朗詠を読む点に特徴があり、廻向部には「願以今生世俗…」の朗詠が置かれる。

まず本論との関係から挙げておかなければならないのは、この講式が先述の『柿本講式』と類似の本文を持つという点である。以下に両者を比較して挙げる（いずれも表白部分の引用である）。

或は周詩を詠じ、胡笛に嘯いて、妄執を夕の空に　―　或好周詩有仰貞元々和風之者

残し、
或は弓馬を事とし漁猟に棹之業障を秋の浪に
止むるが如きなり。
随分のかたどるところ各異といへども、是皆和
国の風にもあらず。現世のはかりごとにもあらず。

或好倭歌有帰赤人々丸流之者
或事弓馬有奔依身之者
或事漁獵有殲生命者
皆是狂言綺語之過
莫不煩悩業障之基

『柿本講式』は周詩（詩）、胡笛（管絃）や弓馬（武芸）、漁猟が「和国の風」ではないのに対し、和歌には徳があることを述べる。対して『音楽講式』は周詩、倭歌、弓馬、漁猟とは違って管絃は狂言綺語でないから罪障はないとする。対象は違えど互いの構成は同じで、加えて使用している言葉にも共通点がある。両者の関連については『柿本講式』第一段式文に「朱絃緑管の調べも身にしたがへるわづらひを残し」と管絃をおとしめるのに対し、『音楽講式』末尾に「ただ朱絃緑管の戯論と導くことなかれ」とあるのが注目される。「朱絃緑管」という言葉が他に用例を見ない点、『音楽講式』が『柿本講式』に応答しているように見られる点から、『音楽講式』は『柿本講式』を意識してつくられたと考えられる。

ではその理論の骨子の部分——狂言綺語の句はどのように用いられているだろうか。以下に第六段式文の廻向部分を引用する。

夫一座講演五門大旨如レ斯。上以レ之、資二釈迦弥陀之供養一、中以レ之、供二妙音大天之讃嘆一。下以レ之、施二管絃愛着之先霊一。我等最後之時、臨終之刻、請依二三種廻向之信力一、各遂二九品即証之往生一。願依二娑婆之宿執一、必交二接伎楽之薩埵一。……莫レ導二唯朱絃緑管之戯論一。便是結二見仏聞法之良因一也。仍以二朗詠一宜レ擬二歌頌一。頌曰。

願以今生世俗文字之業狂言綺語之誤
翻為当来世々讃仏乗之因転法輪之縁

一座の奏楽によって、上下凡聖併せて廻向しようとするものであるが、特に注目されるのが「願はくは娑婆の宿執によりて、必ず伎楽の薩埵と交接せむ」の一文であろう。

実は宿執は仏語（仏典にある言葉）ではなく中世の造語である。その元となった用語は、宿習、宿善など前世からの因縁を指す言葉であって、たとえば「先世の宿執にこそと思侍れと」（広本系『撰集抄』第八「橘直幹祈申天神事」）など、宿習や宿業と同じ意味で用いられる場合もある。一方、次の用例はどうであろうか。

九秋之天、三余之暇、疎一見訖。天与二我於閑一。志在二山水一、学示二釈道一也。然而被レ催二宿執一、猶以披閲。
（『三長記』建久七年（一一九六）条書写奥書）

父を切る子、子に切らるる父、切るも切らるるも、宿執の拙き事、恥ずべし恥ずべし、恨むべし恨むべし。
（金刀比羅本『保元物語』中「為義最期の事」）

御宿所へわざとおもひたち侍りつるに、いまこれにてみあひたてまつる事、宿執あはれにおぼえ候。
（隆円『文机談』第二冊「景安孝時問答事」）

『三長記』奥書は、姉小路忠方が隠棲後に本書を閲覧した時につけたもの。『保元物語』は刑に処せられようとする源為義の最期の言葉。『文机談』は、東国へ出国する中原有安が、藤原孝時に別れを告げようと宿所へ行こうとしたところ、道中で偶然二人が出会った場面である。有安も孝時も琵琶を主とした楽人で、引用文は有安の言による。

これらの事例から考えると、宿執とは自らの生業とする道（公卿ならば日記、武家ならば弓馬、楽人ならば管絃）において現出する、無尽に湧きあがる情動、自然とそうあるような成り行きを指す言葉としてとらえられる。こうし

た意味での宿執を踏まえて立項されたのが『古今著聞集』巻十五「宿執」篇であろう。その序文にある、

宿執は、天性の染着する所なり。文武以下諸雑芸、その道を稟け、その名を思ふ者は、老に臨むと雖も、棄捐し難し。人皆癖有り。罷めんと欲するも能はず。これまた前業の然らしむるか。

とは、前三者の宿執の意を正しくいいあてている。『音楽講式』の宿執の語も恐らくこれと同様の意味であり、「願はくは娑婆の宿執によりて、必ず伎楽の薩埵と交接せむ」とは管絃の道に携わる以上、どうしても逃れ得ぬ宿業、それをそのまま菩提に帰そうすることを述べたものなのである。むろんこうした執への意識は『音楽講式』のみにとどまらない。

我等因下耽着二音声一之妄執上、雖レ可レ滞二愛河之波一、以下供養二伎楽一之功徳上、何不レ遊二浄刹之月一。

『妙音講式』第四段式文

『妙音講式』は藤原師長周辺で作成された、妙音天を本尊とする講式である（本書第九章参照）。藤原師長（一一三八〜九二）は、『音楽講式』の発案者である藤原孝道の琵琶の師にあたる。本文中の「愛河の浪」「浄刹の月」は『万葉集』を原拠とし『本朝小序集』にも収録された山上憶良の詩、

愛河波浪已先滅　苦海煩悩亦無レ結　従来猒二離此穢土一　本願託二生彼浄刹一

に基づいていて、原拠とは執に留まるという点で意味が反転するものの、結局それが浄土に至る点では共通している。執をみつめ、なかばそれを諦めることで肯定していく姿勢、これもまた執と仏道を結びつける一つの方法であった。

結語

以上、十二世紀中半から十三世紀前半の動きを中心として、狂言綺語観の展開を読みといた。はじめに挙げた二つの視点のうち、諸法実相論からいえば、「麁言軟語帰第一義」だけではなく、「依地蹶者…」といった論理転換の言葉や、そこに結びつけて語られる逆縁順縁の思想もまた、狂言綺語観の展開に位置づけられる。また執と心の問題からいえば、「心を澄ます」だけではなく、むしろ染心を肯定するような『月講式』の思想や、宿執という捉え方で執を昇華させる『音楽講式』の思想も存在していた。

そこに読みとれるものは白居易の「願今生世俗…」の一文や、「麁言軟語帰第一」といった諸法実相論の文言のうちにすべてを完結させてしまうものではなく、和歌や管絃など、それぞれの営みにおいて罪や執となるものを顕在化させ、或いは罪を懺悔し、或いは執と対峙することで諸法実相論の内実を明かし、最終的にはその営みをつらぬいていこうとする姿勢である。中世前期における狂言綺語観は、絶対的肯定の到達点に重きがあるのではなく、そこに辿りつくまでの道すじ、すなわち狂言綺語となり得るような営為の自覚と、却ってそれにより起こる肯定への論理展開にこそ本質がある。迷うが故に悟る―地によってつまずき還って地によって起つ―という「結縁経表白」の言葉は、こうした狂言綺語観が示す論理展開を表明したものに他ならない。

注

（1）柳井滋「狂言綺語観について―白楽天から保胤への屈折」『国語と国文学』三九‐四、一九六二年。

（2）狂言綺語観の密教的側面について、特に慈円、明恵、無住などが重要な位置にあるが、彼らの思想にもまた諸法実相論は展開されている。和歌陀羅尼観や真言における言語観への展開の前提も含め、本論ではまず顕教的な側面に絞って狂言綺語観を把えることにしたい。なお和歌陀羅尼観については荒木浩「『沙石集』と〈和歌陀羅尼〉説について―文字超越と禅宗の衝撃」（『徒然草への途』勉誠出版、二〇一六年（初出二〇〇五年））が、現在の研究の到達点をなしている。

（3）この発想は筆者独自のものではなく、三角洋一が中世における狂言綺語観の展開として数寄と天台本覚論からの視点を挙げているのによる。またさかのぼれば、すでに平泉澄が中世における古典意識として和歌陀羅尼観、狂言綺語観を挙げており、さらに平泉は狂言綺語観を「地によって立つ」の思想、道心の問題、「麁言軟語帰第一義」の思想、という三つに分類している。本論もこれらの考え方と基本的には相違ないものである。三角洋一「いわゆる狂言綺語観について」『源氏物語と天台浄土教』若草書房、一九九六年（初出一九九二年）。平泉澄『中世に於ける精神生活』至文堂、一九二六年。

（4）文学における諸法実相論はこれまで天台本覚論の一部とされ、『日本思想大系　天台本覚論』所収の諸書を中心に理解されてきた。一方で諸法実相論は法華経釈や阿弥陀経釈といった経釈においても展開されている。経釈とは法会の際に読み上げられる経典解釈のことである。例えば澄憲の言を伝える金沢文庫寄託称名寺聖教『法華経釈』（三八－六、永仁二年（一二九四）書写本、大谷大学本よりは善本である）方便品には「示実相」の項目があり、ここに「一色一香無比中道」「迷悟平等」「煩悩、菩提トソノ躰ノ一ナル」「華厳ニハ法界唯心ト明シ、大集ニハ染浄不二ト説ク。大品ニハ辺浄虚融混同不二ト言ヒ、大経ハ一切衆生悉仏性アリト宣フ」といった言葉を見出すことができる。こうした文言は天台本覚論の主張とされているものであって、少なくとも狂言綺語観について言えば、そこに見られる天台本覚論の文言はそのほとんどが経釈における諸法実相論に見いだすことができる。したがって中世前期の狂言綺語観の理解には、年代不明なものが多い『日本思想大系　天台本覚論』のテクストより、著者が判明し、年代が明確なものも多い唱導文献による諸法実相論を用いる方が適切と思われる。

（5）平野多恵「和歌と仏教の相克と相依」『明恵―和歌と仏教の相克』笠間書院、二〇一一年（初出二〇〇八年）。

（6）「名利を思ふにこそ。魔縁便りを得てげり」（『発心集』巻一－五）、「泥、魔縁得便、必相悩境界、相触妄念易発、自体等三愛是也」（仁和寺蔵『釈門秘鑰』「臨終行相尺」、『調査研究報告（国文研）』一七に翻刻あり）。

（7）錦仁「和歌の思想―詠吟を視座として」『院政期文化論集　一』森話社、二〇〇一年。「心澄む」状態が吟詠、奏楽といった「音」を通して起こるものであると指摘した点に、氏の論の重要性はある。

（8）数寄は仏教の側から出た言葉ではなく、仏道に結びつけて言及されるのも、中世における数寄の一展開に過ぎない

（松村雄二「数寄に関するノート―和歌の数寄説話を中心として」『共立女子短期大学文科紀要』三二、一九八八年）。ただし、仏道から数寄が言及される場合、例外なく「心澄む」の問題とは関わることになる。

（9）山崎誠『江都督納言願文集注解』塙書房、二〇一〇年、七九九頁。なお『江都督納言願文集』には他に三つ「第一義」の用例があるが、いずれも同じ意味である。

（10）荒木浩「源隆国における安養集と宇治大納言物語の位相―南泉房と延久三年をめぐって」『説話集の構想と意匠』勉誠出版、二〇一二年。この、経蔵に歌集を納めるという営為が白居易に倣うことは、荒木含め種々の論文に指摘されるところである。

（11）渡部泰明「狂言綺語観をめぐって」『中世和歌の生成』若草書房、一九九九年、三一八頁（初出一九九〇年）。

（12）前掲注（3）三角論文、後藤昭雄「「納和歌集等於平等院経蔵記」私注」『成城国文学』二九、二〇一三年。

（13）「（普賢菩薩は）有懺除業障願。故欲断罪根者、必持念之。誦法華者、住心於六牙象、読華厳者、繋念於十願王」（『本朝文粋』巻第十二所収）

（14）「三顕一」「仏種縁起」ともに方便品に基づく表現。「仏種縁起」は、本来は「仏種従縁起」とあるべきところ。

（15）『澄憲作文集』『拾珠鈔』など。

（16）前掲注（12）後藤論文参照。

（17）建仁元年（一二〇一）。鎌倉遺文一一八六。

（18）『岩波仏教辞典　第二版』「順縁逆縁」項、二〇〇二年。

（19）前掲注（3）三角論文参照。

（20）筑土鈴寛「平安時代の婦人の信仰」『筑土鈴寛著作集　第三巻』せりか書房、一九七六年（初出一九三五年）、三三四～五頁。

（21）山本一は「結縁経表白」において、恋の部分が強調されている点に注目する。山本一『慈円の和歌と思想』和泉書院、一九九九年。

（22）佐々木孝浩「「とはずがたり」の人麿影供―二条の血統意識と六条有房の通光影供をめぐって」『国語と国文学』七〇－七、一九九三年。

（23）陽明文庫本のほか、三手文庫本、片桐洋一架蔵本、陽明文庫蔵『論語之聞書』紙背本（陽明文庫本とは別のもの）などがある。引用は陽明文庫本による。なお片桐洋一『柿本人麿異聞』和泉書院、二〇〇三年、を参照。
（24）『群書類従』所収本のほか、中川文庫本、大谷本（『山田昭全著作集　第一巻』に翻刻あり）などがある。
（25）前掲注（11）渡部論文参照。
（26）湛睿「（題未詳説法）」（納富常天「湛睿の唱導資料について　三」『鶴見大学紀要　第4部』三一、一九九四年、五頁）。
（27）『続玄怪録』「薛偉」（『太平広記』巻四七〇所収）。
（28）本書については、井上宗雄『改定新版　中世歌壇史の研究　南北朝期』明治書院、一九八七年、二一二頁、を参照。
（29）前掲注（11）渡部論文参照。
（30）十四巻本『地蔵菩薩霊験記』巻之十一前言など。
（31）貴志正造「ひじりと説話文学─『発心集』の世界」『日本の説話　第三巻』東京美術、一九七三年。
（32）今村みゑ子「長明企画禅寂作成『月講式』の意図」『鴨長明とその周辺』和泉書院、二〇〇八年（初出一九九三年）。
（33）前掲注（4）参照。
（34）菅野扶美「『音楽講式』について」『極楽の世界』北辰堂、一九九七年（初出一九八七年）。

第十一章　禅寂作『月講式』について
——東から西へ往く本尊——

はじめに

『月講式』は鴨長明（一一五五～一二一六）没後の五七日仏事に際し営まれた講会の式である。作者は来迎院五世長老・如蓮房禅寂（～一二四一）で、俗名藤原長親、もと日野流に属する文章博士であった。(注1)禅寂は長明の畏友であり、長明の大原から日野への移住に禅寂の影響があったことは、早くから指摘がされている。『月講式』の諸本は陽明文庫本、金剛三昧院本、高野山大学図書館本の三本が知られ、このうち原態にもっとも近いとされる陽明文庫本の奥書には次のようにある。

建保四年七月十三日草レ之。蓮胤上人〈長明入道〉在生之時、欣三楽行二此講演一、誹二式文一。而自然懈怠之間、空以入滅。後悔屠レ肝、無益噬レ臍。仍為レ答二彼素意一、愁草二此式文一畢。　沙門禅寂

長明は存生時、月講の開催を願い、講式の作成を意図した。しかし「自然懈怠」のうちに長明は没してしまう。（いまその仏事に際し）故人の平生の意を汲んで作成したのがこの講式である、と禅寂はいう。すなわち、長明の素意に

応えつつ、その追善をはかるというのが禅寂の主張であって、それは講式の廻向部分にも次のようにあらわされている。

仍以二此講演所生之善根一、資二彼蓮胤上人（長明）之得脱一。告レ別而五七日、迎レ秋而十四夜。

その研究史をたどるならば、堀部正二がそれまで定説をみなかった長明の没年を確定させるものとして陽明文庫本を紹介したことに始まり、三田全信によって陽明文庫本の全文翻刻がなされた。その後、桜井好朗による思想的解釈を経て、貴志正造が「三界唯一心」などの言葉を鍵として長明の思想の延長線上に『月講式』を位置づけたことを皮切りに、簗瀬一雄、重見一行、磯水絵、今村みゑ子、鈴木佐内、ニュールス・グュルベルグら諸氏の研究が提出されるにいたった[注2]。

講式という従来は看過されがちであった文献のなかで、長明という文学史上の巨人と重なるために、多くの研究者によって言及され、また諸本三本の正確な校異[注3]も示されている『月講式』は、唱導研究の中でも恵まれた作品といえる。一方でその内容については未解明の点も少なくない。諸研究によってあぶりだされた課題としてまず初めに提起されたのは、禅寂が『尊卑分脈』に「源空上人（法然）弟子」と見えることから、法然の思想といかに結びつくかという点であった[注4]。この問題は、顕密体制論以前の一般的認識であった旧仏教から新仏教へ、それに関わる文学の推移、それとともに長明と新仏教の関係性を見ていくという文学研究史上の流れに位置するものであったが、山田昭全の「これ（月講式）を浄土教系の講式とみるむきもあるが、実質は台密系とみるべきである[注5]」という言葉に代表されるように、この点に積極的な意味は見いだしがたい。

これに対し、禅寂作の講式のうちに長明の思想がどの程度反映されているか、また『発心集』や『無名抄』に見える数寄の概念と、講式がどのように関わるのかという問題がある。この点については、諸氏の研究をまとめた今村みゑ子によって「数寄即仏道の思想に本質的に一致する……長明が企画した月講の意図そのものと見るべきものであった」(注6)という結論が示されているものの、必ずしも賛同を得られているわけではない(注7)。

また出典研究についても幾つかの問題がある。『月講式』には数多くの内典外典からの引用がされており、この点については、今村やグュルベルグによって仏典は天台系の書物が、外典は『和漢朗詠集』『新撰朗詠集』が中心として用いられている点が明らかにされている。一方で、典拠の文脈を踏まえ、『月講式』がいかなる意図をもってそれを引用しているかについては、なお検討の余地がある。

本論では、右に示した長明の思想との関係性の把握、引用文献の実態解明という二点を、相互に連関する一つのテーマととらえ、『月講式』の典拠の文脈を踏まえることからはじめ、本尊や観想法の論理構成を読みといた上で、講式が主張する思想についての解読を試みる（なお以下、特に断りのない限り引用は陽明文庫本とする）。

一　講式の構成

『月講式』の式文は「明本地」「明垂迹」「明廻向」の全三段から構成され、このうち第二段の「明垂迹」がさらに三段「明帰依道理」「明滅罪生善」「明懺悔発願」に分かれる。この不規則に見える式文構成に関しては、後にも述べるように、尊格の名称に不自然な点があること、明垂迹の段において本地仏が論じられていることなどから、禅寂が長明の仏事に間に合わせるため、短期間で講式を作成したために生じた矛盾と考えられる（以下、今村みゑ子に従って第一段、第二段一、第二段二、第二段三、第三段という分類を用いることにする）。

式文の前段には惣礼、伝供、法用、表白の次第が記されるが、陽明文庫本は表白を欠いており、以下の一文のみが記されている(注8)。

今此講演作法不レ似二通途法則一。只対二虚空一讃嘆二月天一。其意所レ述略有二三段一、初明二本地一、次明二垂迹一、後明㆓廻向㆒也。

この講式は、（特定の仏像、仏画ではなく）虚空の月を本尊とするということが述べられており、『月講式』の第一の特徴はこの点に求められる。[注9]本尊が東から西へと移動するという点については、講式のコンセプトとの関係性が指摘されてよいのだが、この点については第五節で述べることとし、先に各式文間の概略について示しておく。

講式ではまず、第一段で本尊である月（講式中では「月天子」と称される）の本地が勢至菩薩であることが明かされる。ついで第二段では垂迹として名月天子なる尊格が明かされ、第二段三の式文で、この名月天子を前に、古より今にいたるまで月を翫ぶもの——月を詩歌に詠み、管絃を奏で、宴の席を設けるもの——すべての懺悔発願をおこない、第三段で廻向へといたる。論の中心となるのは第二段三の懺悔発露の部分であり、先行研究における考察の中心もこの読みにあった。

講式の構成自体は、懺悔発露を基点とした月を翫び妄念を生じる人々の救済であって、背景に澄憲「和歌政所結縁経表白」があったことは今村が指摘する通りである。[注10]その論法は諸法実相論の範疇に属するものであろう。諸法実相論は、諸法（諸々の事象）は実相（真理）であると考えるもので、この実相の世界にあっては、「迷悟不二」「明暗一体」「逆即是順」など、背反にみえる概念もまた一体のものとされる。中世前期には狂言綺語観（綺語妄語とされる文学的営為も、仏法の導きであるとして肯定的に捉えようとする文芸観）と一体となって説かれた思想であった。詳細は後述するが、『月講式』は心の働きを月の活動に見立て、月の照寂が一体であるように、心にきざす妄念もまた悟りであるという思想を述べたものである。心を中心とした諸法実相論であって、その点でいえば、『月講式』は天台の理論に即した一般的な講式ということになる。

二　本尊の重層性

しかしながら、空に浮かぶ月を本尊とする『月講式』の特殊性は、他の講式とひとしなみにできるものではない。講式の思想の解明のためにも、本尊がいかなる文献をもとにして形づくられているかを明らかにする必要がある。『月講式』は本尊である虚空の月を「月天子」と呼んでいるが、講式上ではその月天子が様々な尊格として示されている。そもそも講式における本尊の記述は、一つの経典によるのではなく複数の経典を横断して述べられる場合が多い。例えば『妙音講式』（十二世紀末成立）では『大日経』に見える妙音天だけではなく、『最勝王経』に見える弁才天、『法華経』に見える妙音菩薩が融合して示されている。（注11）

『月講式』の場合、さらに複雑になるので、はじめに構成を図式化したものを挙げ、これに基づいて解説を加えていく。

『月講式』で語られる尊格とその典拠
（※主要な典拠のみ記した）

月天子（月そのもの）
- 勢至菩薩　『観無量寿経』・『法華文句』（← 『法華経』序品）…第一段
- 名月天子　『法華経』序品・『法華経』薬王品（※ただし薬王品での名称は「月天子」）…第二段一
- 月光菩薩…『続高僧伝』…第二段二
- 月天…『大日経義釈』（← 『大日経』）…第二段二

まず第一段であるが、冒頭には次のようにある。

初明二本地一者、法花文句云、名月是月天子、大勢至応作也。夫此菩薩位居二無垢一、徳隣二大覚一、慈悲覆二法界一、利益無二辺際一。観無量寿経云、挙身光明、照二十方国一、作二紫金色一。……（以下略）

最初に智顗『法華文句』を拠り所として、月天子が勢至菩薩の応作（応化身）であることを示し、ついで『観無量寿経』

を引き、勢至菩薩の姿形を述べる。注意したいのは「名月是月天子、大勢至応作也」の記述であり、原拠である『法華文句』には

名月等三天子、是内臣如二卿相一。或云是三光天子耳。名月是宝吉祥月天子、大勢至応作。普香是明星天子、虚空蔵応作。宝光是宝意日天子、観世音応作。（大蔵経三四：二四a、傍線部は『月講式』が引用した箇所を指す。以下同）

とある。これは『法華経』序品における釈迦説法の聴聞場面、

爾時釈提桓因、与二其眷属二萬天子一倶。復有二名月天子、普香天子、宝光天子、四大天王一。（大蔵経九：二a）

を釈したものである。『法華文句』はこの名月、普香、宝光という三人の天子を「三光天子」として、このうちの名月が宝吉祥天子であり、大勢至（勢至菩薩）の応作であることを述べている。

実は式文の第二段で垂迹として明かされるのが、この名月天子である。垂迹が名月天子であることは、第二段一～三の礼拝の詞に「南無帰命頂礼　名月天子」とあることからも明らかであろう。『月講式』は式文第二段一の冒頭で、名月天子について次のように述べる。

次明二垂迹一者、就レ之有レ三。一明二帰依道理一、二明二滅罪生善一、三明二懺悔発願一。一明二帰依道理一者、夫名月天子者、一乗同聞、三光第一也。

この「三光第一」は、先に見た『法華文句』の「或云是三光天子」の記述と、『法華経』薬王品に「又如二衆星之中、月天子最為第一一」（大蔵経九：五四a）とあるのに基づくものである。『法華経』序品の「名月天子」と薬王品の「月天子」に明確な接点はないが、『月講式』はこの二つを同体と見なしている。さらに第二段二ではこの月天子が

夫月天子在レ東称二月光一、在レ西号二勢至一。

という講式独自の説のもとに月光菩薩と同体とされ、『続高僧伝』に見える、月光菩薩が智璪大師の病を治したという霊験譚が記される。[注12] さらにこれを『大日経』に見える月天と結びつけ、『大日経義釈』の説を取り入れることで、

複合的な尊格をつくりあげている。すなわち『大日経』に

黒天、自在子天、日天、月天、龍尊等　（大蔵経一八・二b）

として見える月天は『大日経義釈』において

又、月天ノ真言……一切世間以レ月能息除二熱悩一、施二清涼楽一。故謂二之甘露一。造暦者伝云、此甘露有二十六分一。乃至以二十五分一遍施二衆生一、以二所レ余一分一還生。（『続天台宗全書　密教Ⅰ』三〇五頁）

と、月天の真言に熱悩を除く甘露の性質があると解釈され、これが『月講式』第二段二に「或処云」としてほぼ同文で引用されている。

或処云、一切世間以下月能息除二熱悩一施中清涼楽上故謂二之甘露一。此甘露有二十六分一。乃至以二十五分一遍施二衆生一。以二所レ余一分一還生云々。

以上、見たように、『月講式』で語られる本尊＝月天子は、『法華経』―『法華文句』、『大日経』―『大日経義釈』という、顕密の経疏による複合的解釈を通して導き出される尊格として顕されている。

三　懺悔発露の式文と論理展開

つぎにこの複合的尊格＝月天子を前に行われる懺悔発露について、第二段三の式文から解釈する。

三明二懺悔発願一者、夫流転之業、妄念為レ因。妄念不レ息、出離何時。悲哉。三業四儀皆是生死之因、歴縁対境無レ非二流転之媒一。就中、翫月之人、瀝露之客、触レ境触レ物、不レ可レ不レ恐。北堂西園之秋暮、馳二思於出レ山之清光一、閑窓深洞之曉天、摧二魂於迫レ嶺之斜影一。蓋是雪月花内催二興四時一、日月星中結二交三友一之故也。唐室月前遙伝二霓裳羽衣之曲一、緱嶺霜底猶有二鸞吟鳳唱之声一。仙人已然、俗客豈堪。明月峡之暁光、行々

不レ盡。花陽洞之秋草、看々猶新。或望レ光称レ霜、翫レ草号レ雪。或思二山平一、願二天不一レ曙。徒起二亀毛菟角之見一、空貽二狂言綺語之謬一。或有二寡妾擣レ衣処一、或有二老将上レ楼処一、或楽者弥楽、家々笙歌、或愁者増レ愁、往往悲吟。云レ楽云レ愁、遠二離解脱一、愛レ之翫レ之、無レ非二妄念一。況沈二吟斉章一慇二懃陳篇一乎。上賢如レ此、下愚誰免。

式文はまず、流転の業因が妄念であり、その妄念を滅する事がなければ出離（解脱）はあり得ないとする。そして『和漢朗詠集』『新撰朗詠集』などから月に関わる詩句を引き、（注13）こうした月を翫ぶものの営為（詩歌管絃）を「徒起亀毛菟角之見、空貽狂言綺語之謬」とし「無非妄念」と断罪する。この「亀毛菟角」「狂言綺語」の二句は、月を翫ぶ営為の否定ではなく、後に続く諸法実相論のための布石である。（注14）だからこそ式文は次のように展開される。

閑思二道理一、倩案二聖教一、以二妄念一触二聖境一。薬童子之喩在レ眼。以二染心一縁二仏法一。花厳経之説可レ聞。心麁境妙巨益是多。但依レ地而顛還依レ地起。須寄二心月輪一以懺二悔罪障一。

妄念をもっても聖境（仏界）に触れることができ、染心をもっても仏法に結縁することができると『月講式』は言う。その妄念、染心とはこれまで述べられてきた月を翫ぶ営為（詩歌管絃）に他ならない。そしてその根拠に「薬草童子之喩」と「花厳経之説」をおく。順序が入れ替わるが、後者の「花厳経之説」とは『華厳経』中の句とされる「三界唯一心　心外無別法」という、いわゆる「如心偈」を指す。（注15）華厳の側から諸法実相論を説いたものであり、三界はただ一つの心から出たものであることを示したものである。この論理に基づけば、染心もまた一心に帰するので、「染心縁仏法」も可能となる。

これに対して前者の薬草童子の喩は、『大宝積経』の次の文章に見える。

耆域医王合二集諸薬一、以取二薬草一作二童子形一。端正姝《ママ》好世之希有、所作安諦所有究竟、殊異無レ比。往来、周旋、住立、安坐、臥寐、経行、無レ所二欠漏一、所二顕変一業。或有二大豪、国王、太子、大臣、百官、貴姓、長者一。来二到耆域医王一。視二薬童子一与共歌戯、相二其顔色一病皆得レ除。便致二安隠寂静無欲一。

（大蔵経一一・四五ｃ）

耆域（耆婆）医王が薬草でもって童子をつくったところ、あたかもそれが人間のごとく所作をなし、耆婆の元を訪れ、これと歌い戯れたものがみな病気を治したという故事を示す。『大宝積経』によれば童子は「端正姝好（殊好）」であったというので、それは稚児の類であり、端的にいえば人々は妄念や染心をもってこれと戯れたのである。このことは『大宝積経』を引用する源信『往生要集』において、より明確な形であらわされている。

問、以二染心一縁二於如来一者亦有二利益一耶。答、宝積経第八密迹力士告寂意菩薩云。耆域医王……

（大蔵経八四・八五ｂ、以下、『大宝積経』に同じ）

記事は『往生要集』巻下の問答料簡に属するもので、そのうち「麁心妙果（粗雑な心で行なう念仏の、勝れた果報）」[注16]を説くくだり、染心をもって如来と縁を結んでも利益があるか、という問いについて、源信が答えた部分である。源信によれば、たとえ心にやましいものがあったとしても、のぞむ対象さえよければ利益があるとし、その例証として『大宝積経』を引用する。『月講式』はこの考え方をそのまま引き継いでおり、だからこそ式文で「心麁境妙（粗雑な心で勝れた境界に触れること）巨益是多」と述べるのである。『月講式』は第二段一の式文で「大集月蔵分中」といいながら、『往生要集』をそのまま引いているが[注17]、その点も踏まえれば、『月講式』の「薬童子之喩」は『大宝積経』ではなく『往生要集』によったと考えるべきであろう。

そしてこれに続く「但依地而顛還依地起」の句は、澄憲「和歌政所結縁経表白」や真如蔵本『言泉集』に見られるもので、懺悔発露の言葉であるとともに、迷いをきっかけとして悟りに至るという、諸法実相論における「迷悟不二」の考え方を表明するものである。ここに至り『月講式』は月を翫ぶものの思い＝妄念を、三界唯一心や迷悟不二という諸法実相論の論法を用いて、解脱の道へと結びつけたのである。

四　観想法の重層性

しかし、これではまだ妄念から出離への道すじが示されたに過ぎない。月講の参加者を、そして古今に及ぶ月を翫ぶものの営為を菩提へと導くためには、『月講式』が依拠した「和歌政所結縁経表白」がそうしたように、懺悔発露が行われなければならない。式文は続いてこう述べる。

真常性月雖レ隠二重山一、円音教風猶遺二大虚一。無明巨夢中纔聞二深妙法一、三界唯一心。心外無別法。是故繋二縁法界一、心即是月。一二念法界一、月即是心。雖レ繋雖レ念、不レ出二一心一。雖レ寂雖レ照、只是一月。心月相即寂照同時。令二此観恵与レ心相応一、衆罪露消、一心月明。迷二此理一故受二諸熱悩一。今始覚悟慚愧懺悔。願不レ改二出レ山入レ嶺之望一、早為二自レ東往レ西之縁一。

まず湛然『止観弘決』を原拠とする「真常性月雖隠重山、円音教風猶遺大虚」を挙げたのち、先述の唯心偈「三界唯一心　心外無別法」を挙げる。その上で「是故…」とし具体的な観想法を挙げるのだが、この部分には幾つかの文献が混在している。以下に三つの観想法に分けてこれを示す。

一つめは月輪観である。月輪観は月と心を一体化させ心の浄化をはかるもので、引用されているのは『心地観経』の以下の記事である。

是満月輪五十由旬無垢明浄。内外澄澈最極清涼。月即是心、心即是月。塵翳無レ染妄想不レ生。（大蔵経三：三二八c）

この『心地観経』の記述等が覚超（九六〇～一〇三四）や覚鑁（一〇九五～一一四三）に引用され展開したものが、密教における月輪観である。

二つめは円頓止観である。円頓止観は智顗『摩訶止観』に説かれるもので、その大意は灌頂『摩訶止観』序分に説かれている。

円頓者、初縁実相、造レ境即中、無レ不二真実一。繋二縁法界一、一二念法界一。一色一香、無レ非二中道一。己界及仏界、衆生界亦然。　（大蔵経四六：一c）

すなわち、あらゆるものが縁によって存在する世界においては、一瞬の思いもまた世界に繋がることを説いたものである。『月講式』は三界唯一心という諸法実相論の鍵語のもと、月の出入りが一つの月の作用であるように、一瞬の思いとその思いを世界にかけることが一つの心の作用であることを示す。それは講式中で「雖繋雖念、不出一心。雖寂雖照、只是一月。心月相即寂照同時」として示される通りである。

その上で『月講式』は、三つめの修法として懺法（法華懺法）を挙げる。懺法は『観普賢経』に基づき、普賢菩薩像を前に懺悔発露を行うものである。『月講式』でも式文第二段三の伽陀で、この『観普賢経』の「一切業障海皆従妄想生…」一文が用いられているが、[注18]式文本文の引用は『観普賢経』ではなく伝慧思『法華懺法』によるもので、六情根の懺悔のうち、意根を述べるくだりが『月講式』に引用されている。

当知一切諸法　悉是仏法　妄想分別　受諸熱悩　是則於菩提中　見不清浄　於解脱中　而起纏縛　今始覚悟生重慚愧　（大蔵経七七：二六六c）

『法華懺法』が慧思作であるかは不詳だが、この文言は天台系の書物に盛んに引用されており、[注19]懺法の言葉としては一般的なものであったと推察される。禅寂もまた、こうした天台系の書物に基づきこの句を選んだのであろう。月と心を一体化させ、心を世界につなぎ、懺悔発露におよぶ。この重層的な観想法が、講式が講演の人々に求めたものであった。そして『月講式』は第二段の式文を次のように結ぶ。

自即是他、我願及レ彼。自レ昔至レ今、依二雪月花一貽二妄念一、翫二琴詩酒一、動二邪思一之輩、皆離二従レ冥入レ冥之苦一、互得二従レ明移レ明之楽一。遂達二凡心円明之真源一、共帰二普賢満月之心殿一。

「自即是他」という、この講式独自の言葉をあげて救済の対象が他人にも及ぶことを明示し、これまで月に妄念を懐いてきた「翫琴詩酒、動邪思之輩」の救済をはかる。彼らの迷いをあらわす「従冥入冥」の語は『法華経』化城喩品に基づくよく知られた言葉であるが、これを心と一体化した月が照らすことで「従明移明」に導くというのが、その主張であった。

五　『月講式』の意図するもの

ではかかる本尊と修法の重層性は、追善対象である長明の思想とどのように響き合うのか、以下に考えてみたい。長明と月との関係においてただちに思い起こされるのは、次の歌であろう。

104　対月忘西

朝夕ににしをそむかじとおもへども月まつほどはえこそむかはね

自撰集『鴨長明集』の末尾に配されるこの歌は、月に対する執は捨てられない、けれども仏道にも励みたい、という長明が長きにわたって懐き続けた葛藤を示すものであった。むろん、長明の思想には自らなる展開があり、養和元年（一一八一）に詠まれたこの歌をもって、長明全生涯の思想の統一を見ることはできない。ただ東と西にはそうした諸道と仏道の葛藤があり、それが『月講式』において意識され、そこに或る解答が用意されていたであろうことは、第二段三の次の言葉から容易に想像がつく。

願不レ改二出レ山入レ嶺之望一、早為二自レ東往レ西之縁一。（再掲）

この部分について、今村が指摘するように「月が西に没するのを眺めながら、それをそのまま西方浄土往生の縁にすることを願う(注20)」という意味はもちろんあるが、重要なのはむしろ東から出る月を望むことまでをも「不改」としている点である。この「不改」という表現は、『月講式』が依拠したと思しい澄憲「和歌政所結縁経表白」にも次のような形で見えている。

加之、翫レ月厭レ雲之思、残二妄想於暁天一、惜レ花嫉レ風之情、結二邪執於春空一。蓋雖レ非二殺盗之重罪一、猶屡残二綺語之罪過一。……夫依レ地蹶者還依レ地而起。行レ路迷者還行レ路覚。不レ如。不レ改二和歌之風一、即尋二菩提之月一思食者也。

「結縁経表白」は和歌を「綺語之罪」としながら、その罪を菩提へと転じる方法は「不改和歌之風」に如くものはないとする。同じ構造を『月講式』にあてはめるならば、月を翫ぶことは妄念でありながら、それを菩提へと導くためには月に向かうことが最善である、ということになる。たとえ西に背いて東の月を望んだとしても、最終的には月は西へ往く。ここに東と西（諸道と仏道）は併存するのである。「結縁経表白」と『月講式』との構成および表現の近似にまで目を向けたとき、『月講式』の「不改」という句には、そうした諸道肯定の主張を読みとって良いように思う。

そして、この東と西の併存は、尊格の次元においても、次のような形で示されている。

二明二滅罪生善一、夫月天子在レ東称二月光一、在レ西号二勢至一。　（式文第二段二）

すなわち月天子は東にあるときは月光菩薩であり、西にあるときは勢至菩薩である、という。本尊である虚空の月（＝月天子）は東から西へ往く。そしてそのどちらにあっても、それは尊格として示されるのである。さらに勢至菩薩が阿弥陀如来の脇侍であり、月光菩薩が薬師如来の脇侍であることをふまえれば、そこには西方極楽浄土と東方浄瑠璃浄土の存在がおのずと浮かびあがる。西が極楽浄土であるのは自明として、『月講式』が薬草童子の喩えや月光菩薩の霊験譚を引用してくる背景には、薬師如来と浄瑠璃浄土の存在が推定される。

なるほどこの講式の本尊は東から西へ往く。東から出る月も、西に沈む月も（心が一体であるように）同じ月であり、浄土の縁でもあるならば「対月忘西」の憂いもない。だが、この東には月光、西には勢至という解決策はやや都合が良いようにも思われ、諸道と仏道の葛藤に向かいあった長明最期の到達点とするのには、疑問が残る。

さらに注意しなくてはならないのは『月講式』に示された論理の過程は、数寄とは若干異なるものの見方である、という点である。数寄とは通例、次のような文をもって説明されるものである。

中ニモ数奇ト云フハ、人ノ交ハリヲ好マズ、身ノシヅメルヲモ愁ヘズ、花ノサキチルヲ哀レミ、月ノ出入リヲ思フニ付ケテ、常ニ心ヲ澄マシテ、世ノ濁リニシマヌヲ事トスレバ、オノヅカラ生滅ノコトワリモ顕ハレ、名利ノ余執ツキヌベシ。コレ、出離解脱ノ門出ニ侍ルベシ。（『発心集』巻六）

又、管絃ハスキモノ、スベキ事ナリ。スキモノト云ハ、慈悲ノアリテ、ツネニハモノ、アハレヲシリテ、アケクレ心ヲスマシテ、花ヲミ、月ヲナガメテモ、ナゲキアカシ、ヲモヒクラシテ、此世ヲイトヒ、仏ニナラント思ベキナリ。（狛近真『教訓抄』巻八（一二三三年成立））

すでに両者の接点は先行研究によってかたり尽くされ[注21]、あらたに加えるべき事柄もないが、肝要は、数寄とは「心ヲ澄マシ」行うものである、という点にある。心を澄ますとは、和歌ならば和歌に、管絃ならば管絃に対し一心に打ち込むことで得られる状態をいう。こうした状態こそが仏道による修行で得られるものと同じである、というのがこの時代の数寄の効用として主張されてきたものであった。もとよりこれは数寄の原義ではなく、松村雄二の述べるように数寄とは十一世紀には名聞や名利と結びつくものの見方であった[注22]。ただし、長明の時代になって仏道から数寄が捉えられるようになると、数寄は名聞や名利といった執を避け、「心澄む」状態によって行われるものであるとされた。

ところが『月講式』は、薬草童子の喩えで見たように、そうした執をも肯定的にとらえている。端的に言えばそれは、色にふけり、名聞をもとめ、富を得ようとしても、結果として救われればそれでよいのだ、というものの見方なのである。むろん、『月講式』は最終的には心と月を一体化させ、心の浄化をはかり、妄念を滅することを目指すものなので、目指す方向性としては数寄と変わらない。

それでも「心麁境妙巨益是多」といった主張は、『方丈記』の「ひとり調べ、ひとり詠じて、みづから情をやしなふばかりなり」という修善態度とは異なる。そこには、どうしても講式の作者である禅寂独自の意図を見いださざるを得ないのである。

そもそもそうでなければ、式文第二段三において、『和漢朗詠集』『新撰朗詠集』から多くの引用がされている点に説明がつかない。この点については、すでにグュルベルグの指摘があり、氏の「何ゆえに懺悔段に朗詠文が密集しているかといえば、それは、禅寂が方便として意識的に犯した「誤り」ではないかと思われる（注23）」という見解に賛同したい。長明が執した管絃や和歌よりも、漢詩の文脈を多用したのは、禅寂（文章生長親）にとっての「狂言綺語之謬」が漢詩であったからであろう。禅寂はあえて自らが狂言綺語の誤を犯すことで月を翫ぶ者の一人となり、追善の対象である長明と、講式の作者である自身と、そして古より今に至る月を翫ぶ者たちを同一の地平におき、「自即是他」の思考を連ねたのである。

『月講式』における禅寂と長明との思想の関係をめぐっては、最終的に希求した点（月を望むことと浄土を目指すことの合一）こそ同じといえ、そこにいたる論理過程、本尊に付した思想性、意図的な漢籍の引用等、禅寂独自の思想と表現を認める必要があると思われる。

結語

本論では、講式の本尊を読みとくことからはじめて、その観想法について分析し、講式の思想についても考察を加えた。式文の構成こそ不自然にみえるが、『月講式』には読む者の心を捉えて止まない不思議な魅力がある。故人追善のための講式という私的なものでありながら、幾度かの書写が重ねられ、月講が再演されたことは、とりもなおさず、この講式に後人を惹きつける論理があったことを示している。

ただ、これまでの読みに従うのならば、その論理は長明の思想そのものではない。それは長明が生涯向かい合った諸道と仏道の葛藤を、東から西に往く本尊の重層性と、その本尊に対して行われる観想法の重層性のもとに、自ら妄念の徒となることで併存させようとする、禅寂の配慮というべきものである。

講式の典型と諸法実相論に則りつつ、その特殊な本尊の性質を最大限に活かし、故人の素意に配慮してつくられた、未完成にも見えるが高度な達成を示す講式、それが式文の読みを通して得られる『月講式』の評価ではないだろうか。

注

（1）禅寂（藤原長親）に関しては細野哲雄が基礎的資料をまとめている（「筑州と禅寂とについての覚書」『鴨長明伝の周辺・方丈記』笠間書院、一九七八年（初出一九六六年））。以下、細野の指摘する資料に若干の補遺を加えてその経歴を記すと、禅寂は生年不詳。没年は仁治二年三月二十二日（『平戸記』仁治二年三月二十四日条）。父は藤原兼光（一一四五～九六）、同母兄に資真（一一六二～一二二三）がいる。『尊卑分脈』によれば策命、蔵人、刑部少輔、民部大輔をつとめ最終官位は従五位であったとされる。『山槐記』治承四年（一一八〇）七月二十七日条に「藤長親〈文章生、兼光子〉」とあり、『吉記』養和元年（一一八〇）三月二十四日条に「令進士蔵人長親書目六」とあり除目の目録を執筆したことが知られ、また『山槐記（除目部類）』寿永元年（一一八二）正月十四日条に「六位文章生長親」とあることから、策命、蔵人までは史料から追う事ができる。文治四年二月十七日出家、『玉葉』同日条に「伝聞、兼光卿二男長親、出家入道云々、有情之人歟、可感可憐」とある。なお、関連する資料として歴博本『転法輪鈔』第一帖に

「中納言資長比野光堂供養表白」がある（『国立歴史民俗博物館研究報告』一八八、二〇一七年、に翻刻あり）。また久保田淳「大原と伊勢―信仰と表現の場を考えるために」『中世文学』三四、一九八九年、にも禅寂に関わる資料が紹介されている。

（2）堀部正二「鴨長明の没年に関する一史料」『中世日本文学の書誌学的研究』全国書房、一九四八年（初出一九四一年）。三田全信「禅寂と月講式」『浄土宗史の新研究』隆文館、一九七一年。桜井好朗「鴨長明と念仏聖」『中世日本の精神史的景観』塙書房、一九七四年（初出一九六九年）。貴志正造「ひじりと説話文学―『発心集』の世界」『日本の説話第三巻』東京美術、一九七七年。重見一行「「月講式」をめぐって―長明発心検討」『仏教文学』一、一九七七年。簗瀬一雄「方丈記の思想」『鴨長明研究』加藤中道館、一九八〇年（初出一九七九年）。磯水絵「『月講式』再検」「金剛三昧院本『月講式』をめぐって」『説話と音楽伝承』和泉書院、二〇〇〇年（初出一九八七年）。今村みゑ子「長明企画禅寂作成『月講式』の意図」『鴨長明とその周辺』和泉書院、二〇〇八年（初出一九九三年）。鈴木佐内「禅寂作「月講式」と鴨長明」『中世仏教文学研究―今様と随筆』おうふう、二〇〇三年（初出一九九九年）。ニールス・グュルベルグ「『月講式』にあらわれた禅寂の思想」『仏教文化の基調と展開』山喜房佛書林、二〇〇一年。

（3）磯水絵によって三本の校訂がなされている。前掲注（2）磯論文参照。

（4）この視座から『月講式』に言及するものとして三田全信（前掲注（2））、佐々木八郎などの論がある。佐々木八郎「続々・方丈記私論」『中世文学の構想』明治書院、一九八一年。

（5）『山田昭全著作集　第一巻』おうふう、一〇六頁。

（6）前掲注（2）今村論文、二八五頁。

（7）千本英史「鴨長明と数奇をめぐって」『国語と国文学』八七－九、二〇一〇年、注22参照。今村は先行研究の整理において、『月講式』の思想の主体を長明においた研究者として貴志正造と簗瀬一雄を、禅寂においた研究者として桜井好朗と重見一行を挙げている（前掲注（2）参照）。ただし、『月講式』を「数寄そのものの全面否定」とする重見に対し、桜井は『月講式』に長明が希求した思想性が看取され、それに禅寂が応えたものとしており、二人の見解には多分に相違がある。

（8）金剛三昧院本は表白を持つが、奥書に「本無啓白」とある通り、後人による増補である。

（9）前掲注（2）でグュルベルグは、『月講式』の「此講演作法不似通途法則」といった一文が講式における常套句であることをふまえ、『月講式』は本尊から見ても、決して異例の講式ではない」（三六九頁）とする。たしかに「此講演作法…」の一文をもって、この講式が異例の作であると読むのはあやまりであるが、それでも虚空の月を本尊とする形式は他の講式に類例がなく、この講式の第一の特徴としてまず挙げてよいものであると思う。
（10）前掲注（2）今村論文、二八六頁参照。
（11）本書第九章参照。
（12）前掲注（2）今村論文、二九一頁参照。
（13）漢詩の引用部分については前掲注2グュルベルグ論文参照。
（14）前掲注（2）今村論文、二八一頁参照。なお「亀毛兎角」「狂言綺語」の二句は上覚『色葉和難集』序文にも見られ、『月講式』と同じく諸法実相論で語られている。
（15）前掲注（2）グュルベルグ論文、三九二頁参照。
（16）日本思想大系の脚注による。
（17）「於仏前発誓願言…」の記述が、『往生要集』（大蔵経八四：八七c）に一致する。
（18）前掲注（2）、今村論文、二八八頁参照。陽明文庫本は「一切業障海〈一行〉」と略述する。
（19）『真如観』（大日本仏教全書三三：六二頁）、『観心略要集』（同三一：一七一頁）、『自行略記』（恵心全集五：六〇二頁）など伝源信著作に多く引用がみられる。
（20）前掲注（2）今村論文、二八五頁。
（21）榊泰純「管絃往生試論」『日本仏教芸能史研究』風間書房、一九八〇年。小野恭靖「芸能説話の生成」『韻文文学と芸能の往還』和泉書院、二〇〇七年。など参照。
（22）松村雄二「数寄に関するノート――和歌の数寄説話を中心として」『共立女子短期大学文科紀要』三一、一九八八年。
（23）前掲注（2）グュルベルグ論文、三七八頁。

第十二章　「宿執」について

はじめに

宿命、宿業、宿運、宿念、宿善など、宿の字を冠した、前世からの因縁を指す仏語（ここでは仏典に載る言葉を指すものとする）は多い。そのなかで、あたかも仏語のように振る舞いながら、実は中世の造語である言葉に「宿執」の語がある。その用語の初例は大江匡房（一〇四一～一一一一）の言談を集めた『江談抄』巻四－五八に見える次の一文である。（注1）

嵯峨隠君子吟二此詩一弾レ琴、天如レ糸者下来云「我自レ愛二此句之貴一」其霊依レ有二宿執一、聞レ琴不レ堪二其感一。

嵯峨隠君子（醍醐天皇男）が琴を弾じて「不是花中偏愛菊（これ花の中に偏に菊を愛するにはあらず）」の詩を吟じていると、「宿執」によって亡霊が現れるという話である。『江談抄』巻四は古本系諸本に見えない後世補入分とされており、かつその補入分の典拠と思しい『朗詠江注』にもこの話は見られないことから、匡房の時代まで宿執の用例がさかのぼるかは検討の余地がある。ただひとまず『江談抄』を目安とすれば、以降の文学作品では、八巻本『発心集』六－一三、『十訓抄』七－二八、延慶本『平家物語』巻六末「天台山七宝ノ塔婆事」、広本系『撰集抄』八－八、金刀比羅本『保元物語』巻下、（注2）『袋草子』上巻など（注3）に宿執の用例は見え、他に聖教、日記、漢詩などにも確認することができる。十三世紀以降は一般的な用語として認識されていたと言えよう。

宿執について、その意味をもっとも的確に示しているのは、『岩波仏教辞典』の「宿執」項である。

宿執（しゅくじゅう）　過去世から心の中で執著（しゅうじゃく）して離れない善・悪の性質をいう。〈宿〉は古いの意で、宿世、すなわち過去世のこと、〈執〉は執心で、事物を固執して離さない執著をいう。現世における善・悪の果報は、すべて過去世からうけついできた善・悪の性質に対する執著心による。善の性質が顕著な場合には現世における善の果が、反対に悪の性質が顕著な場合には悪の果があらわれる、とする因果応報説の基盤をなす。（注4）

先に見た『江談抄』の一例も、過去世からの詩吟への執着から、霊が呼び覚まされたと考えることができる。『江談抄』本文の意味を理解する上でも十分な解説であろう。しかし、宿執が中世の造語であるという点を踏まえた上で改めてその用例を見ると、そこにより重要な問題が浮かびあがることになる。すなわち宿執は学問や芸道、家職との関係をふまえて理解される必要があり、狂言綺語観とも通ずる用語なのである。以下、具体的な用例に即した上で、宿執が持つ意味と、そこから見いだせる中世的思想の展開について読みといていきたい。

一　「宿」の側面

宿執を「宿（過去世）」と「執（執心）」に分ける『岩波仏教辞典』の説をふまえ、第一節では「宿」の側面から、第二節では「執」の側面から宿執の意味について考察していく。

まず宿執が宿善（前世における善業）の意味と重なることを確認する。

方今、禅定仙院、宿執暗催、早扇二南竺之風一、往因偸熟、幸酌二東寺之流一、修二一千日之勤行一。

引用は海恵『海草集』「八条院一千日御影供開白」による。海恵（一一七二〜一二〇七）は安居院流唱導の大成者である澄憲の息子で、『海草集』は海恵作の唱導を集めたものである。禅定仙院（八条院）が「宿執に暗に催」され「往因が愈々熟し」今日の法会を開催したとするものだが、こうした表現は「然猶、往因相引、宿善自催」（『江都督納言願文集』「内大臣雅実金峯山詣願文」）などに基づくものであろう。

また『徒然草』一四四段には栂尾上人（明恵房高弁）が、道ばたの男が馬に「あしあし」と言うのを「阿字」と捉えた話があるが、ここで明恵は、

あなたふとや。宿執開発の人かな。阿字阿字と唱ふるぞや。如何なる人の御馬ぞ、あまりに尊く覚ゆるは。

と言っている。この「宿執開発の人」は、例えば角川ソフィア文庫の新注が「前世で積んだ善根功徳を今生で開花させた立派な人[注5]」とするように、宿善と同じ意味と考えることができる。『江都督納言願文集』第二‐一「白河院金峯山詣願文」に「非二宿善開発、往因誘引者一、誰降二万乗之尊一、自攀二千仞之嶮一乎」と見え、今日の金峯山御参詣が「宿善開発、往因誘引」の結果に他ならないとする。「宿善開発」は唱導における常套句であり、「宿執開発」もそこから出た言葉と考えられる。

このように、「宿執に催されて」や「宿執開発」という言葉は、宿善の用例から派生したものであり、宿執の語を宿善に置きかえても同じ意味になるものも多い。一方で宿執は、宿業や宿習といった語に置き換えられる場合もあり、必ずしも肯定的とは限らない意味で用いられることもある。宿業は過去世の行いによって決定される現世の業、宿習もほぼ同じ意味である。例えば広本系『撰集抄』第八‐八「橘直幹祈申天神事」では、勅勘を蒙った橘直幹について、

昔、橘直幹といふ文章博士、無実を蒙りて流さるべしとて、明日なん宣下せんと聞え侍るに、力なき、先世の

宿執にこそと思ひ侍れど、

としている。また『大雲寺縁起』（十二世紀後半カ）では、後に大雲寺を建立することになる藤原文範が、紫雲に導かれ草創の地まで訪れたところ、十一面観音の化身である老尼があらわれ文範に「汝有宿執、今此処来也」[注6]と告げたという。これらの用例において、宿執は、宿業や宿習といった用例とほぼ同じ意で使われている。

二　「執」の側面

次に「執」の側面に注目し、宿執が執心の意味を持つことも確認しておく。まず『百番詩合（資実長兼両卿百番詩合）』から一例を挙げる。

多生宿執厭レ雲識　塵世商量逐レ夜空

『百番詩合』は九条教家（一一九四〜一二五五）の撰によるもので、日野資実（一一六二〜一二二三）と藤原長兼の漢詩から五十聯ずつを抜き出した詩合である。[注7]引用は長兼のもので、詩題は「秋情唯在レ月」である。『玉蘂』承元四年（一二一〇）九月十三日条に「入夜明月照林叢如日中、聊展詩筵、題曰、秋情唯在月……長兼、有家等卿已下文人七人也」とあり、この時のものと推測される。ここに見える「雲を厭ふ」という表現は、例えば澄憲「和歌政所結縁経表白」（永万二年（一一六六））に「加之、翫レ月厭レ雲之思、残二妄想於暁天一、惜レ花嫉レ風之情、結二邪執於春空一」とあるように、詩歌における月への執心を示す常套句である。したがって『百番詩合』における「多生の宿執」は漢詩を作ること、吟ずることへの執心をあらわすものであることがわかる。

むろん、こうした執心の意味での宿執の語は漢詩にのみ使用されるものではない。次に例として示すのは東大寺

宗性（一二〇二〜七八）に関する資料である。宗性は東大寺別当もつとめた大学匠で、その事跡は平岡定海『東大寺宗性上人之研究並史料』に詳しいが、ここに執心に関する文言をいくつも確認することができる（以下、宗性書写の文献に関する引用は同書による）。

弘長二年（一二六二）七月十四日〈申時、〉於㆓海住山十輪院地蔵堂北廊㆒、以㆓延暦寺智円法印之本㆒書㆓写之㆒畢。抑宗性去六月十六日召㆓上東大寺々務職㆒、被㆑補㆓前大僧正聖基㆒畢。仍且含㆓其恨㆒、且有㆑暇之間、自㆓去九日暮㆒蟄㆓居此幽閑勝地㆒。隠遁之今、如㆑此問答記甚雖㆑無㆓其要㆒、此両三年借㆓籠此書㆒、今明即欲㆓返遣㆒之間、被㆑引㆓余執㆒恣馳㆓悪筆㆒。哀哉痛哉、可㆑恥可㆑哀矣。

（『法勝寺御八講問答記』巻第十三、建長五年記宗性書写奥書）

法勝寺御八講の僧名と供奉人、およびそこでの問答をまとめた『法勝寺御八講問答記』は、十二世紀から十三世紀にかけての論議を知る上での最重要資料であるが、その大部分は宗性の書写にかかるものである。このうち第十三の奥書には「私、宗性はさる六月十六日に東大寺別当職を解かれた。そのことに遺恨があり、一方では暇ができたので、七月九日より海住山寺十輪院に蟄居した。隠遁生活の今、このような問答記は無用であるけれども、三年間借りていたこの本を返すように言われているので、「余執」にひかれ、悪筆をもってこの本を書写したのである」といった趣旨の事が書かれている。

宗性が使う「余執」の語は、執心の意味はもちろんあるけれど、どこか人間としての弱さを吐露しているようにも見える。松尾剛次の指摘のあるように(注8)、宗性は当時の官寺僧にはよくある、酒好きで稚児好きのうちの並外れたものであり、ために幾度となく起請文を書き、自らの破戒行為を禁じたのであった。

しかしそうした戒めの中で、宗性は聖教書写に関しては生涯それを禁じることはしていない。宗性の言う「余執」とは、そうした止めようにも止めることのできない執心を示す言葉として使われている。そして宿執もまた、これと同じ意味で用いられる。

去二月二十三日自西郊出洛陽之次、罷二向土押門油小路菅二位良頼卿之許一、借二請此本一之間、為レ備二後覧一所三書二写之一也。七旬之今甚雖レ無二其詮一、被レ引二宿執一、手自染二翰墨一。相承之輩可レ哀二其志一而已。

（『亀山殿御逆修願文集』宗性書写奥書（文永六年（一二六九）三月一日））

この時期、宗性は遁世をやめ東大寺に戻ってきているのだが、京都に出かけた機会に、借りた本を詮無いことだと思いつつも「宿執に引かれ」写してしまう。宿執は執心を含みながら、その執心を自らに内在する性質として肯定してやるといった意味合いを持つものであることがわかる。

三　諸道との重なり

では『亀山殿御逆修願文集』の宿執の語に示された、宗性自らに内在する性質とは何か。

当時、宗性が属していた東大寺のような官寺は、身分社会であり競争社会であった。学侶は大法会に招かれるために日夜研鑽にはげみ、昇進のままならないもの、真に出家を望むものは、宗性が東大寺から海住山寺に「蟄居」したように、二重出家というべき形で世を遁れた。宗性による聖教書写もまた、こうした官寺法会の公請を経て出世していくための手段であって、宗性の述べる「余執」や「宿執」とは、彼の学侶という生き方においてあらわれるものなのである。

これを一学侶の問題から、中世における様々な身分の問題に広げたとき、宿執における新たな側面が見えることになる。すなわち、執することが諸道の概念と結びつくのである。例えば、仁和寺の舞楽にて笙の秘曲・荒序を奏した中御門宗雅は、自身の日記に次のように綴っている。

笙已過節了、此曲（陵王荒序）相伝者当世六七人有之、然而皆末役成、於舞笛者皆経節了、笙忠秋以後頗断絶、為道為世不便事也、而幸遂此節可悦々々、後日相語師匠敦通入道処、凡感涙難禁、道之宿執可尊、

（『宗雅卿記』仁治元年（一二四〇）十二月十三日条（『体源抄』巻第十三所引））

中御門宗雅はこの日、秘曲である陵王荒序を笙で演奏する。「過節」「経節」とは荒序を奏したことを指す。そのことについて後日、藤原敦通に話したところ「道の宿執尊ぶべし」と言ったという。また洞院公賢の日記『園太暦』延文五年（一三六〇）正月二十日条には次のようにある。

抑龍秋歓楽事不便承了、若及大事者、楽所之陵廃、道之衰微、頗驚歎候、備御師範、輝芸栄光候、宿執之至、為御報酬一事之恩許有無、只可為時宜候哉、

後光厳天皇の笙の御師範であった豊原龍秋から、病のため出家したいと願い出があり、これに対し、天皇は龍秋に四品を勅許してはどうかと公賢に諮問した。引用は勅書に対する公賢の返答である。龍秋が帝師となったことは「宿執の至り」であると公賢は述べている。また和歌についても、これは執心の用例だが、

即仰撰者四人〈為世卿、雅有卿、為兼卿、隆博卿、〉隆博喜悦之余落涙云々、道之執心尤可感歎、

（『伏見院御記』永仁元年（一二九三）八月二十七日条）

という、『玉葉和歌集』撰者に撰ばれた藤原隆博の様子についての、『伏見院御記』の記述がある。

こうした諸道と執心との関連は早くから指摘があって、池辺実による、

芸能の素質を磨き、学習に向かわせるものは執心である。源博雅は琵琶の道を一途に好み求めていた。会坂の関の蝉丸が琵琶の上手であると聞いて、流泉・啄木の秘曲を聞きたい一心で三年の間、夜ごとに会坂の関に出かけ、三年目の八月十五夜にやっとその秘曲を伝授された（23話）。三年の間も毎夜通いつめた執心―芸能の上手になる人にふさわしい博雅の執心である。「諸ノ道ハ只如此可好キ也」と、芸道における執心の必要性を

的確に道破している。（「『今昔物語集』の芸能観」『説話の本質と研究』新典社、一九九二年（初出一九七六年）、一九九頁）などが一般的なものであろう。執心は南北朝以降の歌論や能楽、近世の俳諧や色道にも発展していくので、むしろ中世後期から近世にかけての芸道論の中で取り上げられることが多い問題であった。

しかし中世前期にあって重要なのは、道の考え方は家の成立（注9）と不可分の関係にあり、また芸道のみならず、公卿における日記の家や、武家における弓馬の道や、僧における公請の問題としてもあらわれる、という点にある。先に見た宗性の例に即していえば、学侶としての道と家の問題に注目する必要があるのである。

金沢文庫寄託称名寺聖教「公誉草」（鎌倉時代中期成立）のうち「逆修〈再生外道事／胎内胎外五位事〉」（外題）と題する一本（注10）は、この時代における道と家の理念を知るのに格好の資料といえる。

少年位ハ、十四五ヨリ二十許ナリ。コレマタ、人ニトリテ暇ナキ時ニ候。男ニツケ、女ニツケ、世ニアルベキ道ヲ営ム比ニ候ナリ。

文家ニアル人ハ、家ノ日記ヲ開キ、道ノ故実ヲ訪ヒテ、仁義礼智ヲ五徳ノ内ニ守リ、天文地利ヲ二儀ノ間ニ訪フ。詩ノ三百五篇、歌ノ三十一文字、書ニオイテ闇カラズ、道ニ取リテ長ゼント偈ルトシナム候。

武家ニ生マルル人ハ、弓馬ノ芸ヲ世ニ超エ、勇士ノ誉、人ニ勝ラバヤト営ナム候。女房ハマタ、衣裳ニ薫ジ、客飾ヲ事トシテ、蝉鬢ヲ粧リ、花ノ被ヲ刷フ。翠帳ノ中ニ貌ヲ隠シ、紅閨ノ内ニ艶ヲ養フニ、他事ナキノ時ニ候。

出家ノ人ハマタ、アルイハ無畏不空ノ流ヲ枃テ、五明三密ノ月、意ニ燈シ、或イハ慈覚智証ノ跡ヲ尋ネテハ、十如三観ノ蕚、思ヒヲ凝ラス。イカニシテ前途ヲ遂ゲ、相構ヘテ公請ニ預バ、ハヤナムト、雪ヲ聚メテ、書ヲ開キ、蛍ヲ拾ヒテ、文ニ向フノ間、後世ヲ思ハザル折節ニ候。

本書は胎外五位（生れて死ぬまでの五つの段階）を説くものであり、引用は五位のうち中間にあたる少年位を説くくだりである。文家（公卿）にとっては日記、和歌、漢詩が、武家（武士）にとっては弓馬の芸が、また女房にとっては女としてのあり方が、出家（学僧）にとっては官僧における勉学が、「世ニアルベキ道」として示される。

女房の生き方もまた興味ふかいが、ここで挙げられる文家、武家、出家という権門体制論的な三家のうちにも宿執の語が見えることを確認したい。例えば文家について、藤原長兼の日記『三長記』建久七年（一一九六）条には次のような奥書がある（以下の奥書は歴博本（H－六〇〇－五四）など諸本に共通して見られるものである）。

（奥書①）九秋之天、三余之暇、疎一見訖。天与二我於閑一。志在二山水一、学示二釈道一也。然而被レ催二宿執一、猶以披閲。記者之志、進賢退愚持善悪非之故、家門事多載二筆端一。殆可レ類二家礼一、莫二外見一。亦或有下夢後可二破却一之文上、或有下国裏可二秘蔵一之文上。悲哉、無レ人二于相伝一。天之与レ善、雖レ可レ疑、是他生之宿業歟。凡者争弁レ之。一覧之時、以二念仏一可レ資二彼菩提一而已。

（奥書②）此記、先人不レ被レ終二書写之功一、微臣已雖レ為二籠居之身一、為レ遂二件意一、今追二彼玄蹤一、申二請於博陸一、積衡之功。奥書即彼御筆也。仍書二加之一。不レ可二外見一者也。　隠士在判

（奥書③）弘安五年十一月六日、以二姉小路前中納言忠方卿本一書写校合了。

この奥書の構成はやや複雑であるが、奥書①は姉小路忠方のもの、奥書②③はその家礼のものと推定される。すなわち『三長記』を被見するも書写しきれなかった忠方の跡をついで、家礼が博陸（一条実経カ）の本でもって校合書写したと読める。奥書①は「志は山水にありて、学は釈道を示す」とあることから忠方の出家後のものであることがわかる。忠方の出家は家督継承争いでの敗北に起因するが、その際に家の日記をすべて燃やしてしまったことでも知られている。（注11）そのような決意をもって出家した忠方も「宿執に催され」日記を繙いてしまうのである。ここには忠方の、故実の家としての執心のあり方が見てとれる。また武家について、金刀比羅本『保元物語』中「為義最期の事」には、源為義の辞世の詞として有名な次の一文がある。

父を切る子、子に切らるる父、切るも切らるるも、宿執の拙き事、恥ずべし恥ずべし、恨むべし恨むべし。

この宿執の語は、前世からの因縁という意味と同時に、武家の宿命としても取れる。そしてまた出家について、ふたたび宗性の奥書を見ると、次のような記事が目に入る。

> 文永元年（一二六四）〈甲子〉五月十七日〈未時、〉於二海住山十輪院一抄レ之了。此中、三種意生身、躰地事、去年之春撰二置尺文一、今月之暇記二録問答一。余九箇条論議者、今年中所二稽古一。方今、蛍雪之勤雖レ倦、宿習難レ忘、孤山之栖雖レ冷、余執未レ散、（宗性『華厳宗文義抄』奥書）

ここでの「宿習」は宿執と同義と見てよいだろう。忠方と同じく、宗性は遁世の身でありながら、かつての自分の職業（学侶）のための聖教を写してしまう。

何かに熱中しているうちに、目的を忘れ、行為そのものが目的となるのはよくあることだが、長兼、忠方、宗性という三人からは、宿執という語における、そうした目的を超越した、年をとっても消えることのない執心の側面を読みとることができる。そしてその執心は、彼らの生きる道と家においてこそあらわれるものであった。

四　『古今著聞集』「宿執」編の解釈

以上見たように、宿執には宿の側面としての前世からの因縁の意味、執の側面としての執心の意味があり、それは中世的な道と家の展開のうちにある。

そして、これら宿執の意を汲んでいるのが『古今著聞集』の宿執篇である。『古今著聞集』は橘成季の編にかかるもので、成立は建長六年（一二五四年）、全二十巻三十篇から形成される。宿執篇はそのうちの巻十五、第二十四篇に位置する。それぞれの篇目は漢文体の序文を持つが、宿執篇の序文は次の通りである。

宿執者、天性之所二染着一也。文武以下諸雑芸、稟二其道一、思二其名一之者、雖レ臨レ老難二棄捐一。人皆有レ癖。不レ能レ欲レ罷。是又前業之令レ然歟。

先に示した宿執の二つの意（前世からの因縁、執心）とそこに内在する道と家の理念は、ここで「前業のしからしむるか」「天性の染着するところなり」「その道を稟け」という形で、如実に示されている。また「老いに望むといへども…」は宗性の奥書とも良く照応する。宿執篇に収められたそれぞれの説話もまた、当時の家と道の在り方を反映したものであり、先に見た文家、武家、出家の三分類と管絃に分けて考えれば、

文家…四八三話、四八八話、四九二話、五〇〇話
武家…四八一話、四八二話
出家…四八四話、四九四話、四九五話
管絃…四八五～八七話、四八九～九一話、四九三話、四九五～九九話

とすることができる（話数は旧大系、集成に対応）。本論ではこのうち末尾の第五〇〇話に注目する。

前の中納言定嗣卿、和漢の才、先祖にも恥ぢざりければ、寛元四年（一二四六）の脱屣のはじめより、仙洞の執権を承りて、ことに清廉の聞えありけるほどに、菩提のみち心の底にやもよをしけん、建長元年（一二四九）の比、葉室大納言のむかしの栖のほとりに、山庄を構へられけり。二年八月十三日に、ことにひきつくろひて、一切院、摂政殿、前摂政殿などへ参られたりけるに、上皇、御推やありけん、女房してとゞめ仰られければ、一切にその儀なきよしを申して、同十四日のあか月までのていにて、夜に入てかしらおろしけるに、宿執にもよをされて、詩歌をつくりける。

建長第二年、余齢四十三。仲秋八月三五前夜、出二俗塵一入二仏道一。感懐内催、独吟、外形而已。

遥尋祖跡思依然　葉室草庵雲石前

願以勤王多日志　転為見仏一乗縁
暁辞東洛紅塵暗　秋過西山白月円
発露涙零除鬢艾　開花勢盛観心蓮
長寛亜相遁名夜　靖節先生掛官年

葉室定嗣（一二〇八〜一二九二）は陶淵明にまねび、四十三歳の秋に出家した。この時、定嗣は「宿執にもよおされて」引用にあるような漢詩を詠んだという。この宿執は一見、漢詩に対する宿執のように捉えられるのだが、実はそうではない。

例えば「和漢の才」という言葉に注目したとき、『百寮訓要抄』「大内記」に「詔勅、宣命をかく者にてあれば、代々儒者のなる也。故実なき仁をば任せられず。和漢の才覚ある人をなせるべき也」(注12)などとあるように、「和漢の才」とは博識であるだけではなく、むしろ実務に優れることを指す言葉なのである。実際、定嗣は詩歌管絃に目立った功績はなく、和歌でも数首、漢詩は作例すら確認できない。蔵人頭から頭弁を経た、徹底的な実務官僚であった。だからこそ五〇〇話の「宿執」とは漢詩ではなく、故実に対してのものでなくてはならず、前節でみた姉小路忠方の例と同じように、自らの生業とする有職故実への執心が定嗣に詩歌を詠ませた、と把えるべきなのである。ただここで重要なのは、定嗣がこうした執心となるような営みを仏縁にしようとしていることであり、それをはっきりと表明するのが「願くは勤王多日の志を以て転じて見仏一乗の縁と為す」という一文である。

五　宿執と狂言綺語観

この定嗣の詩の一節が白居易を踏まえていることはうたがい得ない。白居易の『香山寺白氏洛中集記』に見える

「願以二今生世俗文字之業、狂言綺語之過一、転為二将来世世讃仏乗之因、転法輪之縁一也」の句は、本朝では『和漢朗詠集』を経て広く受容され、いわゆる狂言綺語観（綺語や戯事とされる営為も仏道につながるものだとする考え方）を形成するに至った。

定嗣は狂言綺語の句は用いていないけれども、型式から考えれば「願はくは勤王多日の志を以て…」の部分が「願はくは今生世俗文字の業を以て…」の句と呼応していることはわかる。中世における狂言綺語観は、名聞や名利、恩愛、邪執といった執心をいかに仏道に結びつけるかが重要な課題となっており、そうした執心に関わる営為の中で狂言綺語の句も用いられるようになった。[注13]「願くは勤王多日の志を以て転じて見仏一乗の縁と為す」という定嗣の言葉には、立身出世や家の存続といった、俗世での朝務への執心を積極的に肯定し、還って執心を打ち破り、仏道へと進もうとする働きが見てとれる。その働きこそが「宿執にもよおされ」ということなのであり、宿執とは執心を身分（道と家）に内在するものとして、その営み自体を肯定的に捉えようとする言葉なのである。

この点について、三たび宗性に戻り確認しておこう。

文永七年（一二七〇）〈庚午、〉七月十五日〈未時、〉於二東大寺知足院之草庵一、以二延暦寺宗澄法印之本一書二写之一畢、抑宗性老耄之身、雖二眼暗手振一、妄執染レ心愁摺レ墨、右筆後覧之輩可レ哀二其志一矣、願以レ之為二上生内院之業一。

（『法勝寺御八講問答記』巻第十三、文応元年記宗性奥書）

ここで宗性は自らの書写態度を妄執とまで言っているが、しかしそれは「上生内院の業」になるとも言っている。また次にあげる文章は、遁世以前のものであるけれども、右の主張と連なるものである。

正嘉三年（一二五九）三月二十三日〈午時、〉於二東大寺尊勝院護摩堂之南庇新学問所一馳レ筆畢、願以二狂言綺語之謬一、翻為二上生内院之縁一矣。

法印宗性

（宗性『承明門院御忌中諸僧啓白指示抄』奥書）

宗性との関わりも深かった承明門院（注14）の御忌日仏事において、宗性は願文を草しており、それら願文と仏事の式を記録したのが『承明門院御忌中諸僧啓白指示抄』である。ここに宗性が「狂言綺語の謬」とするのは、こうした法会の言葉が立身出世といった執心と結びつくからであって、しかしそのような執心すら宗性は「上生内院の縁」になると述べているのである。それは、宗性が魚食を禁じ、自らに一日一巻の観音経転読を課した「五箇条起請事」（注15）において「一、設雖レ為二名利一学二聖教一、必可レ廻二向無上菩提一事」とあることにも通じている。かかる名利名聞といった執心を持ったまま菩提に至るという論理こそ、中世における狂言綺語観の一展開であった。

結語

中世の造語であった宿執には、文字通りの「宿」「執」の意味がある一方、そこには道や家の理念に連なるものがある。『古今著聞集』宿執編は、この道と家に即した宿執の問題としてとらえることができよう。宿執とは、かかる道と家における生き方を人間生来の性質として肯定するものであり、それはまた仏道にも通ずるものであった。むろん、宿執におけるすべての用例がこの意を含むものではなく、宿善や執心といった以上の意味を持たないものもある。それでも、これまで用例のほとんどなかった言葉が十三世紀以降、頻繁に諸文献に見られるようになったということに関しては、やはりある時代的な要請を想定せざるを得ない。それは一つには中世における道と家の成立であり、一つには宗性や長兼の著作、諸説話集にうかがえるような執心の問題の顕在化であろう。こうして道と家における執心が問題になった時、あらわれたのが「宿執」の言葉であったと考えられる。

これまで執着と道、家の問題は、数寄の観点から論じられることが多かった。数寄とは心を澄まし芸道に励む心が、仏道に励む心と同様のものであるとして、芸道を仏道に連なるものとして肯定的に捉えていく考え方である。

しかしこの時代、執着の問題は芸道にのみ存在するものではなかった。見てきたように、それは武家における弓馬の道や女房の生き方にも存在し、あるいは仏道においてすらあらわれるものであった。その点において宿執は、中世の道の理念を再解釈する鍵語であると言えよう。

注

（1）宿執の用例に関しては「ジャパンナレッジ」「大蔵経データベース」「大日本史料総合データベース」（いずれもweb）を参考に調査した。「大蔵経データベース」によれば済暹（一〇二五～一一一五）の『弁顕密二教論懸鏡抄』に「宿執」の語が見えるが、後代の文芸との関わりが未詳のため、ここでは用例から除いた。

（2）旧大系一四七頁。

（3）新大系八〇頁。

（4）引用は第一版（一九八九年）による。第二版（二〇〇二年）もほぼ同じ内容である。

（5）小川剛生訳注『徒然草』角川ソフィア文庫、二〇一五年、一四六頁。

（6）引用は尊経閣文庫本（史料編纂所謄写本二〇一五‐五七八）による。

（7）現存諸本は資実を左、長兼を右として各聯を一括して記すが、もとは左右に番わせていたものと推測されている。但し、各聯の題はほとんど一致しない。尊経閣文庫本（一三六二年書写）が現存諸本のほとんどの底本と思われる。栗生育美「『資実長兼両卿百番詩合』考―尊経閣文庫本「百番詩合」を中心に」『語文（大阪大学）』八四・八五、二〇〇六年。

（8）松尾剛次『破戒と男色の仏教史』平凡社、二〇〇八年。

（9）家の成立については、社会史的問題としては佐藤進一が提唱した「官司請負制」が研究の中心を成している。文学からは小西甚一が、中世における道の理念が家と不可分であることを述べている。中世前期の諸道の様相については石黒吉次郎の指摘がある。佐藤進一『日本の中世国家』岩波現代文庫、二〇〇七年（初出一九八三年）。小西甚一『中世の文芸―「道」という理念』講談社学術文庫、一九九七年（初出一九七五年）。石黒吉次郎「中世芸道論における「諸

道」』『中世芸道論の思想』一九九三年、国書刊行会（初出一九八八年）。

（10）三〇七 - 八六。引用文は私に訓み下した。

（11）平山敏治郎『日本中世家族の研究』法政大学出版局、二〇〇五年、第三章第六節参照。

（12）史料編纂所謄写本二〇五六 - 八三。

（13）本書第十章参照。

（14）宗性と承明門院をめぐっては平岡定海『日本寺院史の研究　中世・近世編』吉川弘文館、一九八八年、を参照。

（15）『東大寺宗性上人之研究並史料　中』五三一頁以降。

第十三章　音楽儀礼における狂言綺語観

はじめに

中古中世をつらぬく主要な文芸観の一つに狂言綺語観がある。狂言綺語観は白居易の『香山寺白氏洛中集記』に見える「願以今生世俗文字之業、狂言綺語之過、転為将来世世讃仏乗之因、転法輪之縁也」の句にもとづくもので、綺語妄語とされる文学的営為も仏法の導きであるとして肯定的に捉えようとする文芸観である。(注1) 康保元年（九六四）に創始された勧学会において「願以今生世俗文字之業…」の句が偈頌され、その後『和漢朗詠集』巻下「仏事」（一〇一八年）に採られたことで、詩歌や唱導の世界に広く浸透した。同時にそれは「自行之権即自行之実、如一切世間治生産業、皆与実相不相違背。一色一香無非中道」（智顗『法華玄義』（大蔵経三三：六八三a））や「観心者、観麁言軟語皆帰第一義云云」（智顗『法華文句』（大蔵経三四：一六c））といった諸法実相論と結びき、(注2) 中世には声塵得道観(注3)や、和歌陀羅尼観、(注4) 執心と数寄との関係(注5)など多様な展開を見せた。

こうした研究によって、狂言綺語観の対象となるものが文字テクストのみならず、様々な領域に渡ることが明らかとなってきた。すなわち白居易において作文の問題であった狂言綺語観は、本朝では物語や和歌にも拡張され、それはさらに「抑、今此経文者、仙院之御遺札也。染先院勅書、写西土券契。……是以、翻彼狂言綺語遺札、為此妙典料紙」(注6)のように書簡を翻し、経典を書きつける際の表白として、あるいは「右縁起画図之志、偏為知恩報徳、不為戯論狂言」(注7)のように絵画の奥書として、また「願、因羊質之開講、必契龍宮之値遇。麁言耎語、皆帰中道之風。治世語言、悉混実相之月」(注8)のように、儀礼そのものを対象としても使われたのである。本論ではこうした文字テクストを越えた営為としての狂言綺語観に注目し、特にその中でも音楽儀礼と、儀礼の言葉（唱導文芸）に焦点をあて、狂言綺語観の及ぼした影響とその展開について考察していく。

一　法楽としての音楽と「簫笛琴箜篌」の句

はじめに仏教における音楽の受容について考える。詩歌や物語が狂言綺語として否定的に語られることがあったのに対し、仏教では音楽はおおむね肯定的に把えられた。東大寺大仏開眼供養における伎楽奏楽に代表されるように、音楽は法会において早くから用いられており、その効用についても種々の経典に解かれるところであった。こうした仏教における音楽観について、榊泰純は櫛田良洪の「声明往生論」(注9)をうけ、「管絃往生論」を展開、奏者における心の有り様の問題を論じた。(注10)阿部泰郎は『法華経』における音楽表現や、声明・説法・講式など複数の視点から、中世の音声世界についてまとめている。(注11)南谷美保は音楽が仏教において受容される基盤として「音楽が仏世界の再現になる」「声そのものが仏である」という二つの考え方があったことを挙げている。(注12)

用語面に着目するならば、小島裕子による「声為仏事」の指摘が注目される。(注13)『維摩経』を初出とするこの句は、『金光明経玄義』、『法華玄義』序などに引用され広まっていき、安然『真言宗教時義』など真言における声の思想において見られるとともに、特に十二世紀以降は澄憲『声明集序』、『野守鏡』、「光覚房聖教譲状案」(注14)などの声明口伝類において、声塵得道観の中で用いられる用語であった。もとより本朝において、初めて白居易「狂言綺語」の句を詠んだ勧学会について、これを記した『三宝絵』下巻「比叡坂本勧学会」に、この「声為仏事」の句が見えることは、小島の指摘する通りである。

そしていま「声為仏事」と並ぶ、仏教における音楽肯定を示す文言として「簫笛琴箜篌」の句が指摘できるように思う。「簫笛琴箜篌」は『法華経』方便品（大蔵経九：九a）の頌に

若使人作楽　撃鼓吹角貝
簫笛琴箜篌　琵琶鐃銅鈸
如是衆妙音　尽持以供養
或以歓喜心　歌唄頌仏徳
乃至一小音　皆已成仏道

とみられるもので、簫と笛という管楽器、琴と箜篌と琵琶という絃楽器、鐃、銅跋という打楽器――つまりあらゆる楽器――の妙音による供養が、仏道につながることを解くものである（同様の意味を持つ句が分別功徳品に「簫笛箜篌」として見える）。この句は早く『栄華物語』に引用が見え、(注15)講式では『妙音講式』、尊性『聖徳太子講式』（一二二八年）、『丑日講式』の伽陀として採用され、表白願文類では藤原為長「舎利報恩会記」（一二一二年）、宗性「堂童子狛行房等敬白」(注16)（一二六七年）、湛睿「弥陀別功徳」(注17)に見える。後に十種供養の伎楽の伽陀に独立して採られ、声明の秘説ともなった(注18)この句は、法会における音楽を語る上で最頻出の用語であった。また今様や早歌などにも引用が認められ、(注19)歌謡の世界にも広くこの句が浸透していたことがわかる。それ以外にも梵舜本『沙石集』（六‐八）、『玉造小町壮衰書』や謡曲の世界にも多用される。(注20)管絃講の講式が多く「簫笛琴箜篌」を伽陀として引くことから明らかなよ

うに、もっぱら音楽における法楽を示す言葉として用いられた。

二　『順次往生講式』にみえる諸法実相論

こうした仏教における音楽観について、十二世紀になるとそこに狂言綺語観を見いだせるようになる。その早い例として勝陽房（証陽房）真源の『順次往生講式』（一一一四年）があげられる。『順次往生講式』は三門九段の式文からなる大部の講式であるが、(注21) ここでは法会の旨趣を述べる述意門と、結語部分にあたる廻向門から一部を引用する。

（述意門）但今所二勤修一、稍異二常儀一、非二啻礼讃称念一。兼以二妓楽歌詠一。其所二剋念一、非レ無二由緒一。当時律呂調レ音、暫静二散心於一境一、来世絲竹翫レ曲、遍施二供養於十方一。声為二仏事一。簫笛箜篌自順二法音方便一。楽即法界。管絃歌舞何隔二中道一実一矣。大樹緊那弾二瑠璃琴一、忽預二未来成仏之記一。妙音薩埵奏二十萬楽一、速得二普現色身之証一。……〈若不レ用レ楽之時、但今已下之言略レ之〉

（廻向門）諸衆同心重白レ仏言、我已如レ法称揚二本願一、亦以二浄心一、憶想二妙観一。浄土行業薫修已了。往生正因、豈過レ之哉。麁言軟語、皆帰二第一義一。散乱歌詠、盍為二解脱門一哉。況能調二声音一、讃二極楽界一、聊作二妓楽一、供二弥陀尊一。楽音皆唱二妙法一、歌曲悉慕二浄土一。琴瑟鼓吹並不二徒然一哉〈若無楽之時、可レ略二此等句一〉

引用した部分は述意門、廻向門ともに「もし楽を用いざる時は、ただいま已下の言、これを略す（もし無楽の時は、これらの句を略すべし）」と注記があり、管絃がある時のみに用いられる箇所である。「ただ今勤修するところは、やや常の儀に異なり。ただ礼讃称念のみにあらず。兼ねては伎楽歌詠を以てす」とある通り、この法会は各式文間において唐楽、催馬楽の旋律に仏を讃歎する歌詞をのせて演奏がなされたのである。それは、催馬楽「伊勢海」を例にとれば、本来の歌詞が

伊勢の海の　きよき渚に　潮間に　なのりそや摘まむ　貝や拾はんや　玉や拾はんや（新全集）

であるのに対し、『順次往生講式』が

瑠璃の地の　木立めでたや　宝の池の　黄金の波まことに　玉や拾はむや　玉や拾はむや

とあるように、式文間の術意を組みつつ、元の詞も活かすという高度な替え歌であった。また管絃についても想夫恋は想仏恋、皇麞は往生、五常楽は五聖楽として曲題を改めている。[注22] 講式本文も種々経典類の言葉をちりばめており、右に挙げた述意門に限っても次の五点が確認される。

「当時律呂調音、暫静散心於一境」→「仮文助意観心不乱、既調散心於一境」（伝源信『観心略要集』[注23]）

「簫笛箜篌自順法音方便」→「簫笛箜篌」（『法華経』分別功徳品（大蔵経九：四五c））、「法音方便陀羅尼」（『法華経』妙音菩薩品（大蔵経九：六一b））

「管絃歌舞、何隔中道一実矣」→「管絃歌舞ノ曲ニハ、法性真如ヲトナフベシ」（『極楽六時讃』）

「大樹緊那弾瑠璃琴」→「香山大樹緊那羅ノ瑠璃ノ琴ニナゾラヘテ」（『極楽六時讃』）

「妙音薩埵奏十萬楽、速得普現色身之証」→「今以普現色身、以妙音声遍吼十方弘宣此教」（『法華文句』（大蔵経三四：一七三a））

ほぼ語句単位での引用であり、引用元と全く文脈が異なるものもある。にもかかわらず文章に破綻がないところに、作者の力量をうかがわせる。

こうした複雑な言葉の連関を持つ『順次往生講式』について、廻向門に「麁言軟語みな第一義に帰す。散乱歌詠なんぞ解脱の門とならざらんや」の句が見える。前半部「麁言軟語…」は本論の冒頭にも示した通り、智顗『法華

文句』に基づくもので、諸法実相論の文言としてしばしば引用される文である。そしておそらく後半部「散乱歌詠……」も『法華文句』第四下の「今以童稚戯砂乱心歌詠、指微即著、如凡夫度海不可思議」によっている。方便品に見える童子の戯れを釈するところで、「童子の砂遊びや乱心の歌詠は、凡夫が海を渡るが如く不可思議なものである」という否定的意味であるが、真源はこれを転換し、散乱歌詠も解脱に至るものと説いている。『順次往生講式』が述意門において「声、仏事を為す。簫笛箜篌自ら法音方便に順ず」と仏典の言葉を挙げ、法楽であることを示しておきながら、廻向文において諸法実相論を展開させるのは、一つには源信の影響があると思われるが、いま一つには曲目の問題があったと思われる。大法会において舞楽が用いられ、行道に管絃が用いられることはあったが、管絃を主題とした法会は『順次往生講式』以前には見られない。例えば想夫恋（想仏恋）については法会における奏楽例を確認することができない一方、貴族の間では奏されていた例が見える。(注24)「麁言軟語みな第一義に帰す。散乱歌詠なんぞ解脱の門とならざらんや」の句は、こうした世俗において用いられた曲も仏法に異ならないことを示したものであろう。五常楽から五聖楽へ――曲を翻すという点において、『順次往生講式』の曲は、音楽における狂言綺語観を体現しているものとして位置づけられる。

三　信西による弥勒講と舞妓

『順次往生講式』において諸法実相論が展開されたのに対して、十二世紀中半になると狂言綺語の句そのものが、音楽に関わる文芸にもあらわれるようになる。次に『諸人雑修善』所収「入道小納言信西令修弥勒講表白」（以下「弥勒講表白」）を見たい。『諸人雑修善』は宗性の編にかかる澄憲作の表白集である。「弥勒講表白」は信西（一一〇六～五九）存命時のものとされ、その子供である澄憲（一一二六～一二〇三）において最初期の作にあたる。(注25)以下に序文と末尾の文を掲げる。

今信心大法主、抽二一心之丹誠一、凝二三業之白善一、図絵二弥勒浄土変相一、書写二上生成仏之真文一。殊尽二伎楽歌舞之妙態一、設二供養恭敬之斎会一。……新構二仏殿一、兜率聖衆迎二其中一。深運二信心一、妓楽歌舞奏二其前一、幡蓋翻レ風。釈梵糸竹遏レ雲。龍神側二渇仰之耳一。仰拝二曼陀之変相一、四十九重之宝宮如レ見。退望二妓女之妙態一、五百億之天女在レ眼。法会厳重、慈氏不二納受御一哉。善根慇懃、願念蓋成就哉。抑、糸竹情所レ愛也。調二情韻一奏二仏界一。舞妓我所レ翫也。催二妙粧一奉二聖衆一。昔白楽天之長詩句。翻二世俗文字之業一、為二讃仏乗之因一。今大法主之好二絃管一。不レ改二趙舞燕歌之興一。即為二解脱分之善一。彼一時也、此一時也。思レ古観レ今、同音随喜。願共諸衆生、値遇二慈氏尊一。

表白を順に見ていけば、弥勒講においては「上生成仏の真文」＝『弥勒上生経』を書き付けた兜率天曼荼羅が供養され、その宝前で伎楽が舞われたという。それは「妓女の妙態」とある通り妓女による舞であった。そもそも兜率天曼荼羅は、貞慶（信西男、一一五五〜一二一三）所伝の興聖寺蔵「兜率天曼荼羅」に代表されるように、弥勒浄土の宝殿の前に中島の舞台を置き、そこに天女による舞を描いたものである。(注26)表白の示すところ、信西の意図したのはこの兜率天曼荼羅の前で妓女の舞を奏することであった。それは曼荼羅における天女の舞を現世に映しだそうとする営為に他ならない。「仰ぎては曼陀の変相を拝す。四十九重の宝宮を見るが如し。退きては妓女の妙態を望む。五百億の天女の眼あり」という、『弥勒上生経』の文言を引用した(注27)絵画の内と外の間に語られる法会の風景描写は、そうした浄土再現の様子を過不足なく書きとめたものといえよう。

続けて表白を読めば「糸竹は情の愛するところなり。舞妓は我が翫ぶところなり」と続く。この「我」は澄憲ではなく、法主の信西とみて相違ない。信西が妓女に関心を持ったことは、内宴（後述）や厳島内侍の事例に著明である。すなわち信西の子息三人の署名を持つ「藤原成範等連署書状」(注28)に「其中舞妓事、先人殊以賞翫」とあり、信西が厳島内侍の舞楽を賞翫していた旨が書かれる。「一遍上人聖絵」巻十に著名な厳島内侍の妓女舞と、興聖寺蔵「兜率曼荼羅」に代表される兜率浄土の妓女舞の背景には、信西の存在があった。(注29)

そして表白は「昔白楽天の……」以下で一連の文言を締めくくる。この文は澄憲の「源氏一品経表白」と対になるもので（『諸人雑修善』において「源氏一品経表白」は「弥勒講表白」の前に置かれている）、その比較を示すと以下の通りである。

入道小納言信西令修弥勒講表白
昔白楽天之長詩句、
翻世俗文字之業、為讃仏乗之因。
今大法主之好絃管、不改趙舞燕歌之興。
即為解脱分之善。
彼一時也、此一時也。思古観今、同音随喜。
願共諸衆生。値遇慈氏尊。

源氏一品経表白
昔白楽天発願、
以狂言綺語誤謬、為讃仏乗之因。
今比丘尼済物、翻数篇艶詞之過。
帰一実相之理、為三菩提之因。
彼一時也、此一時也。
共離苦海、同登覚岸。

ここで「今生世俗文字の業…」という白楽天の句と、「かれも一時《いちじ》、これも一時」という『孟子』の句を通じて、「一品経供養」の対象とした物語世界と「弥勒講表白」に対象となる管絃世界が、重なることがわかる。「一品経供養」は「今、比丘尼、物を済ひ、数篇の艶詞の過ちを翻して、一実相の理に帰し、三菩提の因となす」とあり、物語の端に経を書きつけることによって、綺語の過を菩提に帰さんとする。対して「弥勒講表白」は「今、大法主（信西）の絃管を好む、趙舞燕歌の興を改めずして、すなわち解脱分の善をなす」とする。なぜ舞妓を改めないことが、解脱分の善となるのか、そこには舞の演目が関わっていたと思われる。すなわち天福元年（一二三三）成立の『教訓抄』巻二「万秋楽」項に次の記事が見える。

狛光近、保元、妓女ノ舞授ル記。（中略、以下、万秋楽の拍子説）コレモ、少納言入道通憲、弥勒講ニ表スル龍花三会説トアリ。

とあって、狛光近が妓女に授けた万秋楽の説が、信西の弥勒講での説に基づくものであったことを伝える。ここに、弥勒講において妓女による万秋楽が行われていたことがわかる。万秋楽はその別称である（ないしは曲の中の秘説ともされる）慈尊万秋楽という名前に明らかな通り、弥勒慈尊讃歎の楽であり、弥勒講において演じられるにふさわしい曲であった。舞手が妓女という「世俗文字之業」の側に位置する存在であったとしても、それが「仏世界之曲」（『教訓抄』同項）とされる万秋楽を舞うことによって「讃仏乗之因」となる。それゆえ「趙舞燕歌の興を改めず」と表白は述べるのである。むろん奏されたのは万秋楽だけではないだろう。『順次往生講式』で散乱歌詠とされた五常楽は、厳島内侍によって「五聖楽」として法会の中核に位置づけられた舞であり、(注30)延慶本『平家物語』においては千手が和琴でもって「後生楽急」として奏した曲であった。(注31)興聖寺蔵「兜率天曼荼羅」の妓女舞は、「一遍上人聖絵」の厳島内侍妓女舞と同じ四人舞であるが、これが五常楽や万秋楽であったとしても疑問はないように思われる。(注32)

さらに、この「趙舞燕歌」という表現に注目すれば、これは盧照鄰「長安古意」（七世紀）の「羅襦宝帯為君解燕歌趙舞為君開」に基づくものであることがわかる。ただし『本朝無題詩』『文鳳抄』『擲金抄』など、同時代の漢詩集や文例集に用例は見られず、保元三年（一一五八）の内宴の記録である『内宴記』(注33)にのみ、この言葉が確認される。

賞煙霞於天臨之下、翫管絃於露寝之傍。趙舞燕歌之奏妙曲、

引用は俊憲（信西男、一一二二～六七）作による内宴の詩序で、儀礼における御遊や五節舞を称賛した句である。神田邦彦は、信西の内宴について一連の資料をまとめ、前掲の『教訓抄』「万秋楽」項の記事を、『兵範記』保元三年（一一五八）五月二十九日条の、狛光近が内教坊妓女を舞師として指導した際のものとする。(注34) つまり信西の弥勒講における万秋楽説は、狛光近を介して内教坊の妓女に伝承されていたのである。内教坊は内宴の舞妓の教習が行われた場所であり、ここに弥勒講と内宴が、舞妓を通して伝承を共有していたことが示される。澄憲―俊憲という兄弟間の作品に共通して見られる「趙舞燕歌」の語には、かかる舞妓の伝承が下地に存在していたものと推定される。(注35)

四　声としての狂言綺語観

こうして十二世紀にいたると、管絃を狂言綺語とする文言があらわれるようになった。もちろんそれは音楽の否定ではなく、狂言綺語観や諸法実相論を用いることで、あらゆる音楽を仏道に通ずるものとして積極的に肯定していこうとするものである。

そして同時代には、狂言綺語の句はまた儀礼における音としても現出した。『梁塵秘抄』における二二二番歌、「狂言綺語の過ちは　仏を讃むる種として　麁き言葉もいかなるも　第一義とかにぞ帰るなる」がよく知られるように、狂言綺語や諸法実相論の句は実際に唄われ奏される音楽でもあった。そうした声としての狂言綺語観を示すものとして舎利報恩会における伽陀がある。舎利報恩会は慈円によって建久六年（一一九五）に創始された法会で、この時の次第とされるのが「舎利報恩講次第(注36)」である。そこには和歌披講の後に次の伽陀が詠まれていたことが記されている。

一切諸世間　治生産業等
麁言及軟語　皆帰第一義

これは本論冒頭に示した『法華玄義』『法華文句』の句を組み合わせた諸法実相論の言葉であって、『諸経要文伽陀集』や魚山叢書本『伽陀集』ほか種々の伽陀集に見いだせず、かつ講式の伽陀としても採用されない、舎利報恩会独自の伽陀であった。(注37)ここに唄われる諸法実相論の展開を追うことができる。

こうした声としての狂言綺語は『音楽講式』にも見いだせる。『音楽講式』は藤原孝道（一一六六〜一二三七）の発案によるもので、実際の草は文章博士の藤原孝範による。(注38)式文間に伽陀の替わりとして朗詠が詠われることが、この講式の最も特徴的な点である。以下に講式の末尾部分を朗詠と合わせて挙げる。

莫導唯朱絃緑管之戯論。便是結見仏聞法之良因也。仍以朗詠宜擬歌頌。頌曰。
　願以今生世俗文字之業狂言綺語之誤
　翻為当来世々讃仏乗之因転法輪之縁

詠まれた朗詠は『和漢朗詠集』によるもので、法楽としての狂言綺語を示すとともに、その前文には「ただ朱絃緑管の戯論を導くことなかれ。便ちこれ見仏聞法の良因を結ぶなり」と、管絃も仏道に通ずる旨が説かれる。「願以今生世俗文字之業…」の音楽の側からの言い換えと呼ぶべきで、「朱絃緑管」は「朱絃玉管」(注39)から転じた中世独自の言葉であり、これもまた「朱絃緑管の調は遊の庭」(『今様之書』三〇「茶曲」)などとして展開される、声としての狂言綺語観であった。

結語

本論では唱導文芸を中心として、音楽儀礼における狂言綺語観についてその展開を追ってきた。十二世紀になり、音楽の側に狂言綺語観が取りこまれた背景には、法会において、催馬楽や管絃といった世俗の楽曲や、妓女の舞が採り入れられてきたことがあったと考えられる。もちろん、音楽と狂言綺語観の関わりは、冒頭に示した声塵得道観や、執心や数寄の問題と不可分であって、今後さらにそうした点も合わせて考えていく必要があるだろう。

　狂言綺語観は「世俗文字の業」を「讃仏乗之因」に翻す、という二つの対照のうちに語られる。この聖―俗というべき対照性は、ここまで見てきた諸文献で言えば、例えば『順次往生講式』に「当時には律呂、音を調へて、しばらく散心を一境に静め、来世には糸竹、曲を翫でて、遍く供養を十方に施さん。声、仏事を為す」とあるように来世―今生という形で、また例えば「弥勒講表白」に「彼も一時なり、此も一時なり。古きを思ひ今を観ず」とあるように古―今という形で語られている。渡部泰明は和歌史の立場から「狂言綺語観には、いしにえの作者とその享受者とを同一の位相で扱おうとする意思と結びつく側面があるらしい(注40)」とするが、狂言綺語観の空間、時間を越える性質は、音楽においても共通のものであった。音楽の場合は特に、古の曲を今に、仏界の曲を人間《じんかん》に奏することができるという点において、かかる狂言綺語観の超越性を、より具体的に示すことができたのである。その狂言綺語観を音楽として体現する場こそが『順次往生講式』に示される講であり、信西のくわだてた弥勒講であり、そこで奏される曲こそが五常楽―五聖楽や万秋楽であったと考えられる。

注

（1）狂言綺語観全体を扱う主要な参考文献として、次のものがある。『山田昭全著作集　一』『山田昭全著作集　三』おうふう、二〇一二年。菊地良一『古代中世日本仏教文学論』一九七六年、桜楓社。また『岩波仏教辞典』の「狂言綺語」項（第一版、第二版とも）および本書第十章も参照。
（2）諸法実相論で語られる「一切世間治生産業」の直接的典拠が『法華玄義』であることは阪口光太郎が、「麁言及軟語、皆帰第一義」の直接的典拠が『涅槃経』ではなく『法華文句』であることは平野多恵が指摘している。阪口光太郎「「一切世間の治生産業は…」─天台系仏教語句の受容を再確認する」『季刊ぐんしょ』一七‐一。平野多恵「和歌と仏教の相克と相依」『明恵─和歌と仏教の相克』笠間書院、二〇一一年（初出二〇〇八年）。
（3）櫛田良洪「声明成仏思想の受容」『真言密教成立過程の研究』山喜房仏書林、一九六四年。
（4）和歌陀羅尼観については、荒木浩によって研究史がまとめられている。荒木浩「『沙石集』と〈和歌陀羅尼〉説について─文字超越と禅宗の衝撃」『徒然草への途』勉誠出版、二〇一六年（初出二〇〇五年）。
（5）三角洋一「いわゆる狂言綺語観について」『源氏物語と天台浄土教』若草書房、一九九六年（初出一九九二年）。金子良子「『発心集』の管絃往生思想─『妙音講式』と『音楽講式』を中心に」『仏教文学』三五。
（6）円伊「後深草院御中陰持明院殿臨時御仏事」（『拾珠鈔』第十一冊、嘉元二年（一三〇四）十二月四日）。史料編纂所謄写本による。
（7）覚如『善信聖人親鸞伝絵』奥書（永仁三年（一二九五））、『続々日本絵巻大成』による。
（8）澄憲「（高野金字一切経供養説法）」（『安極玉泉集』）、『真福寺善本叢刊　第四巻　中世唱導資料集』による。
（9）前掲注（3）参照。
（10）榊泰純「管絃往生試論」『日本仏教芸能史研究』風間書房、一九八〇年。
（11）阿部泰郎「中世の音声─声明／唱導／音楽」『中世文学』四六、二〇〇一年。
（12）南谷美保「「管絃も往生の業となれり」─音楽往生という思想についての一考察」『四天王寺国際仏教大学紀要』三五、二〇〇三年。
（13）小島裕子「「一心敬礼声澄みて」考─法文の歌が生みだされる場」『文学（岩波書店）』一〇‐二、一九九九年。

(14) 文永六年（一二六九）二月十三日、鎌倉遺文一〇三七七。
(15) 「楽の声、簫笛琴箜篌、琵琶鐃銅を調べ合せたり」（巻二十二「とりのまひ」）。
(16) 東大寺図書館蔵『文華風月至要抄』（一一三－一五〇）所収。
(17) 納富常天「湛睿の唱導資料について　3」『鶴見大学紀要　人文・社会・自然科学篇』三一。
(18) 円珠『諸声明口伝随聞注』「簫笛琴箜篌ト云フ伽陀ニ有習事」（『続天台宗全書　法儀1』）、金沢文庫蔵『伽陀口決』。
(19) 「凡、簫笛琴箜篌、琵琶鐃銅鈸、其名区なれども、天地ゆたかに和ぎて、中道の妙理をあらはす」（『今様之書』）。「又慈尊の曲　糸竹の調をととのへ　はるかに兜率の雲にや送らん　しかのみならず簫笛琴箜篌　歌歎歌舞のよそほひ梵音和雅の響き　秘讃音律四智心略　降臨聖衆の納受も　理とぞ覚る」（明空『玉林苑』上（一四八）「竹園山砌如法写経讃」（『早歌全詞集』））。
(20) 「石橋」「高野詣」「須磨源氏」「羽衣」など。
(21) 『順次往生講式』については以下の論考が詳しい。伊藤真徹『平安浄土教信仰史の研究』平楽寺書店、一九七四年。関口静雄『順次往生講式小誌』（私家版）、一九九二年（『大正大学綜合佛教研究所年報』一二にも一部収録）。
(22) 筑土鈴寛「法儀の文学」『筑土鈴寛著作集　第三巻』せりか書房、一九七六年（初出一九三一年）、二〇六頁。この改題という着想は『平家物語』諸本において千手と重衡の往生急（皇麞急）と後生楽（五聖楽）の奏楽に展開されている。由井恭子「『平家物語』千手前について―管絃講との関わりから」『国文学試論』一四、二〇〇〇年。前掲注（1）『山田昭全著作集　一』一一二頁参照。
(23) 『大日本仏教全書』三一：一八三a。
(24) 『糸竹口伝』に、宜秋門院立后の御遊で「想夫恋」が奏された旨が書かれる。また『源氏物語』「常夏」にこの曲が見えることから、物語世界では良く奏される曲であったようである。
(25) 小峯和明、山崎誠「安居院唱導資料纂輯」『調査研究報告（国文研）』一二、一九九一年。「弥勒講表白」の引用は本書による。なお「弥勒講表白」に言及しているその他の研究として、藤田経世「源氏一品経その他」『美術史学』八八、一九四四年、がある。本文は金沢文庫寄託称名寺聖教「表白〈入道信西令修弥勒講時〉」（三一四－七七）で一部補訂した。

（26）興聖寺蔵「兜率天曼荼羅」については北沢菜月の論文参照。兜率天曼荼羅の系譜については泉武夫に詳しい。北沢菜月「海住山寺に伝来した一対の浄土図—貞慶の浄土観に関わる新発見」『解脱上人貞慶—鎌倉仏教の本流』（図録）、二〇一二年。泉武夫「異色の弥勒菩薩画像—弥勒図像の一系譜」『仏画の尊容表現』中央公論美術出版、二〇一〇年（初出一九九七年）。

（27）「化為四十九重微妙宝宮、一一欄楯万億梵摩尼宝所共合成。諸欄楯間自然化生九億天子五百億天女」（大蔵経一四・四一九a）。

（28）『神道大系　厳島』三九九頁に所収。

（29）信西とその子息をめぐる唱導と妓女との連関については以下を参照。猪瀬千尋「妓女におけるイメージの連関」『日本文学』六六‐七、二〇一七年。

（30）「伊都岐島社千僧供養日記」（『神道大系　厳島』一三八頁）。

（31）前掲注（22）由井論文参照。

（32）五常楽は四人舞であるが、『梁塵秘抄口伝集』などを参照すると、厳島内侍のものは二人舞であったと推定される。

（33）佐藤道生「田安徳川家蔵『内宴記』影印」『日本漢学研究』四、二〇〇四年。

（34）神田邦彦「藤原通憲と内宴—妓女の舞をめぐって」『説話文学研究』四一、二〇〇六年。

（35）なお「趙舞燕歌」の句は勝賢（信西男、一一三八～九六）「下醍醐清瀧宮彼岸理趣三昧表白」（続群書類従巻八二五『表白集』、『密宗表白集』）にも見いだせる。

（36）『門葉記』第九五勤行六、引用は『大蔵経』図像部による。本次第が報恩講ではなく報恩会の次第であった可能性を土谷恵が指摘しており、首肯される。土谷恵『舞楽の中世』吉川弘文館、二〇〇一年、三一六頁注23参照。

（37）伽陀および講式における頌の検索には二松学舎大学21世紀COEプログラム中世日本漢文班編『声明資料集』、二〇〇六年、を用いた。

（38）菅野扶美「『音楽講式』について」『極楽の世界』北辰堂、一九九七年（初出一九八七年）。

（39）「朱絃玉管」の語については山崎誠『江都督納言願文集注解』塙書房、二〇一〇年、五〇頁を参照。

（40）『中世和歌の生成』若草書房、一九九九年、三一九頁（初出一九九〇年）。

第十四章　後白河院における声と儀礼

はじめに

嗄声（させい、しわがれごえ）という言葉がある。大きな声をだしすぎた人の、のどがかすれた、そうした症状をいう言葉である。興味ふかいことに、現在でも修行したての僧侶が経をよみはじめる時、その鍛錬の方法としてまず大声を出させ、嗄声の状態にさせることがあるという。そして嗄れたのちもなお、声を張らせるのだという。するとどうなるか。当然のどは腫れあがり、もはや声をだそうにも吐息のごときものしかはき出せず、水を飲むのにも苦労する。この症状が幾日か続き、そうして程経て朝おきたある日のこと、突然声が出るようになるのである。声帯はたしかに恢復した。しかしそれは単なる恢復ではない。このとき発せられる声はこれまでとまったく違う、太く響くものになっている。これは一種の筋力トレーニングと同じ原理であって、痛めつけられた喉はこれを再生させるとき、以前のものとは違う強靱な声帯をつくりだす。こうして喉を嗄らし、責めることで、僧は読むための身体を手にいれるのである。

この話をきいたとき思い出されるのは、後白河院（一一二七〜九二）による今様の口伝『梁塵秘抄口伝集』中の次の一節ではないだろうか。

つねにありしものを番におりて、我は夜昼あひ具してうたひし時もあり、また我ひとり雑芸集をひろげて、四季の今様・法文・早歌にいたるまで、書きたる次第をうたひ尽すをりもありき。声を破ること、三箇度なり。二度は法のごとくうたひかはして、声の出づるまでうたひ出したりき。あまり責めしかば、喉腫れて、湯水かよひしも術なかりしかど、構へてうだひ出だしにき。

声をわること三箇度に及ぶ、というこの一節は、これまで後白河院の今様好きを示す逸話として見られることが多かった。しかしここまでの話から考えるのであるならば、ここは後白河院が自らの声を鍛錬しつくりあげた、と読みとくべきではないだろうか。

後年、『梁塵秘抄口伝集』巻十を書写した伏見院は、ある書翰に次のようにしたためている。(注1)

御口伝云、十余歳ノ比ト云々、然者年紀相当保延年中、御記云昼夜不退、御稽古六ヶ年、惣御音曲御稽古、始中終四十余年云々、(注2)

「御口伝云、十余歳ノ比」とは『梁塵秘抄口伝集』冒頭部分に「そのかみ十余歳の時より今に至るまで…」とあるのを示す。対して「御記（後白河院御記）」は現存しないものと思しい。しかしそこには今様の習得が「御稽古」であることが明確に示されている。

声を嗄らすことで声をつくりあげる方法が一般的であったことは、同じく『梁塵秘抄口伝集』において、院近臣の藤原定能が「声むげに不足」であったのを「責め嗄して、ことのほかに声づかひ心得」えたという逸話にも明らかである。また『文机談』第四冊「音曲事」には、藤原孝敏が「喉より血垂り、こゑたびたびかすれて」その声をつくりあげたという話が載っている。(注3)

嗄声が鍛錬の一過程でもあったという事実を確認し、また後白河院における練成された声、野太く、しかしときに高声にひびく声を想像することから本論を始めたいと思う。

一　研究史の整理と方法

これまでの後白河院に関する研究を、声という視座のもとにふり返った時、どのような展開を見るのか、研究史の整理及び本論の方法を合わせ述べておきたい。明治四十四年（一九一一）の『梁塵秘抄』巻二発見以降、後白河院の声は、特に今様研究において多くの蓄積がなされてきた。その中で『梁塵秘抄口伝集』の今様霊験譚や、『梁塵秘抄』巻二の法文歌の位置づけなどと合わせて、今様における仏教的特質が注目されてきた。『梁塵秘抄口伝集』については、特に末尾にある「法文の歌、聖教の文に離れたることなし……」以下の言葉が注目され、今様往生論や狂言綺語観、数寄との関わりから論じられている。(注4)『梁塵秘抄』法文歌については、小西甚一による『梁塵秘抄』の全注釈によってほぼ原拠が明らかにされたが、特に八十年代以降の研究において、これらが経典からの直接引用ではなく、経釈や和讃などの唱導世界を背景に持つことが明らかになりつつあり、それはまた装飾経や仏画にも通ずる問題として今日に至るまで論究されている。(注5)

こうした研究の中で、その声の領域が今様にとどまらず、声明や読経にも及ぶこともわかってきた。川口久雄による澄憲『声明集序』の指摘に始まる後白河院と声明の関わりは、小島裕子によって具体的検証がなされ、『声明集序』の一文「声為仏事」が、その後の声明思想に多大な影響を与えていることが明らかにされた。(注6)菊地大樹は後白河院の持経者（法華経を受持し読誦するもの）としての側面を指摘し、その特質を法華経読経と法華護摩という御自行（自ら修すること）に求めている。(注7)こうした法華経読経が十三世紀に入り芸能化したのが読経道であり、柴佳世乃はその成立の起点に後白河院が大きな役割を果たしたことを指摘している。(注8) かかる多様な声が集合した場こそが法住寺殿供花会であり、貴賤男女が蝟集したその空間をめぐっても、すでに幾つもの研究が提出されている。(注9)

一方、後白河院周辺の人物達もまた、院の声を形成する役割を担っていた。早く新間進一が院近臣の一人として注目した藤原師長（一一三八～九二）は、榊泰純によって声明、雅楽の諸流派を統合していたことが明らかにされた。(注10) その過程に譜の収集、類聚があり、琵琶、箏においては『三五要録』『仁智要録』の編纂として結実するが、菅野扶美も指摘する通り、(注11) これに『法華懺法』（書陵部蔵柳－九四）といった声明譜や『三五要録』巻十三（風俗譜、書陵部蔵伏－八五九）などの譜の存在も合わせて考える時、師長による今様琵琶譜の作成という『梁塵秘抄口伝集』末尾の記述も真実性を帯びることになる。対して「院の宗教的分身」(注12) とされる守覚（一一五〇～一二〇二）もまた『糸管要抄』という大部の楽書を著した。現在そのほとんどは失われたものの、所作目録、系図類といった道と家の形成において不可欠なものが収録されていたことがわかっている。(注13) かかる両者の活動は、今様の道の形成に重きを置いた後白河院の営為と軌を一にするものと言えよう。

本論は、如上の先行研究で指摘されてきた、後白河院における今様、催馬楽、読経、念仏、声明という多岐に渡る声について、総体的にその特質をとらえようとするものである。特に後白河院が関わった儀礼に注目し、そこで院が自らの声をどのように演出していたかを明らかにする。そして儀礼においてその声がいかなる思想のもとに解釈されているか、澄憲（一一二六～一二〇三）に代表される唱導家たちの言説を軸として読みといていく。その上で後白河院における声の特質と王権の実態を明らかにしたい。

二　積まれる声

後白河院の声を体系的に読みとくにあたって、まず院における御自行―すなわちみずから経をよみ、念仏をとなえ、護摩をたくこと―について考えたい。まず澄憲草「大原説経講啓白」（『醍醐寺文書』三六二二）をはじめに挙げる。これは建久五年（一一九四）六月に行われた後白河院追善供養の表白である。

　伏以、禅定法皇者為万善之中一乗結縁尤深、一生一朝之間五種修行旁多。所謂計其転読部数及八万部、尋其講讃日数過一万日、修八講会御コト一百日、実未曾有御願也。設全得善十四度。

『法華経』法師功徳品にとかれる五種の行、すなわち法華経を信じ、読み、諳んじ、書写し、解説することにはじまり、その法華経読誦の数は生涯に八万部にも及び、講経法会の日数は一万日、時に百日の御八講を張行し[注14]、御逆修[注15]の回数は十四度を数えた、と表白はつたえる。こうした自ら修すること―御自行という営為は、後白河院を特質づけるものとして第一に取りあげられるものである[注16]。

　もちろん、膨大な数の作善によって帰依の深さを示す物量信仰は、院政期の上皇を特質づけるものとしてこれまでも論じられてきた[注17]。しかし後白河院の場合、そこに御自行による読誦や念仏、護摩がくわわることがめずらしい。さらにいえば、院はこうした作善目録をみずから書きとめていたようである。『尊勝院弁暁説草（以下、弁暁草とする）』所引「後白川院[注18]」によれば、

　御自行御勤御注文ト申物ヲ見候シガ、□先法華護摩一万三百五十五座、日数八千四百八十ヶ日、法花十方の御読誦一《ママ》万一千五百三十巻、阿弥陀経御転読十六万六千九百六十六巻、百万遍御念仏二百余度、此外諸尊護摩御供養法、卒塔婆造立、千手経御読誦、毎月御□、

とあり、「御自行御勤」を「御注文」したもの、つまり後白河院みずからがしるした作善目録があったことが知られる。この護摩および読誦の配列と回数は、次にあげる東大寺蔵『啓白至要抄』(注19)所引の「院御自行御勤」と対応している。

院御自行御勤
法華護摩　万三百七十座　阿弥陀護摩　三千二百二十三座
千手護摩〈日数四千百六十ヶ日／座数六千二百七十八座〉　不動護摩〈日数七千百八十三ヶ日／座数七千七百九十座〉
大威徳護摩　四十九ヶ座　日数同
　以上護摩座数　二万七千七百十座
法花御読誦　七万八千三百八十余部
法花懺法　二万二千六百九十一巻
阿弥陀経　十七万一千百五十五巻
千手経　八万三千四百三十五巻
阿弥陀百万遍　二百二十三ヶ度
　已上建久二年閏十二月二日注之

建久二年（一一九一）閏十二月二日は、生涯十四度に渡った後白河院最後の御逆修が行われた日であり、「院御自行御勤」は、その生涯における御自行の量をしるすものとしてみてよい。(注20)前述の「後白川院」にくらべてその量が増えており、最晩年のうちも院が御自行をたゆまなかったことが知られる。(注21)

またこうした転読の量に注目すれば、その数が晩年になるにつれ急速に増えていることに気づく。具体的な数がわかる法華経についていえば、一一六九年は約一万五千部、(注22)一一七四年は約二万三千部、(注23)一一七九年は約四万部、(注24)

一一八二年は五万部、(注25)一一九一年は約八万部であり、指数的に増えていく勢いである。『本朝法華験記（大日本国法華験記）』には、生涯に三十万部の法華経転読をなしとげた聖の話（第六八話「沙門行空」）も記されるが、それでも院の御自行の量は同時代の持経者たちにならぶもので、破格であったといえる。

こうした多数の読誦はなぜ可能であったのか。次に挙げるのは平治元年（一一五九）に行われた後白河院初度の御逆修について述べた「（平治五十日御逆修結願詞）」（『転法輪鈔』二三六頁〜）という資料である。なお後白河院はこの前年の保元三年八月十一日に譲位、上皇となっている。

不レ継レ息転二読妙法一、不レ撃レ目瞻二仰弥陀一。中殿燈残レ夜、人眠君御寝不レ成。西楼月落レ暁、僧懈君御意無レ倦。

また前述の「後白川院」にも、院の御自行がつぎのように述懐されている。

毎日十部妙典、文ゴトニ御舌ニ囀ジ、御詞ヲ出ス、無言一心ニ始御シム也。以降、朝夕祗候ノ公卿侍臣モ暫コソ励事ニテ候へ。毎人後サマ□皆窮屈シテ御前ニ御勤ニモ少シモ来ルコトナキ候ケレバ、秋夜ノ耽タシ終夜ガラ、御手ニ燈ヲ挑シ香ヲヒネリ御テ、片時モ眠リ御サズ、毎夜誦シ明シ御シ。

譲位後すぐの法会においても、晩年の法会においても、そこに描かれる後白河院像において共通するのは、臣下が眠ろうとも不断に経をとなえる院の姿である。このような超人的な体力をして、暁に及ぶまで続くところに、後白河院における声の特質はある。そして、それはさかのぼれば親王時代の後白河において、今様のうちにも見られるものではなかったたか。

昼はひねもすにうたひくらし、夜は明くれど戸、蔀をあげずして、日出づるを忘れ、日高くなるを知らず。その声、小止まず。

『梁塵秘抄口伝集』にみえるこの一節は、院が親王時代のころを懐古してのべたものである。読誦において見られた長時間の声にたえうる身体を、後白河院はすでに若年より習得していたのである。院にとって今様や読経は、圧倒的な時間と量によって我が身に刻みこまれるものであった。

三　夜／夢想／霊験の声

後白河院による声の場が、日中ではなく深夜におかれていることにも注目したい。小島裕子は『梁塵秘抄口伝集』ほか諸記録から今様や郢曲が深夜に行われる点を指摘している。(注26)実際『梁塵秘抄口伝集』を通読してみれば、その時間感覚が夜から暁につらぬかれていることが了解されるであろう。(注27)

そもそも音楽にまつわる儀礼は多く夜においておこなわれるものである。十世紀後半以降の朝儀の深夜化(注28)以降においては、三席（詩歌管絃）のうちの管絃、すなわち御遊においても夜を通して行われるのがふつうであった。漢文日記としては異例なまでにその場の臨場感を伝える『中右記』の清暑堂御神楽の記事も、(注29)同じく清暑堂御遊において人混みの中でかすかに琵琶の音を聞くという『弁内侍日記』の記事も、本来はこれが深夜であったことを前提に考える必要がある。

夜は身体を闇によって隠し、つまりは身体そのものを声へとかえる。夜とは、後白河院において、臣下が眠ろうとも院は起き続け、読誦や護摩を重ねる時間であった。その到達点にあるのが「暁」であり、同時に仏神の感応を得る時間でもあった。そのような神仏の感応について「（平治五十日御逆修結願表白）(注30)」は次のようにのべる。

自㆓五月下旬第九朝終㆒、至㆓六月中旬今日夕㆒、堅固信心溢㆓胸中㆒、難思勤行薫㆓身上㆒。信力驚㆓冥応㆒。浄心通㆓仏界㆒。故或夢中旁示㆓感応之霊瑞㆒、或眼前忽感㆓如来舎利㆒御事、既希代也。例又未㆑聞。

五月下旬より六月中旬にいたる勤修の結果、院は「夢ノウチニカタニ感応ノ霊瑞ヲシメシ、或イハ眼前ニ忽チニ如来ノ舎利ヲ感ジ」たという。また『転法輪鈔』所引「感応霊験」(注31)は、永暦元年（一一六〇）の初度熊野御幸において、千手護摩を修する院の眼前に婆藪仙人があらわれたことをのべる。聖覚草による「嵯峨清涼寺御八講表白」(注32)は、院のひごろの作善を説いたあとで「天王寺千部御読誦修暁、胡僧夢現。清涼寺百日御薫修閑夜、真仏覚見御歟」とのべている。

こうした霊験や夢想はひとり後白河院のみに完結するのではなく、第三者が後白河院を夢見る、という形でもあらわれた。前述の「感応霊験」にも、後白河院が千手陀羅尼経千部を転読している際、覚讃（三井寺僧、院の初度熊野御幸では先達をつとめた）の夢に白衣を着た後白河院があらわれ、自らが千手観音の化身である徴証を見せる、という話が載せられている。(注33)後白河院が千手観音の化身であるという言説は、その後、院自身の夢中で感得されるところとなり、安元元年（一一七五）八月二十九日、三室戸僧正隆明によって生身の観音とうたわれた東寺食堂千手観音への御幸として結実する。(注34)後白河院の声による功徳は夢想や霊験となって顕れ、その夢想や霊験から新たな儀礼、行事が生成されていたのである。

四　参籠と法楽の声

こうした夜を越しての御自行、それに伴う霊験、夢想について考えたとき、院におけるもう一つの儀礼の特質がうかぶ。それが参籠である。寺社における貴族の参籠は、十一世紀後半には定着したといわれ、上皇においても白河院以降はその例がみられるようになるが、後白河院においてその数は圧倒的なものとなる。参考に「大日本史料総合データベース」にもとづいた院政期における諸院の参籠の回数をあげると、白河院二回、鳥羽院三回、後鳥羽院五回なのに対して、後白河院はじつに二十二回にもおよぶ。もちろん実数はこれをはるかにしのぐものであって、これが単に史料の残存数による問題でないことは、後白河院がみずからの御所に参籠のための空間をつくりあげていたことからも明らかである。それが蓮華王院と新熊野社である。次にあげる「（建久二年御逆修表白）[注35]」からは、長寛二年（一一六四）建立の蓮華王院御堂（三十三間堂）が、院の日常的な行法の場、参籠の場であったことがわかる。

　千手千眼之尊ハ多年御本尊也。持念既及二四十七年一。造等身尊容一千躰之、建立安置伽藍者三十五間[注36]、参籠御幾日数、臨幸御幾度数。……毎月十八日必転二読三十三巻経王一定念二誦一千反神呪一御、一伝本尊霊像御以来毎日勤行無レ怠。

「持念既ニ四十七年ニ及ブ」とは、待賢門院没後から四十七年を指す（後白河院の千手観音信仰は待賢門院の死を契機とする）[注37]。院は蓮華王院において参籠を重ねるとともに、毎月十八日を定め、千手経読誦、法華経読誦、念仏を懈怠なくおこなっていたのである[注38]。また「定置新熊野社条々起請等」（一一九二年、鎌倉遺文五七九）からは、新熊野社における院の参籠が百五十余度にも達していたことが知られる[注39]。もちろん院の参籠の場は、仙洞御所七条殿にのみあったわけではなく、石清水社、八幡社、賀茂社、日吉社、熊野社、清涼寺、四天王寺など多くの寺社におよんだ。『山槐記』治承三年（一一七九）三月二十日条には、院が十日間参籠による法華経百部転読を十度重ね、千部転読をなしとげようとしていたことが記される。

しかし参籠においてなされたのは経を読むことのみではなかった。そこでは読誦や護摩のみならず、声にまつわる種々の芸能が奉納されたのである。『愚昧記』の賀茂社御幸の記事においては、宿所において御読経とともに郢曲が行われていたことが知られる[注40]。また次に挙げるように、『梁塵秘抄口伝集』には治承二年の八幡社十箇日参籠において、御読経ののちに今様がおこなわれていたことが記される。

　我、八幡に参りて、十箇日籠もりて、千部経をはじめて誦みしに、九月二十日より籠りたりしに、二十五六日のほど、経果てて、今様を御前にして夜もすがらうたひき。

これらの資料より、後白河院における神社御幸、参籠において、声による法楽が恒常的にあったことがわかる。ではこうした法楽の思想的根拠はどのようなものであったか。それを語るのが建久元年（一一九〇）、後白河院にとっての三十三度目の御幸の際に読まれた「法皇熊野御幸本宮表白」[注41]である。

都雖歴山川十三ヶ日巡王子八十四所、毎社有㆓講経論議㆒、又備㆓神楽穎曲㆒。論鼓響㆓空山㆒、歌曲動㆓梁立㆒。……（中欠）次御神楽次歌曲、明神定排㆑戸奉㆑謁、王子悉含㆑咲□㆑伏御。其故虚絶俗塵之縁路、入無人境、鳥声猶不㆑聞。実為希何人聞㆓講経論議之声㆒、何時開㆓遇雪白雪之曲㆒御、此備甚深法楽。

表白によれば、あしかけ十三日、若王子八十四社ごとに講経法会をおこない、神楽郢曲を備えたと説く。「論鼓」とは講経法会の様子が盛んなことを言い[注42]、「梁立」はおそらく「梁塵」ないし「梁色」とあるべきで、すぐれた声を指す常套表現である。途中に中欠があるため意味をとりづらいが、「ツイデ御神楽、ツイデ歌曲、明神定メテ戸ヲ排キ、謁シタテマツリ、王子コトゴトク咲ミヲ含メ、伏シ［タテマツリ］マシマス」とあり、声による功徳がとかれる。この宝殿の扉がおしひらかれる、という文言は神社における感応をしめす類型表現でもあって[注43]、『梁塵秘抄口伝集』では、宝殿の扉がひらかれる音を後白河院御幸の霊験として描いている[注44]。

すなわち「法皇熊野御幸本宮表白」においては、俗塵の触れないこの地では、「講経論議之声」＝御八講の声も、「遇《ママ》雪白雪之曲」＝神楽、催馬楽、今様も同じように「甚深の法楽」であり霊験のあるものとする。この表白においては、法会における論議の声も、郢曲の声も、仏神に適うものとして同様に捉えられているのである。

五　紡がれる声

王の声は、時に御祈や追善の声としても響いた。宗性筆「法華経并阿弥陀経釈」は、ありし日の後白河院の阿弥陀経読誦について次のようにのべる。

抑、我君（後白河）、読二誦此典一（阿弥陀経）御事、十七百一千一百八十一巻。既過二善導和尚之行業一、及二懐玉禅師之薫修一。言語不レ及レ心、行処誠何故。此御転読、如レ此積、承二其故一候。天下貴賤、院中男女、毎レ聞二召其死亡之由一、或一巻二巻、或七巻或八巻、或五十巻、必転二読之一御、積二及此数一云々。

貴なるも賤しきも、あるいは男女を問わず、『阿弥陀経』を転読しその死を追善したという。それは「（後白河法皇追善）」(注45)に「マタ年来召シ仕エ候ヒシ雲客月卿、男官女職、オノオノ無常ノ風ノ随ヒテ、北芒ノ露ニ消エ、ハラハラト罷合セテ候フサマ、コレヲ御覧ジ、コレヲキコシメスコトニモ、何事カ実ニ御菩提心、増進ス」とあるのにも通じている。

そして、その声による御祈や追善は、特に女性とのつながりにおいて顕著に見られた。『梁塵秘抄口伝集』には、今様の師・乙前の病気の折に、法華経一巻を読み今様「像法転じては…」を謡い、さらに乙前の没後は自ら法華経千部を転読することで後世を弔ったことが記される。また建礼門院の御産においては密々に六波羅第へ御幸し『法華経』を読誦したという(注46)。

しかし何よりも後白河院にあっては、最愛の妃・建春門院との関係において、それも女院の死後において、その追善の声の特質はあらわれる。建春門院は安元二年（一一七六）七月八日に三十五歳で崩御するが、その二ヶ月後、後白河院は四天王寺に御幸し一七日（七日間）の御逆修を行う。その時の表白が『転法輪鈔』に残されている(注47)。

抑前院聖霊（建春門院）、契二今年九月一願二御此寺臨幸一、秋終未レ至、春夢忽驚、……其僅始未レ畢、願千日講経千部転読。有レ志未レ企、願七日修善七分勝因也。爰我君法皇、中陰作善巻レ席、三朝移二講経法座於禅定栖一、千日講経結願、六日設二逆修斎莚於敬田院一。

すなわち、建春門院には安元二年九月に天王寺へ臨幸するという御願があった。しかしその日をまたずして、女院は崩御してしまう。臨幸に向け、合わせて行っていた千日講経、千部転読も未遂に終わった。そのため、後白河院は女院の意思を継ぎ、千日講経の結願を誓い、このたびの御幸で御逆修を行ったのであった。『弁暁草』所引「千日講筵結願」(注48)はこの千日講経の結願の時の説法と思われるが、そこには

タトヒ身ハ隠レルトイヘドモ、魂ハ去リヌトイヘドモ、コレヲ継ギテ、猶菩提ノ勝因ヲ祈ル。

とあり、その意思を継いだことがはっきりと示される。また『転法輪鈔』「建春門院五七日法会表白」（二五一頁）には次のようにある。

三密護摩夜壇、聳智、火煙代二反魂煙一、一乗転読昔願、悲絶、御音継二新御音一、

「一乗転読は昔の願、悲しみ絶えて、御音に新たなる御音を継ぐ」とあるように、後白河院にとって意思を継ぐということは、声を継ぐということでもあった。

六　聖との結託と御自行

嘉応元年（一一六九）に出家し法皇となり、やがて国家の内乱へとうつりかわっていく承安年間（一一七一〜一一七五）以降、後白河院が関わる法会はその規模を巨大なものへとしていく。(注49)幾つか例をあげれば、安元元年（一一七五）の蓮華王院百日施行では、百日のうちに四万三十余人に施行をおこなっている。その間に出家したものの数は一千三十人にもおよんだという。(注50)一方で勧進聖との協力も目立つ。寿永二年（一一八三）十月二十二日には、盲目の僧・鍐阿が勧進した曼荼羅長日供養法において、蓮華王院宝蔵の大師真筆の曼荼羅を与えている。(注51)文治元年（一一八五）三月の、賀茂社での無縁聖人善妙による大般若経供養にも院は結縁をむすんでいる。(注52)施行や結縁といった性質は阿育王八万四千基塔供養(注53)や如法経供養(注54)にもうかがうことができる。晩年の院は清涼寺への信仰をふかめる

が、「嵯峨釈迦堂模造供養表白」(注55)によれば毎年長月、すなわち正月、五月、九月を定めてこの寺に臨幸していたことを伝え、これは『菅芥集』所引「嵯峨念仏房於往生院修善」において、三長月を吉としていた念仏房の動向とも重なるところがあろう。(注56)

かかる聖との結託のなかで後白河院の声はどのように作用していたか、ここでは聖の勧進による法会の中でも、最大の規模であった養和二年（一一八二）の万部経結縁を挙げる。これは養和の大飢饉――五条橋のたもとで童が小童を食らう、というような壮絶な飢饉(注57)――の時期におこなわれたものである。『吉記』三月二十三日条に、

法皇自今日殊令致潔斎給、如法令転読法花経給、請僧七口之中、法皇令列給也、此事前僧都顕真勧進也、三七日之間、可満一万部、叡山門徒各々競始事、達叡聞、令転読給、殆及諸家、是為聖朝安穏天下太平也、子細見顕真勧進状、

とあり、後白河院もしばしば結縁した僧・顕真の勧進によって、三七日（二十一日）のうちに法華経一万部を転読することが書かれている。後白河院もまたそのうちの一人であった。当時、右大臣であった九条兼実もまた三月十五日より如法懺法、二十三日より法華経転読にのぞみ、四月十三日に結願、一丈二尺の卒塔婆を顕真のもとへ送っている（『玉葉』養和二年四月十三日条）。この万部経結縁については『歴代皇紀裏書』がその状況をより刻明につたえている。

三月十五日、前僧都顕真大勧進三七日一心精進如法法華転読行、以春山参徒為其根本、一天四海悉以此行、奉始太政法皇、道俗男女貴賤上下、山々寺々洛陽辺土、皆荘道場云々、同廿三日同時始之、同四月十四日結願日、於叡山三塔法華堂書写金泥如法、一日夜々駕王輿自山奉下之、同十五日於日吉大宮宝前供養之、以前大僧都証憲（澄憲カ）為導師、上皇臨幸日吉社十四日也、巻数三万余部也、而間御幸還御之間、京中聊有騒動、同十五日還御、以金泥経安置大宮西岡、転読人等悉造卒都婆、注部数立八王子坂、并大宮辺、上皇并右大臣（九条兼実）、

前右大将（平宗盛カ）以下卒都婆在之、希代大善也、上皇転読人内御也、万部転読は山門寺門ふくめ洛中内の上下貴賤の結縁を集めておこなわれたものであった。そして四月十五日に日吉社大宮権現の宝殿において結願供養をむかえ、後白河院の御幸をあおいだのである。最終的に読誦された部数は三万余部にも及び、兼実も造立に協力した卒塔婆は、八王子権現や大宮権現の周辺に立てられた。このように後白河院は、自らが行為者となることで、貴賤の結託を強めたのである。

七　追討の声、追善の声

しかし院がおこなったのはこうした善行のみではない。法会における追滅御祈も、この王を象徴するものである。特に平家の西国下向以降は賊徒折伏の御祈が顕著にみられ、寿永二年（一一八三）九月十二日の転法輪法（注58）、同閏十月二十五日の大般若経御読経（注59）、同十一月十日の百壇大威徳供（注60）など、いずれも院の御願による追討御祈であった。比較的規模の大きいものとしては、元暦元年（一一八四）二月の五丈毘沙門天造立始を挙げることもできる（注61）。そのうちもっとも注目されるのが同年九月に日吉社でおこなわれた如法仁王会であり、これは院の参籠をともなう平家追滅御祈であった（注62）。そこには院による御読経があり、王の声による賊軍への呪詛があった。その御願の旨趣は『公請表白』所引の「如説仁王会略次第」にのせられており、法会の契機が、後白河院が受けた託宣によるものであったことが知られる（注63）。かかる託宣における調伏は、『弁暁草』「院四天王供養」（注64）にある、後白河院であろう人物の夢中に僧があらわれ、四天王の像を造立するならば定めて国がたいらかになるだろうと夢告した記事とよく照応し（注65）、いずれも王の夢想による御祈として位置づけられる。

一方、内乱の最中は追討であったものが平家滅亡後は追善の声へとかわっていく。壇ノ浦の戦いから一年後の文治二年（一一八六）三月十六日、後白河院は院御所法住寺殿で一七日の御逆修を行う。この時の表白である『転法輪鈔』所引「院七日御逆修結願表白」（二四七頁）には

兼亦近年連禍之間、東関西海之堺、死二陣前一、傷二楯下一、亡二生命一、戮二其身一、骨不レ収、魂孤之倫、矢穴刀痕之類、救二其苦於泥梨一、資二其魂（於）黄壌一。

とあり、またこの逆修の説法と想定される『弁暁草』所引「（後白河法皇五畿七道亡魂供養）」(注66)には、

今禅定法皇ノ百ヶ日ノ転経ヲ企テ御ス、五畿七道ノ亡魂、コノ時ニアニ意ヲ蕩カサザリカシ。彼ハ三宝滅罪ノ威力ニ由キ、是ハ一乗懺悔ノ威力ヲ憑ミ奉ル。彼モ合戦死亡ノ霊魂ヲ恐キ、是モ逆徒怨念ノ霊魂ヲ鎮メントス。……我君忝モ善知識トナシオハス。

とある。「百ヶ日ノ転経」とある通り、後白河院は自ら「善知識」となって法華経百部転読をなすことで、内乱で死んだ怨霊達を追善しようとしていたことがわかる。

さらに翌四月十九日には、東大寺八幡宮で大般若経供養が行われた。この四日後には東大寺宗徒六十口が伊勢大神宮に参詣し、二十六日には常明寺で外宮への大般若経供養が、二十九日には天覚寺で内宮への大般若経供養が行われている。東大寺宗徒による伊勢大神宮参詣は、日本宗教史上の一代画期として歴史と文学の両面から注目を集めるが(注67)、十九日の東大寺八幡宮大般若経供養はこれに先だって行われたものであった。この時の説法と思しい『弁暁草』所引「（東大寺八幡宮大般若経供養 文治二年）」(注68)には

ケフ我ガ后ノ一百ヶ日、昼夜不断ノ御読経ヲ始メオハシテ、コノ無縁孤独ノ悪業重罪ノ輩ノタメニト念々日々廻向セシメオハシマス。

とあって、先に見た百日転読が引き続き行われていたことが記される。そしてその功徳をもって、悪業を持った無縁孤独の輩にまで、廻向しようとしていたことがわかる。

あたかもこの四日後の文治二年四月二十三日、東大寺宗徒が伊勢へと出立したその日に後白河院は大原へと御幸している。(注69)いわゆる『平家物語』「大原御幸」の元となる出来事であるが、(注70)一年後の文治三年四月二十三日に安徳天皇の謚号が送られていることから見ても、目的は平家や安徳の追善にあったと考えてよい。『平家物語』諸本に該当する記述はないが、ここまで提示してきた後白河院の言動から考えて、大原の地で後白河院による追善の声が響いていたことは疑い得ないだろう。

八　統合される声

このような、思慕する人の声を継承し、聖と結託し、無縁の者を救済し、自ら善知識となって賊徒すら領導しようとする王は、ついに「宿世之聖」(注71)などと称されるに至る。晩年の院の儀礼は、それまで以上に大がかりなものとなっていた。

最後にこうした大規模儀礼の中での後白河院の声のあり方について、二つの例を挙げる。一つめは文治五年（一一八九）に四天王寺で行われた百日参籠と千僧供養である。後白河院の四天王寺への信仰は、先に述べたように建春門院（一一四二～七六）の御願を継いだものであった。女院が崩御した安元二年以後、院は晩年にいたるまで十三度の御幸を重ねている。百日参籠は、こうした四天王寺信仰の集大成的なものであって、その開催理由は、前年（文治四年）の熊野御幸で病をおった院が、帰途に滞在した四天王寺でたちまちに平癒したことよる報祭であった。(注72)この次第は『玉葉』五月四日条に詳しい。

太上法皇於四天王寺、供養千部法華、千口持経等、自去二月二十二日、御参籠当時、手自転読千部経、令修三時護摩給、凡其外御行不可勝計、今日相当結願、殊所被修此大善也、余雖不可必参入、非啻随喜御願、又結縁

之志尤深之故也、……〈灌頂堂、今日道場也、……〉

院は、二月二十二日の聖霊会より四天王寺に参籠、以降百日のあいだ籠もり続け、千部経（法華経千部を転読すること）、三時護摩をたゆまず行った（この間、政務は四天王寺にて行われている）。結願日には千僧供養が「灌頂堂」を会場に行われ、太子像と舎利を聖霊院よりうつしての法会であった。(注73)

この灌頂堂とは、後白河院が園城寺流灌頂を受けた五智光院を指す。園城寺流の伝法灌頂は、文治三年（一一八七）八月二十八日に三井寺僧・顕真を戒師としておこなわれたものである。後白河院が叡山衆徒の反発によって三井寺での伝法灌頂をなし得ず、憤る院のもとに住吉明神があらわれ、その慢心をいましめるとともに、四天王寺を会場としての灌頂を勧めたことは、延慶本『平家物語』巻二本「法皇御灌頂事」に詳しい。『平家物語』において明神は「伝教大師ノ申セト候ツルハ、延暦寺ト申ハ愚老ガ建立、園城寺ト申ハ智証大師ノ草創也。効験何モ軽シテ御帰依ノ分ニアタハズ。我朝ノ霊地ニハ四天王寺勝レタリ」という。だが園城寺の寺誌が語るところ、五智光院は三井寺唐院を模したものという。院は三井寺唐院の燈を四天王寺金堂にともし、金堂の水を四天王寺亀井の水と和して灌頂の閼伽としたと伝える。(注74)さらに院は灌頂以後の四天王寺別当を三井寺平等院流の者に定めてもいるのである。(注75)千僧御読経も園城寺流の者から形成され、惣講師（千僧御読経において中心となる僧、講経法会の講師とは異なる）は園城寺長吏・公顕がつとめている。

『弁暁草』所引「後白川院」(注76)は、この希代の大善を次のように語る。

サレバコソ伊勢大神宮以下、スベテ我朝鎮護、神祇冥道ノ面々、ソノ読誦ノ御声ヲメデツヽ、受悦シ貴ミ奉ル事ニテハマシマシカ。或ハ託宣ノ有リテ、コレヲ悦ビ、或イハ夢想ノ告ゲヲ感ジ、……

「託宣…夢想…」とあるように、この参籠中に後白河院は託宣を受け、内乱によって流罪となったものに非常赦を行っており、(注77)あるいは結願の日の暁に胡僧を見たともいう。(注78)文治五年の四天王寺参籠は、それまでの後白河院の信仰世界――法華経、千手観音、舎利、太子、四天王寺、園城寺、熊野、夢想、参籠――それらが、声の力によって渾然と一体になって示された宗教儀礼であった。

そして、唱導の次元において四天王寺百日参籠と対になって語られるが、建久の日吉社千僧供養である。建久元年（一一九〇）十月一日に行われたこの法会について、『転法輪鈔』所引「（日吉御幸表白）」は次のようにその旨趣をのべる（二八五頁）。

> 去年夏参二籠四天王寺一、遂二一千部読誦一、写二千部妙典一、設二千僧斎会一。今年冬於二日吉社壇一、又写二千部妙法一、設二千僧ノ斎会一。彼大会参二加千僧之内一、行二道転法輪古跡一。此斎莚同列千僧之上、歩二行霊鷲山新庭一(注79)。彼聖徳太子始崇三宝之地也。六百年聖跡未レ改。是伝教大師初弘一乗之山也。四百歳住持猶惟新。彼四大天王為二伽藍本主一、擁二護仏法一。是七社明神為二円宗ノ鎮守一、住二持一乗一。幸レ南、幸レ北、設二未曾有之法会一、去年今年種二不可量之善根一。

四天王寺での文治の千僧供養と、日吉社での建久の千僧供養が、聖徳太子と伝教大師、四天王と七社明神、南と北との対比のうちに描かれる。そして両者の接続は、「転法輪ノ古跡ヲ行道」し「霊鷲山ノ新庭ヲ歩行」(注80)する後白河院の御自行によってなされるのである。この天王寺を転法輪の地とし、日吉社を霊鷲山とする言説は『梁塵秘抄』に、

176　極楽浄土の東門は　難波の海にぞ対へたる　転法輪所の西門に　念仏する人参れとて

411　大宮権現は　思へば教主の釈迦ぞかし　一度もこの地を踏む人は　霊山界会の友とせん

とあるのに通じており、中世的宗教の言説の力によって両所は聖地として位置づけられていくのであるが、後白河院は自らの行によって、それら二つ、引いては南都北嶺を接合したのであった。

結語

以上、本論では現代における読経の修行法が、後白河院における今様の修練の様子と近似することからはじめて、後白河院における種々の儀礼について、声という視野のもとから俯瞰してきた。

本論をふりかえれば、後白河院の声が関わる儀礼の多くは、よるべき資料が勘申記や表白願文の類であって、日記からその全容をさぐることが困難であったことがわかる。それらは公家御祈や准御斎会といった国家儀礼でないばかりか、多くは院司や奉行を立てないもので、その面では私的な儀礼に位置づけられるものである。それでも、それらの法会は多くの結集を生んでいる。生涯にわたって院に反感をいだきつづけ、現代にいたるまでの「大天狗」としての後白河院像のイメージを生成させた九条兼実が、養和の万部経結縁にも四天王寺百日参籠にも自主的に参加していることは、おおきな意味をもつ。それは国家儀礼のもつ公的な結束力とは別の、院における直接的邂逅(注81)をともなって形成される結束力であろう。

よく知られるように、後白河院ははじめ皇統とは外れた位置にあり、久寿二年（一一五五）の想定外の即位も、二条天皇の中継ぎというかたちであった。したがって後白河院を論ずる場合、親王時代、天皇時代、上皇時代、法皇時代、それぞれの区別と、画期としての治承、寿永の内乱も視野に置く必要がある。しかし声の領域から後白河をとらえるならば、総じて同等の性質を持っていたものといえる。それは見てきたように不眠不休のうちに続くものであり、参籠の場において成されるものであり、夢に通ずるものであり、そして上下貴賤との邂逅をともなうものであった。はじめ王権とは外れた位置にあった声が、その位相をそのままにして、王権の音となっていったと考えるべきであろう。本章第五節で挙げた「法華経并阿弥陀経釈」には次のようにあった。

天下貴賤、院中男女、毎聞召其死亡之由、或一巻二巻、或七巻或八巻、或五十巻、必転読之御、積及此数云々。

仙洞中の男女の死にのぞんで「あるいは一巻二巻、あるいは七巻、あるいは八巻、あるいは五十巻」の阿弥陀経を転読して、菩提をとむらったとするこの一節は、『梁塵秘抄口伝集』の

あるいは七、八、五十日、もしは百日の歌などはじめてのち、千日の歌もうたひとほしてき。

という今様の修練と、その声の位相において同一のものではなかったか。狂おしいほどの今様への執着は、そっくりそのまま姿形をかえて、院の信仰心へと、おやみない読経へとつながっているのである。

注

（1）伏見宮本『梁塵秘抄口伝集』（書陵部蔵伏‐一五〇三）奥書参照。

（2）「後白河院音曲沙汰事書」（『高松宮御蔵　御手鑑』所収）。

（3）馬場光子は『梁塵秘抄口伝集』の「声を破ること、三箇度なり」の注釈として、『文机談』のこの記事をあげ、「音楽の家に生まれたプロの練習譚の先駆けをなす」としている。馬場光子『梁塵秘抄口伝集』講談社学術文庫、二〇一〇年、四四頁。

（4）三角洋一「いわゆる狂言綺語観について」『源氏物語と天台浄土教』若草書房、一九九六年（初出一九九二年）。

（5）菅野扶美「今様法文歌と法華八講の場―『梁塵秘抄』35番普賢菩薩の今様について」『東横国文学』二九、一九九八年。関口静雄「仏会歌謡小考」『中世文学と漢文学　Ⅰ』汲古書院、一九八七年。鈴木佐内「梁塵秘抄般若経歌と「般若十六善神曼荼羅」」『日本歌謡研究』四四、二〇〇四年。

（6）川口久雄「藤原澄憲とその唱導文学」『平安朝日本漢文学史の研究』一九五九年、明治書院。小島裕子「「一心敬礼声澄みて」考―法文の歌が生みだされる場」『文学（岩波書店）』一〇‐一、一九九九年。

（7）菊地大樹『中世仏教の原形と展開』吉川弘文館、二〇〇七年。

（8）柴佳世乃『読経道の研究』風間書房、二〇〇四年。

（9）菅野扶美「後白河院の供花の会と仁和寺蔵紺表紙小双紙―後白河院御所・法住寺殿論 その二」『東横国文学』二七、一九九五年、ほか。
（10）新間進一『歌謡史の研究 その一　今様考』至文堂、一九四七年。榊泰純『日本仏教芸能史研究』風間書房、一九八〇年。
（11）菅野扶美『『梁塵秘抄』の「二十」巻構成・試論―今様の譜の存在を考える」『東横国文学』三一、二〇〇〇年。
（12）阿部泰郎「守覚法親王と院政期の仏教文化」『院政期の仏教』吉川弘文館、一九九八年。
（13）『糸管要抄』については菅野扶美に詳しい。菅野扶美「守覚法親王『糸管要抄』をめぐって」『東横学園女子短期大学紀要』三八、二〇〇四年。
（14）治承元年（一一七七）四月十九日より七月三十日まで、七条殿念仏堂（長講堂）で行われた建春門院追善の仏事（『玉葉』『愚昧記』『百練抄』を参照）。百ヶ日の講経法会は、史料上に先例をみない。
（15）生前に自らの仏事を営むこと。七七日（四十九日と曼荼羅供を合わせて五十日間）を基本とするが、三七日（二十一日間）、一七日（七日間）のものもある。
（16）前掲注（7）菊地論文参照。
（17）速水侑「院政期仏教と末法思想」『院政期の仏教』吉川弘文館、一九九八年（初出一九七五年）。
（18）『尊勝院弁暁説草』二13。
（19）史料編纂所写真帳六一一四‐七‐八二。
（20）より正確にいえば、建久二年御逆修の五七日に読まれた表白である「本尊由来」（『転法輪鈔』二四八頁）には「凡経転読巻数八万三千五百五十八巻」とあり、『啓白至要集』所引のものより若干部数が増えている。このことから、『啓白至要集』所引の「院御自行御勤」は、御逆修直前の院の作善の量を記録したものと推測される。
（21）この時代の「転読」は経をすべて読むことを指す。現代でいう「真読」と同義である。
（22）「後白河天皇逆修功徳願文」（『兵範記』嘉応元年六月十七日条所引）。
（23）『性空上人伝記遺続集』。
（24）「治承三年御逆修結願表白」（『転法輪鈔』所引）。

(25)「(六条上皇七回忌供養)」(『尊勝院弁暁説草』三35)、なお六条上皇ではなく建春門院の七回忌である。
(26)「「梁塵秘抄口伝集」注解1」『和光大学人文学部紀要』二三、一九八八年。
(27)三谷邦明は「回想の文学」という観点から『梁塵秘抄口伝集』巻十に日記的性質を見いだし、特に後半部分を「参詣日記」として位置づけている。そのような性質が認められるとして、しかし、その日記の時間は夜から始まり夜に終わるものであった。その点ではむしろ「参籠日記」と呼ぶほうが適切かもしれない。三谷邦明「日記文学としての梁塵秘抄口伝集巻第十―院政期における男の仮名日記あるいは『こゐわざ日記』と〈書くこと〉」『日本文学』四二―九、一九九三年。
(28)上島享『日本中世社会の形成と王権』名古屋大学出版会、二〇一〇年。
(29)天仁元年(一一〇八)十一月条。
(30)『転法輪鈔』二三六頁。
(31)『転法輪鈔』二四八頁。但し永暦元年十月七日という日付は不審。後白河院の初度熊野御幸は十月二十三日から十一月二十三日までである(『山槐記』『百練抄』『梁塵秘抄口伝集』)。
(32)『転法輪鈔』二三三頁〜。
(33)阿部泰郎「唱導と王権―得長寿院供養説話をめぐりて」『伝承の古層―歴史・軍記・神話』桜楓社、一九九一年。
(34)『東宝記』第一、『陰陽博士安倍孝重勘進記』。隆明の御本尊とされた千手観音及び二十八部衆の仏画こそ、院の千手観音信仰の契機であった。菅野扶美「今熊野神社考―後白河院御所・法住寺殿論　その一」『東横国文学』二五、一九九三年。
(35)『転法輪鈔』二四七頁〜。
(36)現在でも三十三間堂は外陣を含めると三十五間である。なおこの部分、対句として不自然なため訓点を付けなかった。
(37)新間進一「後白河院と仏教」『中世文学論叢』三、一九八〇年、九頁。
(38)毎月十八日は、宮中仁寿殿において、護持僧による二間観音を本尊とした観音供が行われる日にちでもある。蓮華王院における毎月十八日の行法は、宮中観音供と対照する院自身による院の護持法として位置づけられよう。

(39) 前掲注(34)菅野論文参照。
(40)『愚昧記』仁安二年(一一六七)二月二日条、嘉応元年(一一六九)二月二十九日条。
(41)『転法輪鈔』二六九頁、建久元年(一一九〇)三月二日。後白河院三十三度目の熊野御幸の際のもの。
(42)「春則立師子床、扣論鼓於不二之門」(二十二巻本『表白集』所引「仁和寺伝法会供養表白」(『守覚法親王と仁和寺御流の文献学的研究』勉誠社、一九九八年)、「鳴妙法之論鼓」(叡山文庫真如蔵『十講巻釈』(大島薫「叡山文庫真如蔵『十講巻釈』翻刻」『国文学(関西大学)』九二、二〇〇八年))。
(43) たとえば「権現排宝殿、和光本意爰満随喜、釈尊顕社壇、附属素懐既足納受」(『転法輪鈔』二八六頁)など。
(44)「今様はじまりけるほどに、東の宝殿の御扉あく音しけり。参りつどひたる男女、「御幸には音のひびきあるか」と思ひけるほどに、宝殿のうちより琵琶の声、歌に付けられるるかと、聞く人あやしみけり」(新全集三七三頁)。
(45)『尊勝院弁暁説草』三9、ただし後白河院存命時のものである。
(46)『山槐記』治承二年(一一七八)十月十一、二十七日条。
(47)「安元二年九月天王寺御逆修旨趣」(二四三頁)。
(48)『尊勝院弁暁説草』二20。
(49) むろん、前代の先例に即するかたちでの法会への参加もみられる。定例行事では法勝寺修正会、最勝寺御八講、法勝寺御八講について、臨時行事では法勝寺千僧御読経については、鳥羽院と同じく御幸を重ねている。
(50)『百練抄』安元元年(一一七五)五月二十九日条、『長方卿記』安元元年八月五日条。
(51)『又続宝簡集』一「官宣旨案」。
(52)『玉葉』文治元年(一一八五)三月二十一日条、『百練抄』文治元年三月二十六日条。
(53)『山槐記』文治元年八月二十三日条。また皿井舞「勧進と結縁の思想的背景――『覚禅鈔』造塔法を手掛かりとして」『覚禅鈔の研究』親王院堯榮文庫、二〇〇四年、参照。
(54)『北院御室日次記』寿永元年(一一八二)十二月二日条、また前掲注(7)菊地論文参照。
(55)『転法輪鈔』二四九頁～。建久二年(一一九一)閏十二月、後白河院最後の御逆修のものと推定される。
(56) 中川真弓「嵯峨念仏房関係願文考――『菅芥集』所収願文をめぐって」『中世文学』五〇、二〇〇五年。

(57) 「此間天下飢饉、強盗、引褁、焼亡毎日毎夜事也、不可勝計、清水寺橋下二十余許アル童、食小童□令見云々、人相喰之文已顕然也、又犬斃ヲ又犬食、是飢饉徴也、希代事也」(『養和二年記』二月二十六日条)。
(58) 『寿永二年転法輪法記』。
(59) 『転法輪鈔』二二九頁〜。
(60) 『蓮華王院供養部類記』(書陵部蔵九条家‐四一)所引『山槐記』、醍醐寺聖教「大威徳供百壇並転法輪法々会等記」(鎌倉遺文二〇一一)ほか。
(61) 『陰陽博士安倍孝重勘進記』、『吾妻鏡』建久二年(一一九一)五月十二日条、『一代要記』建久二年六月二十五日条、延慶本『平家物語』第五本「法皇為平家追討御祈被作始毘沙門事」。
(62) 『山槐記』元暦元年(一一八四)九月十七日条。
(63) 「時属澆季、世当濁乱。人心皆如獣、忘仁忘信、国法悉失如。……爰禅定法皇、……聞食民死、慈悲揮涙、御覧国衰、抽襟常煩。仰日月星未墜地、信仏法僧猶在世。修何善、消此災、行何徳、鎮此国土、思食之間、玉膳如忘味、□席無安寝、爰神明託宣方法示儀、即就当社霊地、宜儲仁王大会ヲ云々、叡慮即刻勅宣、新降道俗相力貴賤同誠、即調如法如説之道儀、忽驚天神地神之耳目」(山崎誠「刊謬「公請表白」翻刻並びに解題」『調査研究報告(国文研)』一七、一九九六年)。
(64) 『尊勝院弁暁説草』一14。
(65) 「(前欠)□僧人夢中□□有□□写被造立〔四王〕之尊像者、定国平ニ□□側聞食、此夢想之旨ヲ随喜□心尤」。
(66) 『尊勝院弁暁説草』三13。末尾の「三院聖霊」「二品阿母」といったレトリックや、内容から文治二年三月の御逆修のものと推定する。
(67) 前掲注(28)上島著書。伊藤聡『中世天照大神信仰の研究』法蔵館、二〇一一年。
(68) 『尊勝院弁暁説草』三36。
(69) 『陰陽博士安倍孝重勘進記』。
(70) 猪瀬千尋「文治二年大原御幸と平家物語」『中世文学』六一、二〇一五年。
(71) 『転法輪鈔』二七七頁。

（72）渡辺匡一「後白河院と四天王寺―金沢文庫蔵唱道資料「弁暁草」から」『仏教文学』二五、二〇〇一年。
（73）『玉葉』文治五年五月四日条。
（74）『園城寺伝記』一之二。
（75）応永年間（一三九四～一四二七）成立の『寺門伝記補録』巻二十に「後白川院庁宣」が見える。
（76）『尊勝院弁暁説草』二13。
（77）『玉葉』文治五年五月四日条。
（78）「嵯峨清凉寺御八講表白」、本章第三節に引用した。
（79）『華頂要略』所引「天台座主記」に「第六十一法印顕真〈宣陽房、権僧正、梨下〉、（建久元年）十月一日、法皇於日吉社被行千僧会、法皇即列衆僧御行道」とあり、表白の内容と一致する。
（80）金沢文庫本は「歩行霊鷲山㆒新庭聖徳太子……」と訓点をつけるが、対句表現から考えて「歩行霊鷲山新庭㆒聖徳太子……」と読みたい。
（81）棚橋光男『後白河法皇』講談社学術文庫、二〇〇六年（初出一九九五年）。

終章　中世王権の音楽と儀礼

以上、十四章にわたり、中世王権において音楽が果たした役割をめぐり、音楽における政治性、身体性、宗教性を軸に論じてきた。終章では、各章から導かれる本書の結論を示す。第一部について第一～四節で、第二部について第五、六節で、第三部について第七節で述べる。

一　宮廷音楽儀礼の特質

第一部では王朝における音楽儀礼の変遷を中心に分析した。その中で音楽の権力性をめぐって明らかになった事として、次の事実が挙げられる。すなわち、宮廷音楽儀礼は天皇の存在に依存しつつ、当代の権勢者達の主導によって執行されていく、という点である。

その一例として第一章で述べた累代楽器が挙げられる。累代楽器の起源は玄上という琵琶に求められる。この玄上は長和五年（一〇一六）の後一条天皇への譲位において、三条天皇から伝領されていたことが知られる。そして摂関期になると笙・キサキエや横笛・小水龍、葉二が登場する。キサキエ、小水龍は後一条の誕生の祝いに藤原彰子より一条天皇に奉られたもので、葉二は後朱雀の五十日儀において藤原道長より一条天皇に奉られたものである。そして、院政の始まりとされる後三条朝に、これらの楽器が中殿御会、清暑堂御神楽で奏されるようになり、以降、累代楽器は一代一度の儀においてのみ使用されるようになる。さらに十二世紀後半、高倉天皇の朝覲行幸において後白河院より天皇に箏・鬼丸が贈られ、のちにこれも累代楽器となる。

こうした累代楽器の展開について、その形成過程には天皇―摂関―院が関与していくが、累代（次代の天皇へと継承される）という性質はそこなわれず、天皇の一代一度の儀でのみ使用されるという原則もほとんど崩れることはなかった。ここに天皇と院や摂関家などの権勢者とによって形づくられる、累代楽器の特質を読みとることができる。

同様の事例は第四章でみた舞御覧にもあてはまる。舞御覧は侍臣とその子息による御前での舞楽奉納を基本とするが、その初例は康保三年（九六六）十月七日、大内裏での村上天皇主催のものであった。道長はこれを意識する形で長保三年（一〇〇一）十月九日、東三条院の四十御賀を土御門内裏で行い、十歳の頼通に陵王を舞わせた。院政期になると今度は御賀において舞御覧が行われるようになり、そこでは天皇による奏楽も加わるようになった。そして十三世紀に入り、西園寺家が全盛の時代を迎えると、二代の国母であった大宮院のために、西園寺北山第で舞御覧が行われた。このように舞御覧は当代の権勢者が主催するものである一方、「御覧」つまり天皇の行幸を伴う舞楽の鑑賞がなければ成立し得ないものであった。

二　後醍醐の身体と儀礼の再構築

こうした儀礼の展開において注目されるのは、その流れの中に常に後醍醐天皇の存在があり、後醍醐によって様々な形で儀礼が変貌をとげている点である。各章から得られた結論をまとめれば、後醍醐における音楽の特質は次の三点として示すことができるだろう。

①先例から逸脱した儀礼の生成

後醍醐は先例のない儀礼を行う事がしばしばあった。例えば、元亨三年（一三二三）の七夕御楽では玄上を奏しているが、これは先例からは考えられない事例である。それまでの御楽は次第すら作られない多分に私的な行事であり、一代一度の儀礼でしか奏されない玄上を用いることなどはあり得なかった（第二章）。元弘元年（一三三一）の西園寺北山第における舞御覧も異例である。後醍醐以前の舞御覧は、御賀や一切経供養として開催されたのに対し、後醍醐は方違行幸という名目のみでこれを行っている。また建武元年（一三三四）の三席御会は、天皇譲位後初度の御会として初めて設けられたものであった（第一章）。

②御所作、秘曲、あるいは主体の転換

後醍醐は自ら歌い奏でること＝御所作に強いこだわりを見せた。通例、臣下が奏楽すべきところを後醍醐が奏した例も少なくない。例えば元亨元年（一三二一）の内侍所御神楽では本拍子を所作している。御神楽における本拍子所作は堀河以来の事であって、こうした御所作を強く意識していたことは、『建武年中行事』の「内侍所御神楽」に御所作の事例があり、これが元亨元年の所作例と重なることからもわかる（第四章）。

後醍醐はこうした御所作において秘曲を奏することを好んだ。それまで秘曲は伝授されることに意味があり、人前で奏することはなかったが、(注1) 後醍醐は秘曲を他人に聞かせるために奏し、歌っていたのである。例えば元亨三年七夕御楽では蘇合四帖を奏している。また元弘元年（一三三一）の舞御覧では源資名より相伝された催馬楽・桜人を歌い、また横笛・柯亭でもって陵王荒序を奏している。この時の陵王は北畠顕家によって舞われている。舞御覧における眼目は当然、舞手であるべきなのにもかかわらず、後醍醐はその主体を舞手から自身へと転換させたのである。その到達点が延元元年（一三三六）の三箇夜内侍所御神楽における昼目所作であろう。この行事は、衆目の前に王自らの姿を曝し、歌う、という異例の形態で行われたのである。同時にそれは儀礼の中心を神鏡から自分自身へと転換させるものでもあった（同章）。

③名器や楽譜などモノの蒐集、或いはモノの利用

後醍醐は内裏や宝蔵に納められた名器、あるいは家々に相伝された楽譜にも執着を見せた。仁和寺や勝光明院の宝蔵から楽器を召し寄せた点については、すでに豊永聡美や森茂暁の論がある。(注2) 前述の秘曲所作においてもしばしば名器が用いられていることからも明らかなように、後醍醐にとって名器は自ら所作することに意義があったと考えられる。

しかし一方で、こうしたモノの蒐集は対人関係における重要な手段のためでもあった。平等院経蔵より名琵琶・元興寺を召し寄せた時には、かわりに木絵という琵琶を納めている。(注3) 琵琶西流の棟梁たる藤原孝道の自筆本『三五要録』を孝道の曾孫・藤原孝重に与え、西流の祖である孝博の自筆譜を西園寺実兼に伝授の宝枕（御師匠への料）として与えている（第六章）。

以上見たように、後醍醐は先例とは異なる形で儀礼を張行し、儀礼の場において先例から逸脱したふるまいを見せている。しかしそれらはいずれも先例を無視し儀礼を一から創造したわけではなく、前代の儀礼を解体あるいは改変し、後醍醐中心に再構成したものであった。そしてそれら儀礼のいずれもが、作法、所作において王の権威を

誇示するように、象徴的なものとしてつくりかえられていたのである。従来、後醍醐の音楽は、網野善彦の『異形の王権』（平凡社、一九八六年）の影響を受ける形でその異質性が注目されてきたが、(注4) 准拠すべき先例の存在にも重きをおくものと言える。

三　古典と王権

ここでさらに注目されることは、かかる先例准拠に古典が作用していると考えられる点である（ここでいう古典とは、この時代にすでに注釈の対象となっていた『古今和歌集』『源氏物語』などの本朝の典籍を指すものとする）。例えば第二章で見たように、元亨三年の内裏七夕御楽にて、後醍醐は秘曲「蘇合四帖」を奏している。『増鏡』十三「秋のみ山」によれば後醍醐はこの時、

笛竹の声も雲井にきこゆらし今宵手むくる秋のしらべは

という歌を読んだという。蘇合四帖が盤渉調であることから、盤渉調を「秋のしらべ」として認識していたことがわかる。第二章で見たように、七夕における盤渉調の奏楽は現実の儀礼において一般的ではなかったのに対して、『源氏物語』や中世王朝物語に複数例を見ることができる。このことから、後醍醐天皇が儀礼の着想を古典に求めていた可能性が考えられるのである。

こうした古典への意識について、第三章で見た、後醍醐の所作と神楽の歌詞の関連についても注目される。延元元年（一三三六）三月、洛中へと戻った後醍醐は、そこで三箇夜内侍所御神楽を張行、自ら秘曲・昼目を歌った。それまでの三箇夜内侍所御神楽において秘曲といえば「宮人」の曲であった。それにもかかわらず後醍醐がここで昼目を大曲として歌ったのは、その歌詞「いかばかり　よき態してか　天照るや　ひるめの神を　しばし止めむ」

にある「ひるめの神」＝天照大神を意識してのことであったろう。

後醍醐の時代においては、神楽歌や催馬楽といった歌謡の歌詞はあまり意識されず、(注5)歌詞として解読されるのも古今注や源氏物語注などの古典注釈においてのみであった。昼目の歌詞の内容を分析するのも、顕昭『古今集註』においてであり、歌謡そのものの注釈は一条兼良『催馬楽註秘抄』『神楽註秘抄』(注6)まで待たなければならない。後醍醐はそうした営みより百年以上も前に、文字の次元でしかなかった歌詞の解釈を、儀礼における身体所作にまで昇華させたのである。ここに、後醍醐における王権に根ざした古典学の存在を見いだすことができる。

やや観点が異なるものの、後醍醐の古典への意識として次の事例もある。元弘元年（一三三一）の北山第舞御覧において、後醍醐は花宴を行っており、そこで自ら催馬楽・桜人を歌っている。花宴は内裏南殿の桜の下で行われる儀礼であり、北山第においては無量光院の桜の下でこれを行ったという。(注7)実は後醍醐は嘉暦元年（一三二六）にも内裏で花宴を行っており、実に約三〇〇年ぶりの開催であった。(注8)この時、御遊は行われなかったと思しいが、元弘元年の花宴には新たに御遊が組み込まれ、そこで歌われたのが桜人であった。『増鏡』巻十五「むら時雨」によれば、後醍醐は前年の秋に平松資親より桜人を習い、この場にのぞんだという。そしてこの桜人もまた、当時は全く歌われなくなっていた歌なのであった。その先例は、安元二年（一一七六）の後白河院御賀における船楽の時であり、実に一五〇年ほど遡る。(注9)さらに康和四年（一一〇二）の白河院御賀でも船楽で桜人が歌われており、(注10)後醍醐はこれらに准拠して元弘の舞御覧で桜人を所作したのであろう。

しかし、花宴というほぼ三〇〇年以上前に途絶えた儀礼の復興にあたっては、次のような文脈も踏まえておく必要があるように思われる。

いづれの比の事にか、大宮右大臣殿上人の時、南殿のさくらさかりなるころ、うへぶしより、いまだ装束もあらためずして、御階のもとにて、ひとり花をながめられけり。かるみわたれる大内山の春曙の、よにしらず心すみければ、高欄によりかゝりて、扇を拍子に打て、桜人の曲を数反うたはれけるに、多政方が陣直つとめて候けるが、歌の声をきゝて、花のもとにすゝみいでゝ、地久の破をつかうまつりたりけり。花田狩衣袴をぞきたりける。舞はてゝ入ける時、桜人をあらためて蓑山をうたはれければ、政方又立帰て同急を舞ける。おはりに花のした枝を折てのち、おどりてふるまひたりけり。いみじくやさしかりける事也。この事、いづれの日記にみえたりとはしらねども、古人申伝て侍り。（『古今著聞集』二四三話「大宮右府俊家の唱歌に多政方舞を仕る事」）

『古今著聞集』においては、先例主義に縛られない自由闊達な朝儀が行われていた時代が「古」として描かれるが、[注11]同時にそうした古の出来事は「いづれの比の事にか…」「いづれの日記にみえたりとはしらねども…」とあるように、容易に物語や説話として古典化されるものであった。後醍醐が理想としたのは、まさしくこうした先例にとらわれない時代であり、それは歴史と物語の区分が曖昧であった時代なのである。

桜の下で桜人を歌う。このような古典世界ではあたり前のことが、[注12]先例に縛られた時代には出来なかった。後醍醐はこうした先例の縛りを、自ら儀礼を再構築することで解き放ち、古典の儀礼を今に甦らせたのではなかったか。

四　内乱の余波と中世音楽の展開

しかしながら、後醍醐による音楽のあらゆる面を利用した権威表出は一過性のものであった。その構造があまりに天皇中心であり、それ以後の王権に適応しなかった点、そもそも後醍醐〜南朝の儀礼そのものが、北朝においては先例として引くことが好ましくなかった点が、[注13]主たる理由と考えられる。

それにもかかわらず以後の音楽儀礼は後醍醐の影響を少なからず受けている。例えば第一章で述べた累代楽器について言えば、後醍醐が累代楽器を持ち出し、結果としてその多くを紛失させたことは、既存の音楽体系に様々な影響を与えた。特に琵琶・玄上が喪失したことは大きい。南北朝時代は、後光厳天皇（一三三八～一三七四）の代に、帝器が琵琶から笙へと変わるという宮廷音楽史上の画期にあたるが、こうした背景には玄上の紛失により琵琶を帝器とする必要がなくなったことが一因にあると考えられる。また玄上と同時期に累代楽器の一である和琴・鈴鹿が紛失したことは、儀礼の次第にも変化を与えた。それまで内侍所御神楽においては鈴鹿が用いられ、その所作人は身分にかかわらず一の座（社頭から見て左側の最前列）に座ることになっていたが、こうした先例も鈴鹿紛失後は廃された。(注14)

このように、後醍醐によって既存の音楽の枠組が破壊され、それ以前の時代の儀礼を踏襲できなくなったという面も存在する一方で、後醍醐の意図とは別に、南北朝の動乱を境として隆盛を迎えた儀礼や、意義を変えていった儀礼も存在する。

例えば第二章で見た御楽は、十四世紀後半、後光厳朝の時に旬御楽が行われ、十五世紀前半、後小松の代には月次御楽が行われるようになる。月次御楽では月、季節ごとの調子が定められ演奏されており、平調と双調を基本とする御遊よりも演奏の曲目は多かった。また祝辞に際して平調を奏するなど、時節に合わせた曲が奏されるのも特徴である。後醍醐による累代楽器・玄上を用いた蘇合四帖（秋のしらべ）奏楽に比べれば、後小松院における御楽は象徴的な側面は乏しいが、一方で季節の曲を奏するという先例は、後醍醐に負うところが大きいと考えられる。

同様の事例は第三章で見た三箇夜内侍所御神楽にも言える。延元元年（一三三六）の三箇夜内侍所御神楽における秘曲「昼目」奏楽についても、その象徴性こそ引きつがれなかったが、後醍醐が玉体護持や御祈のために内侍所御神楽を行ったことで、それまで神鏡を祭祀が目的であった儀礼は、様々な理由で行うことが可能となった。義満は通陽門院の病気平癒と御願課（報祭）のために内侍所御神楽を行い、後小松院は譲国や病気平癒祈願において三箇夜内侍所御神楽を行っている。

後醍醐における音楽儀礼は、公家日記において典拠として挙げられる先例ではないが、その後の儀礼の変遷に確実に影響をあたえているのである。一方で後醍醐が自ら演出したような儀礼における象徴性／身体性は、その後の儀礼において失われたと言えよう。

五　秘曲伝授の展開

中世の宮廷音楽は、平安中期から室町まで、天皇をゆるやかな軸としながら、多元的な権威表出のもとに展開していった。そしてその多くは、多元的であった権力構造が一元化した後醍醐朝において変質を遂げた。

このような構図は第二部で見た琵琶秘曲伝授においても同様である。第五章で見たように、十二世紀後半、巻子本を以て行われたと思われる三曲伝授は、藤原師長（一一三八～九二）に至って切紙伝授へと変わり、特に最秘・啄木については妙音天を本尊とする妙音堂での伝授がなされた。第九章で示したように、師長はさらに妙音堂での管絃講を企図していたと思われ、そのための講式が『妙音講式（金剛三昧院本）』であった。

師長によって儀礼として大成された琵琶秘曲伝授は、十三世紀になるとその弟子たちによって天皇家にも伝わることになる。師長の弟子の一人である藤原孝道は、帝師にこそ至らなかったものの啄木よりさらに最極とされる本譜外口伝を定め、これを子孫に伝えた。第六章に挙げたように、それらの口伝は後年、西園寺実兼によって『啄木調小巻物』としてまとめられ、その後の秘伝の根幹を担うことになる。時あたかも両統迭立の時代であり、琵琶は持明院統正嫡の帝器とみなされていた。その中で本譜外口伝も重んじられ、後伏見院は自らの日記に本譜外口伝の名称を記し、白紙で以て封をなしている。他方、大覚寺統の後醍醐もまた秘曲伝授に関心を寄せた。実兼男・今出川兼季から本譜外口伝を受け、さらに孝道の曾孫にあたる孝重とも接近する。そこには持明院統正統の琵琶道をも吸収しようとする後醍醐の意図が見える。

しかし南北朝の動乱を境に本譜外口伝は他家へと流出し、十四世紀後半以降は、伝授そのものが行われなくなってしまう。秘曲伝授においてもまた、後醍醐による一極集中が遠因となり、その価値が根底から揺らいだのである。ただ琵琶秘曲伝授の儀礼そのものにおいて、先述のような後醍醐の古典意識は見いだしがたい。むしろ儀礼と文学との接点において特筆されるのは十二世紀後半から十三世紀前半にかけて、如上師長が伝授儀礼を確立した時代である。文学と伝授儀礼を接続する資料としては、例えば藤原孝道の『琵琶灌頂次第』がある。そこでは『日本三代実録』や「琵琶諸調子品」に見える廉承武―藤原貞敏の伝習譚が秘曲伝授の先例として位置づけられていた。

そしてこの時期、孝道が廉承武や貞敏の名前を盛んに喧伝し始めるのと同時代に、説話集にも彼らの名前が見え始める。『江談抄』や『今昔物語集』などそれ以前の説話集や公家日記類にもいっさい登場することのなかった二人が、突如として同時代の資料に姿を見せ始めるのは、この時期の秘曲伝授をめぐる伝承の形成と無関係ではないだろう。

しかしこうした孝道の附会は、後代、琵琶を営むものたちには忘れ去られてしまったようである。西園寺家は孝道を介して妙音天を継承、北山第に妙音堂を建立し再び秘曲伝授の場としたが、そこに祀られたのは藤原師長が琵琶道の祖とした守宮令・藤原貞敏ではなく、師長その人であった。すなわち北山第妙音堂には妙音天の厨子前に師長の御影が置かれ、師長の命日にあたる毎月十八日には妙音講が開催された。第九章で述べたように、そこで制作された『妙音講式』は、式文第五段を改変したものであり、そこでは師長への供養の文言が付加されていたのである。

かかる祖師像の転換は、啄木そのものに関わる伝承にも反映される。第六章で挙げた啄木本譜外口伝の秘伝書『啄木調小巻物』は末尾に啄木曲伝来の縁起を示すが、そこで記されたものは、土佐国へ配流された師長が啄木を感得したという内容であり、如上の廉承武―貞敏に関わる伝承とは全く異なるものであった。

六　秘曲伝授と唱導、説話とのつながり

しかし師長―孝道の時代に生成された秘曲伝授に関わる説話や伝承は、そのまま忘れ去られたわけではない。唱導の世界やそれと連関する説話集や軍記には、秘曲伝授にまつわる様々な言説が記されている。その中でもっとも内容が豊富なものが『源平盛衰記』である。

第五章で見たように巻三十一「青山琵琶」では、廉承武や貞敏の説話を稟けながら、石上流泉、啄木がそれぞれ「菩提楽」「解脱楽」という別称を持つという、琵琶の家には伝わらなかった伝承が語られる。その文言は見聞系『和漢朗詠注』とほぼ同文を持つものであり、唱導において展開された秘曲伝授の伝承と言うべきものである。

また巻二十八「経正竹生嶋詣」では、経正が竹生島の宝前に石上流泉を奉納する場面が描かれる。ここでは竹生島弁才天が、秘曲伝授の本尊たる妙音天をも含みこむことが示されているのである。そのことは、第九章で見たように、本文に『妙音講式』が引用されていることからも明らかであろう。他方、第七章で考察したように「経正竹生嶋詣」は天台談義所で成立した朗詠注『和漢朗詠集和談鈔』と共通本文を有しており、そこに示される弁才天は『溪嵐拾葉集』など記家の伝承とも重なるものであった。経正の秘曲奏楽によって化現したのは白狐であり、これは台密において広く受容された経典である『刀自女経』の影響を考えることができる。事実、十二世紀後半成立の『別尊雑記』に定智筆として示される竹生島弁才天が六臂の最勝経系尊像であるのに対し、応永年間に竹生島に奉納された弁才天は『刀自女経』に基づいてつくられた図様であった。

「経正竹生嶋詣」の弁才天は、かかる秘曲伝授の本尊としての妙音天、『刀自女経』の吒枳尼天、『最勝王経』の

弁才天などが習合した多層的尊格なのである。しかしそこで記される秘曲は、すでに儀礼とは切り離されてしまっている。

前節で述べたように、藤原孝道は『琵琶灌頂次第』において、秘曲伝授儀礼の先例に廉承武―貞敏の伝承を布置した。『源平盛衰記』はしかし、そのような孝道の伝承、あるいはその師である藤原師長の儀礼構想と結びつく『妙音講式』などを引用しながら、儀礼とは無関係に秘曲伝授を展開させているのである。すなわちそれは、儀礼には還元し得ない、図像や唱導の文脈の中で体系化された秘曲伝授―弁才天（妙音天）の内に語られる言説であった。

七　音楽における宗教性の喪失

かかる秘曲伝授儀礼の変遷と並行して、音楽における宗教性も変化していった点も注目される。第十章で述べたように、十二世紀後半の後白河院の時代、狂言綺語観が展開し、諸法実相論や心の有りようが問題となっていた。こうした心の有りようの問題は、第十二章の宿執をめぐる問題で明らかにしたように、「公家」「武家」「文家」というそれぞれの家の営みと連関するものものであった。

そしてこの時代、そうした家の営みや、道に携わる人々の代弁をしたのが唱導家であった。むろん、唱導によって代弁されるものには音楽も含まれており、その時代の唱導家の代表たる澄憲が、後白河院の音声思想をいかに適確に述べたかについては、第十四章に記した通りである。澄憲の特質は、儀礼の実際に即した形で唱導をつくりあげた点にあり、同時にそれは絵画や仏像といったイメージと音楽をつなぐものでもあった。第十三章で述べたような、兜率曼荼羅の前で妓女を舞わせ、空間と絵画を一つの浄土の音楽に収斂させるようなコンセプトは、澄憲のような唱導があってこそ体現されたものであろう。娯楽と思しき管絃も、ふだんは世俗の儀礼に参仕する妓女の舞も、澄憲による「今大法主之好二絃管一。不レ改二趙舞燕歌之興一。即為二解脱分之善一」（第十三章第三節参照）という言葉のもとに、法楽となるのである。

そこには音楽の宗教性が、唱導をもとに、身体や図像を通して儀礼の中にあらわれるという構図が読みとれる。狂言綺語観や天台本覚論（諸法実相論）、そして十四章で見たような後白河院による声の統一思想は、儀礼において実践されていたのである。同様の構図は、澄憲の後の時代にも見える。例えば第十一章で見た『月講式』のように、月という動く本尊の性質を管絃道と仏道に結びつける講式も存在する。あるいは第九章で見た『妙音講式』のように、儀礼の空間を規定するものもある。

けれども儀礼における宗教性の表出は、鎌倉時代以降、次第に希薄なものとなっていった。それは唱導において音楽が扱われなくなった、ということではない。例えば秘曲伝授においては諷誦が読まれるが、『公顕卿記』永仁五年（一二九七）十月十三日条に見える、西園寺実兼から公顕への啄木伝授における菅原在嗣の諷誦文などは、当時の音楽表現における最高級のものである。秘曲伝授を通して西園寺家の琵琶の全盛を築いた実兼には、その没後五七日願文に「不向桓司空之四絃、頻誇凱風之楽、常奏治世之音」の一文が見える。[注15] 実兼に無理強いし伝授を達成した後醍醐についても、足利尊氏による天皇追善の願文に「玄象秘曲之調、同天暦明主之宸操」と記されている。[注16] しかしそれはあくまで修辞の詞であって、実兼や後醍醐における儀礼の特質を示すものではない。宗教と王権の問題について、文学、歴史、思想史といった種々の面から言及される後醍醐[注17]についても、音楽単一においてはそこに確たる宗教的構想を見いだすことはできないのである。

むしろ音楽儀礼における宗教性喪失の背景には、音楽思想が十三世紀前半には達成されてしまったことが大きいと考えられる。第十章で見た狂言綺語観についても、十三世紀後半以降は展開を見ず、もちろん音楽に関わる言及として注目されるものもない。第九、十一章などで考察してきた講式についても、十三世紀前半までは『妙音講式』

『音楽講式』『月講式』といった、すぐれて独自の思想を表明する管絃講式が存在していたのにもかかわらず、それ以降はほとんど見られなくなる。唱導において狂言綺語観や天台本覚論（諸法実相論）が盛んに用いられ、そうした思想が儀礼によって体現・実践されていた十二世紀後半から十三世紀前半にかけてが、音楽における宗教性が最も顕著であった時代と言えるであろう。

注

（1）春日社頭における荒序奉納などは舞われる（奏される）秘曲であるが、これも神前での奉納が前提であって、人に見せるものではない。
（2）森茂暁『後醍醐天皇』中公新書、二〇〇〇年。豊永聡美『中世の天皇と音楽』吉川弘文館、二〇〇六年。
（3）前掲注（2）豊永著書、一一八頁以降参照。
（4）前掲注（2）豊永著書、一二二頁参照。
（5）吉事の時には催馬楽・石川の「カラキクヒスル」を歌わない（忌言葉であるため）など（『桂談鈔』（書陵部蔵伏－一二〇七））、時と場に合わせた歌い替えなどは見えるものの、歌詞全体が解釈の対象となっていたわけではない。
（6）康正元年（一四五五）書写奥書。両書をまとめて『梁塵愚案抄』とも呼ぶ。
（7）『舞御覧記』、『増鏡』の元弘元年三月七日の記事参照。
（8）『続史愚抄』嘉暦元年三月六日条。それ以前の内裏での開催は長久二年（一〇四一）三月四日条（『扶桑略記』ほか）。村上天皇の在位中（～九六七）までは恒例行事であった。
（9）『玉葉』安元二年三月六日条。
（10）『中右記』康和四年三月二十日条。
（11）佐藤厚子『中世の国家儀式―『建武年中行事』の世界』岩田書院、二〇〇三年。
（12）桜人の歌詞は桜とは無関係であるが、例えば『源氏物語』においても明らかなように（新全集二：四三九、三：七四）、古典世界においても桜人は春―桜のイメージのもとに歌われ、語られている。

(13) 例えば洞院公賢は、御物忌の切台盤について諮問を柳原忠光に求められた時、「或貴族之御抄」として『建武年中行事』を引用している(『園太暦』文和四年(一三五五)九月二十二日条)。南朝支配下の時を例外として、北朝で後醍醐の先例を直接引くことは憚られたのである。

(14) 石原比伊呂「『内侍所御神楽部類記』にみる足利義満と室町前期の公家社会」『目録学の構築と古典学の再生(東京大学史料編纂所研究成果報告)』、二〇〇九年。

(15) 『願文集』(醍醐寺聖教一七四-八)所引「院御願文」による。菅原家高草。

(16) 「後醍醐院百ヶ日御願文」(『金沢文庫古文書』六一四五号)。この願文についてはすでに森茂暁による指摘がある。前掲注(2)森論文、一三五〜六頁。

(17) 内田啓一『文観房弘真と美術』二〇〇六年、法蔵館。阿部泰郎『中世日本の宗教テクスト体系』名古屋大学出版会、二〇一三年、など。

引用文献一覧

引用は以下の文献による。書名は『図書総目録』の読みに従い、あいうえお順に並べた。善本が定めがたい場合は複数本による校訂本文を用いた。収録される題名と本書での題名が異なる場合は括弧で記した。登録函号があるものは函—号を記した。東京大学史料編纂所および国文学研究資料館（国文研）に複本等がある場合、適宜これを記した。尊経閣文庫蔵本については『尊経閣文庫国書分類目録』の頁数を記した。醍醐寺聖教については史料編纂所写真帳（六一七一・六—四五「醍醐寺文書」）と同所 Hi-cat（史料画像閲覧システム）を、仁和寺聖教については同所 Hi-cat を使用した。なお引用した文献は必ずしも善本とは言えないものもある。その場合、可能な限り諸本を参照し、異同のある場合は注として記した。

■ア行

阿娑縛抄：『大日本仏教全書』三五〜四一
東遊歌神楽歌（鍋島文庫）：古典保存会編『東遊歌・神楽歌』
吾妻鏡：高橋秀樹編『吾妻鏡』和泉書院、『新訂増補国史大系』
敦有卿記：御遊記事…『御遊部類記』所引
　御神楽記事…『内侍所御神楽記』所引
綾小路家秘書：彰考館蔵（国文研マイクロフィルム三二一—四〇四—三）
安元御賀記：定家本…『古筆聚成 十二』思文閣出版
　類従本…『群書類従 二十九』
安極玉泉集：『真福寺善本叢刊 中世唱導資料集』臨川書店

一代要記：『神道大系 朝儀祭祀編』
佚名楽書：『日本音楽史研究』七（青木千代子翻刻）
猪隈関白記：『大日本古記録』
今様之書：『日本庶民文化史料集成 二』三一書房
色葉和難集：『日本歌学大系 別巻二』風間書房
院拍子合清暑堂神宴記：『伏見宮旧蔵楽書集成 一』
内山永久寺縁起：『改訂天理市史 史料編 一』
内山永久寺置文：『内山永久寺の歴史と美術 史料編』東京美術
栄華物語：『新編日本古典文学全集』小学館
永和大嘗会記：『群書類従 七』
円戒十六帖：『続天台宗全書 円戒1』
延慶大嘗会記（後伏見院御記）：『続群書類従 十下』
園太暦：『園太暦』太洋社（巻一～四）、『史料纂集』（巻五～七）
応永年中楽方記：『史料纂集 教言卿記 四』
岡屋関白記：『大日本古記録』
御産部類記：『図書寮叢刊』
おもひのままの日記：『群書類従 二十八』
お湯殿の日記：『続群書類従 補遺三』
音楽講式：「高野山講式集ＤＶＤ―ＲＯＭ」
園城寺伝記：『大日本仏教全書』一二七
陰陽博士安倍孝重勘進記：『陰陽道関係史料』汲古書院
音律事：『続天台宗全書 法儀1 声明表白類聚』

■カ行

海草集：『年報（実践女子大学）』二〇（牧野和夫、矢口郁子翻刻）
河海抄：『紫明抄 河海抄』角川書店
柿本講式：陽明文庫本：国文研マイクロフィルム五五―一五三―一
　三手文庫本：同四〇―二二―八
　片桐洋一架蔵本：『柿本人麿異聞』（片桐洋一翻刻）
　『論語之聞書』紙背本：『中京国文学』一七（中城さと子翻刻）
　類従本：『群書類従 十六』
　中川文庫本：国文研マイクロフィルム ユ一―五五―二
　大谷本：『山田昭全著作集 第一巻』
神楽歌（重種本）：『天理図書館善本叢書 古楽書遺珠』
神楽註秘抄：『続群書類従 十九上』
神楽年月秘抄：書陵部蔵柳―七四九
歌仙落書：『群書類従 十六』
伽陀口決：『金沢文庫資料全書 第七巻 歌謡・声明篇』
伽陀集（勝林院本魚山叢書本）：史料編纂所写真帳六一八六―二六―二
伽陀集（宝菩提院本B本）：『国文学踏査』一九（清水宥聖翻刻）
月講式：『鴨長明全集』貴重本刊行会
華頂要略：『大日本仏教全書』一二八～一三〇
楽家録：『覆刻日本古典全集』
楽家伝業式：『伏見宮旧蔵楽書集成 一』
亀山院六条殿行幸記：書陵部蔵伏―四九三

鴨長明集：『新編国歌大観』
河相宮縁起：『神道大系 神社編 大和』
菅芥集：『仏教修法と文学的表現に関する文献学的考察』（中川真弓翻刻）
管絃音義：『群書類従 十九』
管見記：書陵部蔵F一一―一（史料編纂所影写本三〇七三―三六「西園寺家記録」）
管絃した、むる事：『伏見宮旧蔵楽書集成 三』
観心略要集：『恵心僧都全集 一』
勘仲記：『史料纂集』
観音寺相国記：『管見記』所引（公名公記）
観普賢経：『大正新脩大蔵経』九（観普賢菩薩行法経）
菅別記：尊経閣文庫蔵（史料編纂所謄写本二〇七三―二五五）
看聞日記：『図書寮叢刊』、『続群書類従 補遺二』（看聞御記）
北院御室日次記：『守覚法親王と仁和寺御流の文献学的研究』勉誠社
北野天神縁起：『日本思想大系 寺社縁起』岩波書店
北山第行幸仮名記：（本書第四章参照）
北山殿行幸記（仮名本、真名本）：『群書類従 三』
吉記：『新訂 日本史史料叢刊』和泉書院
吉続記：『増補史料大成』
教訓抄：『日本思想大系 古代中世芸術論』岩波書店
行林抄：『大正新脩大蔵経』七六
玉蘂：『玉蘂』思文閣出版
玉葉：『図書寮叢刊』

玉葉和歌集：『新編国歌大観』
玉林苑：『中世の文学 早歌全詞集』三弥井書店
御遊抄：『続群書類従 十九上』
御遊部類記：国立歴史民俗博物館蔵高松宮家旧蔵本H六〇〇—一八四
公顕卿記：『伏見宮旧蔵楽書集成 一』（『琵琶秘曲伝受記』所引、今出川右府記）
公種記：『西園寺一切経供養并後宴等記』所引
禁秘抄：『禁秘御抄』八木書店
公衡公記：『史料纂集』
禁裏御灌頂記：東山御文庫勅封一五五—三—七
禁裏御文庫楽書并御楽器之目録：『中世後期禁裏本の復元的研究』（田中幸江翻刻）
公事根源：書陵部蔵五〇九—四四
公請表白：『調査研究報告（国文研）』一七（山崎誠翻刻）
愚昧記：『大日本古記録』
雲井の花：『群書類従 十六』（貞治六年中殿御会記）
愚聞記：『伏見宮旧蔵楽書集成 二』
桂談抄：書陵部蔵伏—一二〇七
啓白至要抄：東大寺蔵一一三—一〇八（史料編纂所写真帳六一一四—七—八二）
渓嵐拾葉集：『大正新脩大蔵経』七六
華厳経（六十巻）：『大正新脩大蔵経』九（大方広仏華厳経）
花文集：『真福寺善本叢刊 法華経古注釈集』臨川書店
源氏一品経表白：『諸人雑修善』所引
源氏物語：『新編日本古典文学全集』小学館

源氏物語奥入：『源氏物語古註釈叢刊 第一巻』（奥入）
建内記：『大日本古記録』
源平盛衰記：『中世の文学』三弥井書店
建武年中行事：『建武年中行事註解』講談社学術文庫
公宴部類記：『続群書類従 三十三上』
江家次第：『神道大系 朝儀祭祀編』
光厳院御記：『伏見宮旧蔵楽書集成 一』
江談抄：『新日本古典文学大系 江談抄 中外抄 富家語』岩波書店
江都督納言願文集：『江都督納言願文集注解』塙書房
光明院御記：東山御文庫勅封六七―五―八―二、三（光明天皇宸記、史料編纂所写真帳六一七三―一六二、『大日本史料』）
迎陽記：『史料纂集』
後円融院御記：『禁裏・公家文庫研究 第三輯』（後円融院宸記、桃崎有一郎翻刻）
胡琴教録：『伏見宮旧蔵楽書集成 二』
古今集註（顕昭）：『日本歌学大系 別巻四』風間書房
古今和歌集：『新編国歌大観』
後愚昧記：『大日本古記録』
極楽六字讃：『日本仏教文学と歌謡』（榎克朗翻刻）
後光厳天皇御琵琶始並御伝受記：『伏見宮旧蔵楽書集成 一』
古今著聞集：『日本古典文学大系』岩波書店
後三条相国抄：『続群書類従 三十二上』
古事談：『新日本古典文学大系 古事談 続古事談』岩波書店
後深心院関白記：『大日本古記録』

五壇法日記：『続群書類従 二十六上』
後深草院御記：『史料大成 歴代宸記』（後深草天皇宸記）
後伏見院御記：『史料大成 歴代宸記』（後伏見天皇宸記）、『伏見宮旧蔵楽書集成 一』（『代々琵琶秘曲御伝受事』所引）
権記：『史料纂集』
今昔物語集：『新編日本古典文学全集』小学館
言泉集：金沢文庫本…『安居院唱導集 上』角川書店
　真如蔵本…『金沢大学国語国文』二六（畑中栄翻刻）

■サ行

西園寺一切経供養并後宴等記：書陵部蔵伏―四九四
西行上人談抄：『西行全集』日本古典文学会
最勝王経：『大正新脩大蔵経』一六（金光明最勝王経）
最勝王経疏：『大正新脩大蔵経』三九（金光明最勝王経疏）
最勝護国宇賀耶頓得如意宝珠王陀羅尼経：『異神』平凡社（山本ひろ子翻刻）
催馬楽註秘抄：『続群書類従 十九上』
さかゆく花：『群書類従 三』
砂巌：『図書寮叢刊』
沙石集：『日本古典文学大系』岩波書店
定家記：『群書類従 二十五』（康平記）
定能卿記、定能卿記部類：書陵部蔵九―一一二（史料編纂所写真帳六一五七―七七）、『禁裏・公家文庫研究 第二輯』思文閣出版（藤原重雄 三島暁子翻刻）
薩戒記：『大日本古記録』
実兼公記：『伏見宮旧蔵楽書集成 一』（『琵琶秘曲伝受記』所引）

実隆公記：『実隆公記』続群書類従完成会／太洋社
実冬卿記：『続群書類従 三十三下』（北山准后九十賀記）
実躬卿記：『大日本古記録』
実宗公記：『伏見宮旧蔵楽書集成 一』（『琵琶秘曲伝受記』所引（藤原実宗記））
実泰公記：『管見記』所引（大嘗会部類記）
山槐記：『増補史料大成』
三五奥秘録：書陵部蔵伏―一〇八二
三曲秘決：書陵部蔵伏―九三七（三曲秘譜並三曲秘決）
三曲秘譜：書陵部蔵伏―九三七（三曲秘譜並三曲秘決）
三五中録：書陵部蔵伏―二〇〇九
三五要録：寄合書本…書陵部蔵伏―九三一（史料編纂所写真帳六一八六―一一）
　嘉暦本…書陵部蔵五一五―八七
　柳原本…書陵部蔵柳―八一六
　明治謄写本…書陵部蔵一六一―八五
三席御会次第：書陵部蔵伏―四三六（『研究と資料』五五（酒井茂幸翻刻））
三長記：『増補史料大成』
三宝絵：『新日本古典文学大系 三宝絵 注好選』岩波書店
四絃相承事：『伏見宮旧蔵楽書集成 一』
四種護摩本尊及眷属図像：『大正新脩大蔵経 図像部』一
二水記：『大日本古記録』
地蔵菩薩霊験記（十四巻本）：『一四巻本地蔵菩薩霊験記』三弥井書店
糸竹口伝：『梁塵』一四（飯島一彦翻刻）

十講巻釈：『国文学（関西大学）』九二（大島薫翻刻）
寺門伝記補録：『大日本仏教全書』一二七
釈門秘鑰：『調査研究報告（国文研）』一七（阿部泰郎翻刻）
拾遺和歌集：『新編国歌大観』
十願発心記：『叡山浄土経の研究 資料編』（佐藤哲英翻刻）
拾珠鈔：史料編纂所謄写本二〇一四―一六六（拾珠抄）、『天台宗全書 法則類聚 故実類聚』
寿永二年転法輪法記：『続群書類従 二十六上』
須臾福徳円満成就刀自女経：『説話文学研究』五二（猪瀬千尋翻刻）
春記：『増補史料大成』
順次往生講式：『順次往生講式小誌』（私家版）、『大正大学綜合仏教研究所年報』一二
順徳院御記：『伏見宮旧蔵楽書集成 一』（『代々琵琶秘曲御伝受事』所引）
性空上人伝記遺続集：『兵庫県史 史料篇 中世4』
貞治三年舞御覧記：『続群書類従 十九上』
声調考正目録：勝林院本『魚山叢書』所引（史料編纂所写真帳六一八六―二六―三三）
聖徳太子講式（尊性）：『聖徳太子講式集』法隆寺
聖法輪蔵：『真宗史料集成 第四巻 専修寺・諸派』同朋舎
声明集序：『続天台宗全書 法儀1 声明表白類聚』
小右記：『大日本古記録』
諸講式集：『学苑』六七二（関口静雄翻刻）
諸声明口伝随聞注：『続天台宗全書 法儀1 声明表白類聚』
諸説不同記：『大日本仏教全書』五四
諸尊図像集：『大正新脩大蔵経 図像部』一二

諸調子品撥合譜：書陵部蔵伏―一〇八三
諸人雑修善：『調査研究報告（国文研）』一二（山崎誠翻刻）
神宴所作人交名：『本田安次著作集 第一巻』錦正社
真言宗教時義：『大正新脩大蔵経』七五
深心院関白記：『大日本古記録』
信西古楽図：『陽明文庫蔵舞絵』思文閣出版
新撰朗詠集：『新撰朗詠集全注釈』新典社
心地観経：『大正新脩大蔵経』三（大乗本生心地観経）
仁智要録：内閣文庫蔵一九九―一六九
真如観：『日本思想大系 天台本覚論』岩波書店
新夜鶴抄：『伏見宮旧蔵楽書集成 三』
瑞夢記：『広陵町史 史料編 上巻』
資兼卿記：内閣文庫蔵 古三三―五五二（中納言資兼卿記）
西宮記：『神道大系 朝儀祭祀編』
青龍寺儀軌：『大正新脩大蔵経』一八（大毘盧遮那成仏神変加持経蓮華胎蔵菩提幢標幟普通真言蔵広大成就瑜伽）
善光寺縁起（応安本）：『続群書類従 二十八上』
千五百番歌合：『新編国歌大観』
撰集抄：『古典文庫 撰集抄』現代思潮社
続教訓抄：史料編纂所写真帳六一八六―一六（教訓鈔及続教訓鈔）、『覆刻日本古典全集』
続高僧伝：『大正新脩大蔵経』五〇
続史愚抄：『新訂増補国史大系』
即身貧転福徳円満宇賀神将菩薩白蛇示現三日成就経：『異神』平凡社（山本ひろ子翻刻）

尊勝院弁暁説草（弁暁草）：『称名寺聖教 尊勝院弁暁説草』勉誠出版

■タ行

大雲寺縁起：尊経閣文庫蔵（史料編纂所謄写本二〇一五―五七八）
台記：『史料纂集』、『増補史料大成』
体源抄：『覆刻日本古典全集』
胎蔵図像：『大正新脩大蔵経 図像部』二
胎蔵旧図像：『大正新脩大蔵経 図像部』二
大内裏図考証：『改訂増補故実叢書』明治図書出版
大日経：『大正新脩大蔵経』一八（大毘盧遮那成仏神変加持経）
大日経義釈：『続天台宗全書 密教1』
大日経疏：『大正新脩大蔵経』三九（大毘盧遮那成仏経疏）
太平記：『新潮日本古典集成』新潮社
大宝積経：『大正新脩大蔵経』一一
孝道教訓抄：『伏見宮旧蔵楽書集成 三』（教訓抄）
口冢口決：『伏見宮旧蔵楽書集成 三』
啄木調小巻物：書陵部蔵伏―一一〇〇（啄木調（小巻物））
啄木譜：書陵部蔵伏―九七一、『伏見宮旧蔵楽書集成 三』
忠光卿記：『歴代残闕日記 二十』、『大日本史料』
檀那門跡相承資：『千葉県史料 中世篇 県外文書』
親長卿記：『史料纂集』
知国秘鈔：『伏見宮旧蔵楽書集成 三』
朝覲行幸部類：『続群書類従 四上』

澄憲作文集：『中世文学の研究』東京大学出版会（大曽根章介翻刻）
椿葉記：『村田正志著作集 第四巻』
経俊卿記：『大日本古記録』、『書陵部紀要』四三（宮崎康充翻刻）
徒然草：『角川ソフィア文庫 徒然草』（新版）KADOKAWA
擲金抄：『真福寺善本叢刊』臨川書店
伝受集：『大正新脩大蔵経』七八
天台相伝秘決鈔：『続天台宗全書 口決1』
転法輪鈔：『安居院唱導集 上』角川書店
殿暦：『大日本古記録』
洞院部類記（六巻本）：野宮家旧蔵（史料編纂所謄写本二〇五七―一四八）
桃華雑抄：『続群書類従 三十二上』
東宝記：『続続群書類従 十二』
言国卿記：『史料纂集』
言経卿記：『大日本古記録』
時信記：『陽明叢書 平記 大府記 永昌記 愚昧記』思文閣出版
時慶記：『時慶記』本願寺出版社
土佐日記：『日本古典文学大系』岩波書店
とはずがたり：『新日本古典文学大系 とはずがたり たまきはる』岩波書店

■ナ行

内宴記：『日本漢学研究』四（佐藤道生、堀川貴司翻刻）
内侍所御神楽記：書陵部蔵四一五―一二六五、書陵部蔵柳―七一一（御神楽部類 乙）、東山御文庫勅封一二六―八（内侍所御神楽部類記、史料編纂所写真帳六一八六―一二、『大日本史料』に「敦有卿記」として一部翻刻あり）、尊経

閣文庫蔵国書六八四頁（『内侍所御神楽部類記』第二冊）
内侍所御神楽部類記：尊経閣文庫蔵国書六八四頁（『内侍所御神楽部類記』第一冊）、書陵部蔵柳―七一一（御神楽部類 甲）、
東山御文庫勅封一二六―七（史料編纂所写真帳六一八六―二）
内侍所御神楽次第（応永書写）：国立歴史民俗博物館蔵高松宮家旧蔵本H六〇〇―九四四、東山御文庫勅封一二六―二
内侍所御神楽略次第：尊経閣文庫蔵国書六八四頁
長方卿記（禅中記）：『禁裏・公家文庫研究　第四輯』（中町美香子翻刻）
中務内侍日記：『中務内侍日記全注釈』笠間書院
南宮琵琶譜：書陵部蔵伏―一〇二六（琵琶譜（院禅本））、同―二〇七一（琵琶譜）
二中歴：『改定史籍集覧 二十三』
日本三代実録：『新訂増補国史大系』
仁平御賀記：『続群書類従 三十四』
納和歌集等平等院経蔵記（経蔵記）：『成城国文学』二九（後藤昭雄校注）
信俊卿記：御遊記事…『御遊部類記』所引、尊経閣文庫蔵（応永三十二年、史料編纂所写真帳六一七三―八三、『大日本史料』）、
天理図書館蔵綾小路家旧蔵楽書（応永二十三年、史料編纂所レクチグラフ六八〇〇―二一九、『大日
本史料』）
御神楽記事…尊経閣文庫蔵（『御神楽記』所引）
野守鏡：『日本歌学大系 四』風間書房
教興卿記：『史料纂集』
範国記：京都大学附属図書館蔵（京都大学貴重資料デジタルアーカイブ（ｗｅｂ））、史料編纂所写真帳六一七三―一九三）、
陽明文庫蔵（史料編纂所写真帳六一七三―一九二）
教言卿記：『史料纂集』

■ハ行

花園院御記：『史料纂集 花園天皇宸記』
秘鈔：『大正新脩大蔵経』七八
秘鈔問答：『大正新脩大蔵経』七九
秘蔵記：『大正新脩大蔵経 図像部』一
百番詩合：尊経閣文庫蔵（史料編纂所影写本三〇三四―一五）、『群書類従 九』（資実長兼両卿百番詩合）
百寮訓要抄：尊経閣文庫旧蔵（史料編纂所影写本二〇五六―八三）、『群書類従 五』
百練抄：『新訂増補国史大系』
兵範記：『増補史料大成』、『陽明叢書 人車記』思文閣出版
表白集（二十二巻本）：『守覚法親王と仁和寺御流の文献学的研究』勉誠社
琵琶灌頂次第：『伏見宮旧蔵楽書集成 一』
琵琶血脈：森末義彰旧蔵（史料編纂所写真帳六一八六―八、『村田正志著作集』第四巻）
琵琶諸調子品：書陵部蔵『南宮琵琶譜』に付属
琵琶秘曲伝受記：『伏見宮旧蔵楽書集成 一』
琵琶秘抄：「岡本文書」所引（史料編纂所影写本三〇七一・三六―一一―四）、尊経閣文庫蔵国書七八七頁（琵琶三曲日記）
琵琶譜（源経信）：書陵部蔵伏―九三〇
琵琶銘并序：『同志社国文学』六二（小林加代子翻刻）
袋草紙：『新日本古典文学大系』岩波書店
伏見院御記：『伏見宮旧蔵楽書集成 一』、『増補史料大成 伏見天皇宸記』
藤原孝重琵琶伝授状：『東京大学史料編纂所所報』二三（一七五〜六頁）
冬平公記：『続続群書類従 五』
文永五年院舞御覧記：『伏見宮旧蔵楽書集成 一』（舞楽談）、『続群書類従 十九上』

文永之記：『「大乗院文書」の解題的研究と目録 上』
文華風月至要抄：東大寺蔵（史料編纂所写真帳六一一四―七―一一八）
文机談：『文机談全注釈』笠間書院
文保三年記：『人文研究（千葉大学）』四〇（石附敏幸翻刻）
文鳳抄：『歌論歌学集成 別巻二』
平家物語（延慶本）：『平家物語長門本延慶本対照本文』勉誠出版
平家物語（長門本）：『平家物語長門本延慶本対照本文』勉誠出版
平家物語（覚一本）：『新日本古典文学大系』岩波書店
平戸記：『増補史料大成』
別尊雑記：『大正新脩大蔵経 図像部』三
弁才天修義私：『異神』平凡社（山本ひろ子翻刻）
弁内侍日記：『新編日本古典文学全集 中世日記紀行集』小学館
保元物語：『日本古典文学大系』岩波書店
鳳光抄：『安居院唱導集 上』角川書店
方丈記：『新日本古典文学大系 方丈記 徒然草』岩波書店
鳳笙師伝相承：『日本音楽史叢』和泉書院（福島和夫翻刻）
宝物集：『新日本古典文学大系 宝物集 閑居友 比良山古人霊託』岩波書店
法華経：『大正新脩大蔵経』九（妙法蓮華経）
法華経并阿弥陀経釈：『名古屋大学文学部研究論集 文学』四四（阿部泰郎翻刻）
法華玄義：『大正新脩大蔵経』三三（妙法蓮華経玄義）
法華懺法：『大正新脩大蔵経』七七
法華文句：『大正新脩大蔵経』三四（妙法蓮華経文句）

発心集：『鴨長明全集』貴重本刊行会
本朝法華験記：『日本思想大系 往生伝 法華験記』（大日本国法華経験記）
本朝無題詩：『本朝無題詩全注釈』新典社
本朝文粋：『新日本古典文学大系』岩波書店

■マ行

舞御覧記：『群書類従 三』
摩訶止観：『大正新脩大蔵経』四六
増鏡：『日本古典文学大系』岩波書店
満済准后日記：『続群書類従 補遺一』
御神楽記：尊経閣文庫蔵（国書六八三頁、史料編纂所写真帳六一八六―七（神楽記）、史料編纂所影写本三〇一一―六（御神楽雑記）、『大日本史料』に御神楽雑記　乾／坤」として一部翻刻あり）、『広島大学所蔵猪熊文書』（内侍所御神楽記）福武書店
三箇夜御神楽代々例：尊経閣文庫蔵国書六八四頁
道平公記：『調査研究報告（国文研）』二二（小川剛生翻刻）
密宗表白集：真福寺蔵（国文研マイクロフィルム二七八―二五―三）
御堂関白記：『大日本古記録』
源家長日記：『中世日記紀行文学全評釈集成 第三巻』勉誠出版
妙音講式：（本書第九章参照）
名目抄：『群書類従 二十六』
民経記：『大日本古記録』
弥勒上生経：『大正新脩大蔵経』一四（観弥勒菩薩上生兜率天経）
宗冬卿記：『明月記研究』七（小川剛生翻刻）

明月記：『史料纂集』、『明月記』国書刊行会
師郷記：『史料纂集』
師守記：『史料纂集』
門葉記：『大正新脩大蔵経 図像部』一一、一二

■ヤ行
康富記：『増補史料大成』
山科家来記：『史料纂集』
有職抄：野宮家旧蔵…史料編纂所謄写本二〇五七—一二三、李花亭文庫蔵…『有職故実研究資料叢書 第一巻』クレス出版
又続宝簡集：『大日本古文書 家わけ 高野山文書』
葉黄記：『史料纂集』
要尊道場観：『大正新脩大蔵経』七八
耀天記：『神道大系 神社編 日吉』
養和二年記：『平安時代の宗教文化と陰陽道』（山下克明翻刻）
吉野吉水院楽書：『続群書類従 十九上』

■ラ行
濫觴抄：『群書類従 二十六』
隆淵仮名書状：書陵部蔵伏—一〇六七
龍鳴抄：『群書類従 十九』
梁塵秘抄、梁塵秘抄口伝集：『新編日本古典文学全集』小学館
歴代皇紀、歴代皇紀裏書：『改訂史籍集覧 十八』

■ワ行
和歌政所結縁経表白：『諸人雑修善』所引

和歌密書：書陵部蔵二〇六―七一〇（国文研マイクロフィルム二〇―二三六―五）
和漢朗詠集和談鈔：『和漢朗詠集古注釈集成 第三巻』大学堂書店
和名類聚抄（二十巻本）：『古写本和名類聚抄集成』勉誠出版

初出一覧

序章　新稿
第一章　「中世宮廷音楽の時代区分とその特質―名器、御遊、秘曲伝授の関係を視座として」『藝能史研究』一九一、二〇一〇年
第二章　新稿
第三章　新稿
第四章　「歴史叙述における仮名の身体性と祝祭性―定家本系『安元御賀記』を初発として―」『国語と国文学』九〇‐一、二〇一三年
第五章　新稿
第六章　新稿
第七章　「弁才天を記す基礎文献についての分析―西園寺妙音堂本尊の究明に向けて」『比較人文学研究年報』八、二〇一一年
第八章　「西園寺北山第妙音堂と琵琶秘曲伝授―空間の復元と儀礼の再現を通して」『藝能史研究』一九七、二〇一二年
第九章　新稿
第十章　「中世前期における狂言綺語観の展開―唱導文献を軸として」『国語と国文学』九二‐七、二〇一五年
第十一章　「禅寂作『月講式』について―東から西へ往く本尊」『名古屋大学国語国文学』一〇七、二〇一四年
第十二章　新稿
第十三章　「狂言綺語観の周辺―音楽と唱導をめぐって」『仏教文学』三八、二〇一四年
第十四章　新稿
終章　新稿

あとがき

僕に学問の楽しさを教えてくれたのは、高校二年の時に出会った大域解析学の先生だった。

そのころ先生は塾で物理を教えていて、教科書に書いてあることは「君たちにはむずかしすぎるから」と、はなから相手にはせず、自前のプリントをくばっては基礎的な問題ばかりを解いていた。

そのあいだ、先生の話は右に曲がっては左に逸れ、延々のより道を繰り返した。ゼノンはほんとうは何を伝えたかったのか、実数とはいかに不可解なものであるのか——物理から科学へ、そしていつしか哲学へと話は蛇行していった。けれどもそうした果てのない雑談のうちに、羅列や記号ではない自然のことばとしての数式の意味を——科学とは何かを先生は確かに教えてくれたのだった（その話の根底に、当時世間を騒がせ、科学者自身にある深い問いを投げかけたあの事件があったことを、先生は一度だけ話してくれたことがある）。

その時、それまで草葉の影と我が心の裡にしか見なかった神の存在を、確かに自然のなかに知ることができたのだった。そしてその時、まさしく学問を志したのだと思う。

僕は大学で科学哲学を学ぶことを決めた。

だから志望していた大学の理学部と教養学部の試験についに通らなかったあとで、それまで何の接点も見なかった文学部へ入りたいと言った時、なにひとついさめの言葉もなしに東京から離れた大学へと僕を送り出してくれた母と父に、この本を出すにあたって、まず感謝の言葉を述べなければならないのだと思う。

けれども思いがけずして入った古都にある大学は、自然と僕の気に入った。四月二日に学生証を受け取るとすぐさま大学の図書館に入り、無機質な棚と棚の間をゆくりなく巡ってたどり着いたのは、美術書ばかりが立ちならぶ一角だった。そのうちの何とはなしに手にとった『仏像集成』という本に、僕は確かに惹かれていた。そしてもっと仏像を見たいと思って入ったのが、立命館大学古美術研究会というサークルではなかったかと思う。

今も忘れないのはその古美研でいった嵐山の風景である。嵐電の駅から渡月橋を渡った堤防に腰を下ろして、先輩が買ってきてくれた五百円の桜弁当を頬張っていると、そばに別の先輩が寄ってきて、「さっき見た広隆寺に厨子があったろう。あの中にはこんな仏像が入っているんだよ」と、得体の知れないイラストを見せてくれた。全く知識はなかったけれども、それは確かにある神秘性を秘めた彫像のように見えた。川辺では弁当をおごってくれた先輩が少しぬるくなったビールを飲んでいて、あたりはきっと喧噪に満ちていて、しかし僕の心はいつしか風景にとけこみ――つまりはすべてが凪いでいたのだった。それはついぞ見たことのないような春だった。

そうして、折良く北野天満宮の社務所の隣のアパートに居を得た僕は、毎週のようにその川べりに出かけ、その時と同じ堤防の辺で休日を過ごした。実家から自転車を調達すると、次第に洛中洛外へと繰り出すようになった。碁盤の目は、水を得ようとする植物の根のように埋め尽くされていった。それはどこまでも広がっていくように思えた。夏には西明寺の愛染明王を見ようと峠を越えて栂尾へと自転車を走らせた。前期試験の前にはサークルの人から、「散歩に行こう」と誘われて近鉄奈良駅から笠置駅まで歩いた。試験の後は、また自転車を走らせて東山の辺りをよく巡った。送り火を綺麗に見られる場所を探すためだった。

京都中をめぐり、出かけない日のほとんどを図書館で過ごした。

毎日のように仏像と本のことを考え、そしてごくたまに女の子のことを考えた。それらはほとんど等価だった。

僕はただ傍らにいて、渠らがひっきりなしに喋るのを聞いてさえいればよかった。

そうして履きつぶした数多の靴が、漕ぎ廻したペダルとすり減ってめくれかけたサドルが、上気したまま見た愛染明王が、黄昏の笠置の磨崖仏が、宵闇の真如堂の仮寝のあとのような寂しさが、僕が得た学問という身体のすべてだった。

けれどもどこまでも広がっていくはずの世界が、そうでなくなることに気づくまでに時間はかからなかった。学部三回生に上がり、やがて専門らしきことをするようになると、次第に仏像とは疎遠になっていった。あれほど雄弁だった図書館の本棚は、今や冷たい壁となって屹立するのみだった。まもなく、図書館の書庫の隅のベンチが僕の居場所となり、そこでひたすら資料を追う日々が続いた。その頃から僕の頭は鉛のようにただ重くなっていった。

――。

爾来、そうした重さは常に僕をまとって離さない。世界は閉じていくばかりで、言葉は流れるように消えてゆく。それでもなぜか学問に触れる時、あの頃の微熱と懊悩とを、頭のどこかに覚える時がある。図書館の片隅にある埃がかった本を手に取って口の中を酸っぱくする時、くたびれた閲覧室で虫食いだらけの枡形聖教を指の腹でなぞる時、酢酸洗浄されたマイクロフィルムのにおいが仄かに鼻を衝く部屋で写真帳を繰ってゆく時、どこかに、あの憧憬にも似た感情がめぐる時がある。

それはきっと夢見がちな類推に過ぎないのであろう。過ぎ去った日々の虚しさは、研究によって満たされるものではない。それでも僕が研究を続けるのは、そうした不思議な、追憶にも似た力が学問にあるのだと信じているからなのだと思う。

文体の妙味や示唆的な語句の連続ではなく、言葉一つ一つの確かさと論理性、そこから導かれる「読み」ただそれだけで、一篇の詩にも如くような、一つの数式にも如くような感動を誰かに与えられること。そういう学問の力を、僕は信じて疑わない。

＊　＊　＊

本書は二〇一三年に名古屋大学へ提出した学位論文に基づいている。審査にあたっては、主査を阿部泰郎先生として、佐々木重洋先生、塩村耕先生、稲葉伸道先生、二松學舎大学の磯水絵先生に担当いただいた。また学位修得後は日本学術振興会特別研究員（ＰＤ）として、二年間を上野学園大学日本音楽史研究所の福島和夫先生に、一年間を東京大学史料編纂所の菊地大樹先生に受け入れてもらった。特に史料編纂所での一年は、他の何にも代えがたい貴重な経験となった。

この途につくまでに、数限りない人たちのお世話になった。修士課程から今日にいたるまで学問と接していられるのは、指導教官である阿部先生のおかげである。筆者が日本文学研究者であると言えるようになったのは、塩村先生の指導によるものに他ならない。学部での指導教官であった中本大先生、折に触れ発表の機会を提供してくれる近本謙介先生、関東での研究会の居場所を与えてくれた菅野扶美先生、研究者として常に対等に接してくれる柴佳世乃先生、述べ尽くせない限りの学恩を賜っている高岸輝・山本聡美先生夫妻にも謝辞の言葉を述べたい。

また本書の校正にあたっては、松山由布子氏と若山憲昭氏の助力を得た。名古屋大学の旧比較人文学講座（現文化人類学研究室）は、異なる専門を持つ人々が領域横断的な研究を試みる場であり、著者も自主ゼミ等を通してその一端に触れ、積み重ねられた学問への敬意と尊重とを知ることができた。休日にも院生室に出てくるのは、決まって松山氏と青木啓将氏と著者の三人だった。背を向けながら喋るともなく喋っていた毎日を懐かしく思う。若山氏とはもちろん、立命古美研との付き合いは今も続いている。古美研で妻と出会い、やがて研究という生き方を共有してくれる上田の御両親に出会えたことに不思議な縁を感じる。

本書の編集を担当してくれた笠間書院の重光徹氏には、感謝以外の言葉もない。刊行にいたるまでずっと息切れし続けてきた著者を、よくも見捨てないでくれたと思う。前任の岡田圭介氏は、本書企画段階からずっと著者を支え続けてきてくれた。社長の池田圭子氏は、著者が切羽詰まって原稿を届けに行くのを、いつもあたたかく迎えてくれた。いずれもみな素晴らしい人たちばかりである。

最後に本書の刊行を待ち望んでくれている両親に、いつも寄り添ってくれる妻・安希子に、そして筆者の学位修得を誰よりもよろこんでくれた亡き祖母に、ただ感謝の言葉を添えて。

二〇一八年一月

猪瀬千尋

本書は、独立行政法人日本学術振興会平成二十九年度科学研究費補助金「研究成果公開促進費」（課題番号17HP5040）の交付を受けて刊行される。

索　引

凡例

1. 索引は一、人名と二、書名・曲名・事項から成る。
2. 人名は近代以前の人物についてを対象とし、実名の漢音によって並べた。名（姓）の順に記した。天皇、親王、女院、僧侶は通例の読みに従った。本文のみ対象とし、表については除外した。
3. 書名・曲名・事項は通例の読みに従った。本文および表についても対象とした。

人名索引

●サ

●シ

書名・曲名・事項索引

●キ

●ク

●ケ

●コ

●サ

●ヘ

●ホ

●マ

●ミ

著者略歴

猪瀬　千尋（いのせ・ちひろ）

1984年生。2013年名古屋大学大学院文学研究科博士課程修了。
名古屋大学大学院文学研究科附属人類文化遺産テクスト学研究センター研究員。博士（文学）。

主要論文に「『古今著聞集』管絃部二六五話の福天神縁起について―ダキニ法と『刀自女経』をめぐって」（『説話文学研究』第52号、2016年9月）、「妓女におけるイメージの連関」（『日本文学』第66巻第7号、2016年7月）、「文治二年大原御幸と平家物語」（『中世文学』第61号、2015年6月）などがある。

中世王権の音楽と儀礼

2018年（平成30）2月28日　初版第1刷発行

著　者　猪　瀬　千　尋

装　幀　笠間書院装幀室
発行者　池　田　圭　子

発行所　有限会社 **笠間書院**
〒101-0064　東京都千代田区神田猿楽町2-2-3
☎03-3295-1331　FAX03-3294-0996

振替00110-1-56002

ISBN978-4-305-70893-9　組版：ステラ　印刷／製本：モリモト印刷
落丁・乱丁本はお取りかえいたします。　（本文用紙：中性紙使用）
出版目録は上記住所までご請求下さい。http://kasamashoin.jp/